不平等的代价

| 珍藏版 |

[美] 约瑟夫·E. 斯蒂格利茨 著
Joseph E. Stiglitz 诺贝尔经济学奖得主

张子源 译

THE
PRICE
OF
INEQUALITY

How Today's

Divided Society

Endangers

Our Future

机械工业出版社
China Machine Press

图书在版编目（CIP）数据

不平等的代价（珍藏版）/（美）约瑟夫·E. 斯蒂格利茨（Joseph E. Stiglitz）著；张子源译．—北京：机械工业出版社，2020.6（2024.8 重印）

书名原文：The Price of Inequality: How Today's Divided Society Endangers Our Future

ISBN 978-7-111-65788-0

I. 不… II. ① 约… ② 张… III. 经济－研究－美国 IV. F171.2

中国版本图书馆 CIP 数据核字（2020）第 095143 号

北京市版权局著作权合同登记 图字：01-2012-7804 号。

Joseph E. Stiglitz. The Price of Inequality: How Today's Divided Society Endangers Our Future.

Copyright © 2012 by Joseph E. Stiglitz.

Simplified Chinese Translation Copyright © 2020 by China Machine Press.

Simplified Chinese translation rights arranged with W.W.Norton&Company,Inc. through Bardon-Chinese Media Agency. This edition is authorized for sale in the Chinese mainland (excluding Hong Kong SAR, Macao SAR and Taiwan).

No part of this book may be reproduced or transmitted in any form or by any means, electronic or mechanical, including photocopying, recording or any information storage and retrieval system, without permission, in writing, from the publisher.

All rights reserved.

本书中文简体字版由 W.W.Norton&Company,Inc. 通过 Bardon-Chinese Media Agency 授权机械工业出版社在中国大陆地区（不包括香港、澳门特别行政区及台湾地区）独家出版发行。未经出版者书面许可，不得以任何方式抄袭、复制或节录本书中的任何部分。

不平等的代价（珍藏版）

出版发行：机械工业出版社（北京市西城区百万庄大街 22 号 邮政编码：100037）

责任编辑：沈 悦　　　　　　　　　　　　责任校对：李秋荣

印　　刷：北京建宏印刷有限公司　　　　版　　次：2024 年 8 月第 1 版第 6 次印刷

开　　本：170mm×230mm　1/16　　　　　印　　张：29.5

书　　号：ISBN 978-7-111-65788-0　　　　定　　价：79.00 元

客服电话：(010) 88361066　68326294

版权所有·侵权必究
封底无防伪标均为盗版

前　言

历史总会见证这样的时刻：全世界人民似乎联合起来反抗，高呼**情况不对头**，必须要变革。这正是喧嚣的 1848 年㊀和 1968 年㊁所发生的情况，这两个多事之秋都标志着一个新时代的诞生，或许 2011 年也将被证明是这样一个历史时刻。

开始于北非海岸线上一个小国家突尼斯的一场青年起义波及附近的埃及并蔓延到中东其他国家。在有些国家，抗议的火花似乎暂时熄灭了；但在另一些国家，小规模的抗议却促成了剧烈的社会变革，推翻了像埃及的穆巴拉克和利比亚的卡扎菲这样执政许久的统治者。很快，西班牙、希腊、英国、美国以及世界其他国家的人民纷纷走上街头，游行示威。

2011 年，我很高兴应邀访问了埃及、西班牙和突尼斯等国家，并在马德里的丽池公园、纽约的祖科蒂公园见到了抗议者，还在开罗与一些参加过解放广场示威活动的青年男女进行了交流。

㊀ 1848 年爆发的欧洲革命，是一场覆盖法国、普鲁士、奥地利、意大利、匈牙利等欧洲国家的资产阶级民主民族革命。欧洲革命打击了欧洲各国的封建专制制度，摧毁了反动的神圣同盟和维也纳体系，为资本主义的发展扫清了道路。——译者注

㊁ 1968 年爆发了世界范围的抗议和游行，参与者主要是学生和工人，比如法国爆发了全国工人大罢工，美国"反越战"运动进入高潮，各国反文化运动（如性解放、嬉皮士、女权运动、反种族运动等）风靡一时，西方新左派正式诞生。——译者注

在交流的过程中，我清楚地觉察到：尽管具体的抗议原因因国而异，特别是中东地区的政治不满与西方国家的大不相同，但是这些抗议之间却存在着某些共同的主题，普遍的理解就是这些国家的经济体制和政治体制在很多方面是失败的，并且相当不公平。

抗议者是对的，情况的确有些不对头。我们的经济体制和政治体制应该做的与实际做的两者之间的差距已经变得越来越大，难以忽视。世界各国政府没有致力于应对包括持久失业在内的各种关键经济问题，并且随着公平这一普遍价值观被少数人的贪婪侵蚀，人们的不公平感变成了一种背叛感。

突尼斯和埃及的青年人起来抗议是可以理解的：他们厌倦了那些陈腐僵化并且以全社会其他人为代价来保护自身利益的领导者，同时这些青年人又没有机会通过民主的途径来呼吁变革。不过，西方民主国家的选举政治也同样失败了。美国总统奥巴马曾对选民承诺"变革，你可以相信"，但他随后推出的经济政策在很多美国人看来与以往的并没有什么不同。

然而在美国和其他地方，希望就体现在这些得到父母、祖父母和老师支持的年轻抗议者身上。他们既不是革命者也不是无政府主义者，他们并不想推翻现行制度，他们仍然相信民选制度**或许**行得通——只要政府还记得要对人民负责。抗议者走上街头的目的就是推动制度发生变革。

2011年5月15日开始的西班牙示威活动中，年轻的抗议者打出的口号是"愤怒的一代"，他们的愤怒源于金融业某些人士的不良行为造成太多的西班牙人承受太多的痛苦——一个明显的例子就是自2008年金融危机以来西班牙年轻人的失业率超过了40%。在美国，"占领华尔街运动"的抗议者也喊出同样的心声：一边是许多人失去住房和工作，另一边是银行家坐享大笔奖金，这种不公平的现象真的让人恼火。

但是美国抗议活动的关注点很快就转而触及美国社会更广泛的不平等现象。年轻的美国抗议者把口号变成了"那99%的群体"，这口号与我先前为《名利场》杂志撰写的一篇文章的标题相呼应。《1%的群体所有、所治、所享》㊀¹，该文描述了美国社会中日益加剧的不平等以及一种向上层群体倾斜的政治体制。²

当今有三大主题响彻全球：第一，市场并没有发挥应有的作用，因为它显然既无效率也不稳定；³第二，政治体制并没有纠正市场失灵；第三，经济体制和政治体制在根本上都是不公平的。尽管本书关注的是存在于当今美国和其他某些发达工业化国家中的过度不平等现象，但本书也解释了这三大主题是如何密切相连的：不平等是政治体制失败的成因和后果，不平等也造成了经济体制的不稳定，经济体制的不稳定又加剧了不平等——这种恶性下降式螺旋使我们顺势而下，要突破这种困局只能借助于下文所述的协调一致的政策。

在聚焦不平等问题之前，我想先描述一下美国经济体制中存在的广泛的市场失灵现象，权当做一番铺垫。

市场失灵

很显然，市场并没有像它的鼓吹者宣称的那样有效运行。市场本应该是稳定的，但席卷全球的金融危机表明市场可以变得极其不稳定并产生破坏性后果。银行家不惜冒险，如果不是政府援助的话，这些冒险会将他们自身和整个经济卷入漩涡。不过，当我们仔细审视经济体制时，就会发现这并非偶然：银行家是受到激励才这样冒险的。

市场的优点本应是它的效率，然而现在的市场显然**不是**有效率的。经济学最基本的法则是需求等于供给，这是经济有效运行的必要条件。但我们所处的这个世界存在着大量未满足的需求，比如，使穷人摆脱贫困所需的投资、促

㊀ 斯蒂格利茨这篇文章的英文标题为"Of the 1%, by the 1%, for the 1%"，是效仿林肯总统著名的葛底斯堡演讲的结尾句"government of the people, by the people, for the people"（民有、民治、民享的政府）。——译者注

进非洲和其他大洲欠发达国家发展所需的投资、改进全球经济以应对全球变暖挑战所需的投资。同时，我们又有大量未充分利用的资源——闲置或者产能没有达到最大化的工人和机器。失业，尤其是市场不能为众多公民创造工作的结构性失业是最严重的市场失灵，是无效率的最大根源，也是不平等的一个主要原因。

截至 2012 年 1 月，大约有 2500 万想找到全职工作的美国人不能如愿以偿。[4]

在美国，数百万家庭失去了住房。2012 年 5 月，自次贷危机爆发以来失去住房的家庭已经达到了 800 万，还有 400 万家庭面临失去住房的危险。于是我们看到：一边是空置的住房，另一边是无家可归的人。

但即便在次贷危机爆发之前，美国经济也并没有实现预期的承诺：虽然 GDP 有所增长，**但多数美国公民发现自己的生活标准受到了侵蚀**。如第 1 章所述，对多数美国家庭而言，即便在经济衰退○开始之前，他们的收入根据通货膨胀调整后也已经低于 10 年前了。美国虽然制造了一部了不起的经济机器，但显然这部机器只为处于上层的人服务。

形势严峻

本书是关于为什么对于多数美国人而言美国的经济体制是失败的，为什么不平等加剧发展到今天这个地步，以及会产生什么样的后果的。本书所持的观点是我们为不平等付出了高昂的代价——经济体制不稳定、缺乏效率、增长不足，并且民主陷入危机。更糟的是，由于多数美国人认为美国经济体制会失败，政治体制又似乎为金融业所控制，因此他们对于美国的民主制度、市场经济和全球影响力的信心都减弱了。现实表明，美国不再是一个充满机遇的国家，而且金融业侵蚀了我们长期标榜的法治和正义，这使得我们

○ 本书中提到 The Great Depression 和 The Great Recession 两个术语，前者指 20 世纪 30 年代爆发于美国并席卷整个资本主义世界的"大萧条"，后者指 2008 年始于美国并波及全球的"大衰退"（即最近这次金融危机）。——译者注

的民族认同感也陷入了危机。

在有些国家，占领华尔街运动与反全球化运动紧密联系在一起。两者也确实有共通之处：都认为情况不对头，都相信变革有可能。然而，问题并不在于全球化不好或是根本就是错的，而是许多政府管理全球化的效果太差——完全是为了满足特殊利益集团的需要。全世界各民族、各国家和各经济体之间的相互联系既可以有效促进繁荣，也可以迅速传播贪婪和苦难。市场经济也是如此：市场的力量相当强大，却没有内在的道德品质。我们必须决定如何管理市场经济。过去 200 年来，市场的最大贡献体现在促进了生产力和生活水平的极大提升——这种提升远远超过先前 2000 年的总和。虽然政府在这些进步中也发挥了重要作用，但是这一事实通常得不到自由市场倡导者的承认。另外，市场也能积聚财富，也会把环境成本传递给社会，还会虐待工人。鉴于这些原因，显然市场必须被驯化和调和，才能确保其为多数人的利益服务；而且驯化和调和必须反复进行，才能确保市场继续为多数人的利益服务。在美国历史上，这种情况曾出现在"进步时代"㊀（Progressive Era），当时竞争法案第一次被引入；也曾出现在罗斯福新政㊁（New Deal）时期，当时社会保障、就业、最低工资等相关法律被引入。占领华尔街运动以及世界各地其他抗议者所传递的信息都是：市场必须再一次被驯化和调和。不这样做的后果是非常严重的：在一个普通民众可以表达内心想法的民主国度，如果市场体系年复一年地使这些民众的生活越来越糟，那么就难以维持一种开放和全球化的市场体系，至少不是以我们所知的形式

㊀ "进步时代"指 19 世纪 80 年代到 20 世纪 20 年代，在此期间美国进行了一系列奠定了其日后成为现代国家的制度建设。在那之前的美国腐败横行、假冒伪劣猖獗、重大灾难频发、社会矛盾尖锐，正是这些制度建设有效遏制了腐败势头，改善了政府与民众的关系，提高了政府整体效率，也造就了一个更强有力的政府。没有这些制度的建设，后来的罗斯福新政就不可能出现。——译者注

㊁ 罗斯福新政，是指富兰克林·罗斯福于 1933 年就任美国总统后所推行的一系列经济政策，其核心是三个 R：救济（relief）、复苏（recovery）、改革（reform）。这些政策都增强了政府对经济的直接或间接干预，极大缓解了大萧条所造成的经济危机和社会矛盾。——译者注

维持。两者之一必须做出让步——要么是我们的政治，要么是我们的经济。

不平等与不公平

即便本身是稳定和有效率的，市场也经常会造成高度的不平等，从而给人以不公平的感觉。现代心理学和经济学的研究（如第6章所述）揭示了个体对于公平的重视。造成人们走上街头抗议的原因正是对经济体制和政治体制的不公平感，而不是其他什么东西。在突尼斯、埃及和中东的其他国家，游行示威的爆发并不仅仅因为工作难找，更是因为有限的工作机会都给了有政治背景的人。

在美国和欧洲国家，情况似乎更公平些，但也仅限于表面。那些以最优成绩毕业于最好学校的人就有更好的就业机会。这种制度的弊端在于，富有的家长可以把自己的孩子送进最好的幼儿园、小学和中学，于是这些学生日后就有更大的机会进入精英大学。

美国人认为占领华尔街的游行示威者说出了他们的心声，这就是为什么尽管示威者的人数相对不多，却获得了2/3美国人的支持。如果对这种支持有任何怀疑的话，不妨看看这个事实：纽约市市长迈克尔·布隆伯格刚一表示他要清除靠近华尔街的祖科蒂公园示威者的营地，示威者就几乎在一夜之间收集到了30万个签名来支持示威活动，[5]并且这些支持者不仅仅来自穷人和对政府心怀不满的人。警察以暴力手段清除了奥克兰市中心的示威者营地，虽然这在第三天参加抗议游行的3万人看来似乎过于粗暴，但值得注意的是，有些警察还是表达了对示威者的支持。

金融危机给予了人们一种新认识：我们的经济体制不但没效率、不稳定，而且根本不公平。事实上，在危机余波未了之际的最近一次民意测验中，几乎一半以上的人持这种看法。[6]这种看法是有确凿理由的：金融业的许多人（我称之为"银行家"）得到巨额奖金，而那些受到因这些银行家引发的金融危机冲击的人却连工作都丢了；政府能帮助银行渡过难关，而对那些并不是因为自身错误而数月找不到工作的人,就连延长他们的失业保险都不愿意;[7]对于那些失去家园的数百万民众,政府除了给予象征性的帮助,其他什么也没提供。金融危机当中所发生的这一切都清楚地表明,决定人们工资的并不是他们对社会的贡献,而是其他东西:银行家拿到了大笔报酬,即便他们对社会甚至对自己所在公司的贡献都是**负的**。精英和银行家获得的财富似乎来自他们能够并且愿意利用其他人。

美国价值观中关于公平的一个根深蒂固的方面就是机遇。美国一直视自己为一个**机遇平等**的国度。霍雷肖·阿尔杰㊀的小说描写了从社会底层打拼到上层的成功人士,这正是"美国梦"的一部分。然而,正如我们将在第1章中解释的,"美国梦"已蜕变成轶事或故事。现在美国人从底层奋斗到上层的机会少于其他发达工业国家的人们。

有句俗语,富不过三代,就是说上层群体必须努力工作才能保持地位,否则他们(或者他们的后代)就会迅速滑向社会底层。但是正如第1章将详细讲述的,这在很大程度上不过是个"故事",因为上层人物的后代更有可能继续待在那个位置。

在某种程度上,美国和全世界的年轻抗议者都把他们父母和政客说的话当真了——就像50年前在民权运动中美国青年所做的那样。当时,在非裔美国人受到不公正对待的情况下,美国青年审视了**平等**、**公平**、**公正**等价值观,发现美国的政策亟须完善。今天,他们就美国经济和司法体系的运行效果审视了同样的价值观,发现该体系对于美国穷人和中产阶级而言也是不尽如人意的——不仅是对少数族裔,对各种背景的多数美国人也是如此。

假如奥巴马总统和美国的司法制度能对那些把经济带到崩溃边缘的家伙判定某种"渎职罪"的话,那么也许可以说该制度还是起作用的,至少体现了一定程度的问责制。然而实际上,那些本该被定罪的人却常常没有被指

㊀ 霍雷肖·阿尔杰(1832—1899),美国儿童小说作家,其作品大都是讲穷孩子如何通过勤奋和诚实获得财富和社会成功的。——译者注

控；就算他们被指控了，通常也会被判无罪或者免于定罪。对冲基金业内的几个人因为内部交易被定了罪，但这不过是个小插曲，只是为了转移人们的注意力。引发这场危机的不是对冲基金而是银行，但银行家几乎个个逍遥法外。

如果没有人因为所发生的一切被问责，那么就说明问题出在了我们的经济体制和政治体制上。

从社会凝聚到阶级斗争

在对于美国社会不平等现象的争论中，"我们是那99%的群体"这一口号或许标志着一个重要的转折点。美国人总是回避阶级分析，一直喜欢把美国看成一个中产阶级国家，这种看法把我们凝聚到了一起。上层阶级与底层阶级之间、资产阶级与工人阶级之间是应该存在区别的。但是如果一个基于阶级的社会的特征是处于社会底层的人向上迁移的前景非常黯淡，那么美国可能比旧时欧洲更强调阶级差别。事实上，当前美国的阶级差别远大于欧洲。[8] 那些属于99%群体中的人虽然仍遵循着"我们都是中产阶级"的传统，却稍微有些调整：他们意识到实际上他们并不是一起向上迁移的。绝大多数是一起受苦，而最上层的1%群体却过着一种完全不同的生活。那99%群体的运动标志着打造一个新联盟的企图——一种新的民族认同感，它不是基于杜撰的普遍中产阶级，而是基于我们经济和社会中存在的经济差距的现实。

多年以来，美国社会上层人群与其他社会成员似乎达成了这样一种默契：我们提供给你们工作和繁荣，但你们要让我们拿走大笔的奖金；你们大家也能分到一份，不过我们的份额要更大。时至今日，贫富阶层之间这份一直都很脆弱的默契终于破碎了。那些属于1%群体的人攫取了社会财富，留给那些属于99%群体的人的只有焦虑和不安。换言之，绝大多数美国人根本就没有从国家的经济增长中获益。

我们的市场体系正在侵蚀基本价值观吗

虽然本书关注的是平等与公平,但另一种基本价值观似乎也受到了我们体制的冲击——**公平竞争感**。这种基本价值观念的存在,本应使那些违背该价值观的人有罪恶感,比如那些从事掠夺性贷款的家伙、那些把有如定时炸弹的抵押贷款放给穷人的家伙、那些设计了各种"计划"造成几十亿美元透支从而收取过高手续费的家伙。然而令人诧异的是,有罪恶感的人少之又少,有揭发行为的人更是少之又少。我们的价值观念出了某种问题,有些人不择手段来实现挣更多钱这一目的,在美国的次贷危机中表现为剥削我们中最穷和受教育程度最低的人群。[9]

对于所发生的这一切,大部分只能用四个字来描述——"道德缺失"。在金融业和其他领域工作的很多人的道德指南出了问题。当一个社会的规范以很多人丧失道德指南的方式发生变化时,这足以说明该社会出了大问题。

资本主义似乎已经改变了那些被它俘获的人。那些初到华尔街工作的人都是最聪明的人,除了上学时成绩更优秀,他们与大多数美国人没什么不同。但当这些人发现,在华尔街的工作就时间而论少得离谱,但工资收入却高得惊人时,他们就把那些寻求救世良方、创造新兴产业或帮助穷人脱贫的梦想都抛到脑后了。随后频繁上演的一幕是:那些梦想不仅被搁置一旁,而且被彻底遗忘了。[10]

因此,人们对于大公司(不仅是金融机构)有一大堆的不满也就不足为奇了。比如,烟草公司暗地里把它们的有害产品做得更容易使人上瘾,还试图使人们相信没有什么"科学证据"能证明它们产品的毒害性,其实它们自己的档案里存着的都是相反的证据。埃克森石油公司同样花大笔钱试图使人们相信证明全球变暖的证据不足,然而美国国家科学院以及其他科学机构都提供了充分证据表明全球变暖。正当美国经济尚未摆脱金融业违法行径的重创时,英国石油公司(BP)的石油泄漏事件揭示了公司不顾后果行事的另一面:不谨慎的石油开采不仅危害了环境,还威胁到墨西哥湾以捕鱼业和旅游业为生的数千人的生计。

如果市场果真兑现了诺言，改善了多数公民的生活水准，那么所有的企业原罪、所有的社会不公、环境受到的破坏、穷人受到的剥削等一系列问题或许都可以被原谅了。但是对于年轻的**愤怒者**及世界其他地方的抗议者而言，资本主义不但没有实现诺言，反倒造成了一系列始料不及的结果——不平等、污染、失业。**最严重的是**，价值观堕落到了极点：什么都可以做，而且不会被追究责任。

政治体制失败

政治体制似乎和经济体制一样失败。鉴于世界各地年轻人的高失业率——西班牙将近50%、美国将近18%，[11] 也许令人感到诧异的不是最终爆发了抗议活动，而是为什么过了这么久才爆发。失业的人们，包括那些读书刻苦、做事循规蹈矩的（就像某些政客所惯于说的"规规矩矩行事"）年轻人，面临着一个严酷的选择：要么继续失业，要么接受一份远远低于他们水平的工作。很多时候他们甚至连选择都没有：因为压根儿就没有工作可干，而且会持续好几年。

对于为何过了这么久才爆发大规模抗议活动的一种解释是，在经济危机开始之初，人们对民主仍存有希望，相信政治体制能发挥作用，能把那些造成危机的家伙绳之以法并迅速修复经济体制。但是泡沫破裂多年以后，人们才逐渐认清我们的政治体制失败了。因为它没能阻止危机爆发，没能控制不断加剧的不平等，没能保护身处社会底层的人们，没能阻止公司的胡作非为。认清这些之后，抗议者才走向街头。

美国、欧洲国家和世界其他民主国家的人们都以自己的民主制度为骄傲。但抗议者对是否有**真正**的民主提出了质疑。真正的民主不仅仅是每隔两年或四年有一次投票选举的权利，民众选举必须要有意义，政客必须要倾听选民的意见。但越来越多的情况（尤其在美国）是政治体制似乎更倾向于

"一美元一票",而不是"一人一票"。因此,政治体制不但没有纠正市场的失败,反而扩大了这些失败的影响。

政客虽然在演说中指出我们的价值观和社会都出了问题,但随后他们还是任命那些曾在市场体制严重失败过程中执掌金融机构的 CEO 和其他企业高管担任政府要职。我们本不应该期望并不成功的体制的设计者能够重建该体制使之奏效,尤其是对大多数公民奏效——果然这些设计者失败了。

政治失败和经济失败是相关的,它们彼此相互强化。一种放大了富人意见的政治体制会提供充分的机会制定并执行相应的法律法规,这些法律法规的设计不仅不能保护普通公民免受富人的剥削,而且会进一步以社会其他人的利益为代价使富人更富。

上述事实引出了本书的核心论点之一:尽管也许有潜在的经济力量在起作用,但是政治塑造了市场,通过以社会其他人利益为代价、以有利于社会上层群体的方式。任何一个经济体制都必须有规则和规章,必须在一个法律框架中运行。有很多种不同的法律框架,每一种框架对于增长、效率、稳定以及分配都有重要影响。经济精英推出了一种有利于他们自己却无益于他人的法律框架,但是在这种框架下的经济体制既无效率也不公平。我将解释这种不平等如何反映在我们作为一个国家所做的每一个重要决策中——从我们的预算到我们的货币政策,甚至到我们的司法体系。我也将表明这些决策本身是如何加剧了这种不平等。[12]

对金钱利益集团如此敏感的政治体制就难免受到影响。日益加剧的经济不平等造成了政治权力的日益失衡,于是政治与经济之间形成了一种恶性关系。两者共同塑造着包括社会习俗和制度在内的社会力量,同时也被这些社会力量塑造着。社会习俗和制度加剧了这种日益严重的不平等。

抗议者所要求的和他们所实现的

也许相比大多数政客而言,抗议者更能抓住问题的实质。一方面,他们要的如此之少：一个能发挥自己技能的机会，一份能挣得体面工资的工作权利，一个较为公平的、能对他们施以礼遇的经济和社会。在欧洲国家和美国，抗议者的要求不是"革命"式的而是演进式的。另一方面，他们要的也很多：一种注重人而非金钱的民主制度，一种能兑现诺言的市场经济。这两个要求是相关的：不受约束的市场无法良好运行，这点我们已经看到了。为了让市场以应有的方式运行，就必须有适当的政府调控，而要有适当的政府调控，我们就必须有一种能反映普遍利益而非特殊利益或上层利益的民主制度。

抗议者被批判为盲目行事，但这种批判忽略了抗议运动的意义所在。这些抗议运动其实是对政治体制感到沮丧的表达，甚至是对有选举制国家的选举过程感到沮丧的表达。它们给当政者敲响了警钟。

抗议者在某些方面取得了很大的成绩：智囊团、政府机构和媒体都证实了抗议者指控的合理性——不仅市场体系出了问题，高度的及难以理喻的**不平等**更是出了问题。"我们是那99%"这一口号已经渗透到民众意识当中。没有人能确定抗议运动会走向何方。但是有一点我们是可以肯定的：这些年轻抗议者已经改变了公共话语以及普通公民和政客的意识。

结语

在突尼斯和埃及爆发抗议运动之后的几个星期，我写下了下面这段文字（我发表在《名利场》杂志那篇文章的初稿）。

当我们凝视着大街上那高涨的民众热情时，我们不禁自问：这场运动何时会蔓延到美国？在很多重要方面，我们自己的国家已变得很像这些遥远的、陷入困境的地方了。尤其是那施加于几乎所有事物的桎梏，施加者是社会顶层的极少数人——也就是人口中那最富有的1%群体。

不出几个月的时间，这些抗议运动就蔓延到了美国。

本书试图深度阐释发生在美国的事——我们的社会是如何变得如此不公平、机会越来越少的，这种不公平的后果可能是什么。

我今日所描述的景象有些黯淡：我们才刚刚开始了解我们国家偏离初衷有多远。不过仍然还有希望，还有其他备选框架能更好地服务于整体经济，最重要的是能更好地服务于广大公民。这种备选框架的一部分要求市场与政府之间有一种更好的平衡，这种观点得到现代经济理论和历史证据的同时支持，[13] 对此我稍后将加以解释。在这些备选框架中，政府承担的一项职能是收入再分配，尤其是当市场分配的结果与预期大相径庭的时候。

批判收入再分配的人有时会说再分配的成本过高。他们声称抑制因素过多，穷人和中间层人士的所得远不能弥补上层人士的所失。右翼人士经常争论道，我们本可以有更多的平等，但必须以经济增长放慢和 GDP 降低为代价。正如我将展示的，实际情况恰恰相反：我们的现有体制一直不断地把财富从社会底层和中层转移到上层，但这种体制效率太低，以至于上层的所得远远少于中层和底层的所失。实际上，我们为日益加剧和超大规模的不平等付出了高昂代价：不仅是增长放慢和 GDP 降低，甚至还有更多的不稳定。这还不包括我们付出的其他代价：被削弱了的民主制度、降低了的公平和正义感，甚至还有我先前提到的对民族认同感的质疑。

几句提醒的话

我经常宽泛地使用"那 1% 的群体"这一表述方式来提及上层人士。在有些情况下，我真正想提及的其实是一个更小的群体——那 1% 群体中的前 1/10；在另一些情况下，比如在讨论享受精英教育时，所指的群体就更大一些，也许是总人口的 5% 或 10%。

读者也许认为我对于银行家和公司 CEO 谈论过多，对于 2008 年金融危机及其后果也谈论过多，尤其是在美国的不平等问题由来已久的情况下。这不仅是因为银行家和公司 CEO 已经成为公共舆论的鞭挞对象，更重要的是他们象征着问题的所在。很大一部分来自上层的不平等是与金融业和公司 CEO 有关的。不仅如此，这些领导者还帮着塑造了我们对于什么是好经济政策的看法，除非我们了解这些看法错在哪里，以及这些人是怎样以其他人为代价谋取私利的，我们才能够重新制定政策，以确保重建一种更加平等、更为高效、更有活力的经济。

任何一本像本书一样的通俗读物都少不了许多一概而论，这在满是限定条件和注释的学术著作看来是不够恰当的。对此，我预先道歉，并建议读者去参阅那些我在本书最后"注释"部分所推荐的学术著作。同样我也要强调，当我在斥责"银行家"时，我过分简单化了。在我所认识的金融业人士中，有很多是赞同我的大部分观点的。他们中有些人反抗滥用职权行为和掠夺性贷款，有些人想遏制银行的过度冒险行为，有些人认为银行应该关注核心业务。甚至有几家银行就是那样做的。但是很显然，大多数重要的决策人物并没有那样做：不论是在危机开始前还是发生后，那些最大和最有影响的金融机构的行为方式的确应受到批判，而且必须要有人承担责任。我所斥责的"银行家"正是**那些**决定参与欺诈和不道德行为的人，是那些创造出促进这类行为的企业文化的人。

为本书提供思想的人

像本书这样依赖于数百名研究者的理论学识和实践知识，并把所有描述不平等的资料汇集起来不是件容易的事，对于给正在发生的这一切提供一种解释也不是件容易的事。为什么富人变得更富有？为什么中产阶级被掏空？为什么穷人数量不断增加？

尽管我在本书各个章节的注释部分（如有）都提到了一些要感谢的人，但是如果我不特别提及伊曼纽尔·赛斯和托马斯·皮凯蒂艰苦细致的工作，或者不提及我早期的合作者之一安东尼·阿特金森勋爵 40 多年的工作的话，那我就显得疏忽和怠慢了。由于本书的核心部分是政治学和经济学的交叉，所以我必须要将讨论延伸到狭义界定的经济学领域之外。我在罗斯福研究所（Roosevelt Institute）的同事托马斯·弗格森于1995年出版的著作 *Golden Rule*，比较早地严格探究了这个令人困惑的问题，即为什么在基于"一人一票"的民主国家里，金钱显得如此重要。

并不奇怪，政治与不平等之间的联系已成为最近许多文章和著作的焦点。在某种意义上，本书延续了雅各布·S.哈克和保罗·皮尔逊合著的大作 *Winner-Take-All Politics*。[14] 他们都是政治学家，我则是一名经济学家，但我们都在努力解决同样的问题：该如何解释美国日益加剧的不平等现象。我想问：我们该如何把所发生的这一切与标准的经济理论协调起来？尽管我们是从两个不同学科的视角来审视这一问题的，但我们得出了同样的答案，套用克林顿总统的话就是："都是因为政治，笨蛋！"（It's the politics, stupid!）金钱掌握了政治话语权，正如它掌握了市场话语权一样。这种情况由来已久并且显而易见，于是促成了一系列关于此话题的书籍的诞生，比如劳伦斯·莱斯格写的 *Republic, Lost*。[15] 人们也越来越清楚地看到日益加剧的不平等正深刻影响着我们的民主制度，正如两本书所反映的：一本是拉里·巴特尔斯写的 *Unequal Democracy*，[16] 另一本是诺兰·麦卡蒂、基思·普尔、霍华德·罗森塔尔等人合著的 *Polarized America*。[17]

但是在一个人人都有投票权（而且多数选民并不在那1%的群体里）的民主国家里，金钱为何这么强大有力，一直是个未解之谜，我希望这本书对此能提供一点解答。[18] 最重要的是，我将试图阐释经济与政治两者之间的关联。尽管大家已清楚地看到，这种日益加剧的不平等不利于我们的政治（正如前面提到的那一系列书籍所证明的），但我要解释的是，这种不平等也非常不利于我们的经济。

我自己想说的几句话

通过撰写本书，我回想起50年前吸引我开始经济学研究的理由。我当年在阿默斯特学院最初学的是物理专业，喜爱那些描述我们世界的精美数学理论。但是我的心却在别处，真正吸引我的是当时那些社会和经济剧变、发生在美国的民权运动及当时第三世界争取发展和反殖民主义的斗争。这种强烈愿望部分是由于我成长在美国工业核心地带——印第安纳州加里市。在那里我目睹了不平等、歧视、失业、经济衰退。当我还只有 10 岁时，我就好奇为什么那位整天照看我的和蔼可亲的女人，在这个看上去特别富有的国家却只有小学六年级的文化水平，我也好奇为什么她不照看自己的孩子却来照看我。在那个时代，大多数美国人都把经济学看成一门关于赚钱的学问，于是我在很多方面看来都不太可能成为一名经济学家。我生长在一个积极参与政治的家庭，大人告诉我金钱不是最重要的，金钱从来都买不来幸福；最重要的是为他人服务和追求充实的精神生活。但是在喧嚣的 20 世纪 60 年代，随着我在阿默斯特学院不断接触新思想，我发现经济学的研究范围远远超过如何赚钱，它实际上是对不平等根本原因的一种探究，我可以有效地把我对数学理论的偏爱投入到这种探究中。

我在麻省理工学院所写博士论文的主要内容就是不平等、其随时间的演进及其对宏观经济行为特别是经济增长的影响。我选用了当时被称为新古典模型的一些标准假设，证明了根据这些假设，在个体中应该出现一种朝向平等的聚合。[19] 很明显，新古典的标准模型出了问题，正如我在加里市的成长历程清楚地向我表明，那种说经济有效率并且不存在失业或歧视的标准模型是有问题的。正是认识到这种标准模型无法准确描述我们所处的这个世界，我开始寻求其他模型，其中市场不完善，特别是信息不完善和"非理性"都发挥着重要作用。[20] 具有讽刺意味的是，随着这些观念深入发展并赢得经济学界某些人士的认可，相反的观点——市场运行良好，或者只要政府不干预的话，就会运行良好，充斥于大部分的公共话语中。如同我先前所写的那几本书，本书也试图纠正误解、陈述事实。

致　谢

正如我在序言部分所说，我自从读研究生阶段就开始研究不平等的起源和后果，在将近50年的研究生涯中，我欠了很多人大量的思想债，多得不胜枚举。我与我的博士论文导师之一罗伯特·索洛很早就合写了一篇关于分配和宏观经济行为的论文，他本人的博士论文就是关于不平等的。我的另一位博士论文导师保罗·萨缪尔森对我的影响体现在第3章对全球化的讨论中。我关于全球化发表的最初几篇论文是与我的博士同学乔治·阿克洛夫合作的，并且我与他共同获得了2001年诺贝尔经济学奖。

当我在1965～1966年作为富布莱特学者访问英国剑桥大学时，收入分配是一个主要的争论焦点，我要感谢已故的尼古拉斯·卡尔多、戴维·钱珀瑙恩和迈克尔·法雷尔的指导，尤其要感谢詹姆斯·米德爵士和弗兰克·哈恩。正是在剑桥，我开始了与阿特金森的合作，他后来成了世界上研究不平等的权威之一。当时，人们仍认为不平等和经济增长之间存在着权衡取舍，詹姆斯·米尔利斯那时刚刚开始研究人们如何能设计出最优再分配税（这方面的研究使得他之后获得了诺贝尔经济学奖）。

我在麻省理工学院的另一位老师（在1969～1970年是剑桥大学的访问学者）肯尼斯·阿罗关于信息的研究极大地影响了我的思考。后来，他的研究与我的研究一样都关注歧视的影响、信息（如关于相对能力的信息）如何影响不平等以及教育在整个过程中的角色。

我在本书中涉及的一个重要问题是对不平等的测量，它所涉及的理论问题又与对风险的测量密切相关，40年前我在这方面的早期工作是与迈克尔·罗斯柴尔德合作完成的。随后我开始了与以前的一个学生拉维·坎波尔的合作，我们共同测量了社会经济流动性。

本书清楚地展现了行为经济学对我思考的影响。大约40年前，已故的行为经济学开拓者之一阿莫斯·特沃斯基第一次把我引入这个领域，随后，理查德·塞勒和丹尼尔·卡尼曼又极大地影响了我的思考。（当我在20世纪80年代创办 Journal of Economic Perspectives 这本杂志时，曾邀请塞勒开辟一个关于行为经济学的专栏。）

关于第7章所涉及的一些法律问题，关于美国高监禁率的问题，我分别从与爱德华·斯蒂格利茨和罗伯特·珀金森的讨论中受益良多。

我得益于与我的学生探讨共同构想出来的观点在此，我想特别提及两位学生：米格尔·莫林和安东·科里奈克。

我曾有幸供职于克林顿政府，对不平等和贫困的担忧是我们讨论的主要话题。我们讨论过怎样才能最好地应对贫困，比如采取福利改革，哈佛大学的戴维·贝尔伍德在参加这类讨论时起主导作用，以及针对上层存在的不平等的极端我们该做些什么，比如通过税收改革（正如我稍后所解释的，不是我们所做的每一件事都是沿着正确方向的行动）。艾伦·克鲁格（奥巴马总统经济顾问委员会主席）关于劳动市场的洞见，包括最低工资的作用，对我有着明显的影响。稍后我将在本书中提到我与贾森·弗曼和彼得·欧尔萨格的合作。曾与我一同供职于克林顿总统经济顾问委员会的艾丽西亚·芒内尔帮助我更好地了解了在减少贫困方面社会保障计划与《社区再投资法案》（Community Reinvestment Act，CRA）的要求所起的作用。关于在这一时期对我的思想有重大影响的其他许多人，请参看我的另一本书《咆哮的九十年代》（The Roaring Nineties）的鸣谢部分。

我曾有幸作为首席经济学家供职于世界银行，它的核心使命之一就是减少贫困。我们关注的焦点是贫困和不平等，每一天都是一次学习体验，每一次经历都是一次机会，使我们获得新的洞见，塑造并纠正我们对于不平等的起源和后果的看法，使我们更好地理解为什么不平等因国而异。我在此应该特别提及继我之后担任世界银行首席经济学家的尼克·斯特恩（我第一次见到他是在1969年的肯尼亚）和弗朗索瓦·布吉尼翁。

在第1章和其他地方，我强调了人均GDP或者其他对收入的测量都不能提供对幸福的一种充分测量。我在这方面的思考得益于当年在经济绩效与社会进步测量国际委员会（Commission on the Measurement of Economic Performance and Social Progress）的工作，那时我是该委员会的主席，另外的领导者还有阿玛蒂亚·森和让-保罗·菲图西。我还要感谢该委员会的其他21名成员。

在第4章中，我解释了不稳定与增长的联系，我对这方面的理解受到了我担任过主席的另一个委员会的重要影响，即关于国际货币和金融体系改革的联合国大会主席专家委员会（Commission of Experts of the President of the United Nations General Assembly on Reforms of the International Monetary and Financial System）。

我特别要感谢在罗斯福研究所的同事，包括波·卡特、麦克·孔恰尔、阿尔琼·贾亚德瓦和杰夫·马德里克，还有那些参与过罗斯福研究所不同工作的人也值得感谢，包括罗伯特·库特纳和杰米·加尔布雷思。对于我们这群喜欢看到一个更平等的社会和一个运行更好的经济的人来说，保罗·克鲁格曼一直是激励我们的人。

近年来，令人遗憾的是经济学没有充分关注不平等，就像它没有充分关注已使这个国家经历了不稳定的其他那些问题一样。为了弥补这些和另外一些不足，经济学家专门成立了新经济思维研究所（Institute for New Economic Thinking），我要表达对该研究所的感谢，特别要感谢所长罗布·约翰逊（也是罗斯福研究所的一位同事及那个联合国委员会的成员）与我就本书的内容进行了广泛探讨。

我一如既往地感谢哥伦比亚大学，它为我提供了思考的环境，使得各种想法都能踊跃发展、接受挑战并得到改进。我必须要特别感谢何塞·安东尼奥·奥坎波以及我长期的同事与合作者布鲁斯·格林沃尔德。

以上所讲是我欠下的思想债，另外对于那些以某种方式帮助我撰写本书的人，我心存一份特殊的感激。

本书脱胎于我在《名利场》杂志发表的一篇文章"1%的群体所有、所治、所享"，那篇文章由卡伦·墨菲向我约稿并做了稿件的编辑。感谢格雷顿·卡特贡献了这个题目。诺顿（Norton）出版社的总裁（也是我的老朋友）和编辑德雷克·麦克菲利建议我把那些想法扩展成一本书。和以前一样，布兰登·克里再次为本书做了高质量的编辑工作。

我的另一位出版编辑斯图尔特·普罗菲特也做了大量工作，他不仅提供了强化论点的建议，还对我的写作进行了细致的评论以使这些论点更清晰。

卡拉·霍夫从头到尾阅读了本书，对书中的语言和论证进行了改进。在我动笔写本书之前，与她就书中核心观点的探讨丰富了我自己的思考。

我的研究团队在劳伦斯·威尔西-萨姆森的领导下与安·李和里塔姆·肖里的参与下，除了进行事实核查，还进行了其他有成效的工作。他们建议哪些分析可以延伸、哪些分析需要深化，并且对此项目有着和我一样的兴趣。在本书的整个写作过程中，朱莉娅·库尼科和汉娜·阿萨迪提供了宝贵的评论和支持。

埃蒙·基尔舍-艾伦不仅管理了出版的整个过程，还担任了编辑和评论员，我非常感谢他。

当然了，我最要感谢的人还是我的妻子安雅，是她鼓励我撰写本书，不断地和我讨论书中的观点，并且帮助我一而再再而三地构思本书。

对于上述所有人及他们不断与我分享的对本书的热情，我深深感谢。当然，书中存在的任何错误和遗漏都与他们无关，都由我本人负责。

目 录

前言

致谢

第1章 美国的1%问题 / 1
    水涨未必船高 / 4
    大衰退使艰难的生活更加艰难 / 10
    机会 / 19
    近看上层群体：攫取了更大的一块饼 / 22
    国际比较 / 23
    结语 / 26

第2章 寻租与不平等社会的产生 / 31
    一般原理 / 36
    寻租 / 42

第3章 市场与不平等 / 57
    需求和供给定律 / 58
    全球化 / 64
    超越市场力量：我们社会中的变革 / 70

政府在再分配中的作用 / 77
整体情况 / 83

第 4 章　为什么不平等这么重要 / 89

不稳定与产出 / 91
高度不平等导致一种效率和生产率都较低的经济 / 98
不平等与效率之间的假定取舍 / 112
所谓激励薪酬的逆向效应 / 115
结语 / 123

第 5 章　险象环生的民主制度 / 127

破坏民主政治进程 / 129
全球化、不平等与民主制度 / 149
结语 / 156

第 6 章　1984 降临美国 / 157

现代心理学和经济学的一些基本要点 / 160
战争武器 / 175
作为对感知争夺的政策之争 / 178
大思路之争：政府与市场失灵 / 185
思想之争的胜利 / 192
结语 / 199

第 7 章　所有人的正义吗？不平等侵蚀了法治 / 201

我们为何需要法治 / 202
掠夺性贷款 / 206
破产法 / 208
次贷危机与法治管理 / 212
基于事实还是基于法律 / 218
结语 / 222

第 8 章　预算之战　/ 223
　　赤字的历史　/ 224
　　一箭"三"雕　/ 228
　　揭露赤字议程：保持和扩展了不平等　/ 238
　　迷思　/ 242
　　财政紧缩　/ 248
　　结语　/ 253

第 9 章　由那 1% 群体制定并为其服务的宏观
　　　　 经济政策与中央银行　/ 257
　　现代宏观经济学与货币政策怎样伤害了那 99% 的群体　/ 260
　　走向一个更民主的中央银行　/ 267
　　货币政策与思想之争　/ 275
　　结语　/ 283

第 10 章　前方的路：另一种世界是可能的　/ 285
　　经济改革议程　/ 288
　　遏制上层群体的过度行为　/ 289
　　帮助普通民众　/ 295
　　亟待解决的问题　/ 304
　　政治改革议程　/ 305

注释　/ 311

第1章
美国的1%问题

2007~2008年的金融危机和随后而来的大衰退，使众多美国人加入了功能失调资本主义所造成的流离失所者的行列。5年后的今天，想找一份全职工作的6个美国人中仍有一个人找不到；已有大约800万个家庭失去了住处，另有数百万个家庭将收到银行提前收回房屋的通知；[1]甚至还有更多的美国人眼睁睁地看着他们的终生积蓄蒸发掉。乐观主义者不断看到经济复苏迹象，即使这些迹象是真的，也需要很多年才能实现经济复苏进而实现充分就业，最快也要到2018年。可是，很多人在2012年开始之前就已经放弃了希望：那些在2008年或2009年就失去工作的人已经花光了他们的存款，失业救济金也用完了，曾一度自信会马上重返工作岗位的中年人逐渐意识到他们实际上是被强制退休了。刚从大学毕业的欠了几万美元债的年轻人根本找不到任何工作。在金融危机开始之初搬到了朋友家或亲戚家住的人现在已经变得无家可归了。在房地产繁荣时期购买的住房至今仍在市场上搁置或者降价出售，更多的房子仍旧空无一人。前10年金融繁荣埋下的隐患最终彻底暴露出来了。

市场经济最黑暗的一面就是大量的并且日益加剧的不平等，它使得美国的社会结构和经济的可持续性都受到了挑战：富人变得越富，而其他人却面临着与美国梦不相称的困苦。美国一直存在穷人和富人；这种不平等不是单纯由次贷危机和随后的经济衰退引发的（这种不平等是在过去30年里形成的），但是危机的确使事态恶化了，人们不能再对这种不平等视而不见了。中产阶级受到了严重挤压，其状况将在本章稍后展现；社会底层群体的痛苦更是显而易见，一方面由于美国社会安全网的弱点日益明显，另一方面由于公共支持计划（其在量上本来就是不足的）被进一步削减了。但是在整个过程中，最上层的那1%人群却设法占有了国民收入的巨大比例——超过了1/5，尽管他们的有些投资是赔钱的。[2]

当我们对收入分配随意安排时，就会发现存在着更大的不平等，这种不平等甚至会出现在最上层的那1%人群内部，其中0.1%的人得到的钱比其他人都多。截至2007年，也就是金融危机爆发的前一年，美国社会最上层的0.1%的家庭所拥有的收入是社会底层90%家庭平均收入的220倍。[3] 财富分配甚至比收入分配更为不平等，最富有的1%人群拥有的财富超过国家财富的1/3。[4] 收入不平等的数据只能使人迅速了解单一时点上的经济情况，但这正是为什么有关财富不平等的数据让人如此不安——财富不平等远远超过了收入逐年变动所体现的差异。此外，财富还更清楚地描述了人们在获得资源方面的差异。

美国正以越来越快的速度变成一个分层社会。在新千年的最初5

年（2002～2007年）里，上层的1%群体攫取了比国民总收入65%还要多的财富。[5] 当上层的1%群体收入惊人时，大多数美国人的境遇实际上变得更差了。[6]

如果富人变得更富有，同时处于社会中层和底层的人也过得很好，特别是当上层群体的努力对其他群体的成功至关重要时，那情况就另当别论了，我们应该祝贺上层群体的成功并感谢他们的贡献。但实际情况并非如此。

美国中产阶级觉得自己受苦已久，这种感觉是有依据的，因为在金融危机爆发前的30年里，他们的收入几乎没有变化。[7] 实际上，一个典型的全职男工的收入在过去1/3世纪里是停滞不前的。[8]

这场金融危机加重了这些不平等，其表现形式不仅仅是更高的失业率、失去的家园和停滞不前的工资。虽然富人在股市损失更为惨重，但他们却恢复得又好又快。[9] 事实上，自经济衰退以来所谓的"复苏"的收益绝大部分都进入了最富有的美国人的口袋：与2009年相比，2010年美国所创造的额外收入中的93%都为最上层的1%美国人所得。[10] 穷人和中产阶级的财富大部分都集中在住房上。随着平均房价从2006年第二季度到2011年底下降了1/3多，[11] 那些肩负大笔抵押贷款的大批美国人眼看着自己的财富基本上消失殆尽。在社会顶层，企业CEO非常成功地维持了他们的高工资；除了在2008年略有下降，到2010年，CEO的年薪与普通工人的年薪比率又回到了金融危机爆发前的比率——243∶1。[12]

对于美国正在走向的这种不平等，世界上很多国家有着令人不安的先例，情况不容乐观：有钱人住在高档社区，由一大群低收入工人服侍着；在不稳定的政治制度中，政府向民众许诺生活会更好，结果却令人失望。最重要的是，人们心中没有了希望。在这样的国家里，穷人知道摆脱贫困的前景非常渺茫，更别说跻身社会上层了。这不应该是我们所努力争取的东西。

在本章中，我将陈述美国不平等的影响范围以及它是如何影响数百万美国人生活的。我描述的不仅是我们怎样变成了一个更加分化的社会，还有我们为何不再是那个曾经充满机遇的国度。我将论证一个出生在社会底层的人上升到上层甚至中层的可能性极低。今天美国所面临的不平等和机遇缺失并非不可避免，也不能简单视为是由无情的市场力量所造成的。稍后各章将描述这种不平等的起因，我们的社会、民主制度和经济为之付出的代价，以及怎样才能减少不平等。

水涨未必船高

尽管美国一直是个资本主义国家，但不平等（或者至少是当前这种高度的不平等）却是个新话题。大约30年前，收入者中最上层的1%群体只得到了全国收入的12%。[13] 虽然这种程度的不平等也不应该被接受，但是从那以后，贫富收入差距变得愈发惊人，[14] 以至于到2007年，最上层1%群体的平均税后收入达到了130万美元，而最底层20%群体的平均税后收入却只有17 800美元。[15] 最上层1%群体一周的收入都比最底层1/5群体全年的收入多出40%，最上层0.1%群体一天半的收入几乎相当于最底层90%群体一年的收入，最富有的20%群体的税后总收入超过最底层80%群体的总收入。[16]

在第二次世界大战（简称"二战"）后的30年里，美国整体一起增长——每个社会群体的收入都增长了，特别是底层群体的收入比上层群体的收入增长得更快。美国为生存而战给了国民一种新的团结感，并促成了像《退伍军人权利法案》（GI Bill）等一系列有助于这个国家更为紧密团结的政策。

但是在过去的30年里，美国越来越成为一个分化的国家：上层群体的收入增长得最快，但底层群体的收入实际上在下降。这并非一种持续的格局——20世纪90年代，底层和中层群体曾一度收入很好。但正如我们所看到的，从2000年左右开始，不平等以一种更快的速度加剧了。

上一次达到我们今日所见的令人震惊程度的不平等还是在20世纪30年代经济大萧条爆发之前。当时的不稳定和最近的不稳定都与日益加剧的不平等密切相关，对此我将会在第4章加以解释。

解释不平等的这些起起落落的格局将是第2章和第3章的话题。此刻，我们只是简单地指出，1950～1970年期间不平等的显著减少部分是由于市场的发展，但更多地要归功于政府的政策，比如通过《退伍军人权利法案》为广大退伍军人提供了接受高等教育的机会，以及"二战"期间制定的高累进税制度。然而在"里根革命"（Reagan revolution）之后的年代里，市场收入的差距变大了，更具有讽刺意味的是，在这期间政府为克服市场中存在的不平等而设计的各项举措都取消了，对上层群体的税收降低了，社会福利计划也削减了。

市场力量（也就是供求定律）当然不可避免地在决定经济不平等的程度时起着一定作用。但是同样的力量在其他发达工业化国家也发挥着作用。甚至在标志着21世纪头10年的那种不平等爆发之前，美国就已经有了比几乎欧洲所有国家以及澳大利亚和加拿大都更高的不平等水平和更少的收入流动性。

不平等的趋势是可以被逆转的。其他几个国家已成功了。巴西一直是世界上存在最高程度不平等的国家之一，但是在20世纪90年代，巴西意识到了不平等会造成社会和政治分裂，并危害长期经济增长。于是整个社会达成了一种政治共识，即必须要采取一定的行动。在卡多索总统的领导下，国民教育经费大规模增长，包括对穷人的教育经费。在卢拉总统的领导下，大笔的福利支出用以减少饥饿和贫困。[17] 不平等减少了，经济增长提高了，[18] 社会变得更稳定了。尽管巴西仍然比美国有更多的不平等，但是当巴西相当成功地致力于改善穷人的困境并缩小贫富之间的收入差距时，美国却允许不平等和贫困进一步加剧。

更糟糕的是，美国的政府政策对于不平等的产生一直起着关键作用。如果我们要逆转不平等的趋势，我们就必须取消那些使美国变成了经济上最为分化的发达国家的政策。此外，我们还要采取进一步行动来减少那些本身由市场力量造成的不平等。

针对当前这种程度的不平等，有些辩护者声称，虽然这种不平等并非不可避免，但是采取任何做法都会代价过大。他们认为，要让资本主义创造奇迹，高度不平等就是不可避免的，甚至高度不平等是经济的必要特征。毕竟那些努力工作的人应该也必须受到奖励。某些不平等的确是不可避免的。某些人愿意比其他人干得更卖力、工作时间更长，对这些人的辛苦付出，任何运行良好的经济体制都必须奖励他们。但是本书将告诉读者，今日美国不平等的程度以及它的产生方式实际上既削弱了增长也破坏了效率。这种情况的部分原因是美国的不平等主要是由市场扭曲造成的,即市场提供的激励不是引向创造新财富而是引向攫取别人的财富。因此,另一种情况就不足为奇了:当不平等程度较低,以及各阶层一起增长时,我们的增长就更为强劲。[19] 这不但发生在"二战"后的几十年里,在最近的20世纪90年代也出现过。[20]

涓滴经济学

不平等的辩护者(有很多这样的人)提出相反的论调,他们认为给上层群体更多的钱会有益于**每一个人**,部分原因是那样做会产生更大的经济增长。这是一种被称为涓滴经济学(trickle-down economics)的想法,这种想法由来已久并且一直遭到怀疑。正如我们已经看到的,高度的不平等并没有带来更多的经济增长,大多数美国人实际上发现自己的收入下降或者停滞不前了。近年美国所经历的恰好是涓滴经济学的反面:聚集到上层群体的财富是以牺牲中下层群体为**代价**的。[21]

我们用分饼为例来思考这一切。假设这张饼被平分,那么每个人都会得到同样大小的一块,因此最上层的1%群体也仅得到这张饼的1%。但实际上,他们得到了非常大的一块,差不多是整张饼的1/5,那也就意味着其他每个人得到的那一块变小了。

现在,那些信奉涓滴经济学的人把这称为妒忌政治学。他们强调,人应该关注的不是所得那块饼的相对大小而是绝对大小。给富人更多的钱会使整张饼变大,因此即便中下层群体得到的那份饼**相对较**小,但其实也是变大了的。我希望真有那么回事,但其实不然。实际情况恰恰相反:正如我们注意到的,当不平等加剧时,经济增长放缓了——大多数美国人所得到的那块饼也缩小了。[22]

没受过多少教育的年轻人（年龄在 25～34 岁）现在的生活变得更艰难了；那些只受过高中教育的人看到自己的实际收入在过去 25 年里下降了 1/4 多。[23] 即便是那些有着本科或者更高学历的人其家庭收入状况也不好——他们的中位数收入（经通胀调整后）从 2000 年到 2010 年下降了 1/10。[24] 中位数收入是指在一系列收入数据中，以中间一点的收入为标记，左侧的一半收入数据小于它，右侧的一半收入数据大于它。

稍后我们将证明：既然自上而下的涓滴经济学不起作用，那么自下而上的涓滴经济学也许有效果——通过给予中下层群体更多财富，包括上层群体在内的所有人都可能受益。

美国不平等的概况

关于美国的简单情况是这样的：富人变得更富有，富人中的最富群体更是如此；[25] 穷人不但变得更穷，而且数量也更多；中产阶级正在被掏空，他们的收入不是停滞就是下降，他们与真正富人之间的差距在增大。

家庭收入差异与工资差异及财产和资本收入差异都有关系——而后两种差异中的不平等都在增加。[26] 就像随着总体不平等一直在增加，工资的不平等也一直在增加一样。比如在过去 30 年里，低工资人群（底层的 90% 群体）的工资只涨了大约 15%，而 1% 的上层群体的工资却涨了差不多 150%，0.1% 的最上层群体的工资涨了 300% 还要多。[27]

同时，财富的变化更为惊人。在这场危机爆发前的 25 年里，尽管每个人都变得更富有了，但是富人变得富有的速度更快。然而，正如我们前面所说，中底层群体的财富大多体现在他们的住房价值上，属于幻影财富（phantom wealth），因为房价充满泡沫。尽管在危机当中人人都有损失，但是上层群体迅速地恢复了，而中底层群体却没有。即便当大衰退造成股价下跌，富人损失了一定财富后，美国家庭中最富有的 1% 上层群体拥有的财富仍然是普通家庭的 225 倍，几乎比 1962 年或 1983 年的比率翻了一番。[28]

鉴于财富的不平等，上层群体攫取了资本收入中最大的一份也就不足为奇了——在危机爆发前的 2007 年，大约有 57% 的资本收入为 1% 上层群体所获得。[29] 同样不足为奇的是，1% 上层群体得到了 1979 年以来资本收入**增长**部分中更大的一份，大约有 7/8，而 95% 底层群体仅得到了增长部分的不足 3%。[30]

这些数据虽然令人警醒，却不足以充分展现当前存在的财富差异。为了对美国的不平等现状有一个更强有力的解读，让我们看一下沃尔顿家族的情况：沃尔玛帝国的 6 位继承人控制着 697 亿美元的财富，相当于美国社会整个底层 30% 群体的财富。这些数字也许并不像看上去那么令人吃惊，仅仅是因为底层群体的财富如此之少。[31]

两极分化

美国一直把自己视为一个中产阶级的国家。没有人想把自己看成是特权阶层，也没有人想把自己的家庭纳入贫困一族。但是近年来，美国的中产阶级已经被掏空了，相对于社会底层那些需要较少技能的工作以及社会上层那些需要更强技能的工作，那些曾属于中产阶级的

"好工作"似乎正逐渐消失。经济学家称这种现象为劳动力的"两极分化"（polarization）。[32] 我们将在第 3 章讨论一些理论来解释为什么会发生这种现象以及该采取什么措施。

好工作的消亡发生在过去的 25 年里，这类工作的工资随之下降，上层群体与中层群体的工资差距也随之加大。[33] 劳动力的两极分化意味着，一方面更多的钱流向了上层，另一方面更多的人滑落到了底层。[34]

大衰退使艰难的生活更加艰难

美国的经济鸿沟已变得如此之大，以至于社会 1% 的上层群体难以想象底层群体以及越来越多的中层群体的生活是怎样的。以只有一个赚钱者和两个孩子的家庭为例。假设这个赚钱者身体健康，能够每周工作满 40 小时（美国工人平均每周只工作 34 小时），[35] 工资比最低标准略高，比如每小时 8.50 美元，这样在支付了社会保障税之后，他得到每小时 8 美元的工资，于是他 1 年工作 2080 小时总共拿到 16 640 美元。假设他不用缴纳所得税，但是他的雇主每个月扣除他 200 美元用以支付全家的健康保险，并为他支付每个月 550 美元保险费用的其余部分。这样他拿回家的收入是每年 14 240 美元。如果运气好的话，他或许能以每月 700 美元的价格租到一套两卧室的公寓（包括各种设施）。去除此项开支，他就剩下 5840 美元用以支付全年的所有其他家庭开销。和大多数美国人一样，他可能也认为汽车是生活的基本必需品，这样养车所需的保险费、油费、维修费和折旧费，一年很容易就花去 3000 美元。于是这一家只剩下 2840 美元——相当于每人每天不足 3 美元来支付吃穿等基本花销，就更别提娱乐了。如果收支出了问题，就根本没有缓冲的余地了。

随着美国经济进入大衰退，对于这个假设的家庭以及全国数以百万计真实的美国家庭而言，有些地方的确出了问题。工作没有了，住房（他们的主要资产）的价值暴跌了，而且随着政府收入的减少，最被人们需要的安全网也被削减了。

早在危机爆发前，美国的穷人就生活在灾难的边缘；但是伴随着大衰退，甚至连中产阶级都日益明显地陷入同样境地。这场危机充斥着人间悲剧：一次未能支付的抵押贷款升级为丢失房屋的所有权，无家可归又升级为失业以及家庭的最终破裂。[36] 对于这些家庭而言，一次打击还可以应付，但第二次打击就应付不了了。由于大约 5000 万美国人没有健康保险，因此有一个人生病就足以让全家人吃不消；[37] 如果再有第二个人生病、失业或者出车祸，那么整个家庭就没法活了。事实上，最近的研究表明，迄今为止的大多数个人破产都涉及家庭成员生病。[38]

为了看清楚社会保障计划中微小的变化是如何对贫困家庭产生重大影响的，让我们再回到先前那个假设的例子，那个年收入只剩下 2840 美元的家庭。随着经济衰退的持续，很多州削减了对儿童保育的资助。比如在华盛顿州，两个孩子的保育费平均每月 1433 美元。[39] 即便上述家庭的另一位家长也能找到一份类似收入的工作，但如果没有政府资助的话，该家庭仍然承担不起儿童保育费。

没有安全网的劳动力市场

对于那些失业又找不到工作的人来说，他们面临着更大的困难。从 2007 年 11 月到 2011 年 11 月，[40] 全职就业人数下降了 870 万，同一时期**正常**情况下本来会有 700 万新人加入劳动者队伍，这样算下来真正的就业赤字就超过了 1500 万人。数百万一而再再而三寻找工作的人找不到工作，最后只好放弃并退出劳动者队伍；当就业前景对大学毕业生而言都很惨淡时，年轻人就决定继续留在校园里读书。那些"失踪的"劳动者意味着官方公布的失业数据（截至 2012 年初，失业率"只有"8.3%）对于劳动力市场的状态呈现出一幅过于美好的景象。

我们的失业保险制度是发达工业化国家里最不慷慨的之一，根本做不到对失业者提供足够的支持。[41] 通常情况下，失业保险只提供 6 个月。在金融危机爆发之前，一个充分就业的富有活力的劳动力市场意味着大多数想找工作的人都能在短时间内找到，即便这份工作不能满足他们的期望或充分发挥他们的技能。但是那种情况在经济大衰退期间就不复存在了，失业者中差不多有半数是长期找不到工作的。

虽然享受失业保险的期限延长了（通常要经过国会一番艰苦的辩论），[42] 但即便如此，当救济金期满时，数百万美国人还是发现自己处于失业中。[43] 随着经济衰退和疲软的就业市场进入到 2010 年，我们社会出现了一个新的群体，"99 周失业者"——那些处于失业状态超过 99 个星期的人，并且即便身处美国情况最好的州，即便得到联邦救助，他们仍然受到冷遇。他们找过工作，但就是没有足够的工作岗位。每一份工作有 4 个求职者盯着。[44] 考虑到要花费大量的政治资本才能使失业保险延伸到 52、72 或者 99 个星期，因此几乎没有政客提议为 99 周失业者做些什么。[45]

2011 年底由《纽约时报》做的一项民意测验揭示了美国失业保险制度存在不足的程度。[46] 当时只有 38% 的失业者得到失业救济金，而大约 44% 的失业者从未得到过。在那些得到资助的人中，70% 的人觉得在他们没有找到一份工作之前，救济金就极有可能或很有可能到期了。3/4 领取失业救济金的人说，救济金远远少于他们先前的收入。不足为奇的是，超过一半的失业者由于找不到工作而产生了情绪或健康问题，却得不到治疗，因为超过一半的失业者根本就没有健康保险。

很多中年失业者看不见找到另一份工作的前景。对于年龄超过 45 岁的人而言，**平均**失业时间几乎接近 1 年。[47] 这次民意测验中唯一积极的亮点就是那种乐观的回答，**总的来说**，70% 的人认为他们在接下来的 12 个月里极有可能或很有可能得到一份工作。看起来美国式的乐观主义仍然存在。

在衰退开始之前，美国在某些方面似乎比其他国家表现得更好。比如中产阶级的工资尽管没有涨，但至少每个人都还能找到一份工作。这就是长期吹嘘的所谓"灵活劳动力市场"的优势。但是金融危机显示，随着美国劳动力市场越来越像欧洲劳动力市场——失业率不但高而且持续时间长，这种优势似乎正在消失。年轻人很沮丧——但是我推测，当他们得知当前这种趋势预示着什么时，他们会更加沮丧：那些长时间失业的人比起那些有相似条件但却幸运地找到了工作的人，终身就业的可能性要低。另外，即使他们找到了一份工作，所得工资也比后者的要低。实际上，在失业率很高的年份里参加工作，这些人的坏运气就会体现在他们的终身收入上。[48]

经济不安全

很容易理解为什么众多美国人有着这么强烈的不安全感。因为就连那些就业者也知道他们有失去工作的危险,并且由于高失业率和低社会保障,他们的生活可能会急转直下。失业意味着失去健康保险乃至他们的住房。

那些看上去有稳定工作的人面临着不安全的退休生活,因为近年来美国政府改变了管理养老金的方式。大多数退休福利曾经都是通过养老金固定收益计划提供的,劳动者可以放心他们退休后的待遇,企业承担了股市波动的风险。但是现在大多数劳动者面临的是养老金固定缴款计划,劳动者自己要管理起他们的退休账户,并承担起股市波动与通货膨胀的风险。一个明显的例子是:如果劳动者听了金融分析师的建议把钱投到了股市,那么他在 2008 年就赔惨了。

大衰退带给许多美国人三重打击:他们的工作、退休收入以及住房都处于风险当中。房地产泡沫暂时缓解了人们收入下降可能造成的后果。为了尽力维持他们的生活标准,人们花的比挣的多。事实上,在 21 世纪头十年的中期,也就是大衰退爆发前,底层 80% 的人群花的钱大约是挣的钱的 110%。[49] 现在既然泡沫破裂了,这些美国人不仅需要**量入为出**,而且他们当中许多人还**入不敷出**,因为要偿还一大堆的债务。那些通过抵押贷款购房的人中,有超过 1/5 的人处境艰难,所欠房款超出了房子的价值。[50] 于是这房子不但没有成为日后退休养老或者支付孩子大学学费的存钱罐,反倒成了一个负担。并且许多人还面临着失去住房的风险,其中不少人已经遭遇这种结局了。我们前面提到的那些自房地产泡沫破裂后失去住房的数百万美国家庭,他们失去的不仅是安身之所,还包括大部分的积蓄甚至毕生积蓄。[51]

一方面是退休账户的损失，另一方面是房产估价6.5万亿美元的损失，[52] 普通美国人在这场危机中损失惨重，而那些更穷的美国人刚刚开始实现他们的美国梦（至少他们自己是这么想的，因为他们买了住房并看到住房在泡沫中升值），他们的损失就更惨了。2005～2009年，典型的非裔美国人家庭丧失了其财富的53%，其资产仅是普通白人家庭资产的5%，而普通美籍西班牙家庭丧失了其财富的66%。就连典型的美国白人家庭的净资产也下降很多，到2009年是113 149美元，比2005年损失了16%。[53]

生活水平下降了

到目前为止我们一直关注的收入水平不但乏善可陈，而且不能充分反映**大多数**美国人生活水平的下降。大多数美国人面临的不仅是经济不安全和健康不安全，在某些情况下，甚至还有人身不安全。奥巴马的医疗计划原本打算扩大覆盖面，但是大衰退及其引发的预算紧缩导致了相反的举措。穷人所依赖的医疗补助计划已经被削减了。

缺乏健康保险是造成健康状况下降的一个因素，特别是对于穷人。美国人的预期寿命是78岁，低于日本人的83岁、澳大利亚人或以色列人的82岁。根据世界银行的统计，在2009年，美国人的寿命总体排名第40位，略低于古巴。[54] 美国的婴儿和产妇死亡率与一些发展中国家几乎差不多；就婴儿死亡率而言，美国的表现比古巴、白俄罗斯及马来西亚都差，且不说其他国家了。[55] 此外，这些不良健康指标主要反映的是美国穷人的悲惨境遇。比如，美国穷人的平均预期寿命比上层群体几乎低10%。[56]

我们在前面提到，一个典型的全职男工的收入在过去1/3世纪里是停滞不前的，那些没受过大学教育的人的收入也下降了。为了避免收入下降得更厉害，每个家庭的工作小时数增加了，主要是因为更多的女人像她们的丈夫一样也参加了工作。我们的收入统计数据没有考虑家庭休闲时间的减少及其对家庭生活质量的影响。

生活标准的下降不但反映在严峻的经济现状中，也反映在变化的社会模式中。越来越多的年轻成年人和他们的父母住在一起：25～34岁的男性中大约有19%，超过了2005年的14%；同一年龄段的女性比例从8%增长到10%。[57]这些有时被称为"回巢族"的年轻人被迫待在家里，或者毕业后回到家里，因为他们负担不起独立生活。甚至连结婚这样的习俗都受到了影响，至少就目前而言是这样，因为他们缺乏收入和安全感。仅2010年，同居但没结婚的人数就激增了13%。[58]

普遍和持久的贫困以及公共教育和其他社会性支出中的长期投资不足的后果也在其他指标中显现出来，表明我们这个社会并没有发挥它应发挥的作用：高犯罪率，人口中很大一部分在蹲监狱。[59]尽管目前的暴力犯罪统计数据要好于1991年时最严重的情形，[60]但仍然很高，比其他发达工业化国家的情况严重很多，给社会带来了极大的经济和社会成本。很多贫困（及不太贫困）街区的居民仍觉得有遭到人身袭击的危险。把230万人关在监狱里的费用是巨额的。美国每10万人中有730人蹲监狱（相当于每100名成年人中有1人），这一比例是世界上最高的，是很多欧洲国家的9～10倍。[61]美国一些州花在监狱上的开支和花在大学上的一样多。[62]

这些方面的开支不是一个运行良好的经济和社会的标志。花在"治安"（保护生命与财产）上的钱并不能增加国民福利，只能防止情况变得更糟。但是我们把这些支出和其他任何支出一样都认为是国家 GDP 的一部分。美国日益加剧的不平等导致政府花更多的钱来防止人们犯罪，虽然这将显示为 GDP 的增长，但我们不应该把它同国民福利的增长混为一谈。[63]

蹲监狱的人数甚至扭曲了我们的失业人口数据。蹲监狱的人严重受教育不足并且来自面临失业的群体。即便没入狱，他们也极有可能会成为已经人数众多的失业大军中的一员。从这个角度讲，美国真正的失业率可能更严重，也比欧洲国家更为严重。如果把大约 230 万蹲监狱的人都计算在内，美国的失业率就会大大高于 9%。[64]

贫困

大衰退使得美国规模日益缩小的中产阶级的日子比以前难过了。但是社会底层群体的生活更为艰难，就像本节前面所描述的那个家庭，他们试图依靠比最低工资略高的收入活下去。

越来越多的美国人只能勉强满足生活的基本要求，这些人被认为生活在贫困中，在 2010 年他们占总人口的 15.1%，[65] 高于 2007 年的 12.5%。我们此前的讨论应该可以清楚地表明这些人的生活标准有多么低。在社会的最底层，**极度贫困**（世界银行用于衡量发展中国家贫困的指标，每人每天生活费用只有 2 美元或更少）的美国家庭的数量到 2011 年时达到了 150 万户，比 1996 年增长了一倍。[66] "贫困差距"（poverty gap）指一个国家穷人的平均收入低于官方贫困线的百分比，它是另一个有实质意义的统计数据。美国的贫困差距达到了 37%，是经济合作与发展组织（OECD）成员中排名最低的之一，和西班牙（40%）、墨西哥（38.5%）及韩国（36.6%）属于同一类别。[67]

贫困程度的另一个展现途径，就是有多少美国人是依靠政府来满足他们的基本食物需要的——七人中有一人。即便那样，还是有大量的美国人至少一个月有一次是空着肚子上床睡觉的，不是因为他们节食，而是因为他们吃不起。[68]

对贫困的测量（如同对收入的测量）很困难并且充满争议。直到2011年，标准的贫困测量方法才锁定在政府计划产生影响之前的收入上，就是上面给出的那些数字，它们反映了在政府没有提供安全网的情况下，穷人的生活是什么样子。很显然，政府的各项计划**的确很重要**，尤其是在经济衰退时。很多政府计划，像失业保险，提供的只是短期资助，目标人群是那些面临暂时困难的人。随着1996年福利制度的改革——《个人责任与工作机会协调法案》（Personal Responsibility and Work Opportunity Reconciliation Act），福利支付也变得有时限性了（联邦资金一般限定为最多5年）。

当我们审视这些政府计划，同时也更为仔细地考察社会各种群体的不同需要时（农村人住房成本较低，老年人医疗费用较高），我们对于贫困就会有更细致的理解：相对于那些没有把穷人中不同群体的不同情况考虑进去的较早的测量方法，新的测量方法表明农村穷人较少，城里穷人较多，贫困儿童较少，贫困老人较多。根据新的测量方法（以及旧的测量方法），贫困人口的数量一直在迅速增加，仅从2009年到2010年就增加了6%，并且新测量方法得出的贫困人口数量甚至高于旧测量方法得出的，因此六个美国人中就有一个现在生活在贫困中。[69]

《圣经》中所说的"你的周围总有穷人"也许是对的，但那并不意味着一定要有**这么多**的穷人，或者他们竟然要受这么多的苦。我们是有财富和资源来消除贫困的：社会保障（social security）和医疗保险（medicare）就几乎消除了老年人中的贫困现象。[70] 其他一些并不像美国一样富有的国家，在减少贫困和不平等方面比美国做得好。

尤其令人不安的是，今天差不多有 1/4 的儿童生活在贫困中。[71] 对他们的困境置之不理的政治选择会对美国产生深远的影响。

机会

对美国基本公平的信仰，即相信我们生活在一个**机会平等**的国度，有助于把我们联系到一起。至少那种信仰是一个美国神话，有力且持久。然而，越来越多的现实表明，那仅仅就是一个神话。当然了，也有例外。不过对于经济学家和社会学家而言，重要的不是那几个成功故事，而是社会中底层群体的大多数人处境如何。比如说，他们跨入社会上层的机会有多少。如果美国真是一个充满机会的国度，那么一生成功的机会（比如说，最后能挤进社会上层的 10% 群体）对于一个出生在贫穷或受教育程度低的家庭的人，以及对于一个出生在富有、受教育程度高并且社会关系广的家庭的人，两者应该是一样的。但实际情况并非如此，并且有证据表明情况越来越不是这样。[72] 根据经济流动性项目（Economic Mobility Project）的统计，"家长受教育的程度与孩子未来的经济、教育和社会情感等方面的结果密切相关。"这一点在美国比在其他那些更注重这方面结果的国家更为突出，包括"老欧洲"的国家（英国、法国、德国、意大利）、其他讲英语的国家（加拿大和澳大利亚）以及北欧国家（瑞典、芬兰、丹麦）。[73] 另外的许多研究也证实了这些研究结果。[74]

机会的减少伴随着日益加剧的不平等。事实上，不同国家都存在着这一格局——不平等越多，机会平等就越少。不平等持久存在。[75]但让人尤感不安的是两者的这种关系对美国未来的预示：如果我们不采取一些措施的话，近年来这种日益加剧的不平等就意味着未来的机会将减少、不平等将增加。那意味着2053年的美国与2013年的美国相比将是一个更加分裂的社会，我们在随后各章讨论的由不平等引发的所有社会、政治和经济问题也会随之变得更糟。

美国在社会底层和社会上层的表现尤为差劲：处于社会底层的人极有可能一直待在底层，而处于社会上层的人也极有可能一直待在上层，这种情况在美国比在其他国家更为明显。如果机会充分平等的话，最底层1/5的群体中将只有20%的人的孩子会继续留在那儿。丹麦基本上做到了这一点——继续留在底层的只有25%。因阶级划分而背恶名的英国做得稍差一点（30%），也就是说这一群体中的人还有70%的机会向社会上层移动。然而，在美国向上移动的可能性明显小得多（出生在底层群体的孩子只有58%的人能够脱离这个群体），[76]并且当他们向上移动时，他们只能向上移动一点。最底层的20%群体中将近有2/3的人的孩子留在了最底层的40%群体——这比假如机会充分平等时的情况高出了50%。[77]同样，如果机会充分平等的话，底层20%的人就能最后进入到上层的1/5群体。目前还没有哪个国家实现这一目标，但是丹麦（14%）和英国（12%）仍然比美国（8%）做得好很多。同样的道理，在美国，一旦一个人挤入了社会上层，他就很有可能一直留在那里。[78]

还有很多其他方法来总结穷人所处的不利地位。记者乔纳森·蔡特（Jonathan Chait）让我们注意到来自"经济流动性项目"的两条最有说服力的数据以及来自经济政策研究所（Economic Policy Institute）的研究。[79]

- 学习成绩好的穷孩子比学习成绩差的富家子弟更不容易大学毕业。[80]
- 即便大学毕业了，穷人家孩子的日子过得仍然不如低成就的富家子弟。[81]

这两种情况都不足为奇：教育是成功的关键之一。美国给了社会上层的精英可称得上是世界上最好的教育，但是普通美国人只能得到普通教育，尤其是数学，这个现代生活中很多领域的成功都离不开的科目，教学质量低于一般水平。这一点与中国（上海与香港）、韩国、芬兰、新加坡、加拿大、新西兰、日本、澳大利亚、荷兰及比利时等国家的情况形成对比，这些国家在**所有**测验（阅读和数学）中的表现都显著高于一般水平。[82]

美国教育机会不平等的一个明显反映就是美国知名大学中的学生构成比例：大约只有9%的人来自底层50%的人群，而74%来自上层25%的人群。[83]

到目前为止，我们已经构建了一幅图像，描绘了一个日益分裂的经济和社会。这种分裂不仅体现在收入数据上，还体现在健康、教育、犯罪等各项数据上——可以说，体现在衡量经济和社会表现的每一项标准上。虽然父母收入和受教育程度等方面的不平等直接造成了子女受教育机会的不平等，但是机会的不平等甚至早在上学前就开始了——穷人在出生前和出生后直接面对的不同的生活条件、不同的食物和那些会造成终身影响的环境污染物。[84]对于那些出生于贫困家庭的人来说，想要逃脱经济学家所称的"贫困陷阱"（poverty trap）简直是太难了。[85]

即使这些数据显示的是相反情况，但美国人依然相信机会的神话。皮尤基金会（Pew Foundation）做的一项民意调查发现"10个美国人里差不多有7个已经实现或者有望在他们生命的某一点上实现他们的美国梦"。[86] 即便是个神话，但相信人人都有一个平等的机会的确有它的好处：它激励着人们努力工作。我们看上去都在同一艘船上，虽然目前有些人坐头等舱，其他人坐经济舱，但是在下一次航行时，原来的舱位就可能被改变。这一信仰使得美国避免了一些欧洲国家所面临的某些阶级分化和紧张。同样地，当现实逐渐为人所理解，当大多数美国人最后看出经济博弈对他们不利时，这一切面临着风险。疏远开始取代激励，社会凝聚开始被一种新的分裂取代。

近看上层群体：攫取了更大的一块饼

正如我们前面所说，美国社会中日益加剧的不平等在上层、中层和底层群体都显露出来。我们已经注意到中底层群体的状况，这里我们近看一下上层群体的情况。

如果说，今天那些挣扎着的贫困家庭得到我们的同情，那么处于上层群体的人就越来越引发我们的愤怒。曾几何时，当广泛的社会共识认为上层群体是凭辛苦和智慧赚到了他们的所得时，他们赢得了我们的钦佩。然而在最近这次危机中，虽然银行业损失巨大，但银行高管还是拿到了巨额奖金；公司裁员，声称支付不起工资，却用省下来的钱增加高管的奖金。于是我们对他们的感觉由先前的钦佩变成了现在的愤怒。

公司高管（包括那些造成危机的人）的薪酬数字很能说明问题。我们先前描述了CEO与普通工人之间工资的巨大差距——超过了200多倍，这一数字大大高于其他国家（如日本相应的比率是16∶1），[87]甚至大大高于1/4世纪前美国自己的情形。[88]当年30∶1的比率现在看来都觉得稀奇了。有一种观点认为，在过去的20多年中，作为一个群体的CEO，与普通工人相比，其生产率提高如此之多，以至于收入高出200多倍就合情合理了。事实上，对于这种观点，现有的关于美国公司成功的数据不能提供支持。[89]更糟糕的是，我们树立了一个坏榜样，因为其他国家的企业高管正在效仿他们的美国同行。英国的高薪委员会（High Pay Commission）报告说，与社会其他群体相比，英国大公司的高管薪酬正走向维多利亚女王时代的不平等水平（尽管当前这种差距只不过是20世纪20年代的状况）。[90]正如报告所指出的："公司内部公平的薪酬机制很重要，它影响着生产率、员工敬业度和员工对我们企业的信任。而且上市公司的薪酬设置了一个先例，如果薪酬公然不和绩效挂钩或者奖励不均，那么它就传递了错误信息，这是市场失灵的一个明显症状。"[91]

国际比较

当我们放眼世界时，美国不仅有着发达工业化国家中最高程度的不平等，而且其不平等程度相对于其他国家的不平等程度是绝对增长的。早在20世纪80年代中期，美国就是发达工业化国家中最不平等的国家，迄今它一直保持着这一位置。[92]实际上，美国与其他许多国家的差距已经增大了：从20世纪80年代中期以来，法国、匈牙利和比利时的不平等没有显著增长，而土耳其和希腊的不平等事实上下降了。美国的不平等程度现在正接近于功能失调社会的程度，包括伊朗、牙买加、乌干达及菲律宾，这个"俱乐部"显然不是我们想加入的。[93]

由于我们有这么严重的不平等，而且它还在加剧，所以**人均收入**的变化不足以告诉我们太多关于普通美国人所经历的。如果比尔·盖茨和沃伦·巴菲特的收入都上涨了，那么美国的**平均**收入也就跟着上涨了。因此更能说明问题的是**中位数**收入的变化，即社会中层家庭的收入变化，正如我们所看到的，这种收入近年来一直都没上涨。

联合国开发计划署（UNDP）开发出一种对于"人类发展"的标准测量法，是把对收入、健康和教育的测量数据合计起来，然后校准它们以反映不平等。在进行校准之前，美国在2011年的排名相当好——第4名，排在挪威、澳大利亚和荷兰三国之后。但是一旦根据不平等进行校准之后，美国就排在了第23名，落后于很多欧洲国家。这种考虑和不考虑不平等因素的排名差异之大名列发达工业化国家榜首。[94] 所有斯堪的纳维亚国家的排名都远远高于美国，这些国家都对自己的公民不但提供全民教育，还提供全民医疗。对此，美国标准的口头禅是资助这些福利所需的税收会扼杀经济增长。事实根本就不是那么回事，比如2000~2010年，高税收的瑞典增长得远远快于美国（瑞典的平均增长率超过了美国的平均增长率），前者是2.31%，后者是1.85%。[95]

正像这些国家中一个国家的前财政部部长告诉我的："我们的经济增长如此之快、运行如此之好，全仗着我们有高额税收。"当然，他这话并不是说税收本身导致了高增长，而是因为税收提供了公共支出（教育、技术和基础设施领域的投资），公共支出是维持高增长的动力，这完全抵消了较高税赋带来的不良影响。

基尼系数

测量不平等的一种标准方法是基尼系数。假如收入是与人口成比例分享的——底层的 10% 群体大约得到收入的 10%，底层的 20% 群体大约得到收入的 20%，以此类推，那么基尼系数就会是零，也就是没有不平等。此外，假如所有的收入都集中到最上层的一个人手中，那么基尼系数就会是 1，在某种意义上达到了"完全"不平等。比较平等的社会的基尼系数是 0.3 或更低，这样的社会包括瑞典、挪威和德国。[96] 最不平等的社会的基尼系数是 0.5 或更高，这样的社会包括非洲的一些国家（尤其是有着种族歧视史的南非）和拉美的一些国家（以其分裂甚至失调的社会和政体著称）。[97] 虽然美国**尚未**成为这种"精英"群体的一员，但是它已经踏上这条路了。1980 年，美国的基尼系数刚刚触及 0.4，今天已达到 0.47 了。[98] 根据联合国的数据，美国比伊朗和土耳其还略微不平等，[99] 比欧盟的任何一个国家都更为不平等。[100]

在结束这种国际比较时，让我们再回到先前提及的一个话题：对于收入不平等的测量数据不能充分反映不平等的关键方面。实际上，美国的不平等也许比那些数字显示的要严重得多。在其他发达工业化国家，老百姓不必担心看病的费用，也不必担心父母的医疗问题；在那些国家，享受体面的医疗被看成是一项基本人权。在那些国家，失业对人们来说也是件沉重的事儿，但至少政府还提供比较好的安全网。没有哪一个国家有这么多的人要为失去住房而担心。对于身处社会中底层的美国人来说，经济不安全已经成为残酷的现实。这一点真实存在，且非常重要，但它没有在统计数据中反映出来。如果把这一点也加入统计数据中的话，那么国际比较显示出的美国情况就会更加糟糕。

结语

在危机爆发之前的年代里，很多欧洲人都把美国当成榜样，询问如何能改革自身经济使之像美国经济一样运行良好。欧洲当然也有自己的问题，问题产生的原因主要是众多国家结合在一起形成了一种货币联盟，但同时却没有制定必要的政治和制度安排以使之正常运转，对此欧洲国家将要付出巨大代价。但是除了这一点以外，他们（以及世界其他国家的人民）现在知道了，人均 GDP 不能充分表达社会中绝大多数人的实际生活——并且从根本上讲，也不能充分显示经济的实际运行情况。他们也曾被人均 GDP 数据误导，认为美国做得好。今天不再是那么回事了。当然，那些透过表面看本质的经济学家早在 2008 年就知道美国那种债务驱动的增长难以持续，并且即便当一切都看上去很好时，大多数美国人的收入和财富实际上也在下降，虽然那些上层人士的巨额收益扭曲了整体情况。

一个经济模式的成功与否只能通过一种方式评价，那就是看大多数公民的生活水准在持续的一段时间内发生了怎样的变化。以这种方式评价，美国的经济运行得就不算好，而且持续了至少 1/3 世纪。尽管美国已经设法提高了人均 GDP，1980～2010 年提高了 3/4，[101] 但是正如我们前面所说，大多数全职男工的收入实际上却下降了。对于这些工人而言，美国经济没能够提高他们的生活水准。这并不是因为美国经济引擎失去了产出能力，而是因为美国经济引擎的运行方式把经济增长的收益给了社会上层越来越集中的一小伙人，甚至拿走了一些原本给予底层群体的福利。

本章阐释了关于美国经济的某些严酷和令人不舒服的事实：

（1）最近的美国收入增长主要出现在收入分配中顶层的1%群体。
（2）因此出现了日益加剧的不平等。
（3）中底层群体今天的处境比21世纪初实际上更差了。
（4）财富的不平等甚至大于收入的不平等。
（5）不平等不仅体现在收入上，还体现在其他反映生活水准的变量上，比如安全和健康。
（6）社会底层群体的生活尤为艰难——经济衰退使之雪上加霜。
（7）中产阶级被掏空了。
（8）收入流动性小——把美国视为充满机会的国度的想法是一个神话。
（9）美国的不平等多于任何其他发达的工业化国家，在纠正不平等方面也比其他国家做得少，于是不平等比其他许多国家增长得更快。

美国右翼人士会发现本章所描述的事实让他们感到不太舒服，因为我们这里的分析背离了右翼人士所希望宣传的那些他们珍爱的神话：美国是一个充满机会的国度，大多数人都从市场经济中受益，尤其是自里根政府解除对经济的管制和缩小政府规模以来。虽然右翼人士想否定这些事实，但是越来越多的数据让他们无能为力。他们尤其无法否认的是社会底层和**中层**群体的日子过得很差，而上层群体却攫取了国家收入中的一大块——数量如此之大以至于留给其他人的就被减少了；他们也无法否认处于底层和中层的人挤进上层的机会远远小于那些处于上层的人继续留在那里的机会；他们更无法否认政府是能够帮助改善贫困的——这方面对于老年人就做得特别有效。那意味着对包括社会福利计划在内的政府计划的削减极有可能增加贫困，除非这些计划经过精心设计。

作为回应，右翼人士提出了四条反驳意见。

第一，任何年份中，总有人穷困潦倒，也总有人兴旺发达，平等与否最重要的不是看一时，而是看一生。那些最低收入的人们大体上都可能会在后来的岁月里获得更高的收入，因此终生不平等的情况就不像那些数据描述的那样不可改变了。经济学家认真审视了终生收入的差异，令人遗憾的是，右翼人士的愿望并不符合今天的现实：终生不平等的比例是非常大的，几乎和每一时点的收入差异一样大，而且近年来增长很多。[102]

第二，右翼人士有时也声称美国的贫困不是真正的贫困，毕竟美国的穷人大多数都享受着其他国家的穷人得不到的生活便利设施，因此他们应该感恩生活在美国。他们有电视机、室内卫生设备、供暖（大多数时间），还能免费上学。但是正如美国国家科学院的一个专门问题研究小组发现的，[103] 人们不能忽视相对匮乏。美国城市的基本卫生标准使每个家庭都能享用室内卫生设备，但这不意味着人们不再面对极端的贫困或实现了美国梦。[104]

右翼人士的第三点回应是对统计数据吹毛求疵。有些人会说通货膨胀率被高估了，因此收入增长就被低估了。但是，如果真有高估或低估的话，我倒是怀疑统计数据其实低估了普通美国家庭所面临的痛苦。当家庭成员"为了家人"而延长工作时间以维持生活水准时，其家庭生活质量经常受到影响。我们在本章的前面描述了美国社会中穷人和中产阶级所共同面临的越来越强烈的不安全感，这一点也没有在收入统计中反映出来。因此极有可能的是，真实的不平等或许比测量出的收入不平等数据显示的要大得多。实际上正如我们前面所说，当美国人口普查局最近又更仔细地查看了关于贫困的统计数据时，发现2010年美国的贫困率从15.2%上升到了16%。[105]

右翼人士的最后一点反驳是从经济和道义上对不平等进行辩护，声称采取任何措施来改变不平等只会得不偿失，那样会弱化美国经济，穷人就会跟着遭殃。[106] 就像米特·罗姆尼所说，不平等这种事情应该私下里悄悄地讨论。[107] 在这个充满机会的国度里，穷人只能自己责怪自己。对这样的看法，我们将以事实证明，我们不但不应该责备穷人的悲惨处境，而且应当明白上层人物的"凭本事挣钱"并不值得称道。我们将看到那1%的上层群体基本上不是凭着对社会的巨大贡献而获取收入的。他们也不是那些改变了我们对世界的理解的伟大思想家，或者改变了我们经济的伟大创新者。我们将解释为什么创造一个更加平等的社会能够创造一个更加富有活力的经济。

大衰退带来的创伤（使多数人失去了工作和住房）已经引发了连锁反应，受影响的不仅是那些有关的个人，还有作为整体的社会。我们现在看到，对多数美国人而言，甚至在危机爆发前，美国经济的表现就没达到它应有的水平。我们不能再忽视美国日益加剧的不平等和它造成的严重的经济、政治和社会后果。但是如果我们要了解怎样应对不平等，那我们必须先要了解产生它的经济、政治和社会力量。

第 2 章

寻租与不平等社会的产生

美国的不平等并非偶然形成，而是人为制造的，虽然市场力量起了重要作用。这一点从某种意义上来说应该是显而易见的：尽管经济规律普遍存在，但美国日益加剧的不平等（尤其是 1% 上层群体攫取的大量财富和收入）却是一项特有的美国"成就"。严重的不平等并非命中注定，尽管这种说法给人以希望，但在现实中不平等很有可能变得更糟。造成这些结果的各种力量是不断自我强化的。

通过了解不平等的起源，我们才能更好地寻找减少不平等的成本和收益的方法。本章论点可以简单归纳为：尽管市场力量在一定程度上塑造了不平等，但塑造那些市场力量的是政府政策。今天存在的不平等很多都是政府政策的结果。政府有权把钱从社会上层转移到中底层，反之亦然。

在上一章我们提到，美国当前不平等的程度超乎寻常。与其他国家甚至与美国自己的过去相比，当前不平等的程度非常严重，并且还在以相当快的速度增加。过去人们还常说，观察不平等的变化就像观察草的生长：在短时间内是难以看出变化的。但现在不是那么回事了。

甚至在这次经济衰退中发生的情况也超乎寻常。通常来说，当经济变弱时，工资和就业都调整缓慢，因此随着销售下降，利润以超比例的速度下降。然而在这次衰退中，工资部分的确下降了，但许多公司却盈利颇丰。[1]

解决不平等必定需要多方面的努力——我们必须要遏制上层群体、巩固中层群体、帮助底层群体。每一个目标都需要各自的计划。但是为了制定这些计划，我们必须要更好地了解造成这种异常不平等的各个方面的背后原因。

虽然我们今天面临的这种不平等很独特，但不平等本身并不是件新鲜事。在西方的"前资本主义"社会里，经济权力和政治权力的集中在很多方面表现得更为极端。当时，宗教既为不平等合理性提供理由，又捍卫既成的不平等：处于社会上层的人们之所以在那儿，是因为神授的权力。对此质疑就是对社会秩序的怀疑，甚至是对上帝旨意的怀疑。

然而，对于古希腊人以及现代经济学家和政治学家而言，这种不平等并非预先注定的社会秩序。权力（经常是军权）是这些不平等的根源。军国主义与经济学有关：征服者有权从被征服者那里获取所需，并且想要多少要多少。在古代，自然哲学一般不认为把别人当作实现目的的手段有什么错。正如古希腊历史学家修昔底德的那句著名论断："一般来说，只有在势均力敌时，权利才会被考虑；否则强者为所

欲为，弱者委曲求全。"²

有权力的人使用权力来巩固或者最起码维持他们的经济和政治地位。³ 他们还试图影响人们的看法，使得那些原本会令人憎恶的收入差距变得可以接受。

当神权的观念在早期独立的主权国家遭到拒绝时，那些有权人便寻找其他基础来维护他们的地位。随着强调个人尊严的文艺复兴和启蒙运动及造就了庞大城市社会底层的"工业革命"，找到新的理由来捍卫不平等已成为当务之急。⁴

从 19 世纪后半叶兴起的、至今仍盛行的主流理论"边际生产率理论"，说的是那些有更高生产率的人得到了能够反映他们对社会更大贡献的更高收入。通过供求定律，存在竞争的市场决定了每个人贡献的价值。如果某人具备稀缺并且有价值的技能，市场就会因为他对于产出的更大贡献而充分奖励他；如果他没有技能，他的收入就会低。当然，技术决定了不同技能的生产率：在原始农业经济中，身体的力量和耐力是起决定作用的，但在现代高科技经济中，智力的作用就更大。

通过供求定律，技术和稀缺性在塑造今天的不平等中发挥着作用，但是还有其他东西也在起作用，那就是政府。本书的一个主题就是政治力量和经济力量同时强有力地造成了不平等。在现代经济中，政府设定并强化游戏规则——什么是公平竞争、什么行为被认为是反竞争和违法的、当债务人无力支付欠债而破产时谁得到什么、什么是欺诈行为、什么是被禁止的。政府也分配资源（既以公开的方式也以不那么透明的方式），通过税收和社会福利支出，政府还调整了收入分配，这种收入来自受技术和政治影响的市场。

最后，政府还改变了财富的动态，比如通过对遗产征税和提供免费公共教育。不平等不仅取决于相对无技能的工人，市场支付给有技能的工人多少钱，还取决于一个人所学到的技能水平。如果没有政府的支持，许多穷人家的孩子连基本的医疗和营养都负担不起，就更别说接受教育以获得高生产率和高工资所必需的技能了。政府可以影响一个人所受的教育和继承的遗产，这在很大程度上也取决于父母的教育水平和财富水平。有经济学家甚至说不平等取决于金钱和人力资本等禀赋的分布。

美国政府履行这些职能的方式决定了我们社会中不平等的程度。在每一个领域都存在着有利于某一群体而不利于其他群体的微妙决策；每个单一决策的效应也许不大，但大量旨在利于上层群体的决策积累起来的效应就非常显著了。

相互竞争的力量可以限制超额利润，但如果政府不能确保市场是竞争的，那么就可能产生大量的垄断利润。相互竞争的力量本该可以限制高管人员的超高薪酬，然而在现代公司中，CEO 大权在握——有权决定自己的薪酬，当然还要经过董事会的同意。在很多公司中，CEO 甚至有相当大的权力来任命董事会，于是事先被安排好的董事会就没有什么监督力度了；股东的发言权更是微乎其微。有些国家制定了较好的公司治理法律来限制 CEO 的权力，比如，通过要求董事会必须要设立独立董事或者股东在薪酬制定方面必须要有发言权。如果一个国家没有制定能有效执行的、良好的公司治理法律，那么 CEO 就会给自己发放巨额奖金。

累进税制度和公共支出政策（也就是对富人多征税并提供良好的社会保障体系）能够限制不平等的程度；相反，那些把国家资源给了富人和关系网络强的人的政府政策就会增加不平等。

美国政治体制的运行方式正越来越增加结果的不平等并减少机会的平等。这并没有什么好奇怪的：我们的政治体制给了上层群体过度的权力，后者通过运用权力不但限制了再分配的程度，而且还制定了有利于他们自己的游戏规则，从公众那里攫取了大量的利益。经济学家给这类活动起了个名字：寻租（rent seeking），即获得收入不是因为创造了财富而得到应有回报，而是因攫取了大量即便没有他们的努力也会被创造出来的财富（本章稍后将对寻租的概念给出一个更全面的定义）。那些上层人士已经学会怎样以局外人意识不到的方式从社会大众那里"吸金"——那才是他们的真正创新。

据说，法国国王路易十四的顾问让－巴蒂斯特·科尔伯特曾讲过："征税的艺术在于拔最多的鹅毛，听最少的鹅叫。"这句话也适用于寻租的艺术。

说得直白些，成为富人的方法有两种：要么创造财富，要么掠夺财富。前者为社会增添财富，后者通常会减少社会财富，因为在掠夺财富过程中，财富遭到了破坏。对其产品索价过高的垄断者不但从购买者那里获得暴利，而且同时破坏了价值；为了获得垄断价格，他必须限制产量。

令人遗憾的是，就连真正的财富创造者也经常不满足于他们创新或创业所带来的财富，有些人最后采取了不当行为，比如垄断定价或者以其他形式的抽租（rent extraction）行为获取更多的财富。仅以一事为例，19世纪的铁路业大亨通过修建铁路为社会提供了一项重要服务，他们的大量财富来自政治影响——他们获得了铁路两侧大量的政府赠地。时至今日，在铁路大亨曾主导经济的一个多世纪之后，美国上层的大部分财富及下层的一些苦难——仍然源于财富转移而非财富创造。

当然，我们社会的不平等并非都是因为寻租或者政府向上层群体倾斜的游戏规则，市场和社会力量（像歧视）也都起了作用。本章主要讨论在美国社会中寻租所采取的多种形式，下一章将讨论其他决定不平等的因素。

一般原理

亚当·斯密的"看不见的手"与不平等

现代经济学之父亚当·斯密提出，个人追求私利会增加所有人的福利，在这过程中好像有一只"看不见的手"在起作用。[5] 在金融危机余波尚存的今天，没有人会说银行家增加了所有人的福利，银行家的行为充其量增加了他们自己的福利，而社会其他成员承担了成本。这甚至都算不上经济学所谓的零和博弈（zero-sum game），即一人所得完全等于其他人所失；它是一种负和博弈（negative-sum game），即赢者所得少于败者所失。社会其他成员失去的要远远大于银行家所得的。

为什么银行家对自身利益的追求却成了社会其他人的灾难呢？原因很简单：银行家的激励与社会的收益没有很好地结合起来。当市场运行良好——也就是以斯密假设的方式运行时，个人收益与社会效益能很好地协调起来。也就是说，个人收益与其社会贡献一致，就像边际生产率理论所假设的那样。根据该理论，每个工人的社会贡献完全等于他获得的补偿，生产率更高的人（也就是社会贡献更大的人）得到的工资也更高。

斯密自己也清楚个人收益与社会收益会出现分歧的情况。正如他解释道："同行业的人极少会为娱乐和消遣聚在一起。就算坐下来交流，讨论的也要么是针对公众的阴谋，要么就是抬高价格的诡计。"[6] 市场靠其自身经常不能产生有效率和令人满意的结果，因此在纠正这些市场失灵方面就需要政府的作用，即设计政策（税收和管制）以使个人激励与社会收益一致起来（当然，关于政府这方面应该做到什么程度以及最好的方式是什么，都存有争论）。但是今天几乎没有人再相信不受约束的金融市场（它们的失败给社会其他人强加了如此巨大的成本），也不相信应该允许公司不加限制地掠夺环境。当政府职能行使得好时，一个工人或一个投资者所得收益实际上应等于其行动对社会所做的贡献。当两者不能一致时，就出现了市场失灵，也就是说，市场不能产生有效率的结果。个人回报与社会收益结合得不好，可以归结为下列原因：竞争是不完全的；产生了"外部效应"（即某一方的行动对他人造成了很大的负面或正面影响，但对此他不必承担成本或不能享受收益）；存在着信息不完全或不对称（即市场交易的某一方掌握的信息其他人不知道）；风险市场或其他市场缺失（如人们买不到针对他们所面临的许多最严峻风险的保险）。由于几乎每一个市场都存在着一种或多种上述情况，所以很少有人认为市场总体上是有效率的，这就意味着政府可以发挥巨大的潜在作用来纠正这些市场失灵。

政府从来无法完美地纠正市场失灵，但是有些国家的政府做得比其他国家的要好。只有政府在纠正最重要的市场失灵方面做得好了，经济才会繁荣。在大萧条之后的 40 年里，良好的金融监管不但帮助美国，也帮助世界避免了重大危机。但自 20 世纪 80 年代解除管制以来，在随后的 30 年里发生了许多金融危机，只不过 2008～2009 年这场危机是其中最严重的。[7] 但是那些政府失灵绝非偶然：金融业运用其政治势力确保市场失灵得不到纠正，那样其私人收益就会一直保持远远超过其社会贡献的水平——这正是导致金融业臃肿和社会上层高度不平等的一大因素。

塑造市场

接下来我们将阐释私营金融企业是如何使市场**不能良好运转**的。就像斯密指出的，企业有想方设法减少市场竞争的动力；企业还努力确保政府不出台强硬的法律禁止它们从事反竞争行为，或者即便出台了这样的法律，也确保它们不能被有效执行。商人关心的自然不是提高那种广泛意义上的社会福祉，甚至也不是为了使市场更具有竞争活力。他们的目标很简单，就是为了使市场**为他们**服务，使他们挣更多的钱。但这种行为通常会导致经济缺乏效率并存在更多不平等。对此，仅举一个例子就足以说明问题：当市场存在竞争时，高出正常资本回报的利润就不能维持下去，因为如果某一公司的利润高于廉价出售商品获得的利润，那么竞争者就会通过降价来试图抢走顾客。随着公司间的竞争日益激烈，价格就会降到利润（高出正常资本回报的部分）为零的那一点，这对于寻求高利润的人来说就是灾难了。在商学院，我们教学生如何去发现并创造竞争障碍（包括进入壁垒）以确保利润不被侵蚀。实际上，就像我们将要看到的，过去 30 年里某些最重要的商业创新不是关注如何使经济更有效率，而是关注如何更好地确保垄断地位或者如何更好地规避那些旨在使社会收益和个人回报统一起来的政府管制。

使市场变得不那么透明，这是商人喜欢用的手段。市场越透明，竞争就有可能越激烈。银行家深谙此道，这就是为什么他们一直全力兜售金融衍生品，也就是那种导致美国国际集团（AIG）破产的风险产品，[8]这类产品是在"场外交易"市场的阴影里进行的。在那样一个市场里，顾客难以知道自己是否买了合适的产品。所有交易都要经过谈判，这与在更开放、更透明的现代市场中做生意形成了鲜明对照。并且由于卖方一直在做这种生意，而买方只是偶尔进入，因此卖方比买方掌握了更多的产品信息并利用这些信息为自己谋利。这意味着（一般来说），卖方（金融衍生品的销售者，即银行）可以从顾客那里赚取更多的钱。与此相反，设计良好的公开拍卖可以确保商品到达最重视它的人手中，这是效率的一个标志，因为存在着可以公开获得的价格指导人们做决策。

虽然缺乏透明会给银行家带来更多的利润，但更会导致经济效率降低。没有充分的信息，资本市场就难以执行任何纪律。金钱无法流向回报最高的地方，或者无法流向理财做得最好的银行。没人能知道今天的银行或其他金融机构的真实财务状况——模糊的金融衍生品交易是其中的部分原因。人们原本希望最近这次金融危机可以触发一些变革，但是遭到了银行家的抵制。他们抵制人们要求金融衍生品有更多透明度，也反对人们要求监管反竞争行为。这些寻租活动价值几百亿美元的利润。尽管银行家寻租未必次次都成功，但他们经常收获颇丰，以至于我们还是有一大堆的问题。比如，在

2011年10月末，一家主要的美国金融公司[9]破产了（是有史以来的第八大企业破产案），部分原因就是复杂的金融衍生品。很显然，市场当初没有看透这些交易，起码没有及时看透。

将钱从金字塔的底层移到上层

上层人士赚钱术之一就是利用他们的市场势力和政治权力来增加自己的收入——当然是以其他人的收入为代价。

金融业对于寻租本身各种各样的形式已经了如指掌。除了我们前面提到的，还有其他许多种：利用信息不对称（兜售事先设计好必定会违约的债券，明知购买者不知实情）；[10]敢冒大风险——知道政府会拯救它们并承担损失，对此心中有数就使它们敢以低于正常情况的利率借钱；向联邦储备银行以近乎零的低利率借钱。

但最恶劣的（也是近年来用得最娴熟的）寻租方式就是那些金融业的家伙充分利用穷人和不知内情的人，通过掠夺性借贷和滥发信用卡使这些群体成为他们牟取暴利的牺牲品。[11]从每个穷人身上赚的钱可能不多，但是有那么多的穷人，从每人身上掠夺一点点，最后就积少成多了。任何社会正义感（或者任何对整体效率的担忧）都本应该使政府禁止这些行为，把钱从穷人手里转移到富人手里的过程耗费了大量资源。这就是为什么它是一种负和博弈。但政府并没有禁止这类行为，甚至在2007年前后当形势越来越明显时，政府也没那么做。原因很明显：金融业在游说和竞选捐助中投入了巨资，它们的投资见成效了。

我们着重谈金融业，部分原因是该行业对于我们当前社会存在的这种不平等起了推波助澜作用。[12] 该行业对于 2008 ~ 2009 年金融危机的产生在责难逃，这一点人人皆知，就连金融业的业内人士都不否认，只不过每个人都认为该受责备的不是自己而是业内其他人。我们对于金融业的很多评价也适用于经济中的其他行业，因为它们也参与了当前这种不平等的产生。

现代资本主义已经变成了一场复杂的游戏，获胜者必须具备非同寻常的智慧和技巧。但同时他们也具备许多不为人称道的特点：规避法律或者以有利于他们自己的方式塑造法律；利用他人，哪怕是穷人；在必要时**不守规则**。[13] 正如这种游戏的一位参与者所言，老话"无论赢或输，怎样比赛最重要"已经过时了，如今**最重要的是你最后赢了还是输了**。市场提供了一种简单的方式来表明你是赢还是输——你有多少钱。

很多上层人士通过寻租获取了大笔财富，但寻租并不是他们获得并保持财富的唯一方法。我们稍后将看到，税收制度也发挥了重要作用。上层人士设计了一种税收制度，使他们实际纳税额少于应纳额度——也就是比那些更穷的人更少地支出他们收入的一部分。我们称这类税收制度为税率递减制度。

尽管递减税率和寻租（从社会其他成员那儿拿钱然后再分配给上层群体）是日益加剧的不平等的主要原因，但更广泛的力量影响着美国不平等的另外两个方面——中产阶级被掏空和贫困的增加。治理公司的法律与指引公司领导者的行为规范相互作用，决定着盈利怎样在高管团队和其他利益相关者（工人、股东和债券持有人）之间分配。宏观经济政策决定着劳动力市场的短缺程度即失业水平，因此也决定了市场力量如何改变工人的所得份额。如果货币当局采取措施维持高失业率（即使是出于对通货膨胀的担心），那么工人的工资水平就会受到抑制。强有力的工会有助于减少对工人的不平等，而比较弱的工会有时会与市场力量一道帮着 CEO 增加对工人的不平等。在每一个方面（无论是工会力量、公司治理的有效性还是货币政策行为）政治都起着核心作用。

当然了，市场力量（如受技术和教育变化影响的技术工人供求关系的平衡）也起着重要作用，尽管这些力量部分是由政治塑造的。但是，这些市场力量和政治两者之间并没有相互制衡（即当市场力量可能会导致日益扩大的差距时，政府本应该抑制这种不平等的加剧），政府也没有**调整**市场的过度行为。在今天的美国，这两股力量已经扭在一起扩大了收入差距和财富差距。

寻租

此前，我们把当前政治进程以我们中的其他人为代价帮助富人的许多方式都称为**寻租**。寻租的形式有很多种：政府提供的隐蔽及公开的转让和补贴；减少市场竞争度的法律；现有的竞争法执法不严；允许公司侵占他人利益或将成本转移给社会其他人的法令。"租"这个词最初被用来描述土地的回报，因为土地所有者收到这些报偿是由于他拥有土地的所有权，而不是由于他**做**了什么事。这与工人的情况形成了鲜明对比，因为工人的工资是对他们**工作**的补偿。随后，"租"这一术语被扩展，包括了垄断利润，也称垄断租，指完全通过对垄断的控制而得来的收入。最后，该术语的含义进一步扩大，包括了所有类似的通过拥有所有权而得到的回报，例如，如果政府给了某一公司独家权利来进口限定数量（称为配额）的某种商品，比如糖，那么由于拥有这种特权而产生的额外收益就被叫作"配额租"。

有些自然资源丰富的国家因存在大量寻租活动而声名狼藉。在这些国家，通过以有利的条件获得资源比通过创造财富来赚钱容易得多。这经常是一种负和博弈，这也是为什么通常这样的国家比没有这么多资源的相似国家发展要缓慢得多。[14]

更令人不安的是，人们或许认为丰富的自然资源可以用来帮助穷人，可以用来让所有人都享受教育和医疗。对工作和储蓄征税会削弱激励机制；相反，对从土地、石油或其他自然资源所获得的"租"征税不会使这些资源消失，它们现在或者未来仍留在那里供人们开发，因此就不存在逆向激励效应。也就是从原则上说，自然资源丰富的国家应该有充足的税收来支持社会福利支出和公共投资（如在医疗和教育领域）。可是，不平等程度最严重的国家往往是那些自然资源最多的国家。显然，这些国家中有一些人（通常是有政治权力的人）比其他人更善于寻租，他们将自然资源的大多收益归于己有。委内瑞拉是拉丁美洲最富有的石油生产国，但是在查韦斯成为总统前，该国有一半的人民生活在贫困中，也正是这种富有当中的贫困给了像查韦斯这样的领导者上台的机会。[15]

寻租行为不仅在中东、非洲和拉美等资源丰富的国家泛滥，就连在美国这样的现代经济中也变得普遍了。在这些经济中，寻租有了很多形式，有一些非常类似于盛产石油的国家的情形：以低于公平市场的价格获得国有资产（如石油或矿物），如果政府把一座价值10亿美元的矿藏以5亿美元卖给你，那你很容易就变富了。

另一种寻租采取相反形式：以**高出**市场价的价格把产品卖给政府（即非竞争性采购）。制药公司和军火商就最擅长这种形式的寻租。政府公开的补贴（比如对农业）或者隐性的补贴（减少竞争的贸易限制或隐藏在税收制度里的补贴）都是向公众寻租的其他方式。

并非所有的寻租都是利用政府从普通公民那里榨取钱财，私营部门也有自己擅长的寻租方式，如通过垄断向公众榨租或者通过像银行借贷的掠夺性借贷对那些信息不足的和受教育程度较低的人进行剥削。CEO利用他们对公司的掌控来为自己获取公司收入中的更大一块。政府在这方面通过做它不应该做的事而起了推波助澜的作用：不去阻止这些活动、不宣布它们违法、不执行现有法律。众所周知，有效执行有利于竞争的法律能够限制垄断利润，设计良好的公司治理法律能够限制公司高管侵吞公司的收入。

通过审视财富分配中处于上层的那些人，我们能对美国这方面的不平等在性质上有一种认识——那些高收入者当中几乎没有谁是技术改造的发明家或是改变我们对于自然规律认识的科学家。想想曾为当代计算机发展提供数学基础的天才艾伦·图灵，想想爱因斯坦，想想激光的发现者（其中尤以查尔斯·汤斯为代表），[16]再想想晶体管的发明者（包括约翰·巴丁、沃尔特·布拉顿和威廉·肖克利[17]）及解密DNA的科学家沃森和克里克，这些对于人类福祉贡献卓著的科学家没有一个得到我们经济体制的隆重奖励。

相反，在财富分配中占据上层的大多数人都是形式各异的商业天才。比如有人会说乔布斯或者搜索引擎的创新者以及社交网络的创新者都是各自领域的天才，其中有些天才非常富有。乔布斯去世前在《福布斯》世界富豪榜排名第110位，Facebook的扎克伯格排名第52

位。但是这些"天才"很多是将其商业帝国建立在巨人肩膀上的，比如蒂姆·伯纳斯－李就是从来没出现在富豪榜上的互联网发明者，他本来可以成为亿万富翁的，但是他选择了放弃——他把他的思想让人免费享用，结果极大地促进了互联网的发展。[18]

再进一步观察在财富分配中占据上层的那些人的成功，我们就会发现，他们的天才很多都是基于设计出更好的方法来利用市场力量和市场的不完善——并且在很多情况下发现更好的方法来确保政治为他们而不是为更广泛的社会大众服务。

我们已经评论了银行家，他们构成了1%或0.1%上层群体中的一大部分。虽然他们有些人是通过创造价值来获得财富，但是其他很多人发财的途径是依靠我们前面提到的各种形式的寻租。上层群体除了包括我们前面讨论过的银行家，[19]还包括垄断者及其后代，他们借助某种机制成功取得并保持了市场统治地位。继19世纪的铁路大亨之后又出现了洛克菲勒和标准石油公司（Standard Oil），20世纪末又见证了比尔·盖茨和微软对个人计算机软件业的统治。

放眼国际，以卡洛斯·斯利姆为例，他是在2011年被《福布斯》列为世界首富的墨西哥商人。[20] 由于他对墨西哥电话业的统治地位，斯利姆的收费可以超过竞争市场价格的好几倍。他的发迹始于当年墨西哥对电信系统私有化改制，当时他得到了很大的一份。[21] 这也是世界上许多巨大财富的获得策略。正如我们所看到的，以很大的折扣得到国有资产是发财的捷径。比如当今俄罗斯的很多寡头都是通过以低于市场价买到国有资产，然后再通过垄断权力来保证持续的利润而赚到第一桶金的（在美国，政府转让这一块大部分都做得更为诡秘，如通过设计游戏规则，变卖政府资产实际上就成了部分转让，只是做得看上去没有俄罗斯那么明显）。[22]

在前一章里，我们指出了特别富有的另一个群体——公司的CEO，如联合健康集团（UnitedHealth Group）的斯蒂芬·赫姆斯利，他2010年的收入是1.02亿美元。奎斯特（Qwest Communications）（2011年合并后现更名为世纪电信）的爱德华·米勒的收入是6580万美元。[23] CEO已经成功地从公司收益中获得越来越大的部分。[24] 我们稍后将解释，使CEO能够在过去几十年里积聚大量财富的并不是他们生产率的突然提高，而是因为他们的能力提高了——能够从他们本该服务的公司那儿攫取更多的收益而内心并不惶恐，并且公众对此行径的容忍度也提高了。

寻租者的最后一个大群体是那些顶级律师，他们通过帮助别人规避法律但又（通常）不会坐牢的方式寻租从而使自己致富。他们帮助起草复杂的税法——使得其中藏有漏洞以便于他们的客户避税，然后再设计出复杂的交易来利用这些漏洞。他们帮助设计复杂和不透明的金融衍生品市场，帮助设计合同安排以便于垄断势力的形成，一切都做得似乎合乎法律规范。他们提供的所有这些帮助都使得市场不能以应有的方式运行，而成了上层群体获利的工具，因此他们得到了丰厚的奖励。[25]

垄断租：创造可持续的垄断

在经济学家看来，大笔的财富造成了一个问题。我们前面说过，竞争规律表明利润（超出正常资本回报的部分）应该很快就被压低到零。但如果利润为零，财富又从哪里来呢？利基市场是一种渠道，因为它不存在竞争——虽然原因各异，[26] 但那只能在很小程度上解释可持续的高额利润（超出竞争水平的利润）。成功会吸引新进入者，于是利润会迅速消失。成功的真正关键是确保不存在竞争——或者就算有竞争，时间也不要长，这样才能赚取垄断的巨额利润。保证垄断可持续的最简单方法就是让政府给你这样一个机会。例如，从17~19世纪，英国政府授予了东印度公司与印度做贸易的垄断权。

还可以通过其他方式得到政府认可的垄断。专利权通常给予发明者对其创新的暂时垄断，但是专利法的细节可以延长专利权的时限、减少新企业的进入并提高垄断权。美国的专利法正是这么做的，这类法律的设计目的不是使创新的步伐最大化，而是使租金最大化。[27]

即便没有政府的特许垄断权，公司仍能创造进入壁垒。有很多种做法可以阻止新进入者，比如维持过剩产能，这样新进入者就知道，要是它进入这个市场，现有企业就会增加产量，从而使价格降低到让新进入者无利可图的地步。[28] 在中世纪，行会成功地限制了竞争。很多行业延续了那种传统，尽管它们说这样做只是为了维持标准，但是对新进入者的限制（如限制医学院的学生人数或者限制训练有素的人员从国外移民）的确使它们保持了高收入。[29]

20世纪初，垄断成了很多巨大财富（包括洛克菲勒的财富）的基础，对此人们备感担心，于是反对垄断的西奥多·罗斯福总统通过了一系列法律来打破垄断并禁止某些行为。在随后的岁月里，大量的垄断被逐一打破——在石油业、烟草业及其他许多行业。[30] 然而今天我们放眼美国经济，就会看到在很多行业，包括一些对经济运行特别重要的行业中总是有一家或几家公司占据主导地位，如微软在个人计算机操作系统领域，AT&T、Verizon、T-Mobile及Sprint等几家公司在电信业。

造成这种日益严重的市场垄断化的因素有三个。首先，对于政府在确保竞争方面应起的作用，人们有着不同的看法。芝加哥学派的经济学家（像米尔顿·弗里德曼和乔治·斯蒂格勒）提倡自由和不受拘束的市场。[31] 他们认为，市场天生就是存在竞争的，[32] 那些看似反竞争的做法其实很少能提高效率。一项部分由奥林基金会（Olin Foundation）等右翼基金会赞助的，关于这些法律和经济学教义的大规模"教育"[33] 计划，尤其针对法官的是成功的。可惜选择的时机不巧：正当美国法院开始认同市场是"天生"存在竞争的这类理念并严格要求任何持相反观点的人提供证据时，经济学却在探索各种理论来解释为什么即便看上去似乎有许多公司同时存在而市场仍然**不是**有竞争的。比如经济学新出现的一个强有力分支博弈论（game theory）就解释了人们如何在不断延长的时间段内默契地保持串通行为。同时，关于不完全信息和不对称信息的各种新理论揭示了信息不完全是如何破坏竞争的，并且新的证据在不断证实这些理论的相关性和重要性。

芝加哥学派的影响力不可低估。即便出现了明目张胆的违规行为，像掠夺性定价，即某家企业通过降低价格把某竞争者挤出去之后再利用垄断势力提高价格，这些行为也难以被起诉。[34] 芝加哥学派认为市场是有竞争和效率的。如果进入市场很容易，那么占主导地位的企业就无法通过赶出竞争者获利，因为很快就会有另一家企业取代被赶出的企业。但在现实经济中，掠夺性行为的确不断出现。

导致日益增多的垄断的第二个因素与我们经济的变化有关。在某些新增长行业中，垄断势力更容易形成。这些行业的显著特点是存在我们所称的网络外部性（network externality）。一个明显的例子就是计算机操作系统：正因为对于每个人来说使用同一种语言都很方便，因此让每个人都使用同一种操作系统也很方便。在全世界范围内越来越密切的互联性自然会导致标准化；而当制定的标准被其他人采纳时，制定者就会有利可图。

我们前面已经讲过了，竞争天生与市场势力的积累相对立。当出现大量垄断利润时，竞争者就会争着得到一份。这就促成了造成美国垄断势力增强的第三个因素的形成：企业发现了抵制新进入者和减少竞争压力的新方法。微软是这方面一个最好的例子。由于微软对个人计算机的操作系统享受着一种近乎垄断的地位，所以如果其他技术动摇了它的垄断地位，它就会失去很多。互联网和浏览器的发展代表了这样一种威胁，当初网景公司（Netscape）在政府资助的研究基础上把浏览器推向市场时，[35] 微软决定打败这位潜在竞争者，于是它推出了自己的产品——IE 浏览器，但是该产品无法在公开市场上竞争。于是微软就利用它的垄断势力来使竞争形势有利于自己，它采取了一种被称为 FUD——害怕（fear）、不确定（uncertainty）和怀疑（doubt）的战略给用户造成对于兼容性的担心——如果在已有 Windows 操作系统的计算机上安装网景浏览器，那么就会立刻跳出错误提示，其实那只是微软事先编好的程序。当新版 Windows 操作系统开发出来之后，微软也不提供必要的信息以使其充分兼容。最让人叫绝的是，微软以零价格提供 IE 浏览器——与操作系统捆绑在一起免费赠送。与零价格的产品竞争是很难的，最终网景公司失败了。[36]

显然，以零价格卖东西不是一种利润最大化的战略，只在短期内可行。但微软早已有长期的愿景：保持垄断。为此目的，它愿意做出短期牺牲。虽然微软最后成功了，但它这种厚颜无耻的做法令全世界的法庭和裁决委员会都指控微软采取了反竞争手段。然而最后微软还是占据了市场——因为它意识到在一个网络经济中，垄断地位一旦确立，就很难再被打破。鉴于微软在操作系统市场的统治地位，它有动力和能力在其他许多应用程序领域也占据统治地位。[37]

于是微软的利润如此之大也就不足为奇了——在过去25年里其年平均利润是70亿美元，过去10年的年平均利润是140亿美元，在2011年增长至230亿美元，[38]这为早期购买微软股票的人赢得了财富。众所周知，虽然微软占有统治地位和巨大资源，但它一直不是个真正的创新者。它并没有开发第一款广泛使用的文字处理器、第一款电子制表软件、第一个浏览器、第一款媒体播放器或者第一个占主导地位的搜索引擎，这些方面的创新都是别人做的。这与理论及历史证据是相吻合的：垄断者不是好的创新者。[39]

审视美国经济，我们看到在许多行业中都有大量的企业，于是就推断这些行业一定存在着竞争。但实际情况并非总是如此。以银行业为例，尽管美国有数百家银行，但是最大的四家几乎分享了全国银行资产的一半，[40]与15年前的集中度相比有着显著的增长。在大多数比较小的社区里，最多也就有一两家银行。当竞争如此有限时，价格就有可能远远超出竞争水平的价格。[41]这就是为什么银行业每年享受着超过1150亿美元的利润，其中的大部分转移到了高管和其他银行家那里——这构成了上层不平等的主要来源之一。[42]就一些像场外信用违约互换（credit default swap，CDS）等银行产品而言，四五家非常大的银行处于统治地位，这种市场集中难免使人担忧这些银行会串通，不管方式多么隐蔽。但是有些时候它们的串通甚至不是隐蔽而是露骨的。这些银行设定了一个关键利率，叫作"伦敦同业银行拆借利率"（London interbank lending rate，LIBOR），抵押贷款及很多金融产品都是跟这个利率挂钩的。这样看来就是这些银行串通操纵了利率，使得它们能够从没识破这些诡计的其他银行那里挣更多的钱。

当然了，即使制定了明令禁止垄断行为的法律，这些法律也必须要被执行才能发挥效力。特别是由于芝加哥学派的那套说法，人们倾向于不干预市场的"自由"运作，哪怕结果是反竞争的。政府不采取一个强硬的立场也是出于政治考虑：毕竟，对于微软这样的公司太强硬是不利于商业发展的，而且也不利于竞选捐款啊。[43]

政治：着手设定规则并挑选裁判

能够在"公平"游戏中获胜是一回事，能够制定游戏规则并且以提高自己获胜概率的方式制定——就完全是另一回事了。今天在很多领域，监管机构要负责监督一个行业（制定并执行规章制度）。比如在电信业有美国联邦通信委员会（Federal Communications Commission, FCC）、在证券业有证券交易委员会（Securities and Exchange Commission, SEC）、在银行业有联邦储备体系（Federal Reserve）。但问题是，这些行业的领袖会运用他们的政治影响力把那些认同他们观点的人安排进这些监管机构工作。

经济学家称这种现象为监管俘获（regulatory capture）。[44] 有时这种俘获是与金钱激励相联系的：那些监管委员会的成员来自并且会回到他们应该监管的行业。因此他们的激励与该行业的激励是有效结合的，即便他们的激励与社会其他成员的激励并不一致。如果那些监管委员会的成员能服务好该行业的话，那么他们在结束政府工作之后的职业生涯里会得到良好回报。

然而有时监管俘获并不是受金钱激励的。相反，监管者的思维模式被他们所监管的人的思维模式俘获了，这被称为认知俘获（cognitive capture），它更多的是一种社会学现象。虽然格林斯潘和盖特纳在到美国联邦储备系统（美联储）之前都不曾在大银行工作，但是他们和银行之间有种天生的共鸣，认同了银行家的思维模式。在银行家的思维模式里，虽然银行把局面弄得一团糟，但是政府在实施紧急援助时没有必要对银行提出严格的条件。

银行家指使了众多游说者对所有监管者都进行游说，说服他们不要对银行进行监管——据估计，每位美国国会众议员平均被 2.5 位游说者盯住了。[45] 但如果你游说的对象恰好与你站在同一立场，那么游说就容易多了，这就是为什么银行和他们的游说者不遗余力地促使政府任命那些已经在某种程度上被"俘获"了的人做监管者。银行家尽力否决任何不认同他们看法的人。我本人当年在克林顿政府亲眼所见有些可能被提名任职美联储的人选被搁置起来，有的甚至就来自银行界。任何一个可能被提名的人如果偏离了既定路线，即不认同市场是能够自我调节的并且银行是能够管理好自己风险的，那么对他的抗议声就会不绝于耳，于是作为备选者他的名字就不会被提出来，即使被提出来了，也不会被通过。[46]

政府的慷慨大方

我们已经了解了垄断（无论是政府授予的还是政府通过不充分执行竞争法加以"支持"的）是如何为许多世界上最有钱的人缔造财富的，但是致富的方式还有另外一种，就是让政府直接把现金交给你，这种情况可以通过各种各样的方式实现。比如对立法进行很少有人会注意到的稍许改动，就可能带来几十亿美元的收益。这正是政府在2003年延长了一种人们迫切需要的医保药物后发生的情形。[47]该法律中有一项条款，禁止政府对药品价格进行讨价还价，这一规定实际上送给了制药公司一份厚礼——每年大约500亿美元甚至更多。[48]此外，更为普遍的方式是政府采购——支付的价格远高于成本，它也是反映政府慷慨大方的一种标准形式。

有时候礼物隐藏在模糊不清的法律条款中。有关开放金融衍生品市场（确保没有监管者能触及金融衍生品市场，不管这种市场的风险有多大）的一部关键法案中有一项条款，规定万一银行破产，衍生品索赔有"优先权"，即一旦银行破产，要先支付衍生品的索赔，然后再支付工人、供应商或者其他债权人——即便使银行陷入破产境地的始作俑者就是金融衍生品。[49]金融衍生品市场在2008～2009年金融危机中起了重要作用，同时也是造成政府对美国国际集团进行1500亿美元紧急援助的原因。

金融业从政府的慷慨大方中还有其他的受益方式，这一点在经济大衰退之后尤为明显。当美联储（它可以被看成是政府的一个部门）以近乎零的利率不限量地借钱给银行并允许它们以高得多的利率再把钱借回给美国政府（或者外国政府）时，这纯粹是给银行一个隐蔽的大礼包，价值几百亿美元。

这些还不是政府推动巨大私人财富形成的全部方式。包括美国在内的许多国家控制着石油、汽油等自然资源和采矿特许权，假如政府授予了某企业免费开发这些资源的权力，那么它不用费脑筋就能发大财。当然了，那正是美国政府在19世纪所做的，当时任何人都能对自然资源提出所有权。今天的政府一般不再出让自然资源了，更多的时候会要求付费，但是那笔钱远远少于应付的数量，这只不过是政府给钱的一种不太透明的方式罢了。例如，如果刨除开采成本，一块土地地下的石油资源价值1亿美元，但政府只要求付5000万美元，那么政府实际上送出去了5000万美元。

情况本不必如此，但强大的利益集团坚持要那样。在克林顿执政时期，我们试图让矿业公司对它们从公共土地开采的资源支付比名义数量更多的费用，但是那些矿业公司以及那些获得它们慷慨捐赠的国会议员都反对并最终成功抵制了那些措施，他们争辩说该政策会阻碍经济增长。但实际情况是，如果通过拍卖的方式，只要资源价值大于开采成本，矿业公司就会竞拍采矿权；并且如果它们中标了，就会立即开采。拍卖并不阻碍经济增长，它们正好能确保公众得到与他们所拥有资源相匹配的补偿。现代拍卖理论已经解释了为何通过改变拍卖的设计可以为政府带来更多的收入。这些理论已经在从20世纪90年代开始的电信频谱的拍卖中得到了验证，这种拍卖效果极好，为政府创造了几十亿美元的收入。

有时政府的慷慨大方不是表现为以极低的价格出让资源，而是采取重写规则来提升利润的方式。这么做的一种简单方式就是保护本国企业免受外国竞争。要求外国公司而非本国公司缴纳的关税及其他税种就相当于给本国生产者的一份礼物。那些要求得到保护免受外国竞争的企业总能找出一个理由说，作为整体的全社会是真正受益者，而企业自身得到的任何利益都只是附带的。这种论调显然是为谋取私利的，尽管有些例子显示这些借口有点儿道理，但是这一理由的广泛滥用使人们难以重视它。因为关税使外国产品处于不利地位，这样就使国内企业能够提高价格增加利润。在有些情况下，可能会出现一些偶然的社会收益,比如较高的国内就业率、企业有机会投资于研发从而提高生产率和竞争力。但更多的情况是,关税保护了那些老朽的、失去了竞争能力的行业或者那些在投资新技术失败后想推迟面对竞争的行业。

这种现象的一个例子就是对乙醇的补贴。通过转化蕴涵在玉米（美国一项主要农产品）中的能源取代石油从而减少对石油的依赖,这一计划有着难以抗拒的吸引力。但是要把植物能源转换成一种为汽车而不是为人提供能源的形式,成本非常高。一些植物比另一些植物更容易转化乙醇。巴西在蔗糖乙醇方面的研究非常成功,美国为了与其竞争,多年来不得不对从巴西进口的蔗糖乙醇课以每加仑⊖ 54 美分的税赋。[50] 自从实施补贴的 40 年来,美国支持的仍然是一种似乎无法长大的不成熟技术。当 2008 年经济衰退开始后,石油价格跌落,于是虽然很多乙醇工厂享有巨额政府补贴,但还是破产了。[51] 直到 2011 年底,补贴和关税才终于被终止。

这些扭曲的补贴之所以长久存在,都出于同一个原因:政治。这些补贴主要的（长期以来也是唯一的）直接受益者就是玉米乙醇的生产企业,其主导者是 ADM（Archer Daniels Midland）这家巨大型公司。和许多其他公司的高管一样,ADM 的高管似乎也更擅长运用政治而非创新。该公司对美国两党都慷慨捐赠,因此尽管国会议员可能会谴责这种企业捐赠,但是这些立法者都不愿触及乙醇补贴这件事。[52] 我们前面提到,企业几乎总是强调说它们所得到的任何补贴的真正受益者是别人而非它们自己。在这个例子中,乙醇的倡导者说真正的受益者是美国的玉米种植者。但通常不是这样,尤其是在开始补

⊖ 1 美制加仑 ≈ 3.785 升,1 英制加仑 ≈ 4.546 升。

贴的时候。[53]

当然，已经享受大量政府补贴并且近乎一半的收入都来自政府而非土壤的美国玉米种植者为什么竟然还要得到进一步的援助，这一点令人费解并且难以与自由的市场经济原则相统一。实际上，政府补贴农业的钱大部分并没有给予贫穷农民或者家庭农场。这项计划的设计揭示了它的真正目的：把我们中其他人的钱二次分配给富有者和企业农场。[54]

令人遗憾的是，政府对企业的慷慨大方并不是仅仅限于我们给出的几个例子，但是要描述每一个得到政府首肯的寻租例子，那就需要再另写一本书了。[55]

第 3 章

市场与不平等

前一章强调了寻租对于美国高度不平等的产生所起的作用。解释不平等的另一种方法是强调抽象的市场力量。根据这种观点，正是由于中底层群体的运气差，市场力量才会为所欲为——造成普通工人收入减少、娴熟银行家收入飙升。这种视角的言外之意就是：谁要是干涉市场奇迹谁就是自冒风险，因此不要轻易去"纠正"市场。

我的观点有所不同。先来回顾一下我在第 1 章和第 2 章所做的评论：有着与美国相似技术和人均收入的其他发达工业化国家在四个方面与美国大为不同：税前即转移支付之前收入的不平等；税后即转移支付之后收入的不平等；财富的不平等；经济流动性。在这四个变量随时间变化的**趋势**方面，这些国家也与美国大为不同。如果市场是主要的驱动力量，那么为何看上去相似的发达工业化国家之间差异如此之大？我们提出的假设是：市场力量真实存在，但它们被政治塑造了。市场是由法律、规章和制度共同塑造的。每一部法律、每一条规章、每一项制度安排都对分配造成了影响——我们塑造美国市场经济的方式是有利于上层群体而不利于其他人的。

决定社会不平等的还有另外一个因素，对此我们在本章加以讨论。我们知道，政府塑造了市场力量。但是社会规范和社会制度也有同样的功能。实际上，政治在很大程度上反映和放大了社会规范。在很多社会里，处于底层的人群不成比例地由各种群体构成，这些群体以不同形式遭受着歧视。这类歧视的内容是一种社会规范的问题。我们将看到社会规范的变化（如关于什么是公平补偿）和制度的变化（如工会）如何塑造美国的收入和财富分配。但是这些社会规范和制度像市场一样都不处于真空里：它们在一定程度上也是由社会的1%上层群体塑造的。

需求和供给定律

标准的经济学分析是运用需求和供给来解释工资及工资差异，并用供求曲线的移动来解释工资的变化模式及收入的不平等。比如根据标准的经济学理论，非熟练工人的工资由供求关系决定，以使需求等于供给。如果需求的增长慢于供给，[1]那么工资就会下降。因此，对于不平等的变化的分析应注重两个问题：①是什么决定了供求曲线的移动？②是什么决定了个人禀赋，即那些具有高技能或大量财富的人？

无论是合法还是非法移民都能增加劳动力供给。提高教育普及率也许会减少非熟练劳动力的供给并增加熟练劳动力的供给。技术变革会导致某些部门对劳动力的需求减少，或者对某些类型劳动力的需求减少并对其他类型劳动力的需求增加。

全球金融危机的背景是经济的重大结构性变化。其中之一是过去20多年时间里美国就业市场的一种变迁：曾在"二战"后帮助创造了众多中产阶级的制造业减少了数百万的工作岗位。[2] 转移的比较优势加重了这一问题，当新兴市场（尤其是中国）获得了竞争能力并大举投资教育、技术和基础设施等领域时，美国在全球制造业的份额就相应缩小了。当然，在一个动态经济中，工作岗位总是被在不断地破坏又不断地创造。然而这一次情况却不同了：新的工作岗位普遍不像老的工作岗位那么工资高、时间久了。曾使制造业的工人备受重视并获得高薪的那些技能在他们新的工作中（如果他们能找到新工作的话）几乎不再有什么价值，因此他们的工资反映了他们的新地位变化——从熟练的制造业工人变成了其他部门不熟练的工人。从某种意义上说，美国工人成了他们自身成功的牺牲品：他们提高的生产率把他们自己葬送了。随着被取代的制造业的工人转向其他行业寻求工作，其他行业的工资下降了。

21世纪初繁荣的股市和房地产泡沫帮助掩盖了美国当时正经历的结构性错位。房地产泡沫给那些失业者提供了工作，但那只是暂时的缓和；泡沫还助长了消费繁荣，使得美国人生活入不敷出。要是没有那种泡沫的话，大量中产阶级下降的收入早就显现出来了。

这种行业变迁是美国不平等增加的关键因素之一，它解释了为什么普通工人的日子过得这么差——他们的工资如此之低，而那些得到了最大利润的上层群体的日子又过得这么好。

第二种结构变迁来自技术变革，它提高了对熟练工人的需求并用机器取代了很多非熟练工人，这被称作偏向技能的技术变革。很明显，那些减少对非熟练劳动力需求的创新或投资（如投资于机器人）会弱化对非熟练劳动力的需求并导致更低的非熟练工人工资。

那些把社会中底层群体的工资下降归因于市场力量的人把这种情形看成是平衡市场力量的正常结果。而且令人遗憾的是，如果技术变革一直继续下去的话，这些趋势可能也跟着持续下去。

市场力量并不总是这样运行的，并且也没有什么理论提出市场力量必须应该这样运行。在过去的60年里，对于熟练和非熟练劳动力的供求变化起初减少但后来又增加了工资差距。[3] 在"二战"之后的年代里，多亏了《军人安置法案》，大量美国人才有机会接受高等教育（1940年，大学毕业生只占劳动力人口的6.4%，到1970年这比率翻了一倍，增加至13.8%）。[4] 由于经济增长和对高技能工作的需求与劳动力供给的增长是一致的，因此教育的回报保持强劲势头。受过大学教育的工人的收入仍是高中毕业生的1.59倍，与1940年的比率（1.65）几乎没有变化。非熟练工人供给的**相对**减少意味着就连这些工人也可以从中受益，因此工资普遍提高了。美国享受了广泛的共同繁荣，并且实际上底层群体的收入增长得比上层群体的还快。

但随后美国的教育成就止步不前了，尤其是相对于世界其他国家而言。美国人口中大学毕业生人数增加得非常缓慢，这意味着熟练工人的相对供给降低了，1960～1980年平均年增长率将近4%，然而在接下来的25年时间里增长率变得小多了，只有2.25%。[5] 截至2008年，美国高中生毕业率是76%，欧盟是85%。[6] 在发达工业化国家中，美国的大学毕业率只达到平均水平，有13个国家超过了它。[7] 美国高中生的平均成绩（尤其是科学和数学这两门）充其量只是一般。[8]

过去 25 年来的技术进步（特别是计算机化）使机器取代了那些能被程序化的工作。这增加了对那些掌握了技术的工人的需求，同时也减少了对那些没掌握技术的工人的需求，于是掌握了新技术所需技能的工人就得到了更高的相对工资。[9] 全球化加剧了技术进步的影响：那些能被程序化的工作都被转移到了国外，那里的劳动力成本只是美国的一小部分。[10]

最初，供需平衡使得社会中层群体的工资上升，但底层群体的工资停滞甚至下降。最终，机器取代人工以及外包的效益都凸显出来。在过去 15 年里，中层群体的工资并没提高多少。[11]

结果就出现了我们在第 1 章中描述的美国劳动力队伍的"两极分化"：那些无法被计算机取代的低薪工作数量继续增长——包括"护理"和其他服务部门的工作，而上层的高技能工作数量也继续增长。

这种偏重技能的技术变革显然在塑造劳动力市场方面起了作用——增加了对有技能工人的溢价、用机器取代了一些工作、淘汰了其他一些工作。然而，偏重技能的技术变革与最上层群体的巨额财富并无太大关系。它的**相对**重要性一直是个富有争议的话题，对此我们将在本章稍后加以评论。

还有一个更重要的市场力量在起作用。在本章开始，我们说明制造业生产率的提高（生产速度超过了对制造业商品需求的增长）导致了该行业失业率的升高。正常情况下要是市场运行良好的话，那些被机器取代的工人就很容易流动到其他行业，于是整个经济就可以从生产率的提高中受益。但是被取代的工人做不到这一点，因为他们流动到其他部门并非那么容易——新的工作也许位于另一个地方或者需要不同的技能。在社会底层,有些工人因为无法找到其他就业途径而不得不"深陷"在就业率下降的行业中。

与20世纪30年代经济大萧条期间在农业部门发生的情况相类似的一种现象今天可能也会出现在就业市场。当时农业生产率的提高增加了农产品的供给,结果造成了产品价格及农民收入双双下降,而且一年比一年严重,在收成不好的年份里价格和收入才能偶有改善。有些时候,尤其在大萧条初期,收入急剧下降——几乎相当于农民三年收入的一半甚至更多。当农民的收入逐渐下降时,他们就会迁移到城市里找新工作,于是经济就进行着虽然困难然而有序的转型。但当农产品价格暴跌时(农民的房屋及其他资产的价值也随之下降),他们就发现自己突然被困在农场上了,因为他们没有钱迁移到别处,同时他们对于城里工厂生产的商品的需求也随之下降了,这造成城里也出现了失业。

今天美国制造业的工人也经历着相似境遇。[12] 我最近参观了离我家乡印第安纳州加里市不远的一座钢铁厂,尽管该厂现在的钢产量和几十年前的钢产量一样多,但现在劳动力的数量只是以前的1/6。对于现有工人来说,前无拉力后无推力促使他们流向新的行业,因为更高的教育成本使得他们难以获得与旧工作工资水平相似的新工作所需的技能。即便那些正在增长的行业也因经济衰退造成的低需求无法创造出什么工作岗位,结果造成了停滞甚至是下降的工资水平。2007年前后,一名汽车工人的基本工资大约每小时28美元。今天,根据厂方与全美汽车工人联合会(United Automobile Workers)工会协商制定的双重工资体系,新工人每小时只能挣到15美元。[13]

再谈政府的角色

我们已广泛谈论了市场发生的情况以及市场力量对于不平等的推动,但忽略了政府对市场的塑造作用。那些没有被机械化或者不会很快被机械化的工作多数是学校、公立医院等公共部门的岗位。如果我们当初决定给教师更高的工资,那么我们就吸引并留住了更好的教师,也可能就提高了长期的整体经济表现。使公共部门的工资低于可比较的私营部门的工资,这是一个公共决策。[14]

然而,政府最重要的角色是通过立法来设定游戏的基本规则,这些法律包括鼓励或阻止工会化的法律、决定管理层自由裁量权的公司治理的法律、应该限制垄断租金程度的竞争法。正如我们前面提到的,几乎任何一种法律都对**分配**有影响,即有些群体通常以其他人的损失为代价受益。[15] 这些分配的结果经常是政府政策或计划产生的最重要的效应。[16]

破产法就是这方面的一个例子。稍后在第 7 章,我们将描述美国破产法的"改革"如何创造了某种程度上的契约佣工。那种"改革"以及禁止免除破产学生债务的法律[17]造成了美国大部分地区的经济贫困化。就像对分配的影响,对效率的影响也是不利的。破产"改革"减少了对债权人的激励,使他们没动力评估信誉及查明借贷的学生是否有可能得到与成本相称的教育回报,同时增加了对掠夺性贷款的激励。因为放款者非常确定能收回贷款,无论条款多么烦琐,使用者多没受益。[18]

在稍后各章里,我们也将看到政府是如何帮助塑造市场力量的其他例子——其方式都是以其他人的损失为代价帮助某些人,并且过于频繁的情况是,被帮助的那些人都为上层群体。

当然了，具有大量分配效应的不单是法律，还有政策。在前一章里我们已经考虑了几种政策——例如，关于针对反竞争行为的法律的执行问题。在第 9 章，我们将讨论影响就业水平和经济稳定的货币政策，我们将了解那些弱化了工人收入但提高了资本收入的货币政策是怎样被制定的。

最后，公共政策影响着创新的方向。偏重技能的创新并非不可避免，比如创新可以偏重于节省自然资源。在本书的后半部分，我们将讨论那些或许能成功重新定向创新的备选政策。

全球化

十多年来，人们一直关注的焦点是"市场力量"理论的一个方面：全球化，即全球经济的密切整合。没有任何一个地方能比全球化这个舞台更有助于政治塑造市场力量。运输和通信成本的下降推动了全球化，而游戏规则的改变也同样重要，包括减少资本流动跨越国界的障碍和贸易壁垒（例如降低进口中国商品的关税，以使得它们能在同一平台上与美国商品竞争）。

贸易全球化（商品和服务的流动）以及资本市场全球化（国际金融市场整合）都加剧了日益严重的不平等，但两者却是各自以不同方式进行的。

金融自由化

在过去 30 年里，美国的金融机构强烈主张资本的自由流动。事实上，它们已经成了资本权利的卫士——超越了工人权利甚至政治权利。[19] 权利就是明确规定了的各种经济主体有资格享有的东西：例如，工人所追求的权利包括集会、结成工会、参与集体谈判及罢工。虽然很多非民主政府严厉限制这些权利，但是民主政府也限制它们。同样，资本拥有者也有权利，其中最基本的权利是他们的财产不会被剥夺。但是话又说回来，即便是在民主社会里，这些权利也是受到限制的。根据征用权，国家可以拿走个人财产用于公共目的，但是必须有"正当程序"（due process）并给予相应的补偿。近年来，资本拥有者要求了更多的权利，如可以自由进出不同的国家。与此同时，他们还**反对**那些要求他们对在其他国家侵犯人权负更多责任的法律，比如能够使被侵犯的外国受害者在美国提起诉讼的《外国人侵权法》（Alien Torts Statute）。

从劳动力自由流动中获得的对世界总产出的效率增益要远远大于从资本自由流动中获得的效率增益。资本回报的差异与劳动力回报的差异相比是微不足道的。[20] 但是，金融市场一直在推动全球化，并且尽管那些金融市场中的人不断谈论效率增益，其实他们心中真正想要的是另外的东西——有利于自身并且增加他们自己而非工人优势的一套规则。[21] 不同国家吸引投资的方式可以有很多种，而不仅仅是降低工资或削弱对劳动者的保护。有一种更宽泛的"竞次"㊀方式，即确保商业法规薄弱并且收税低。在金融业，这种方式已经被证明极为昂贵，并且对于不平等的增长尤其关键。各国竞相建立更缺乏监管的金融体系，因为害怕那些金融公司会离开去其他市场。美国国会有些人士担心解除管制的后果，但是他们也很无助：如果国会不同意的话，美国就会出现失业并失去一大行业。然而，现在回想起来，这是一个

㊀ 竞次（race to the bottom），用以描述通过剥削劳动、耗费资源、损坏环境而实现增长的做法。——译者注

错误。由于监管不足而导致的金融危机给国家造成的损失是被保存下来的金融业的工作价值的几十倍。

虽然10年前大家都认为每个人都能从自由资本流动中受益，但是大衰退爆发后，许多观察家心存疑虑。这些担忧不仅来自发展中国家的有关人士，而且也来自某些最全球化的倡导者。实际上，就连国际货币基金组织（IMF，确保全球金融稳定的国际机构）现在都认识到无产权负担和过度金融一体化的危险：一个国家的问题可以迅速传播到另一个国家。[22] 事实上，对危机蔓延的恐惧导致政府动用数万亿美元来紧急救助银行业。对传染病的反应是"隔离"，最后在2011年春天，国际货币基金组织意识到在金融市场采取类似反应的必要性，于是采取了资本控制的形式，即限制资本跨国界的不稳定运动，尤其是在金融危机期间。[23]

具有讽刺意味的是，在这场由金融业引发的危机中，工人和小企业主要付出了代价。危机还伴随压低工资的高失业率，因此工人受到双重打击。在以往的危机中，国际货币基金组织（特别是在美国财政部的支持下）不但要求陷入困境的国家进行大规模的预算削减，使经济不景气转入了衰退和萧条，而且还要求资产贱卖，于是金融家趁机猛扑过来大赚一笔。在我较早写的《全球化及其不满》（*Globalization and Its Discontents*）⊖一书里，我描述了高盛公司是如何在1997年成为东南亚金融危机赢家之一的，就像它在2008年金融危机中一样。当我们想知道金融家是如何获得这么多的财富时，部分答案很简单：他们参与设定了一系列使他们获益的规则，甚至是他们亲手创造了金融危机。[24]

⊖ 此书中文版已由机械工业出版社出版。

贸易全球化

贸易全球化的影响虽然不像与资本和金融市场有关危机的影响那么突出，但它们仍然缓慢而稳健地运作着。其基本原因很简单：商品流动是对人员流动的一种替代。如果美国进口由非熟练工人制造的商品，减少对在美国生产这些商品的非熟练工人的需求，就会压低非熟练工人的工资。美国工人要想竞争，要么接受越来越低的工资，要么技能越来越熟练。[25] 不管我们如何管理全球化，这种效应总会出现的——只要全球化导致更多的贸易。

然而，管理全球化的方式本身也导致了更低的工资，因为工人的谈判能力被削弱了。随着资本的高度流动以及关税的不断降低，企业可以简单地告诉工人：如果他们接受不了更低的工资和更差的工作环境，那么企业就会搬到别的地方去。为了看出不对称的全球化如何影响谈判能力，设想一下，如果只有劳动力的自由流动而没有资本的流动，那么世界将会怎样？[26] 各国就会竞相吸引工人，它们就会承诺提供好学校和好环境，以及对工人的低税收——这可以通过对资本高收税来弥补。但那不是我们现实生活的这个世界，这也部分反映出因为那1%的群体不希望事情那样发展。

在成功使政府以提高它们对于工人的谈判能力的方式来设定全球化规则之后，大公司就开始动用政治杠杆来要求更低的税收。它们威胁政府说：除非你降低对我的税收，否则我就到税率更低的地方去。在大公司推动政治日程使其以有益于它们的方式塑造市场力量的同时，它们自然没有表露真正意图。它们并不主张全球化（支持自由资本流动和投资保护），说那样做就会牺牲社会其他人的利益而丰富他们自己。相反，它们华而不实地提出如何使所有人都受益。

这种论调有两个关键方面：首先，全球化将增加一国的整体产出，比如以 GDP 衡量；其次，如果 GDP 提高了，那么涓滴经济学就会确保所有人都受益。其实这两个方面都不正确。的确，当市场运行完美时，自由贸易使得人们能够从受保护的行业转移到更有效率的不受保护的出口行业，于是就可以出现 GDP 的增长。但市场通常不会运行得这么好。比如被进口所取代的工人经常找不到另一份工作，于是就失业了。人们从在一个受保护行业中做低生产率的工作转为失业，降低了国民产出。这正是美国出现的情况。这种情况由于两个原因发生：一是宏观经济管理糟糕，导致经济面临高失业率；二是金融业未尽其责，于是没有创造出能取代被摧毁的老企业的新企业。

全球化会降低总产出还有另外一个原因：全球化通常会增加各国面临的风险。[27] 一个国家对外开放会使该国暴露于各种风险面前，从资本市场的波动到商品市场的波动。较大的波动性会促使企业转而从事风险较小的活动，然而这些更安全的活动通常都回报较低。在某些情况下，这种风险规避效应如此之大以至于每个人的日子都被弄得更差了。[28]

即便贸易自由化会给某一特定经济带来更高的整体产出，人口中的大量群体仍可能境遇更糟。试想一下，一个充分整合的全球经济（知识和资本都可以全世界自由流动）会需要什么条件：世界各地的（某一特定技能的）所有工人都将得到同样的工资。美国的不熟练工人将得到与外国不熟练工人同样的工资。反过来说，美国工人的工资将直线下降，届时盛行的工资将会是美国和世界其他地区的平均工资，并且令人遗憾的是，该工资水平将更接近于其他地区的较低工资。因此，那些通常认为市场运行良好的全面自由化的倡导者不宣传这种结果。实际上，美国不熟练工人已经遭受了打击。随着全球化的深化发展，他们面临着工资进一步下滑的压力。我虽然不认为市场能运行得如此之好以至于同样工作对应的工资将会完全平等，但是工资的确在朝着那个方向发展，速度之快足以得到我们的充分重视。[29] 这一问题今天在美国和欧洲国家尤其严重：伴随着节约劳动力的技术变革，对许多"良好的"中产阶级蓝领工作的需求已经减少了，全球化创造了一个全球市场，使工人与同样的外国工人直接竞争。这两个因素都削减了工资。

那么，全球化的倡导者又是如何宣称每个人的境遇都会更好呢？理论上每个人的境遇都**可能**变得更好，因为赢家可以补偿输家。但是该理论并没有说赢家为什么愿意那么做——通常他们都不愿意。事实上，全球化的倡导者经常宣称全球化意味着赢家不能也不应该这么做。他们说，用以帮助输家所必须征收的税会减少一个国家的竞争力，而在我们这样一个高度竞争、高度全球化的世界里，各国根本承受不起那样做的后果。事实上，全球化对于社会底层群体的伤害不仅是直接的也是间接的——还有社会支出削减以及不利于穷人的累进税制。

结果在许多国家（包括美国），全球化显著增强了日益加剧的不平等。我已经强调过，问题出在**全球化的管理**。亚洲国家在通过出口导致的增长中获益巨大，并且有些国家（像中国）采取措施确保了增加的产出中有显著的部分给了穷人——某些产出用于公共教育，大部分又再投资到经济中以提供更多的工作。在其他国家，既有赢家也有输家——随着受补贴的美国玉米压低了世界市场的价格，墨西哥的玉米种植者的收入下降了。

在许多国家，运转不良的宏观经济意味着工作被破坏的速度超过了工作被创造的速度，那也正是自金融危机以来美国和欧洲国家的情况。

在美国和欧洲一些国家，全球化的赢家是社会上层群体，输家是底层群体以及越来越多的中层群体。

超越市场力量：我们社会中的变革

到目前为止，我们已经讨论了市场力量、政治及寻租对于创造我们社会高度的不平等所起的作用。更广泛的社会变革也很重要，无论是规范的变革还是制度的变革，[30] 它们既被政治塑造也在塑造政治。

最明显的社会变革是工会的衰落——美国挣工资工人参加工会的比率从 1980 年的 20.1% 下降到了 2010 年的 11.9%，[31] 这造成了经济实力的失衡和政治真空。没有了工会提供的保护，工人过得比有工会时更加穷困了。市场力量也限制了存留下来的工会的能力，通过把工作转移到海外而造成失业的威胁弱化了工会的力量。没有像样工资的差工作总比没有工作要好。但是，正像当年罗斯福总统执政期间通过的《瓦格纳法案》（Wagner Act）鼓励了工会化一样，现在在州级和联邦级的共和党人以劳动力灵活性的名义一直在努力削弱工会。里根总统在 1981 年终止了空中交管员的大罢工，这是工会力量被削弱的一个标志性时刻。[32]

在过去 30 年里，经济学家普遍认为灵活的劳动力市场会促进经济增长。与此相反，我认为强有力的工人保护会纠正经济势力的失衡。

这类保护能造就高质量的劳动力队伍，工人会对其公司更为忠诚并且更愿意对自身和工作投资，也能营造更有凝聚力的社会和更好的工作场所。[33]

美国劳动力市场在大衰退期间表现非常糟糕，美国工人30年来也表现不佳，这让人们对灵活劳动力市场的神话产生了怀疑。但是在美国，工会一直被视为是僵化的，是劳动力市场效率低下的根源，这削弱了政治内外部对工会的支持。[34]

不平等可能既是过去40年来社会凝聚力破裂的原因，同时也是其结果。作为国民收入一部分的劳动报酬的变化格局和幅度难以与任何**单纯**依赖常规经济要素的理论相一致。例如，在1949～1980年的30多年时间里，制造业的生产率与实际小时报酬的变动方向是一致的。在1980年，两者突然开始偏离了，实际小时报酬停滞了将近15年，后来又开始上升，再次达到几乎与生产率同样的速度。但到了21世纪初期，实际小时报酬又开始停滞不前。对这些数据的一种解释是，在工人工资增长速度比生产率慢得多的这段时间里，企业管理者却攫取了与企业相关的"租金"的一大块。[35]

这种情况出现的程度不但受到经济学和社会力量（CEO为自己攫取大部分企业收入的能力和意愿）的影响，而且也受到政治以及其塑造的法律框架的影响。

公司治理

政治（塑造治理公司法规）是公司高管能为自己攫取多少公司收入的一个主要决定因素。根据美国法律规定，公司高管有相当大的自由处置权。这意味着当社会可以接受报酬的巨大差距时，美国的公司高管就能更容易地通过牺牲工人或股东的利益而使自己变得更加富有。

美国产出的一大部分是由上市公司创造的。这些上市的大公司有许多优势——有限责任制保护[36]、规模优势。长期的良好声誉使得它们能够赚取超额回报，否则它们就不得不花钱来筹集资本。我们把这些超额回报称为"企业租金"（corporate rent），关键问题是这些租金如何在公司的"利益相关者"间分配（工人、股东和管理层）。在20世纪70年代中期之前，社会广泛共识是：高管高薪，但不惊人；租金主要在忠诚的员工与管理层之间分配。股东从来没有太多的话语权。美国的公司法给了管理层尊重。股东难以质问管理层的行为，难以发动收购战，[37]甚至难以发动对控制权的代理战。多年来，管理层学会了如何巩固和保护自身的利益。他们有多种方式这样做，包括以不确定性来蒙蔽投资者，使得公司的价值不那么确定并加大并购战风险；一旦发生并购就触发减少公司价值的"毒丸"（poison pill）；一旦公司被并购就落实确保管理者终生舒适的"金色降落伞"（golden parachute）。[38]

从20世纪八九十年代开始，管理层逐渐认识到，抵御外部攻击的措施以及弱势工会能让他们不受惩罚地为谋取更多的企业租金。某些金融领导者甚至意识到"我们有严重缺陷的公司治理制度已经导致了极高的高管薪酬"。[39]

连"公平"的标准也变了：高管不用再顾虑应不应该从企业大饼中拿更大的一块，**即便当他们宣称为了企业的生存而不得不解雇工人和减少工资时**，仍然奖励自己大笔的奖金。在某些圈子里，对于这类

"公平"的偏执极为根深蒂固，甚至在大衰退早期，一位奥巴马政府的官员可以板着脸说，给美国国际集团（AIG）发放奖金是有必要的，由于合同的神圣性，即使是对于那些使该公司需要 1500 亿美元紧急救助的高管也要这么做，可就在几分钟后他又敦促汽车业工人接受会极大降低他们薪酬的合同修订。

虽然不同的公司治理法（甚至像那种温和型的，只给股东一部分 CEO 薪酬方面的话语权）[40] 本可以限制高管，但是那 1% 的上层群体一直不希望看到公司治理出现这样的改革，即便改革能使经济更有效率。他们动用了自己的政治能量以确保这种改革不会发生。

各种力量——包括弱势工会、社会凝聚力，以及赋予管理层巨大自由裁量权的公司治理法，不但造成了工资在国民收入份额中的下降，而且造成了我们对待经济低迷方式的变化。曾几何时，当经济进入衰退时，为了保持工人的忠诚并关心他们的福祉，雇主会尽其所能地保证工人不失业。结果是劳动生产率下降了，工资份额上升了。利润承担了经济衰退的冲击，而工资份额在衰退结束时才会下降。但是在这次以及上一次（2001 年）经济衰退期间，这个格局变了。工资份额不但在衰退期间下降了，而且在接下来的年份里仍持续下降。企业对于自己的残酷无情引以为豪——解雇了这么多工人而生产率实际上提高了。[41]

歧视

还有另一种主要力量影响着不平等。在美国社会存在着对主要群体的经济歧视——歧视女性、非裔美国人以及西班牙裔美国人。这些群体之间在收入和财富方面存在巨大差异。女性、非裔美国人以及西班牙裔美国人的工资都明显低于美国白人。[42] 所受教育（或者其他特征）能部分解释这种差异，但也仅仅是部分。[43]

一些经济学家提出，歧视是不可能存在于市场经济中的。[44] 他们的理论认为，在一个充满竞争的经济里，只要有人不带有种族（或性别或民族）歧视，他们就能雇到受歧视群体的成员，因为这些人的工资要低于不受歧视群体中有同样技能的成员的工资。这一过程将持续下去，直到工资/收入歧视消除为止。偏见会造成存在隔离的工作场所，但不会导致收入差距。这些论调能在经济学界流行，在很大程度上反映了这一学科的现状。对于一个像我这样在一个**明显**存在歧视的国家和城市里成长起来的经济学家而言，这些论调有待质疑：一种认为不存在歧视的理论是有问题的。在过去 40 年里，许多经济学理论解释了歧视的持久存在。[45]

比如博弈论模型显示了主导群体（白人、男性）的默契合谋行为是如何抑制另一个群体的经济利益的。打破歧视行为的个体会受到惩罚：其他人将拒绝在他们的店里购物、拒绝为他们工作、拒绝为他们供货。同时，那些不惩罚犯规者的人将受到同样的惩罚。[46]

相关研究表明了在竞争经济中，（与不完全信息有关的）其他机制是如何导致歧视性平衡的。当难以评估个体的真实能力及其教育质量时，雇主就可能以种族、民族或性别等指标来判断——不管合理与否。如果雇主认为属于特别群体（女性、非裔美国人及西班牙裔美国人）的人生产力较低，那么向他们支付的工资就会较低。歧视的结果是减少对该群体成员的激励，使得他们不再进行能提升生产率的投资，这些想法是自我强化的。这有时被称为"统计歧视"（statistical discrimination），但是一种特殊形式，即歧视事实上真的造成了原本被认为存在于不同群体之间的差异。[47]

在前面描述的这些关于歧视的理论中,个体在**有意识地**进行歧视。近来,经济学家提出了另一种歧视行为:"隐性歧视"(implicit discrimination),它是无意的,连参与歧视者也察觉不到,而且与人们为其组织所(明确)主张的相矛盾。[48]心理学家已经能够测量隐性态度(也就是个体没有意识到的态度)。有初步证据表明,隐性态度能比显性态度更好地预测歧视行为,尤其在有时间压力的情况下。这一发现为那些有关系统的种族歧视的研究提供了新证据,[49]因为现实世界中的许多决策,如管理者将人与结果(如提供工作)相匹配的决定,经常是在时间压力下做出的,而且信息含糊。这些条件为隐性歧视提供了更广泛的视角。

社会学家德瓦·佩格提供了一个突出的例子,来自她所做的关于犯罪记录的烙印效应(stigmatizing effect)的现场研究。[50]她把那些申请真实的入门级工作的23岁年轻人进行了匹配,目的是检验犯罪记录(非暴力毒品犯罪)在多大程度上影响就业机会。所有参与者都提供了大体相似的证明,包括高中毕业文凭,这样参与测试的不同群体的差异就可以归因于种族或犯罪身份的影响了。经过初步面试,无犯罪记录白人和有犯罪记录白人的录用比率是2∶1,而同样两种身份的非裔美国人的比率是3∶1。有犯罪记录的白人被录用的可能性稍微大于没有犯罪记录的非裔美国人。因此,一般说来,身为非裔美国人就会极大减少就业机会,对于有犯罪记录的非裔美国人更是如此。这些烙印效应对于力图在经济上自给自足的非裔美国人来说是重要的障碍,因为大约每3个非裔美国人中就有一个会有坐牢的经历。

贫困、种族及政府政策之间有着很强的互动效应。如果某些少数群体处于不成比例的贫困状态,并且政府提供给穷人的是糟糕的教育和医疗,那么少数群体的成员就会不成比例地遇上糟糕的教育和医疗。健康的统计数据是非常能说明问题的:2009 年,非裔美国人的预期寿命是 74.3 岁,而白人的是 78.6 岁。[51]

正如我们在第 1 章中谈到的,经济大衰退非常不利于传统上一直受歧视的群体。银行把他们看成容易攻击的目标,因为他们有着向上流动的雄心壮志,而拥有住房又被视为融入美国中产阶级的标志。于是不道德的兜售者便将抵押贷款强加给那些支付能力不足的家庭,这种抵押贷款其实不适合他们的需要并使他们承担了过高的交易成本。时至今日,这部分人失去的不仅仅是他们的住房,更是他们的毕生积蓄。他们财富的变化数据让人不安:金融危机过后,典型的非裔美国人家庭住宅净值只有 5677 美元,只是典型白人家庭住宅净值的 1/20。[52]

我们的经济体制奖励利润——不管这些利润是怎么得来的,于是在一个以金钱为中心的经济里,我们并不奇怪地看到道德顾虑被置于一旁。偶尔,我们的体制也会查处那些行为不端的人,但那是在经过漫长而昂贵的法律战之后。即便如此,也经常很难说清楚处罚额是否真的大于银行通过不道德行为得到的那部分利润。那样的话,就算受到了惩处,犯罪也还是划得来的。[53] 2011 年 12 月,也就是次级贷款出现的 4~7 年后,美国银行(Bank of America)同意针对它对于非裔美国人和西班牙裔美国人的歧视行为支付一笔 3.35 亿美元的解决方案,这是迄今最大一笔针对住宅公平借贷行为的解决方案。富国银行(Wells Fargo)及其他借贷银行业也因歧视行为受到了类似的指控。作为美国最大的家庭抵押贷款借贷人的富国银行支付给美联储 8500

万美元来平息针对它的指控。简言之，贷款歧视不是孤立事件，而是普遍做法。

因此，贷款和住房方面的歧视加剧降低了非裔美国人的生活标准及财富水平，加重了先前讨论过的那种劳动力市场的歧视效应。

政府在再分配中的作用

我们已经分析了由政治和社会变革塑造的市场力量如何促进了**税前收入和转移**中的不平等。

具有讽刺意味的是，就像市场带来不平等一样，税收政策也对上层群体索要得少而对其他人索要得多。最高边际税率从卡特总统任内的 70% 降到了里根总统任内的 28%，又上升到克林顿总统任内的 39.6%，最后下降到小布什总统任内的 35%。[54]

原本政府指望这种降低会引发更多的工作和储蓄，但其实并没有。[55] 实际上，里根曾承诺其减税的激励效应会造成税收收入的**增加**。可唯一增加了的是赤字。布什的减税也没有任何更成功之处：储蓄并没有增加，家庭储蓄率下降到了历史最低点（几近于零）。

最过分的是税收政策降低了资本收益的税率。这首先发生在克林顿任内而后又再次出现在小布什任内，使得长期资本收益税率只有 15%。因此，政府为通过资本收益获得大部分收入的非常富有的人提供了搭便车（free rider）的机会。对投资者（更不用说投机者）的课税低于那些艰苦谋生的人，这有些说不过去，但我们的税收制度就是这么规定的。并且资本收益只有在实现时（即直至资产出售时）才能被征税，于是这种延迟税收产生了大量的利润，尤其是当利息高的时候。[56]此外，如果资产在所有者逝世时传让，那么死者生前赚取的资本就可以逃避税收。事实上，那些为有钱人，如（罗纳德·兰黛从他母亲雅诗·兰黛那里继承了大笔财富），服务的税务律师甚至想出了"鱼和熊掌可以兼得"的法子，即卖掉股票而不必交税。[57]他们这一计划以及其他类似的避税手段涉及复杂的交易，包括卖空（卖掉借入股票）和金融衍生品。尽管这个漏洞最终被堵上了，但是为富人服务的税收律师总是力图智胜美国国税局（IRS）。

因为红利的不平等大于工资的不平等，资本收益的不平等大于任何其他形式收入的不平等，所以给予资本收益减税优惠实际上就等于给了非常富有的群体减税优惠。人口中底层90%的群体只得到不足10%的资本收益。[58]收入少于10万美元的家庭中只有不到7%有资本收益收入，对他们而言，资本收益和红利收入加起来也平均只占他们总收入的1.4%。[59]但是对于美国最富有的400人而言，工资只占他们收入的8.8%，资本收益占57%，利息和红利占16%——因此他们收入中的73%是享受低税率的。事实上，美国上层400名纳税人得到了全国整体红利的近5%。[60]他们在2008年的人均资本收益（总收益是615亿美元）是1.537亿美元，在2007年人均资本收益（总收益是914亿美元）是2.286亿美元。因此，对资本收益的税率从35%降到15%相当于给了这400人每人一份礼物——在2008年是人均3000万美元，在2007年是人均4500万美元，并使得整体税收收入在2008年降低了120亿美元，在2007年降低了180亿美元。[61]

这种情况的净效应是超级富豪实际上的平均支付税率低于那些境况不如他们的人。同时，低税率也意味着他们的财富增加得更快了。

上层 400 户家庭的平均税率在 2007 年只有 16.6%，大大低于纳税人整体 20.4% 的税率（前者在 2008 年略微提高至 18.1%）。当平均税率自 1979 年以来略有下降时——从 22.2% 降到 20.4%，1% 上层群体的税率下降了差不多 1/4——从 37% 降到 29.5%。[62]

大多数国家都已征收了遗产税，不仅从更有支付能力的人那里获得更多税收，而且避免了"继承王朝"（inherited dynasty）的形成，即一代人能很容易就把财富传给下一代的竞争环境。如果富人逃税（他们正越来越这样）并且遗产税降低了（正如小布什总统任内的情形——遗产税实际上在 2010 年被废除了，虽然只执行了 1 年），那么继承财富的作用就会变得更加重要。[63] 在这些情况下，随着越来越多的财富聚集在 1%（甚至是更上层的 0.1%）上层群体，美国越来越有可能变成一个继承寡头（inherited oligarchy）的国家。

富人和超级富豪经常利用公司来保护自己及其收入，他们费尽心机确保低企业所得税税率且税法漏洞百出。[64] 虽然美国名义上有着高出世界上多数国家的企业所得税税率（根据法令达到了 35%），但企业支付的真实平均税率是与其他许多国家看齐的，并且作为 GDP 一部分的企业所得税收入平均来说少于其他发达工业化国家。税法中的漏洞和特别规定极大地削弱了税收，从 20 世纪 50 年代中期为联邦收入的 30% 降到了今天的不足 9%。[65] 如果美国企业借助外国补贴在国外投资，那么只有当钱返回美国总部时，利润才能被美国政府课税。这种情况虽然对企业来说是件大好事（如果它在像爱尔兰这样的低税收国家投资），但却鼓励企业在国外再投资，这对美国是不利的——创造的工作机会是在美国境外而不是国内的。于是那些企业欺骗小布什总统给予他们税收减免期（tax holiday）——在此期间它们拿回美国的名义上投资赚得的钱只被课以 5.25% 的税，那样它们就愿意把钱拿回美国进行再投资。当小布什总统按照此税率设定了为期 1 年的税收减免期后，它们的确把钱拿回来了，光是微软公司就拿回了 320 多亿美元。[66] 但是有证据表明，产生的额外投资微乎其微。这一切只是企业为了避免缴纳大部分本该缴纳的税。[67]

在州政府层面上，税收情况更加糟糕。许多州甚至连累进制的幌子都没有，也就是压根儿没有税制让 1% 上层群体比穷人支付占收入更大比例的税。相反，销售税才是州政府收入的主要税收来源，并且因为穷人会将收入的更大部分用于购物，因此这类税收经常是递减的。[68]

尽管税收政策既可以让富人更富也可以抑制不平等的增长，但是公共开支计划对于防止穷人变得更穷方面能够发挥特别重要的作用。社会保障（social security）几乎已经消除了老年人中存在的贫困。最近的研究显示了其影响有多大：光是补充贫困工作家庭的"赚取收入税收抵免"（earned-income tax credit）就能使贫困率下降 2 个百分点。住房补贴、食品券、学校午餐计划等对于降低贫困水平都有很大影响。[69] 为贫困孩子提供健康保险也可以造福数百万的人群，并且有助于降低贫困儿童因某种疾病或其他健康问题造成终身伤残的风险。与此形成鲜明对比的是某些企业享有的补贴或税收漏洞，它们花费更多而收益只能为极少的人群享用。美国在救助大银行方面的支出（帮助银行维持它们丰厚的奖金）远远高出帮助那些由于大银行造成的经济衰退而失业的人群的支出。我们为银行（及其他企业，像美国国际集团）创造的安全网要远远强于我们为贫困美国人创造的安全网。

虽然美国由市场（一个被政治和寻租塑造并扭曲的市场）造成的

不平等的程度高于其他发达工业化国家，但是美国政府在通过税收和公共开支计划来调和不平等的方面做的工作甚少。并且随着市场造成的不平等越来越严重，我们的政府反而做得越来越少。[70]

政府与机遇

在第 1 章提及的那些令人不安的发现中，有一项表明美国已经变成了一个平等机会更少的社会——不但少于过去的美国，而且少于其他国家，包括"旧欧洲"的国家。本章前面所提到的市场力量发挥着作用：随着教育的回报增加，那些受过良好教育的人发展得较好，而那些（尤其是男性）只受过高中或高中以下教育的人的日子就不好过。这一点在今天我们这种严重的经济低迷期甚至更为真切。那些持有大学或大学以上文凭的人面临的失业率只有 4.2%，而那些连高中毕业文凭都没有的人面临的失业率要高出 2 倍，达到 12.9%。那些高中辍学者或高中毕业但没上大学的人的境况非常糟糕：前者的失业率是 42.7%，后者的是 33.4%。[71]

正如我们在第 1 章中了解到的，能否接受良好教育越来越取决于收入、财富及家长的受教育程度，原因很明显：大学教育变得越来越贵，特别是现在。各个州都在削减教育支出，并且能否上最好的大学取决于能否上最好的中学、小学甚至幼儿园。穷人无力负担昂贵的私立小学和中学费用，也住不起那些提供高质量公共教育的富裕社区。许多穷人一直住在靠近富人的地方——部分是因为他们要为富人提供服务。这种现象造成公立学校的生源有不同的社会和经济背景。正如斯坦福大学肯德拉·比肖夫和肖恩·里尔登的一项研究表明，形势发生了变化：现在越来越少的穷人住得靠近富人，越来越少的富人住得靠近穷人。[72]

美国的街区在房主和房客之间甚至也隔离了。这种格局无法用种族或家里有小孩来加以解释，因为它出现在种族群体内部以及有小孩的家庭里。美国大城市地区的这种房主社区与房客社区的隔离会产生具有完全不同的公民环境的社区。社区质量取决于居民在预防犯罪和提高当地治理水平的努力上，房主个体所做的努力所带来的回报要大于房客个体所做的努力所带来的回报，并且一般来说，对于那些住在许多其他居民都做出类似努力来促使当地政府更积极响应社区成员的社区里的人，这种回报也更大些。因此，经济力量导致了家庭财富（房屋拥有权）的不同，并造成了家庭所生活的社区质量的不同。[73]美国旨在提高低收入家庭房屋拥有率的政策反映了政府意识到房屋拥有率影响着街区质量，而成长在充满暴力和犯罪的街区会伤害健康、影响个人发展和学校成绩。但是房屋拥有权（在美国，家庭进入更好街区并积累财富的一种主要途径）对于那些一开始没有财富且收入很少的家庭来说却是难以持久的。

我们在第 1 章也提到了，即便在大学毕业生群体里，那些有着更富有和受过更好教育的家长的毕业生也有着更好的前途。这也许部分是因为社交网络（建立关系）在工作稀少时尤为重要，就像现在。但部分还因为实习经历起着越来越重要的作用。在类似于 2008 年以来的劳动力市场中，当每一个工作岗位都有很多求职者时，实习经历就非常重要了。企业利用求职人员供大于求的局面，提供无报酬或低报酬的实习机会，这些实习经历便成为个人求职简历上一项重要内容。但是有钱人不但更容易得到实习机会，而且也负**担得起**一两年无报酬的工作。[74]

政府不但在抵消市场力量方面做得不到位——市场力量导致了更大的机会不平等，体现为获得"人力资本"和工作机会的不平等，而且在创造金融资本公平的竞争环境方面做得也不到位，体现为较小的累进税制和较低的继承税率。简言之，我们所创造的经济、社会以及政治制度会延续甚至加剧不平等：可以预见，今后会有更多的不平等出现在人力资本领域和金融资本领域。

整体情况

在本章的前面及第 2 章我们都看到了游戏规则是如何帮助创造了上层群体的财富，又如何加剧了底层群体的痛苦。今日政府在我们当前的不平等中扮演着双重角色：它部分造成了**税前收入分配**中的不平等，同时在通过累进税制和公共支出政策来"纠正"这种不平等时并未起到应有的作用。

随着富人更富，他们会因为那些限制寻租和再分配收入以创造更公平经济的企图而损失更多，同时他们也具备了更多的资源用来抵制这些企图。随着不平等的增加，我们却无所作为，虽然这看上去奇怪，却也在预料之中。全世界也是如此：越是平等的社会越需要加倍的努力来维护社会凝聚力；越是不平等的社会，政府政策和其他制度越倾向于促进不平等的持久。这种模式已经有了良好的记录。[75]

为不平等辩护

本章开篇解释了上层群体是如何想方设法为其收入和财富辩护的，以及"边际生产率理论"（该观点认为那些得到了更多的人是因为他们对于社会的贡献更大）是如何成为盛行学说的（至少在经济学领域）。但金融危机使得人们对这一理论产生了怀疑。[76]那些对掠夺性贷款新技能掌握得炉火纯青的人、那些创造了金融衍生品（被亿万富翁巴菲特称为"金融大规模杀伤性武器"）的人、那些设计了造成次贷危机的新抵押贷款的人，都夹着数百万（有时是数亿）美元全身而退了。[77]

但即便在金融危机发生之前，工资和社会贡献之间的联系也非常微弱。我们前面已经说过，那些为现代社会奠定了基础的伟大科学家所得到的只是其贡献的一小部分，与那些把世界带到毁灭边缘的"金融奇才"相比，科学家的所得简直不值一提。

但这里有一个更深的哲学观点：人们难以真正把某个人的贡献与其他人的贡献区分开来。即便是在技术变革的情况下，大多数发明都涉及先前已存在元素的合成而不是完全从头开始的发明。今天，至少在许多关键领域，许多进步还都依赖于政府支持的基础研究。

加尔·阿尔佩罗维茨和卢·戴利在2009年提出，"如果我们现有的大多数东西都是历经多少代的积累而作为免费礼物送给我们的，那么就有一个深刻的问题：无论是现在还是未来，有多少东西能够被合理地称为是由任何一个人'赚得'的呢？"[78]因此出于同样的原因，任何一个商人的成功都不仅依赖于这种"继承的"技术，还应依赖于良好的制度设计（法治）、受过良好教育的劳动力队伍的存在及良好的基础设施的存在（交通和通信）。

不平等是激励人们的必要条件吗

捍卫不平等现状的人常常说：我们需要用高度不平等来激励人们

去工作、储蓄和投资。这混淆了两种态度：一种是我们不应该有不平等；另一种是倘若我们的不平等低于今天面临的这种不平等，那我们就会过得更好。就我所知，我和大多数改革派人士都不主张完全平等。我们意识到那样会弱化激励。问题在于，假如不平等减少一点儿的话，激励被弱化的程度有多严重？我将在下一章解释，恰恰相反，较少的不平等实际上会提高生产率。

当然了，大多数所谓的激励薪酬不过是起了这样一个名字来为巨大的不平等辩护，并误导天真的人们觉得没了这种不平等，我们的经济体系就无法运转了。这个理由在2008年的金融危机后就显得很尴尬了，各大银行不好意思再把高管的薪酬称为"绩效奖金"了，于是改称其"留任奖金"（retention bonus），虽然唯一留下来的是糟糕的业绩。

根据激励薪酬计划，薪酬应该随着绩效增加。银行家采取的是常用做法：当**测量的**绩效出现下滑时，他们就改动薪酬体系。结果就造成了现在的情形：绩效好的时候工资高，绩效差的时候工资也照样高。[79]

解析不平等的来源

经济学家喜欢讨论各种因素的相对重要性。造成不平等的因素有很多，如工资和资本收益不平等，这些情况造成了市场收入更大的不平等。并且，就像我们在本章前面所看到的，较少的累进税和公共开支计划造成了税后和转移收入更大的增加。

对于工资分散化增加的解释一直都有争议。有些解释关注的是技术变革——偏重技能的技术变革；另一些解释关注的是社会因素——

工会的弱化以及限制高管薪酬的社会规范的瓦解；还有一些解释关注的是全球化；再有些关注的是金融日益重要的作用。强大的利益集团会提出如下两种解释：那些力主开放市场的人认为全球化只不过扮演了小角色，那些主张加强工会力量的人认为工会的衰弱是件大事。有些争论则关于不平等的不同方面：金融日益重要可能与中层群体工资的两极分化关系不大，而与上层群体收入和财富的增加关系甚大。在不同的时期，不同的力量扮演着不同的角色：全球化大概从2000年以来扮演了比此前10年更重要的角色。然而，经济学家越来越达成共识：分辨各种力量的不同作用很难。我们无法进行可控制的实验来验证（当其他情况不变时）假如工会更强大了，不平等将会发生什么变化。此外，不同的力量还相互作用：全球化竞争（工作转移到其他地方的威胁）会削弱工会。[80]

可问题的关键在于美国（以及其他一些国家）的不平等已经发展到不能再视而不见的地步了。技术（偏重技能的技术变革）对于某些不平等问题或许至关重要，尤其是劳动力市场的两极分化。但即便如此我们也不能坐视不管。贪婪也许是人性的一部分，但那并不意味着要对无良银行家剥削穷人和从事反竞争活动视而不见。我们能够也应该监管银行，禁止掠夺性贷款，让它们为欺诈行为负责，并惩罚其对垄断权力的滥用。同样，强大的工会和良好的教育也可能会减轻技术变革带来的冲击。技术变革继续朝这个方向发展的趋势是可以避免的：使企业为其生产的环境后果付出代价就可能鼓励企业从偏重技能的技术变革转向节约资源的技术变革。低利率可能会鼓励企业自动化，减少常规的非技术性工作，因此可以考虑用宏观经济和投资政策来放缓我们经济中自动化的步伐。因此同样的道理，尽管经济学家对于全球化在不平等的增加中的作用意见不一，但是我们应关注全球化中的**不对称**让工人陷入不利位置,我们可以通过可能会减少不平等的方式来更好地管理全球化。

我们已经提到美国的金融业(有时被称为日益增长的经济金融化)是如何日益加剧不平等的——它们为上层群体创造财富,为底层群体创造贫困。加尔布雷思指出,一个国家的金融业越庞大,该国的不平等就越严重,两者之间的联系不是偶然的。[81] 我们已经看到了放松管制及隐蔽和公开的政府补贴怎样扭曲了经济——这不但造就了更庞大的金融业,而且还提高了该行业把钱从底层转移到上层的能力。未准确知道不平等中有多少应该归因于日益增长的经济金融化,我们也照样可以明白政策的变革是有必要的。

每一项导致不平等的因素都必须加以处理,尤其要注意那些同时**直接**削弱我们经济的因素,如垄断势力和扭曲的经济政策。不平等已经在我们的经济体系中根深蒂固,只有采取全面的行动(第 10 章将对此进行详述)才能彻底铲除它。

其他的不平等模型

在本章中,我们解释了还存在着其他关于不平等的理论,其中一些理论认为不平等是更"合情合理的":上层群体的收入是当之无愧的,制止不平等和再分配的成本更大。收入决定的"成就"模型强调每个人的努力,如果不平等主要是努力程度不同的结果,那就很难指责它,不奖励努力似乎是不公正的、无效率的。我们在第 1 章描述的那些致富故事就属于这类:在那 100 多个从贫困到富有的故事里,每个故事的主人公都是凭着个人努力摆脱贫困的。这样的故事也许有些道理,但也仅此而已。我们在第 1 章中看到,一个人成功的主要决定因素是他的初始条件——父母的收入和受教育程度,当然,运气也很重要。

本章的核心论点是不平等是自然与市场力量的结果。我们也许希望光的速度再快些,不过对此我们是无能为力的。但是在很大程度上,不平等是塑造并指导技术、市场乃至社会力量的政府政策的结果,于是希望和绝望并存:希望是因为不平等并非不可避免,通过改变政策是可以造就更有效率和更加平等的社会的;绝望是因为改造这些政策的政治过程实在是太难了。

有一种不平等的根源——尤其是对于底层群体,本章几乎没有谈及:在本书(英文版)付印之际,我们仍处于自大萧条以来最严重的经济衰退中,宏观管理不善(以各种各样的借口)是不平等的一个主要根源。失业人群更有可能成为贫困人口,越是这样,经济衰退持续时间就越长。泡沫给了穷人变富的幻觉,但只有片刻。正如我们所看到的,当泡沫破裂时,它卷走了底层群体的财富,创造了新的财富不平等的水平并提高了底层群体的脆弱性。第 9 章将展开讨论美国及许多其他国家追求的宏观经济(尤其是货币)政策是如何反映上层群体的利益和意识形态的。

本书的另一个主题是逆向动态(adverse dynamic)和恶性循环(vicious circle)。我们在上一章看到了更大的不平等如何导致更少的机会平等,更少的机会平等又如何导致更多的不平等。在下一章,我们将看到关于恶性循环的进一步的例子——更多的不平等如何损害了集体行动(collective action),这些集体行动包括那些确保每个人都能通过良好的公立学校教育而充分发挥自己的潜力的措施。我们还将解释不平等如何增强了不稳定,后者本身又造成了更多的不平等。

第4章
为什么不平等这么重要

我们在第1章看到,虽然美国的人均GDP一直在提高,但除了2009年,美国经济连续多年令人失望。原因很简单:日益加剧的不平等,以及上层群体与社会其他群体之间日益拉大的差距。我们在第2章看到,上层群体日子过得好的原因之一是**寻租**——也就是攫取蛋糕的更大一块,这么做的同时也使得剩下蛋糕的尺寸小于原本应有的尺寸。

美国正在为巨大和日益加剧的不平等支付高昂代价,而且这种不平等极有可能继续加剧——除非我们做些什么来制止,我们付出的代价也极有可能随之增加。虽然那些处于社会中层,尤其是处于底层的群体将付出最高代价,但是国家整体,即我们的社会、我们的民主制度也将付出高昂代价。

广泛存在不平等的社会不能有效运转,从长期来看,其经济既难保持稳定也难持续增长。当一个利益集团拥有太多权力时，它就能成功制定有利于自己的政策，而不是有益于全社会的政策。当那些最有钱的人通过手中的政治权力过分地施惠于他们所控制的企业，国家收入就被转入少数人的口袋，社会未在最大范围内受益。

然而有钱人并不生活在真空里。他们需要身边有一个运转正常的社会，以维持其地位并从其资产中获益。虽然富人抵制税收，但税收使得社会能够为国家的经济增长进行投资。当税收收入不足时，可用于教育投资的钱就少，因此学校就培养不出企业发展所需的优秀毕业生。极端地说（这正是美国当前的状况），这一趋势扭曲了整个国家及其经济，就好比采掘业快速易获得的收入扭曲了石油或矿产丰富的国家的经济一样。

我们知道这些不平等发展下去的极端情况会怎样，因为此前已有太多的国家踏上了这条路。拉美国家（世界上不平等程度最严重的地区）[1]的现状预示着美国的未来，该地区的许多国家都陷入了数十年的内战，犯罪率高、社会不稳定，完全不存在社会凝聚力。

本章解释了为什么像美国这样的经济体从长期来看不大可能做好：其中大多数公民的财富下降了、平均收入增长停滞，许多最贫困公民的境遇一年不如一年。我们首先审视不平等对国家产出和经济稳定的影响，其次审视它对经济效率和经济增长的影响。这些影响是多方面并且通过多渠道发生的。有些影响是由不断增加的贫困造成的，有些则由于中产阶级被掏空，还有些是因为那1%群体和其他人之间日益扩大的差距。有些影响起源于传统的经济体制，而另一些影响则是不平等对于我们政治体制和社会的冲击的结果。

我们也会审视那些荒谬的观点，比如不平等有利于经济增长或者做任何降低不平等的事（如提高对富人的税收）都会对经济造成破坏。

不稳定与产出

也许绝非意外，就像当年的经济大萧条一样，这场金融危机爆发之前也出现了大量增加的不平等。² 当钱都集中到社会上层群体那里时，普通美国人的支出就受限了，除非有人刻意干预——如在这场危机爆发前由美联储政策推动的房产泡沫。房产泡沫创造了一种消费热潮，形成了"一切都好"的表象。但是我们很快就发现了，那不过只是一种暂时的缓解。

把钱从底层群体转移到上层群体降低了整体消费，因为高收入者对于其收入的消费比例要小于低收入者（上层群体将其收入的 15%～25% 用于储蓄，而底层群体会花掉所有的收入）。³ 这样的结果就是：除非其他情况出现，如投资或出口的增加，否则经济中的总需求将会小于该经济能供给的——也就意味着会出现失业。20 世纪 90 年代的"其他情况"是高科技泡沫，21 世纪头十年的是房产泡沫。而现在只能靠政府支出了。

失业可以归咎于总需求（经济中来自消费者、企业、政府和出口商对商品和服务的所有需求）的不足。在某种意义上，今天总需求的短缺（美国经济衰退的原因）可以归咎于极端的不平等。正如我们已经知道的，美国人口中 1% 的上层群体占有了整个国民收入的大约 20%。假如那 1% 的上层群体大约储蓄了收入的 20%，只要把其中的 5 个百分点转移给那些不储蓄的穷人或中层群体——这样那 1% 的上层群体仍得到国民收入的 15%，就会**直接**增加 1 个百分点的总需求。

但是随着那笔钱的再循环，总产出实际上会增加 1.5% ~ 2%。[4] 在像目前这样的经济衰退中，那就意味着失业率将极大幅度降低。这样一种收入的转移可以把 2012 年初期的 8.3% 的失业率降低至 6.3%。一个更广泛的再分配，如说从上层 20% 的群体到社会其他群体，会进一步降低失业率，使其回到 5% ~ 6% 的正常水平。

还有另外一种方法可以解释日益加剧的不平等对于削弱宏观经济状况的作用。在上一章，我们注意到这场危机中工资份额巨幅下降，下降的总额达到每年超过 0.5 万亿美元。[5] 这一数额远远大于美国国会通过的一揽子刺激计划所产生的价值，该计划本预计减少 2 ~ 2.5 个百分点的失业率。因此，从工人那儿把钱拿走恰恰起了相反的效果。

自从伟大的英国经济学家凯恩斯的时代以来，美国各届政府都知道了当出现需求短缺——也是失业率升高时，它们需要采取行动来增加公共或私人支出。那上层的 1% 群体费尽心机来抑制政府支出。通过减税来鼓励私人消费，正是小布什总统采取的策略，其在任期的 8 年内进行了 3 次大减税，但是并没有奏效。于是振兴需求疲软的重任就落在了美联储的肩上，其使命是维持低通胀、高增长和充分就业。为此目的，美联储会降低利率把钱提供给各家银行，银行在正常年景再把钱借给家庭和企业。以较低利息获得更多信贷往往会刺激投资，但这一切也可能出问题——更多的信贷不但没有刺激那些会促进更高、更长远增长的**真正**投资，反倒造成了泡沫的形成。泡沫破裂会带来经济衰退。对于由日益加剧的不平等引起的需求不足，政策制定者的反应方式往往导致不稳定和资源浪费，虽然这种情况是可以避免的，但它却经常发生。

政府对于不平等引发的需求疲软的反应如何造成了泡沫甚至更多的不平等

例如，美联储对 1991 年经济衰退的反应是降低利率和随时提供信贷，结果推动了高科技泡沫的产生——科技股票价格暴涨，随之在该行业的投资也激增。当然了，在那泡沫背后的确有某种**真实的**东西——由通信和计算机革命带来的技术变革。互联网被正确地判断为一个变革型创新，但是投资者那种非理性的激情远远超出了能合理解释的范畴。

缺乏监管、糟糕的会计及不诚实的、不称职的银行也促成了高科技泡沫。银行在吹捧那些它们事先就知道是"瘦狗型"的股票方面是出了名的。"激励型"薪酬为 CEO 提供了扭曲财务报表的动力，他们尽力使利润看上去比实际要大得多。政府本可以制止这种行为，通过监管银行、限制激励薪酬、执行更好的会计标准以及要求更高的利润等措施。但是，高科技泡沫的受益者（尤其是企业 CEO 和银行）不希望政府干预：快乐的盛宴正在进行中，并且还要持续好几年。他们也相信（事后发现是正确的）总有其他人会收拾残局。

不过当时的政客也是泡沫的受益者。高科技泡沫期间的非理性投资需求抵消了高度不平等造成的需求疲软，这使克林顿时代呈现出**表面的**繁荣。由泡沫带来的资本收益和其他收入的税收收入甚至给了人们财政稳健的表象。并且在某种程度上，政府也可以为此而得到"表扬"：克林顿对金融市场放松管制及削减资本收益税税率（增加了对科技股的投机回报）的政策起到了推波助澜的作用。[6]

当高科技泡沫最终破灭后，企业（尤其是高科技企业）对于更多资本的需求明显减少。经济进入了衰退期，必须有另外的东西来重新点燃经济。通过国会，小布什总统成功地减少了针对富人的税收。大部分的减税政策使非常富有的人受益：对股息税率的削减，从35%降至15%；对资本收益税率的进一步削减，从20%降至15%；以及逐步消除遗产税。[7]但是正如我们前面提到的，由于富人把自己收入的一大部分都用于储蓄，因此这种减税对经济只能起到有限的刺激作用。正如我们接下来要讨论的，事实上这些减税甚至起到了相反的作用。

当企业意识到股息税率不可能一直这么低时，它们就有强劲动力去购买它们认为可以承受的股票数量——只要不过于危及企业未来的生存能力。但结果就是企业手头的现金储备量较小，难以抓住任何投资机会。除了房地产领域，对其他领域的投资实际上都下跌了，[8]这违背了某些右翼人士之前的预测。[9]投资疲软的部分原因当然是由于在高科技泡沫期间许多企业都**过度投资**了。同样道理，遗产税的削减可能会挫伤消费，有钱人现在就可以安全地把更多的钱转移给子孙后代，于是他们捐献给慈善机构和做公益的钱变少了。[10]

令人诧异的是，美联储及其当时的主席格林斯潘并没有从高科技泡沫中吸取教训。这是因为"不平等"的政治学：它不允许那些本可以不产生另外泡沫就能复苏经济的其他替代策略，如对穷人减税或者增加对迫切需要的基础设施的投资。这种替代策略对于有些人来说是个诅咒，他们希望看到更小的政府——软弱到不能制定累进税制或再分配政策。罗斯福总统曾在他的新政中尝试过这些政策，但因此遭到传统保守派的嘲弄。相反，低利息、松管制及一个被扭曲的负功能金融业联合拯救了经济——不过只是暂时的。

美联储无意中又设计了另一个泡沫，比上一个泡沫在短期内更为有效但在长期内却更有破坏力。当时美联储的领导者并没有看出它是个泡沫，因为在他们的思想意识里市场总是有效率的，也就意味着**不可能**出现泡沫。房产泡沫之所以更为有效，是因为它引发的消费不仅来自一些高科技企业，更来自数千万自以为比以前更富有了的家庭。仅在1年之内，人们就通过住房权益贷款和抵押贷款的方式获得将近1万亿美元，其中大部分都花在了消费上。[11] 但房产泡沫破坏力更大，也出于同样的原因：泡沫破裂后，数千万家庭陷入破产边缘。在这场灾难结束之前，数百万美国人将失去家园，还有数百万将面临终身的财务困境。

负债过重的家庭与过度的房地产投资已经连续数年，并且极有可能继续若干年让经济承受压力，加重失业并造成大量的资源浪费。高科技泡沫至少还留下些有用的东西——能够为经济提供力量源泉的光纤网络和新技术。而房产泡沫却留下了大量建造质量差的房子，不但地理位置有问题而且也不适于那些经济条件恶化了的大多数人的需要，这达到了30年来接二连三的经济危机的顶点，但在这过程中人们并没有汲取教训。

在一个存在着高度不平等的民主制度里，政治也会失衡，而让不平衡的政治管理不平衡的经济就会出现毁灭性的结局。

解除管制

由极端不平等驱动的不平衡政治还有另一种途径造成不稳定：解除管制。在美国以及其他许多国家经历的不稳定中，解除管制一直扮演着重要角色。给予大公司尤其是金融业充分的自由，符合有钱人**目光短浅**的利益。他们利用自己的政治势力和权力来塑造理念和推进管制解除，首先在运输业的航空及其他领域，然后在电信业，最后也是最危险的，在金融业。[12]

管制是用来确保我们的制度运行得更好的游戏规则——确保竞争，防止不正之风，保护那些自己无法保护自己的人。要是没有管制，上一章所描述的那些市场失灵（也就是市场不能产生有效率的结果）就会肆虐横行。比如在金融业，会出现利益冲突和过度行为——超额信贷、超额负债、过度冒险及泡沫。但是金融业人士却另有看法：要是没有管制，他们就可以看见利润的增长。他们考虑的不是广泛的、长远的社会和经济后果，而是狭隘的、短期的自我利益以及他们眼下能够获取的利润。[13]

继经济大萧条（那之前也出现过类似的过度行为）之后，美国实施了强有力的金融监管，包括1933年颁布的《格拉斯－斯蒂格尔法案》（Glass-Steagall Act）。这些被有效执行的法律对国家益处极大：在其后的几十年里，美国经济避免了之前屡次困扰这个国家（以及其他国家）的那种金融危机。但是自从1999年取消了这些管制以来，那些过度行为又卷土重来并且势头更猛：银行家迅速应用了技术、金融和经济学等领域的各种创新。这些创新为他们提供了新的方式来规避那些仍存在或者监管者没有充分理解的法令，从而扩张借贷业务，也就是用新方法来进行掠夺性贷款和欺骗不知情的信用卡用户。

经济大衰退和与其他经济低迷相关的资源利用不足所造成的损失是巨大的。实际上，由私营部门造成的这场金融危机所带来的纯资源浪费（整个经济本可以生产的与它实际已经生产的总产值之间数万亿美元的差距）要大于任何一个民主政府所造成的浪费。金融业宣称它们的创新使得经济更富有生产力，这一宣称并无证据支撑，但毫无疑问的是金融业要对社会的不稳定和不平等负责。即使金融业连续30年来为GDP年均增长贡献了0.25个百分点——这一宣称甚至超出了该行业那些最夸张的支持者的言论，也难以弥补其不良行为所造成的损失。

我们已经看到了不平等如何造成不稳定：既由于解除管制的政策也因为针对总需求不足所通常采取的政策。但这两者都不是不平等的**必然**结果：要是我们的民主制度运行有效的话，它本应可以抵制得住解除管制的政治要求，也可以采取其他方式来应对总需求的不足，从而促进增长而不是创造泡沫。[14]

这种不稳定还有进一步的不良影响：它加大了风险。企业都是风险规避型的，这意味着它们都要求为承担风险而获得补偿。没有补偿，企业就会减少投资，于是经济增长就会降低。[15]

讽刺的是，不平等导致了不稳定，不稳定又导致了更多的不平等，这是我们在本章中所要讨论的几种恶性循环之一。在第1章中，我们看到了大衰退如何重创底层群体甚至中层群体：普通工人面临着更高的失业率、更低的工资、下降的房价以及大部分财富的丧失。由于富人能更好地承担风险，所以他们获得了社会为补偿更大风险所提供的奖励。[16]于是他们一如既往地成了他们所倡导政策的受益者，而这对他人来说成本巨大。

继2008年全球金融危机之后，不平等导致不稳定、不稳定加剧不平等日益成为全球共识。[17]负责维持全球经济稳定的国际机构——国际货币基金组织，我本人曾强烈批评它对其政策对穷人的影响不够关注，马后炮式地承认了如果它要履行职责的话，就不可以忽视不平等。在2011年的一项研究中，国际货币基金组织得出这样的结论："我们发现较长的经济增长期与收入分配中有更多的平等是呈显著相关的……就较长期而言，减少不平等和持续增长或许正是同一枚硬币的两面。"[18] 2011年4月，该组织的前主席卡恩强调说："最终，就业和平等是经济稳定与繁荣、政治稳定与和平的基石。这是国际货币基金组织核心职责，必须要置于施政纲领的核心。"[19]

高度不平等导致一种效率和生产率都较低的经济

高度不平等造成的不稳定带来了多种代价，除此之外，它还对当前美国经济所经历的低效率和低生产率承担责任。本章我们将依次讨论如下现象：①对广泛有益的公共投资的削减以及对公共教育支持的减少；②对于经济（尤其是与寻租有关的）、法律法规的巨大扭曲；③对于工人士气以及攀比问题的影响。

降低了公共投资

当前经济领域的普遍观点强调私营部门对经济增长的引擎作用。当我们谈到创新时，就会想到苹果、Facebook、谷歌及其他许多改变了我们生活的公司。但在幕后的却是公共部门：这些公司的成功（实际上也是整个美国经济的成功）都大大依赖于运行良好的公共部门。这个世界不缺乏有创造力的企业家，但最终结果（即他们能否把自己的想法转化为市场上的产品）取决于政府。

具体而言，是政府设定了游戏的基本规则，执行着各项法律。普遍来说，政府提供了使社会和经济得以运转的软硬基础设施。要是政府不提供道路、港口、教育或基础研究的话——或者不能确保其他人提供,或者不能提供至少可让其他人建设的条件,那么日常商务往来就难以蓬勃发展。经济学家称这样的投资为公共产品(public good),这一术语指的是人人都能享用基础设施所带来的益处的事实。

现代社会需要集体行动,即让整个国家全体成员行动起来进行这些投资。而来自这些投资的广泛社会收益不能为任何私人投资者所独揽,这就是把这类活动交由市场就会导致投资不足的原因。

美国和世界都已从政府资助的研究中受益匪浅。在过去几十年里,美国的州立大学和农业技术相关研究促进了农业生产力的巨大增长。[20] 今天,政府资助的研究又促进了信息技术革命和生物技术进步。

几十年来,美国在基础设施、基础研究和各层次教育等领域一直投资不足。鉴于民主党和共和党都致力于削减赤字,且众议院拒绝增税,今后在这些领域的投资还面临着进一步的削减。尽管有证据表明这些投资对经济的推动效益大大超过了私营部门的平均回报并且也高于政府的资金成本,但削减还是实施了。[21] 实际上,20世纪90年代的经济繁荣正是由创新所支撑的,也就是先前几十年里创新的结果。但是私营部门能够汲水的那口井(为了下一代的转型投资)正在枯竭。应用型创新依赖于基础研究,而恰恰在这方面我们一直做得不够。[22]

我们未能进行这些关键的公共投资,这一点不足为奇,它是社会财富不对称分配的最终结果。一个社会在财富方面变得越分裂,富人就越不愿意在共同需要的方面花钱。富人不必依赖政府来得到公园、教育、医疗或人身安全,这些东西他们自己都能花钱买得到。于是他们与普通人之间的差距就更大了。

富人也担心强有力政府的存在——一个能够运用权力来调节社会中存在的不平衡的政府能通过从富人那儿拿走一些财富然后用于会增进共同利益或者帮助底层群体的公共投资。虽然最富有的美国人也许会抱怨我们现有的这种政府，但实际上多数富人就喜欢它现在这个样子：盘根错节难以进行再分配；过于分裂难以做成任何事，只能降低税收。

发掘潜力：机会的终结

对包括公共教育在内的公共产品的投资不足造成了我们在第 1 章中提到的那种经济流动性的下降。经济流动性的下降继而又对国家的经济增长和效率产生了重要影响。每当我们削弱机会的平等时，我们就没有以最有效的方式来利用我们最宝贵的资产之一——人。

在前几章里我们看到了与富家子弟相比，贫困和中等收入家庭的孩子教育前景的暗淡。家长的收入变得越来越重要，因为大学学费的上涨速度要远远高于工资涨幅，尤其是那些承担着教育 70% 美国人义务的公立大学的学费。但有人不禁要问：难道扩大助学贷款计划不能弥补差距吗？遗憾的是：不能，并且金融业在此有不可推卸的责任。今天，市场上充斥着一系列不正当激励措施，再加上缺乏阻止滥用职权的管制，使得助学贷款计划不但没有帮助穷学生脱贫，反倒使得他们陷入进一步的贫困。金融业在学生破产时也不免除助学贷款，这就意味着贷款方并不关心学校的教育服务是否能提高学生收入。与此同时，那些以营利为目的并给管理者提供了丰厚收入的私立学校成功抵制了提高贷款标准的政策，高贷款标准会令盘剥不知情穷学生的学校无资格贷款（拿了学生钱却提供不了能使他们找到工作挣钱还贷的教育的学校）。[23] 有一点是完全可以理解的：即便年轻人看到了父母深陷债务负担，也还是要不情愿地申请助学贷款。实际上，选择这么做的年轻人为数众多，现在美国大学生的人均欠债超过了 2.5 万美元。[24]

也许还有另外一个因素削弱了经济流动性并且从长期来看将会降低美国的生产力：家庭教育。关于教育程度的研究强调了家庭教育的重要性。由于中下层人群都要为生存打拼（必须多干活才能维持生计），于是家庭成员在一起的时间就变少了。这样家长就不太能够监督孩子的家庭作业，也不得不做出妥协，其中一项妥协就是减少对孩子的投资（尽管他们不会用那样的字眼儿）。

被扭曲的经济（寻租与金融化）和监管欠佳的经济

前几章的一个中心论点是我们经济中的大部分不平等是寻租造成的。最简单的形式就是把我们其他人的资源再分配给寻租者。当石油和矿业公司成功地以远远低于应付价钱的价格获得了石油和矿产的开采权时，这就是一种寻租。在寻租过程中，主要的资源浪费在了游说上：大约有超过 3100 名的游说者为健康行业工作（与国会议员的比例几乎是 6∶1），大约有 2100 名游说者为能源和自然资源行业工作。总的来说，仅在 2011 年花在游说上的钱就超过了 32 亿美元。[25] 在这种情况下，主要被扭曲的是我们的政治体制，主要的失败者是我们的民主制度。

寻租通常会降低国家生产力和福祉，造成资源浪费，它扭曲了资源配置并使得经济变弱。旨在获得更大一块蛋糕的"努力"的副产品就是蛋糕整体变小，垄断势力和对特殊利益集团的优惠税收待遇产生了这样的效应。[26]

寻租及其对经济造成的扭曲的危害性虽然难以被准确量化，但显然是巨大的。那些擅长寻租的个人和公司都得到了充足回报，为本企业谋取了巨额利润，但这并不意味着他们的**社会**贡献就是积极的。在美国，私人回报和社会回报是严重不对等的。那些为自己公司获取了巨额利润的银行家得到了重奖，但是正如我屡次提到的，那些巨额利润是短暂的并且与**实体**经济的持续改善没有关系。"情况有些不对头"这种苗头早就显现出来了：金融业本应服务经济中的**其他**行业，而不是反过来。然而在这场金融危机爆发之前，所有企业利润的40%都流向了金融业。[27] 信用卡公司从交易费中的获利要多于商店从商品销售中的获利。通过不到一秒钟的刷卡，金融公司就赚到了和让大量商品以低价上架的商场一样多的钱。[28]

寻租在很多方面扭曲了我们的经济，其中很重要的一方面就是对最宝贵资源的配置不当：人才。过去，聪明的年轻人会去不同的岗位——有的参加服务他人的行业，比如医药、教育或者公共服务；有的参加扩展知识前沿的行业。虽然也总有人投身商业，但在金融危机爆发前的几年里，越来越多的美国顶尖人才选择了金融业。既然有这么多英才在金融业，所以该领域会不断出现创新就不奇怪了。然而，这些"金融创新"很多是为了规避监管，这实际上降低了长期的经济表现。这些金融创新根本无法与晶体管或激光那些提高我们生活水准的创新比拟。

金融业不是我们经济中唯一的寻租源。令人震惊的是经济中许多其他关键行业也普遍存在着有限竞争和寻租。前面几章中已经提到的就有高科技（如微软）、医疗和通信等行业。药品价格比生产成本高出如此之多，是因为制药公司花了大笔钱来劝说医生和患者用药，它们花在广告上的钱多于花在研究上的。[29] 并且所谓的研究本身往往也是一种寻租——生产同样的一种药品来瓜分竞争对手的畅销药的高额利润。假如所有那些钱都花在用以提高国家生产力的**真正**研究和**真正**投资上，可以想象我们的经济能变得多么有竞争力并创造出多少的工作岗位。

当租金可以通过垄断权力获取时，经济会被极大扭曲：价格变得过高，并从垄断产品波及其他产品。值得注意的是，尽管美国的经济被认为是高度竞争，但某些行业似乎还在继续获取超额利润。经济学家惊叹于美国医疗行业的事倍功半，美国人的健康状况却比不上几乎所有其他发达工业化国家的人民。可是就人均花费及占GDP的比例来说，美国比那些国家都高出很多。我们在医疗方面的花费一直超过GDP的1/6，而法国在这方面的花费还不到1/8。美国的人均医疗花费一直比其他发达工业化国家的平均花费高出2.5倍。[30] 这种低效率的作用是如此之大，算上这一点，美国与法国的人均收入差距会缩减大约1/3。[31] 尽管有诸多原因可以解释医疗体系的这种效率差异，但是寻租（尤其是来自健康保险公司和制药公司方面的寻租）起着非常重要的作用。

此前我们列举了一个最臭名昭著的例子：在2003年小布什政府的医疗保险的宽限方案中，有一项条款导致美国的药价变得更高，并为制药公司提供了大约每年500多亿美元的大笔意外收益（租金）。也许有人会说：在一个15万亿美元的经济里，500亿美元没什么大不了的。[32] 500亿还不到1%的1/3。但是正如来自伊利诺伊州的参议员埃弗里特·德克森所说：这里10亿美元、那里10亿美元，很快就是一大笔钱了。[33] 对这些寻租企业而言，这里 500 亿美元、那里 500 亿美元，很快就是一大笔钱了。

当竞争受到极大限制时，竞争的结果就是浪费，因为竞争者只会争夺能剥削消费者的机会。因此，高额利润不是寻租的唯一迹象。实际上，企业之间的竞争甚至会导致租金降低，但不会提高经济效率。当利润（高出正常收益的部分）被压低至零或接近零时（或达到正常资本回报率），未必意味着一种有效率的经济。商家花大笔钱来吸引信用卡用户或手机用户的行为也是一种寻租。这些行为的目的是尽可能快、尽可能多地剥削用户，其收费既难以理解也难以预测。各家公司都想方设法设置障碍，使用户难以比较各种信用卡间的成本差异，否则就会加剧竞争，而竞争就会侵蚀利润。

美国企业支付给信用卡公司的钱也高于其他国家企业支付的——因为那些国家成功抑制了反竞争行为，而美国企业的高成本被转嫁到了美国消费者身上，从而降低了他们的生活水准。

手机也是如此：比起成功创造了真实竞争市场的国家，美国人支付更高的费用，却得到更差的服务。

有时候寻租者造成的扭曲是微妙的，并没有完全体现在 GDP 的减少中。因为 GDP 无法充分反映环境的损耗，也无法评价经济增长的可持续性。当 GDP 来自开采地下资源时，我们应该意识到国家财富减少了——除非那种财富又重新投资于地面上的人力或物质资本。然而我们的统计方式并没有那样做——统计数据并没有告诉我们：以耗尽鱼类资源或者地下水资源的经济增长方式是难以持久的。我们的价格体系存在缺陷，因为它没有准确反映出这些环境资源的稀缺性。

由于 GDP 基于市场价格，因此我们的 GDP 统计也是有缺陷的。

像煤炭和石油等行业希望继续保持那种局面，它们不愿意让自然资源的稀缺性或者对环境的危害性被定价，也不愿意对我们的统计方式进行调整以使其反映可持续性。不对这些行业对环境造成的成本进行收费实际上就是一种隐性补贴，这跟它们得到的其他礼物没什么不同——就像税收优惠和以低于市场价格得到资源。

当我担任克林顿总统的经济顾问委员会主席时，我曾试图让美国设立一种"绿色 GDP 账户"（green GDP account）来反映资源枯竭和环境恶化的程度。但是煤炭行业知道这意味着什么，于是便利用它在国会的巨大影响力威胁中断对那些参与界定这种绿色 GDP 的人们的资助，并且还不仅仅限于这一个项目。

当石油行业推进更多的近海石油开采项目，以及使公司不承担漏油事件全部后果的法律实施时，它实际上是在要求公共补贴。而这些补贴不仅仅提供了租金，还扭曲了资源配置。在这种情况下，GDP 及更广泛意义上的社会福利都减少了——这一点在 2010 年墨西哥湾的 BP 石油泄漏事件中表现得尤为明显。正是由于那些花钱影响了环境管制的石油和煤炭公司，我们才生活在一个空气污染和水污染更为严重的世界，一个缺乏吸引力和不太健康的环境中。在这里，成本表现为降低了的普通美国人生活标准，收益表现为石油和煤炭公司更高的利润。于是，此处再一次出现了社会回报（它实际上也许是负的，由于环境恶化降低了我们的生活标准）与私人收益（它经常是巨大的）之间的错位。[34]

就像我们在前两章里解释的，寻租者的一个目的是以有利于他们的方式塑造法律法规环境。为此目的，他们需要律师。如果说美国有着一个为1%的群体所有、所治和所享的政府，那么就可以确定地说美国有着一个为律师所有、所治和所享的政府。美国的44位总统中有26位曾当过律师，众议院36%的立法者具备法学背景。即便他们并非在狭隘地追逐着律师看重的那种经济利益，但他们至少是客户的"认知俘房"。㊀

美国的法律架构**本应该**使我们的经济运行得更有效率，激励个体和企业表现得更好。但是我们设计出的法律体系就像一场军备竞赛：双方比拼的是谁聘请的律师更强，也就是说谁花的钱更多，因为称职又精明的律师的收费是非常昂贵的。案件的结果经常不是由案情本身决定的，而更多地是由口袋深浅（即财力）决定的。在这一过程中出现了大量的资源扭曲，不仅是在诉讼过程中，而且也在用以影响诉讼结果乃至阻止诉讼发生而采取的行动中。

对好诉讼的美国社会的宏观经济影响研究表明，律师相对于总人口较少的国家发展较快。35 其他研究也表明，当社会中律师比例过高时，经济损失主要表现为人才从更富有创新的活动中（像工程和科学）分流了，这一发现与我们先前关于金融业人才的讨论是一致的。36

但是我应该说清楚：由于金融业和其他企业能够成功规避那些保护普通公民的管制，因此法律体系就成了穷人和中产阶级的唯一保护源。但法律体系并不具备高度社会凝聚力、高度社会责任感和保护我们的环境、工人及消费者的良好法规。相反，我们维持的是一种非

㊀ 认知俘房是规制俘房的一种，指政府机构受寻租方影响而制定不利于公众的政策，相对于直接收取贿赂的"物质俘房"，认知俘房指的是与寻租者立场与思考方式一致的人。——译者注

常昂贵的**事后问责制**（expost accountability）法律体系，这种体系在相当大的程度上依赖于**事后**对那些造成伤害（如对环境）的人进行处罚，而不是**在损失尚未造成前**限制其行动。[37]

大公司在与社会其他成员的博弈中成功击败了管制，但是在与律师的较量中却遇到了对手。双方都花费大量的金钱用于游说，以确保各自的寻租活动能够继续。在这种类似军备竞赛的较量中，双方似乎形成了一种制衡——也就是说至少还有一些对抗力量约束着大公司的行为。虽然这种制衡总比在大公司自己制定游戏规则时会出现的情况要好一些——其行为的受害者没有任何追索权，但当前这种法律体系对于我们的社会而言仍然代价高昂。

占1%的上层群体通过塑造政治扭曲了经济——使政治不仅在个人激励与社会激励保持一致方面没做自己应该做的事，而且还做了它不应该做的事情，最明显的例子就是那些不断出现的银行救助计划，它们其实鼓励了银行过度冒险。[38]但很多人认为，代价更为昂贵的是对外交政策的扭曲。美国发动伊拉克战争的真正原因与其说是小布什总统所公开宣称的决心消除萨达姆，不如说是伊拉克石油的吸引力，也许还是带给小布什的追随者，包括副总统切尼的哈里伯顿公司（Halliburton Corporation）的巨大利润。[39]

上层人士一方面发着战争财，另一方面对战争的代价又承担甚少。那1%的上层群体鲜有服兵役的——完全自愿的军队所开的军饷真的不足以吸引上层人物的子女。当美国参战时，最富有的阶层根本感觉不到更高的税收所带来的痛苦——因为美国用借外债的方式支付战争开销；[40]就算政府预算收紧，也是中产阶级的税收福利和社会福利计划首当其冲遭到削减，而富人享受的优惠税收待遇和多重税收漏洞却不会受到影响。

从本质上讲，外交政策是关于不同国家的利益和资源的平衡。当美国的1%上层群体执政并且不在乎战争的代价时，平衡与克制的理念就被束之高阁了。我们无限度冒险，而大公司和承包商却坐收渔利。纵观世界，各国的承包商都爱修路和盖房，因为能从中获利巨大，尤其是当它们的政治捐赠选对了人时。相比之下，美国的承包商运气更好，因为军方给它们提供了超乎想象的财富。

效率工资理论和异化

本章的核心主题包括：美国社会中的不平等很多是因为私人收益不同于社会回报而产生的；高度不平等现已成为美国的一大特征；对高度不平等的**广泛接受**（尽管占领华尔街运动发出了令人鼓舞的相反信号）使政府难以颁布好的政策。政策的失败屡见于稳定宏观经济和解除行业管制等方面的失利及在基础设施、公共教育和研究等领域投资的不足。

现在用不同的角度解释为什么高度不平等造就了一个效率和生产率都欠佳的经济。人不同于机器，必须受到激励才会努力工作。如果人们感觉受到了不公平对待，他们就难以被激励了。这是现代劳动经济学的核心原则之一，用效率工资理论的语言来说就是企业对待员工（包括支付多少工资）的方式影响着劳动生产率。这实际上是一个多世纪前由伟大的经济学家马歇尔于1895年提出的理论，他说"高薪劳动一般是有效率的，因此也就不算是昂贵的劳动"，虽然他也承认"人们将发现这一事实会对分配理论产生非常复杂的影响，尽管该事实比我们所知的任何其他东西都使得人类的未来更加充满希望"。[41]

该理论的复兴开始于发展经济学,当时理论家注意到营养不良的工人劳动生产率较低。[42] 不过这一洞见也适用于更为发达的工业化国家,正如美国在"二战"期间发现许多营养不良的新兵战斗力较弱。教育专家告诫我们:饥饿和营养不足会妨碍学习。[43] 这就是学校的午餐计划为何如此重要的原因。七个美国人中就有一个面临着食品无保障,即许多美国儿童的学习能力受损。

在现代经济中,与营养不良相比,其他因素对效率的影响则更大。中底层群体所处的经济困境使他们面临焦虑:会失去住房吗?能给予儿女日后使他们人生成功的教育吗?父母亲在退休之后如何继续生活?花在这些焦虑上的精力越多,花在工作场合生产率上的精力就越少。

经济学家森德希尔·穆莱纳桑与心理学家埃尔德·沙菲尔通过实验发现,在资源稀缺情况下生活的人经常会做出令这种稀缺情况更为恶化的选择:"穷人以巨大代价借钱却仍生活贫困。忙人(时间稀缺的人)工作的时间不够,于是变得更忙。"[44] 一项非常简单的调查结果表明穷人为了日常生存而消耗认知资源(cognitive resource),而有钱人在这方面就无须花费。在这项调查中,调查者询问了食品杂货店顾客在店里都买了什么和其价格。穷人通常能够对答如流,而富人则经常不知道答案。一个人的认知资源是有限的。没有足够的钱来满足紧急需要的压力实际上削弱了可能有助于缓解这种情形的决策能力。当有限的认知资源耗尽时,人们就有可能做出非理性决策。

压力和焦虑也损害了新技能和新知识的获得。如果学习能力受到损害,那么生产率的提高就会放慢,这就意味着经济的长期表现将会出问题。

在激励员工方面同样重要的是让他们认为自己受到公平对待。虽然"什么是公平的"并不总是很明确,并且人们对于公平的判断会受到其自身利益的左右,但是人们越来越感觉到当前工资差异是不公平的。当公司高管们说,为了竞争就必须减薪,否则就得裁员,但与此同时他们却在增加自己的工资时,这就使得员工有理由认为这种情况是不公平的。这种想法既会影响他们当前的努力、对企业的忠诚以及与他人合作的意愿,同时也会影响他们对未来投资的意愿。任何一家企业都知道,员工越快乐,生产率也就越高。而当员工认为企业支付给高级雇员的工资大大多于其他员工所得,那他就不太可能成为一个快乐的员工。[45]

由克鲁格和马斯进行的一项针对生产普利司通／费尔斯通轮胎的工厂的详细案例研究为人们提供了一种惊人的阐释。在经历了一个获利年度之后,该企业管理层决定把原来的8小时倒班制改为12小时,这样工人就可以一整天和一整晚地轮流上班,同时还把新招员工的工资砍掉30%。这样做的结果是很多轮胎有缺陷——这些有缺陷的轮胎与1000多起伤亡事故有关,这种情况一直持续到2000年费尔斯通召回轮胎。[46]

正如一句古老的俄罗斯格言所说:"他们假装给我们开工资,我们也就假装工作。"

最近的一些经济学实验进一步证实了公平的重要性。一项实验表明,增加那些认为自己受到了不公平对待的工人的工资对于生产率有着显著影响——而对于那些认为自己受到了公平对待的工人则无影响。有人也许觉得通过增加一些工人工资的同时降低另一些工人的工资,高工资工人生产率的提高会和低工资工人生产率的降低相抵消。

但是已通过实验证实了的经济理论认为,由于低工资工人生产率的降低大于高工资工人生产率的增加,因此总的生产率下降了。[47]

消费主义

我们已经描述了不平等如何通过各种各样由政治和公共政策塑造并强化的**经济**机制逆向影响着经济增长和效率,以及短期和长期的社会福利。但是对于社会整体而言,不平等的影响则更为深刻和扭曲。涓滴经济学也许是一种虚构,但涓滴行为主义却真实存在。那些处于社会1%上层群体之下的人们渴望模仿那些位于他们之上的人群。当然,对于处于最底层的人们来说,过上像最富有的那1%上层群体的生活是不可想象的。但是身处第2个1%的人们渴望成为第1个1%上层群体的一员,身处第3个1%的人们渴望成为第2个1%上层群体的一员,以此类推。

经济学家经常谈论"相对收入"及相对剥夺(relative deprivation)的重要性。对个体的幸福感而言,重要的不仅是他的绝对收入,还有其与其他人相比的相对收入。[48]在工业发达国家,相对收入很重要。因此,对经济学家而言,在GDP增长与主观幸福感之间是否存在**任何**长期关系,这是一个完全悬而未决的问题。[49]个体对其相对于他人消费的在意(也就是"攀比"的问题)解释了为什么这么多的美国人过着入不敷出的生活,以及为什么总有这么多人在加班加点地辛苦工作。

很多年前,凯恩斯提出了一个问题。在过去的几千年里,大多数人都为了衣、食、住等基本生存条件而不得不花大量时间工作。随着"工业革命"的开始,史无前例高增长的生产率使得越来越多的人能够从维持生存的枷锁中解放出来。越来越多的人只需要把他们的一小部分时间花在生活必需品的获取上。凯恩斯的问题是：人们如何花费这种生产率红利（productivity dividend）？[50]

答案并非显而易见。人们既可以决定享受越来越多的闲暇，也可以决定享受越来越多的商品。对此，经济理论并没有提供清晰的预测，尽管人们通常认为理性人会决定同时享受更多的商品和闲暇。那种情况的确曾发生在欧洲，但美国人却采取了不同的路线——较少的闲暇（家家如此，因为女性也加入了就业队伍）和越来越多的商品。

美国的高度不平等以及个体对于他人消费的敏感性也许为此现象提供了一种解释：我们工作也许是为了维持我们相对于他人的消费水平。这是一种无休止的充满竞争的生活方式，它从个人角度讲是理性的，但就其为自身设定的目标而言是徒劳的。早在250年前斯密就指出：在这种力争出人头地的过程中，有些人爬上去了，有些人就势必跌下来。[51] 虽然根据标准的经济理论，我们无法对凯恩斯所提的问题给出一个"正确"答案，但是美国式的答案却有令人不安之处。[52] 每个人都说他们是**为了家庭**才如此辛苦地工作，但正是由于他们这么辛苦地工作，能和家人在一起的时间越来越少了，家庭生活质量也随之下降了。于是不经意间，手段背离了所要达到的目标。

不平等与效率之间的假定取舍

在前述中，我从各种不同维度解释了不平等是如何不利于我们经济的。正如我们通过前几章了解到的，对此问题，也存在着一种主要由政治右翼人士提出的相反论调，他们强调激励。根据他们的观点，激励对于促进经济运行是必要的，而不平等正是任何激励体系都无法避免的一种结果，因为总有一些人比其他人的生产率高。任何再分配计划都免不了相应地减少激励。支持这种观点的人还认为，在意收入的不平等是错误的，特别是在任何一个单一年度。重要的不是暂时不平等而是终生不平等，更为重要的是机会。因此他们主张，效率和平等两者之间存在着一种取舍。对于该放弃多少效率以换取更多平等这一问题，虽然见仁见智，但右翼人士认为，在美国，人们为争取任何更多平等所付出的代价太大了，大到社会中底层群体（尤其是那些靠政府救济的人）都可能会受到不利影响；随着经济变弱，所有人的收入都会下降，税收也随之下降，于是政府项目便不得不被削减。

在这一章里，我们阐述了不同的观点，我们认为在追求更多平等的同时也可以使经济更高效、更多产。在这一节中，让我来重述一下我们与右翼人士的根本分歧点：右翼人士认为经济完全竞争，个人收益等于社会回报，而我们所看到的经济则以寻租及其他各种扭曲为特征。右翼人士低估了公共（集体）行动对于纠正普遍存在的市场失灵的必要性，但却高估了金钱激励的重要性。由于这些错误，右翼人士高估了累进税制的成本而低估了它的收益。

寻租与不平等/效率取舍

本书的核心观点是寻租现象普遍存在于美国经济中，并且它实际上损害了整体经济效率。在存在寻租的经济中，个人收益与社会回报之间的巨大差异意味着个体所面临的激励经常误导他们的行为，并且那些得到高收益的人未必就是那些做出最大贡献的人。当上层群体的个人收益远远地超过他们的边际社会贡献时，对他们的财富进行再分配就既能减少不平等又能提高效率。[53]

通过把个人收益与社会贡献结合起来减少寻租的范围，并矫正其他形式的市场失灵，市场就能更好地运行，这些效应最能为社会中底层群体真切地感觉到，这样做的同时也能减少不平等，增加效率——这与右翼人士所持的观点正好相反。

市场失灵与不平等/效率取舍

右翼人士低估了我们经济中其他不完善现象的重要性：如果资本市场是完善的，那么每个人的投资就都可以达到额外回报恰好等于资本成本的那一点。

财富不足束缚了家庭以多种方式提高生产率的机会：比如对孩子的投资，比如成为房主并分享改善邻里所带来的金钱回报；再比如提供抵押品使贷方相信所借的资金会被谨慎使用——这对于在可承受的条件下获取银行信贷是有用的。

以抵押品为形式的财富扮演的是一种催化剂，而不是产出过程中必备的投入品。[54]这些不完善最重要的影响是：当许多家庭财富不足甚至没有财富，而政府能提供的教育机会又很有限时，对人力资本的投资就明显不足了。

这样一来（尤其是当缺乏良好的公共教育体系时），家长的财富水平（教育、收入）就成了他们孩子未来财富水平的主要决定因素。因此，财富和收入不平等如此高的美国成了一个欠缺机会平等的社会也就不奇怪了，这一点我们在第1章中已经看到。同样道理，增加平等以及机会平等就会提高美国的劳动生产率。

还有一个原因能说明为什么不平等与效率之间的取舍并不存在。风险市场使个体能够在私有市场购买保险以应对重要风险（如失业），但美国的风险市场不完善并且缺位，这使那些资源有限的人承受了极大负担。由于风险市场不完善，加之社会保障不到位，个体的福利下降了——随之下降的是从事高回报-高风险事业的意愿。从这个意义上说，为民众提供更好的社会保障有助于创造一种更富有活力的经济。

所谓激励薪酬的逆向效应

与许多经济学家一样，右翼人士倾向于高估激励薪酬的收益而低估其成本。的确在有些情况下，金钱奖励能使人专注于某个棘手问题并提供解决方案。达娃·索贝尔在其著作《经度：一个孤独的天才解决他所处时代重要科学问题的真实故事》（*Longitude: The True Story of a Lone Genius Who Solved the Greatest Scientific Problem of His Time*）中详细描述了一个著名案例：在1714年颁布的《经度法案》中，英国议会"悬赏重金（相当于今天的数百万美元）寻求一种测量经度的实用方式"。这对于当时要成功跨洋航海是至关重要的。当时一位名叫约翰·哈里森的钟表匠，虽然没受过正规教育，却具备一种机械方面的天赋，他毕生致力于这项探索，最终于1773年获得了这笔赏金。[55]然而，从认为金钱激励能使人专注于一项伟大探索到认为金钱激励对于一般高绩效也至关重要，这就很荒谬了。

在某些情况下，激励薪酬的荒诞性也显而易见——设想一下将它用在医生身上将会是个什么样子。你能想象一个正在做心脏手术的医生会更加认真或努力，仅仅因为他的薪酬取决于病人手术后能否活下来或者之后能否活5年以上吗？医生会全力以赴确保每一例手术都做到最好，且原因几乎与金钱没什么关系。然而有趣的是，在某些领域我们发现了激励薪酬的危险性：诉讼中的专家证人不能根据案件的结果获得报酬。

由于金钱激励体系永远难以设计得尽善尽美，于是它们经常会导致扭曲的行为，注重数量不重质量。[56]因此，在国民经济的许多部门里，像那些流行于金融业的，以及提供给CEO的过于简单化的（并扭曲的）激励计划不再被使用了。取而代之的是在评估时考虑相对于同等位置的其他人的绩效，注重对长期绩效和潜力的考核。奖励通常采取晋升的形式。但是一般来说（尤其对于较高的职务而言）员工被认为会全力以赴、毫无保留地工作，就算在没有"激励薪酬"的情况下。[57]

激励薪酬的实施（尤其是在金融业）展示了这种形式的薪酬会产生怎样的扭曲效果：银行家受到激励，便敢于从事过度冒险和短视的行为，甚至做假账。[58]在经济形势好的年头，银行家能轻松获得利润的一大部分；在经济形势不好的年头，股东就要蒙受损失；在经济形势特别不好的年头，连债券持有人和纳税人也要蒙受损失。这是一种单方面薪酬体系，就好比在玩掷硬币游戏，无论正面朝上还是反面朝上，赢的都是银行家，输的全是其他人。

即便银行家的薪酬体系在经济大衰退爆发之前行得通，但之后也行不通了——因为银行开始倚仗公众提供的救助计划了。此前我描述了政府是如何为银行提供空白支票的——以近乎零的利率把钱借给银行，然后银行再将这些钱"投资"于债券以获取比利息高得多的回报。正如一位银行家朋友对我说的，任何人（就连他12岁的儿子）

都可以赚大钱，只要政府愿意以一定条件把钱借给他。但是银行家却把那些利润看成是他们努力的结果，习以为常地拿着激励薪酬。

然而，尽管银行家的薪酬计划暴露了所谓的激励薪酬体系的某些问题，但实际情况更为严重。与银行家薪酬同样一边倒的还有股票期权——当股票行情好的时候，高管的收入也跟着增加；但当股票行情差的时候，他们的损失却是不成比例的。股票期权也鼓励了高管做假账，从报表上看，似乎公司经营得很好，于是股票价格也跟着上涨了。

这种富有创造性的做假也涉及股票期权本身的造假，因此股东难以知道他们手中股票的价值到底被新发行的股权期权稀释了多少。当由 SEC 和经济顾问委员会（Council of Economic Advisers）支持的财务会计准则委员会（Financial Accounting Standards Board）（名义上是制定会计准则的独立的委员会）试图迫使公司提供它们付给高管薪酬的真实报表时，公司 CEO 的答复言辞激烈，显示出他们故意欺骗的本质。财务会计准则委员会提议的改革并非要求公司放弃股票期权，只不过是要求以股东容易理解的方式披露给了高管什么。我们想通过更翔实的信息使市场运行得更好。

因为会计准则影响市场如何看待公司的未来前景，也因为公司需要会计准则使它们看上去运营良好从而抬高（起码短期内）股价，于是我们成立了一个独立的委员会来设定这些准则。但是当政府官员通过一种**理应是独立和非政治化的**过程考虑决策时，那些大公司便动用它们的王牌——政治影响来维持那种骗局。[59] 最终，压力奏效了。

实际上，假如人们真对激励（而不是欺骗）感兴趣，那么他们本可以设计出一套完全不同的薪酬体系。像股票期权这种形式的激励薪酬在股市繁荣时会大大回报高管，尽管他们对于股市繁荣完全没有什么功劳。这种激励薪酬也给予了CEO一大笔奖金，只要当他们所卖的产品价格高涨或者一种关键投入品的价格下降——无论他们对于这些价格变动是否做了些什么。比如燃油成本对于航空公司是至关重要的，也就意味着只要石油价格下降，航空公司的CEO就会得到一笔奖金。一套设计良好的激励体系也许应该在公司相对于同行业内其他公司的基础上表现更好时发放奖金，但是几乎没有公司这样做。这证明了要么它们对激励薪酬缺乏了解，要么它们对设立与绩效有关的奖励结构不感兴趣——或者两者兼有。[60]

设计良好的薪酬计划（如基于对照有可比性同行的相对绩效的体系）的缺乏反映了**另一种**市场失灵，对此我们在上一章重点指出了：公司治理存在缺陷，因此高管有机会为自身利益行事——包括采用能使自己获得高收入的薪酬体系，而不是为社会利益，甚至不是为股东利益。

迄今我所讨论的对激励薪酬的批评均属于传统的经济分析范畴。但激励措施是关于如何**激励人**努力工作的，因此，心理学家、劳动经济学家以及其他社会科学专家都密切关注什么能激励人，结果（至少在许多情况下）经济学家的分析似乎完全错了。

内在奖励，即做好一项工作的满足感对于人们的激励通常要大于外在奖励（金钱）。举个例子，在过去200年里那些凭借其研究和思想改变了我们生活的科学家绝大多数不是因为对财富的追逐才努力工作的。这为我们带来了好运，因为如果他们以逐利为目的的话，那么他们就会变成银行家而不是科学家。对真理的探寻、动脑筋的快乐、从发现中得到的成就感以及同行的认可，这些至关重要。[61]当然，那并不是说他们会拒绝给予他们的钱。并且，正如我们前面提到的，如果一个人还要为养家糊口而犯愁，那他是无法做好研究的。

在有些情况下，对外在激励（金钱）的专注实际上会削弱人们的努力。大多数（或者至少许多）教师选择从事教育事业，并非由于金钱而是出于他们对学生的爱和对教学的奉献精神。假如最优秀的教师选择投身银行业，他或她本可以挣到高得多的收入。如果说他们没有尽其所能来帮助学生学习，或者说多给他们500美元或者1500美元，他们就会付出更大努力，这几乎是侮辱性的假定。实际上，激励薪酬还可能产生腐蚀作用：它会使教师觉得自己的薪酬太低，于是那些因此而在意钱的教师就有可能被诱导去找一份薪酬更高的工作，那样的话留下来的教师可能就是那些对他们而言教学是唯一出路的人了（如果教师认为自己的薪酬太低，将打击他们的士气，就会产生逆向的激励效应）。

这里有个人们常提的故事：一家合作型日托中心遇到了一个问题——有些家长不能及时来接孩子。于是这家日托中心便决定额外收费，以此来激励家长按时来接孩子。但是很多家长（包括那些偶尔接孩子接得晚的）原本都尽全力按时来接孩子，他们尽可能做好是因为社会压力，即那种做"正确的事"的愿望，即使他们有时无法做到最理想的结果。然而，额外收取费用就把一项社会责任转化成了一种金钱交易。家长因此不再感觉按时接孩子是种社会责任，而开始权衡晚接孩子的收益与额外交费相比是大还是小。结果，晚接孩子的现象增加了。[62]

标准的激励薪酬计划还有一个缺陷。在商学院教学时，我们强调团队工作的重要性。大多数雇主也意识到团队工作对于企业的成功绝对必不可少。但问题在于**个体**激励会削弱团队工作的效果，竞争除了建设性还有破坏性。[63] 相比之下，合作可以通过由"团队绩效"确定的薪酬来促进。[64] 好笑的是，标准经济理论总是蔑视这种激励体系，认为一旦采取团队激励的方式，个体就不会受到激励，因为通常来说个体努力对于团队绩效（如果该团队是中等规模的话）影响甚微。

经济理论不能准确测量团队激励的有效性是因为它低估了人与人之间相互关联的重要性。[65] 团队中的每个人都努力工作以使其他成员满意，因为他们相信这是应该做的事。经济学家同时也高估了个体的自私（尽管有大量证据表明经济学家比其他人更为自私，经济学训练的确使个体变得更加自私）。[66] 因此，对于工人来说，所有的企业在危难关头能够表现得更好并且很少裁员是最好的情况，我们也许就不会感到奇怪了。[67]

经济理论在这一领域的盲点与经济理论更广泛的缺陷有关。标准经济理论关于行为研究的盛行理论是**个人主义**（individualism）。根据此理论，每个人在评价事物的出发点时，都不会考虑其他人的付出、薪酬和待遇；诸如羡慕、嫉妒或者公平竞争感等人类情绪都不存在，或者即便存在，在**经济**行为中也无足轻重，并且即便它们表现出来了，也是不应该的。经济分析应该在它们似乎不存在的情况下进行。在非经济学家看来，这种方法似乎是荒谬的——在我看来，也的确如此。比如我已经解释过了，当人们感到受了不公平待遇时会如何减少努力，以及团队精神能如何鞭策他们前进。但这种以个体为中心的、只关注成本的经济学是专为美国的短期金融市场定制的，而且侵蚀了经济活动中的信任与忠诚。

简言之，不同于右翼人士宣称的激励薪酬对于美国维持高生产率是**必要的**，我们认为许多大公司采用的激励薪酬计划不但制造了更多的不平等，而且实际上其作用是反生产的。

高估累进税制的成本而低估其收益

右翼人士不但低估了不平等的成本并忽略了我们所描述的消除那些造成不平等的市场扭曲所带来的收益，而且还高估了通过累进税制来矫正不平等的成本并低估了公共支出的收益。

我们在上一章提到，里根总统曾宣称通过降低累进税（减少对上层群体的税收）可以筹集更多的钱，因为储蓄和工作岗位都会增加。结果证明他错了：税收大幅下降。布什总统的减税结果也没好到哪儿去：与里根总统的措施一样，都增加了财政赤字。克林顿总统提高了对上层群体的税收，于是美国经历了一段时期的经济快增长，且不平等也略有减少。当然了，右翼人士有一点是对的，就是如果边际税率几乎等于100%的税率，那么激励效果就会显著降低，但是现实表明我们根本没有接近会产生问题的那一点。实际上，加州大学的伊曼纽尔·赛斯教授、巴黎经济学院的托马斯·皮凯蒂教授及麻省理工学院经济系的斯蒂芬妮·斯坦特切娃教授仔细研究了更高税收的激励效应以及减少不平等的社会收益，估计出上层群体的税率应该在70%左右——这正是里根总统发起的有益于富人的税改之前的情形。[68]

但是我认为，即便有这些计算也无法充分反映累进税制带来的好处。原因有以下三点。

第一，我们前面强调了增加公平（及对公平的感知）可以提高生产率，而这些计算忽略了这一点，因为要与大多数经济分析保持一致。

第二，经济体制和政治体制的不公平破坏了信任，而信任对于社会运转至关重要。在下一章，我将更详细地解释不平等在美国形成的方式如何破坏了信任，信任的弱化又如何削弱了我们的经济和民主制度。强力累进税制或许能多少促进信心的重建，即让人们认为税收体系到底还算公平。那样做也会产生巨大的社会收益，包括对美国经济的。

第三，正如我们在前一章提到的，缺乏累进税制（上层群体所享受的低税率，包括2012年总统候选人罗姆尼）的原因是税法特别条款的存在，就像对资本收益课税的低税率、对资本收益的宽泛界定，[69] 以及企业所得税和个人所得税的法律漏洞。这些都扭曲了经济并降低了生产率。正如我们所评论的，美国这么多大公司纳税甚少的原因之一就是它们国外子公司的收入不用纳税——除非它们把收入拿回美国，税法的这一条款鼓励这些公司到境外而不在美国本土投资。消除这些条款既能增加累进税也能加强美国经济。

此外，鉴于上层群体的收入大多来自寻租租金并且锁定这些租金是可能的，因此我们可以设计出一种对激励不会产生任何逆向效应的更好的累进税制。

对富人减税增加了赤字及国债这一事实还产生了另外一个效应：它造成的压力迫使政府减少了对教育、技术和基础设施等领域的支持。右翼人士低估了这些公共投资的重大意义——公共投资不仅能直接产生高回报，并且还为私营部门投资的高回报打下了基础。此前我提到了政府对电信业投资所产生的贡献（包括19世纪跨越北美的第一条电报线及20世纪的互联网和第一个浏览器的诞生）。近年研究表明，"二战"前的年代是生产率大幅增加的年代，为随后生产率的更大提升奠定了基础。这其中的原因之一就是政府对于公路的投资（有趣的是，这也对铁路生产率的提升发挥了重要作用）。[70] 类似的公共投资只能通过税收大力资助，因此在不平等程度既定的前提下，设计良好的累进税制比累退税制更有效果。一家公司的 CEO 不会单纯因为他拿回家的薪酬不是 1200 万美元而是 1000 万美元就在工作时只投入一半的努力。总之，对 1% 的上层群体的少数人征税（由于美国社会的巨大不平等，这种征税能筹集到大笔钱）可能导致的社会生产活动的损失与为筹集同等数量的钱而不得不对大多数人课以更重的税所产生的效应相比，简直是小巫见大巫了。[71]

结语

假如今天的穷人明天能变富或者存在真正的机会平等，那么某些不平等的逆向效应就会变小。随着占领华尔街运动使人们关注日益严重的不平等，右翼人士"自豪"地说他们致力于机会平等——这不同于民主党人士，后者推崇结果平等。来自威斯康星州的共和党人保罗·瑞安担任众议院预算委员会（House Budget Committee）主席，负责制定那些会影响美国未来的关键预算决策。在他看来，美国共和党与民主党两党的核心分歧在于"我们是否还是一个坚信机会平等的国家，或者我们正脱离那一点而转向坚信结果平等"。[72] 他继续说，"让我们不要再关注再分配，让我们关注向上的流动性。"

这种观点有两个实际问题。第一，它暗示了尽管我们在结果平等方面失败了，但在机会平等方面却成功了。第1章已表明了实际情况并非那样。乔纳森·蔡特说的一句俏皮话用在此处似乎很合适："事实不应该妨碍一种美好的幻想。"[73] 第二个实际问题是有人说累进税制主张结果平等。正如蔡特所说，实际情况是民主党并非主张结果平等，而是主张"把超级严重的结果不平等放在适当的位置，让政府进行轻微的改善"的政策。[74]

也许最为重要的一点是：没有人能只靠自己成功。发展中国家有许许多多聪明、能吃苦、精力充沛的人仍然过着穷日子——不是因为他们能力不够或者努力不足，而是因为他们生活在运行不良的经济体中。所有美国人都受益于这个国家几代人集体努力奠定的有形的和有制度的基础设施。令人担忧的是，那些处于1%上层群体的人在企图从这种制度所带来的好处中不公正地占有一部分时，为了守住自己的份额不惜摧毁这种制度本身。

本章解释了美国正在为越来越重创我们经济的不平等付出高昂代价——降低了的生产率、效率、增长，以及更多的不稳定，因此减少这种不平等所带来的收益（至少就目前这种程度的不平等而言）要远远超出可能产生的任何成本。我们指出了不平等的逆向效应产生影响的多重渠道。最起码更多的不平等是与更低的经济增长（当其他一切因素都被控制时）相关的，这一点通过看其他国家以及向更长远一些看就可以得到证实。[75]

在1%上层群体对我们社会造成的所有代价中，最严重的也许是我们的认同感遭到了侵蚀，包括公平竞争、机会平等、亲如一家的感觉。长此以来，美国一向以一个公平的社会自居，即人人都有成功的平等机会，但是我们今天所见的统计数据揭示的却是另一种情况：贫穷甚至中产阶级的美国人迈向上层社会的机会小于许多欧洲国家的人，并且随着不平等自身造成了经济更疲软，这种机会只能变得越来越小。

除了认同感的丧失及经济的削弱，美国的不平等的另一个代价是：我们的民主制度陷入了危险境地，对此我们将在接下来的两章加以讨论。

第 5 章

险象环生的民主制度

我们已经看到当前美国与其他国家的不平等并非源于抽象的市场力量，而是由政治所塑造的。政治是各种势力切分国家经济蛋糕的战场。这是一场1%上层群体一直获胜的战斗。这其实并不应该出现在民主国家。在"一人一票"制中，应该100%的人民都算数。现代政治和经济理论都曾预言，"一人一票"制的选举会反映普通公民的意见，而不是精英人士的。更准确地说，那种基于有着明确偏好的、为自身利益投票的个体的标准理论预测，民主选举的结果会反映"中间派"选举者的观点。比如就公共开支而言，标准理论认为一半选民会主张支出更多，而另一半则主张支出更少。[1]但是民意调查显示大多数选民想要的和政治体制所能提供的总是存在巨大差异。

自经济大衰退爆发以来，大家对全球经济体系和西方民主国家的政治体制都不再抱有任何幻想。幻想破灭促成了美国"占领华尔街"、西班牙"愤怒的一代"等全球一系列运动。很显然，美国的经济体制出现了重大失败。但同样显而易见的是，美国的政治体制压根儿就没着手修复那些失败。大多数美国人都认为新的金融监管条例，即多德–弗兰克金融改革法案㊀远远不够，他们的看法是正确的。早在金融危机爆发前，人们对泛滥的掠夺性贷款就有了清醒认识。抑制掠夺性贷款与滥发信用卡是符合大多数美国人利益的。但联邦政府却无动于衷。对于那些犯法的银行，联邦政府几乎没起诉它们——我们将在第 7 章中看到联邦政府在这方面做的远远不如它在 20 年前对于严重性要小得多的储蓄与贷款危机（savings and loan crisis）所采取的措施。对此《纽约时报》报道了 SEC（一个本应该保护投资者不被欺诈的机构）"如何让那些最大的公司免于受到专为欺诈案而设定的惩罚"。²

为什么中产阶层其实并不具备标准理论所预测的那种政治影响力呢？为什么我们当前的体制似乎是"一美元一票"而不是"一人一票"呢？在前面几章里，我们看到了市场是如何被政治塑造的：政治决定了经济游戏的规则，而竞争环境又是向那 1% 上层群体倾斜的。至少这其中的部分原因是政治游戏的规则也是由那 1% 上层群体塑造的。

这个故事有两个关键要素。一个是塑造个体感知：让 99% 的人把 1% 的人的利益当成是自己的利益，这将是下一章讨论的重点内容。本章关注的是另一个关键要素：投票选举本身的经济学和政治学。

㊀ 被认为是自"罗斯福新政"以来最全面、最严厉的金融改革法案。——译者注

破坏民主政治进程

投票选举的悖论及失望的选民

现代政治经济学令人费解的问题之一就是人们为何要投票选举。事实上几乎没有哪次选举真的取决于哪一个人的选票。投票选举是有成本的——虽然今天的美国没有哪个州对投票选举收费,但去投票是要花费时间和精力的。投票登记也是一种负担,因为需要在选举开始前把一切规划好。对于住在西部地广人稀地带的人来说,缺乏公共交通工具就使他们不便于到投票站投票。就算投票站在附近,行动不便的人也难以到达。选民费了这么大的劲儿,却得不到什么个人利益。实际上,个体投票能对选举最终结果产生影响的情况几乎从未发生过。现代政治和经济理论都假定人是理性且自私的。基于这样的假定,人们为何要投票选举就成了一件神秘的事。

答案当然是因为我们被灌输了公民道德(civic virtue)的理念——投票选举是我们的责任。每一个暗想不去投票的选民都担心要是人人都效仿他,那情况将会多么糟:"要是我和其他有同样想法的人都不去投票,那选举结果就会被那些和我不同意见的人决定了。"

这种公民道德并非与生俱来。如果大家都认为政治体制充斥着不公,那么人们就不会再信奉公民道德。当社会契约被废止,政府与其公民之间的信任瓦解时,失望、漠不关心甚至更糟的情况都会随之出现。[3]在今天的美国以及世界上许多其他民主国家,不信任感正在日益加剧。[4]

讽刺意味的是,那些力图操纵政治体制为其服务的富人欢迎这样的结局。去投票的人往往是那些认为政治体制会为他服务的人。因此，如果政治体制能有条不紊地为上层群体服务，那么上层群体就会更愿意参与政治，于是该体制必然更服务于声音最大的人。

此外，如果选民因为失望而去投票，那么投票对他们来说就是件成本高昂的事。他们越失望，投票成本就越大。但是需要的钱越多，有钱的利益集团支配的权力就越大。对于有钱人而言，花钱塑造政治进程与公民道德无关，而是一项投资，从中可以得到回报，他们会以**符合自身利益**的方式塑造政治进程。这加剧了其他选民的失望感，并进一步增强了金钱的力量。

信任缺失

我先前强调美国必须步调一致，相互协作，才能解决问题。政府是集体解决问题的正式机构。大家必然会在意见上产生分歧。那正是集体行动困难的原因之一。因此需要妥协，而妥协必须基于信任：一个团体今天做出让步，因为知道再过一年另一个团体也会同样做出让步。大家必须相信所有人都能被公平对待，并且如果事态结局不同于某项措施的支持者所宣称的那样，也可以改进措施以适应未曾预料的结果。

当某一团体的利益和观点至少大体一致时，共同行动就比较容易了，因为大家都在一条船上。但那1%的人显然与其他人不在一条船上。

合作与信任在社会的每一个领域都很重要。我们经常低估信任与社会契约的重要性。假如每一份契约的执行都必须通过一方把另一方告上法庭，那么政治连同经济都会陷入僵局。法律体系可以规范人们的行为，但在大多数情况下还得依赖自觉性，否则社会制度就难以为继。如果我们能乱扔垃圾而不被处罚，那么街道早就变得脏乱不堪了，或者我们就不得不花费过多的金钱来维持街道清洁。如果大家违背所有的契约（只要他们不被惩罚的话），那么生活就会变得很不愉快且经济交易也会变得难以驾驭。

纵观人类历史，蓬勃发展的经济正是那些"一言九鼎、握手成交"的经济。[5] 没有了信任，那些复杂细节必须稍后才能制定的商业交易就没有可能实现了；没有了信任，每一笔交易的参与者都必须小心翼翼地谨防其他交易者背叛他。为了避免这些情况的出现，大家花费大量精力和资源获取保险、制定应变计划并采取行动以确保就算他们被"背叛"了，不良后果也是最小化的。

有些社会科学家试图借用社会资本（social capital）这一概念来解释"信任"对于整个经济的影响。一个经济的社会资本越多生产率也越高。社会资本是一个宽泛的概念，它包括那些对公共部门和私营部门的良好治理都有益的因素。但是信任这一理念构成社会资本所有内涵的基础。有了信任，人们才能相信自己会受到良好对待、享有尊严和公平，人们之间才会互相回报。

社会资本是把社会各阶层整合起来的黏合剂。如果大家都认为经济和政治体制是不公平的，那么黏合剂就失去了作用，社会也就不能正常运转了。当我作为世界银行的首席经济学家在全球各地旅行时，我亲眼看到了许多社会资本强劲并且社会各阶层齐心协力的例子，我也亲眼看到了许多社会凝聚力遭到破坏并且社会各阶层的功能紊乱的例子。

例如，不丹，这个位于印度东北面的遥远的喜马拉雅山脉附近的国度，把保护森林作为保护环境的一部分。每个家庭只被允许砍伐固定数量的树木供自己使用。在这个人口稀疏的国家，我问当地人：人们如何执行这一法令？答案简单明了：用我们的行话说就是社会资本。一说到环境，不丹人已经将什么是"正确的"内化了。欺骗是不对的，因此他们不欺骗。

依靠灌溉的社区，无论是巴厘岛的山区还是智利北部的阿塔卡马沙漠，必须要人们共同努力来管理水资源并维护灌溉水渠。这些社区似乎也建立了强有力的纽带，一种很强的社会资本感，对"社会契约"极少或没有欺骗。

另一种极端的情况，当我在苏联解体之后访问乌兹别克斯坦时，我目睹了社会资本遭到侵蚀的后果。大多数温室都没了玻璃，它们完全失去了效果。那些玻璃都被偷跑了。偷玻璃的人其实并不知道拿这些玻璃做什么，但是这么做却为他们提供了某种安全感，并且他们确信就算自己不偷，其他人也会偷。

更为普遍的情形是，在苏联解体之后，俄罗斯在产出方面遭遇了显著下降。这令许多经济学家诧异。毕竟，其解体后的物质资本、人力资本及自然资本与解体前并无二样。消除过去那种扭曲了的集权化计划体制并取代以市场经济，本应该意味着那些资源起码会被使用得更有效率。但这种分析忽略了苏联近70年的统治，对民间社会机构的控制及占用的社会资本。在那些年中，使国家统一起来的方式是中央计划体制。当这些制度瓦解之后，先前那种将国家和经济整合起来的社会资本也就不复存在了。俄罗斯"陷入了一个既无计划也无市场的系统性真空"。[6]

社会规范（social norm）领域的研究新进展表明，许多人甚至绝大多数人都会有意回避对个体有益但对社会有害的行动——一旦他们觉察到"大多数人"也会那样做的话，相反的情况也同样成立。这就产生了一种严重的后果：当人们接触的"犯禁行为"达到一定量时，原本值得称赞的行为就会受到影响且很快就无人去做了。[7]

在美国，信任近年来遭到巨大侵蚀。[8]在经济领域，银行业一直处于这种趋势的最前沿。曾以信任为本的整个行业都失去了信任。随便翻开哪一天的报纸，几乎总能看到不止一篇报道讲述某家银行或金融机构某位人士被指控或被宣判犯了某种欺诈罪，怂恿某种逃税计划或参与某种信用卡诈骗、内部交易、抵押贷款的丑闻。

高盛集团的总裁劳埃德·布兰克费恩说得相当直白：精明的投资者不会或至少不应该依赖信任。那些购买了银行所售产品的人都是成年人，他们本应该事先把情况弄得更清楚些；他们也本应该知道高盛集团既有手段也有动力去设计那些会失败的产品，同时也有手段去造成信息不对称，即他们对于产品的了解要多于购买者，并且也有手段去利用这些信息不对称。那些被投资银行欺骗的人大多都是富裕的投资者（尽管也包括管理着普通人的钱的养老基金）。但是欺骗性的信用卡业务和掠夺性贷款已使得每个美国人都知道银行不可信任；你必须仔细阅读合同的每项条款，即便那么做也未必可靠。

这种只关注季度收益的短视的金融市场对于被削弱的公司信任也起了核心作用。在旧经济学中，大多数公司在经济周期高低起伏时都始终对优秀员工不离不弃，而那些员工也以忠诚和投资人力资本的形式报答公司，那就是所谓的"劳动力囤积"（labor hoarding），并取得了良好的经济收益。[9]但随着市场变得目光短浅，那种人性化的政策不再行得通了。那种额外的盈利能力（来自对人力资本的投资、较低的人员流失成本以及工人更高忠诚度）在未来几年内不再会被觉察到，尤其是当经济衰退将持续一段时间时。在美国灵活的劳动力市场上，动辄解雇工人是件比较容易的事，这也使得工人成了另一种可随意处置的投入品。这也解释了我在第 2 章开篇所讨论的 2008 年经济衰退（以及其他近期的经济衰退）不同寻常的方面之一。根据旧的经济模型，在经济衰退时，由于大批工人被保留下来，生产率下降了。但是如今在经济周期底部时，生产率不降反升了：那些公司曾一度犯愁到底是不是应该解雇的优秀工人遭到了解雇。于是恢复团队精神、忠诚及人力资本的任务都留给了未来的管理者。[10]

更宽泛地讲，工人在（包括在经济衰退期间）对他们好的工作场所不但更加开心而且生产率也得到了提高。[11] 人们在工作场所的幸福感的重要性不应该被低估：大多数人都把其生命中的一大块时间花在了工作场所，而且工作场所发生的一切会强烈地影响到他们生活中的其他方面。[12]

社会纽带和信任的断裂（体现在我们的政治、金融业和工作场合中）必然会产生更宽泛的社会后果。信任与互惠商誉不但对于市场的运行而且对于社会合作的其他任一方面都是必需的。我们已经解释了国家的长期成功需要社会凝聚力——一种将社会成员团结在一起的社会契约。其他地区的经验也表明了社会凝聚力的脆弱性——当社会契约被破坏时，社会凝聚力也会迅速遭到侵蚀。

政府和社会制定的决策（通过政策、法律、教育及预算选择表现出来）要么强化了社会契约、要么弱化了社会契约。通过对不平等的转移不加限制，美国正走上一条即便不充满社会冲突但社会资本也会遭到破坏的道路。

正如我们已经强调的，社会合作绝对必不可少的竞技场就是政治，因为正是这里通过了那些影响所有人的集体决策。当然，还有其他组织生活的方式：警察国家（police state）制定了规则及违背这些规则的惩罚，它是一种基于"激励"（威胁的激励）的服从体系。但是这类社会一般运行得不好。执法人员不可能无处不在地执行那些惩罚，并且如果人们感觉到这些规则和规定是不公平的，那他们就会试图规避。因此要想实现人们的服从，代价会非常大；并且就算实现了，也只能部分实现。生产率会很低，生活也会不愉快。

民主途径使信任和社会契约成为必然，人们也理解了不同个体的责任和权利。我们讲真话是因为讲真话是**正确的**或**道德的**——一旦信任体系崩溃，会对他人造成危害。我们已经知道了信任遭到侵蚀会如何危害经济，但是政治领域的情况可能更糟糕：社会契约的瓦解对于我们民主制度的运行也许有着更令人反感的影响。

公平与幻想破灭

对大多数美国人而言，公平**显然**很重要。实际上，美国人对美国社会感到最为自豪的事就是它的经济体制是公平的——它给予了每个人机会。

近来研究表明，公平对于大多数个体来说多么重要（尽管经济学家仍然专注于效率）。在最初由三位德国经济学家（Werner Güth，Rolf Schmittberger，Bernd Schwarze）进行的一系列实验中，受试者被给予了一定数量的钱，如 100 美元，然后被告知这笔钱要在他和游戏中的另一位参与者之间分配。[13] 在第一个版本中,实验被称作"独裁者游戏"(dictator game),第一位参与者无论给第二位参与者多少钱,第二位参与者都必须接受。标准经济理论提供了一种清晰的预测:第一位参与者会把那 100 美元全部占为己有。然而在实践中,第一位参与者总是会给第二位参与者或多或少**一些**钱,虽然通常不到一半。[14]

另一项相关的实验也显示了公平是多么重要:大多数个体宁愿接受一种低效率的结果(即便使自己利益受损)也不愿意接受一种不公平的结果。在这项被称为"最后通牒游戏"(ultimatum game)的实验中,第二位参与者有权否决第一位参与者制定的分配方式。如果第二位参与者行使了否决权,那么双方都将一无所获。标准经济理论提出了一种清晰的策略:第一位参与者给自己留下 99 美元,只给第二位参与者 1 美元,而后者会接受这种分配,因为 1 美元总比一分钱不给要好。然而事实上,第一位参与者一般平均分给第二位参与者 30 ~ 40 美元(或者在不同钱数的游戏中占到总额的 30% ~ 40%),并且如果第二位参与者分到的钱少于 20 美元的话,那他就倾向于否决这种分配;[15] 他愿意接受某种不公平(他意识到自己处于权力较弱的地位),但是他能够忍受的不公平是有限度的。他宁愿得不到一分钱也不愿意(比如说)只得到 20 美元——一种 4∶1 的分配实在是太不公平了。[16]

人们对于不公平的**感知**会影响行为。如果个体觉得他们的雇主待他们不公,那他们就极有可能逃避工作。[17] 在前一章里,我们描述了那些证明了公平感知对于生产率的重要性的实验结果。

但是,正如第 1 章所指出的,从根本意义上讲,美国的经济体制不再是公平的了。机会平等只不过是个虚构的神话,并且美国人也逐渐认识到这一点。一项民意调查显示，现在有 61% 的美国人认为我们的经济体制是有利于富人的；只有 36%——略超过 1/3 的美国人觉得我们的经济体制一般是公平的[18]（并且，不足为奇的是，大约同样数量的美国人认为经济体制中那种有利于富人的不公平是一个比过度管制更为严重的问题）。[19]

通过比较不同个体对于什么是好的收入分配的观点与其对美国现存不平等的**感知**，其他研究也证实了大多数美国人觉得不平等过多。并且持这些观点的人广泛分布于不同的人群——男人和女人、民主党人与共和党人、社会上层人士与底层人士。同样引人注目的是，当被要求从一幅饼状图上选取两种分配形态时，绝大多数参与者都选择了反映瑞典的那种分配形态而不是美国的那种（92% 比 8%）。[20]

那些认为我们的政治体制被非法操纵了的观点甚至强于那些认为我们的经济体制不公平的观点。尤其是穷人，觉得自己的意见得不到倾听。占领华尔街运动（在本书前言中对此加以讨论了）所得到的广泛支持就是对这些不满的具体表达。这种认为我们的政治和经济体制不公平的看法（和事实）真的削弱了我们的政治和经济。

尽管最直接的症状就是民众失望导致的对政治进程参与度的降低，但是还有一种长久存在的担心：选民会被那些攻击造成这种不公平体制的政府[21]并许下不切实际变革诺言的平民主义者和极端主义者所吸引。

不信任、媒体、失望

没有哪一个经济学家会怀疑竞争性市场对于商品和服务的重要

性。对于我们的社会和政治而言，更为重要的是有不同思想的竞争性市场。然而可惜的是，那种市场被扭曲了——起码人们如此感知。[22] 如果公民得不到综合全面的信息，那么作为选民的他们就无法做出基于可靠信息的决策。并且即便媒体提供的信息是综合全面的，公民也知道政府向媒体披露的信息未必是综合全面的。

大约60年前，经济学家加尔布雷思注意到几乎没有哪个市场接近于经济学家所主张的"完全竞争"的状态，于是专门著述强调"相抗衡权力"（counter-vailing power）的重要性。[23] 在美国这个充斥着代表多样观点的报纸和电视台的国度里，虽然我们永远不会拥有真正竞争的媒体，但是我们却可以做得更好。对于反垄断法，我们可以进行更强有力的监督，要认识到处于胜败关头的不仅是对广告市场的控制，还应该是对思想市场的控制；对于那些要控制报纸、电视和广播的媒体公司的企图，我们要格外警惕；对于那些想要多样化的媒体，我们可以提供公共支持。归根到底，公共产品是一种公益善举，也就是说，所有人都能通过确保我们政府能良好履行职责而获益。经济学的一个基本的深刻认识就是如果私人市场自己说了算的话，那在公共产品方面的支出就会微乎其微，因为社会范围的收益要远远大于个体自身所享受的收益。确保我们有一个见闻广博的公民群体对于一个运行良好的民主制度是非常重要的，而一个运行良好的民主制度又需要一种活跃**并且多样化的**媒体圈。其他国家在多样化方面做了不少尝试（并且小有成功），通过为媒体提供广泛的公共支持，包括从国家公共广播电台到社区广播站再到对第二报纸的支持，甚至是在更小的社区。[24]

美国也本应该有更为综合全面的媒体。然而实际情况却是，媒体成了那1%上层群体掌握话语权的王国。他们有实力购买并控制那些重要的媒体，有的甚至愿意赔钱这样做：这是一种维持其经济地位的投资。[25]就像银行所进行的政治投资一样，这些投资可能产生的**私人**收益要比普通投资高得多——如果考虑它们对政治进程的影响。[26]

造成不信任与失望的另一个因素是：不仅我们的政治和经济体制让人对其失去了信任，而且就连有关我们政治和经济体制的信息也失去了人们的信任。[27]

剥夺投票权

政治斗争并不仅仅是为了争夺选民并让他们投票，而且也为**不让那些持不同政见者投票**——这相当于回归到两个世纪前的思维，当时投票权受到严格限制。

当时的统治精英不愿意给普通民众投票权，尽管以当今观点看那一做法是应该反对的，但它又是可以理解的。英国在《1832年大改革法案》（Reform Act of 1832）颁布之前，只有大业主或者财富可观的人才能投票。精英群体对于投票权延伸至普通民众后可能会出现的情况不那么确信。在19世纪末的美国，在非裔美国人聚居的南部，白人政客设计了人头税，专门剥夺昔日奴隶及其后代的投票权，因为他们付不起投票所需的人头税。[28]那些税赋，再加上识字测验以及常有的暴力与恐吓，既成功地大幅降低了选举投票率，也成功地增加了民主党的得票率。[29]

厄瓜多尔在1979年之前，只有识字的人才能投票，并且统治精英想方设法不让原驻民接受充分的教育以免他们在识字后获得投票权。在上述各种情况中，统治精英都担心如果给了普通民众投票权，那他们就可能失去自己的权力、特权甚至财富。

许多旨在剥夺投票权的努力，无论现在还是过去，都是指向穷人的。20世纪30年代，"穷光蛋排除法"（pauper exclusion law）剥夺了那些领救济的失业者的投票权。[30] 政治学学者沃尔特·迪恩·博纳姆详述了由来已久的针对各种群体的被他称为"遣散投票者"（voter demobilization）的各种努力：远离大城市的平均地权论者和小城镇居民反对城市工人；主要政党反对左翼党派；城市的企业精英反对平民主义者；中上收入群体反对穷人。[31] 许多这样的措施可以被视为**秘密剥夺投票权**。

当然，那些试图剥夺穷人投票权的人不会那样说。经济学家和统计学家区分了两类错误：没允许有资格的人投票，允许无资格的人投票。共和党人倾向于认为后者更严重，而民主党人倾向于认为前者更严重。然而共和党人的看法是虚伪的：他们为避免后一种错误而试图设立的屏障实际上是**经济**屏障，而不是基于获得投票资格可能性的屏障。一条必须具备一种政府签发的有照片的身份证明的要求（通常是驾驶证或机动车辆管理部签发的身份证）就把那些有足够金钱和时间并掌握信息从而获得了这种身份证明的人与那些不具备这些条件的人区分开来了。[32] 此外，获得选民资格可能还需要出生证明或其他文件，这些证明或文件甚至要花费更多的金钱和时间并需要了解办理流程。

尽管那种赤裸裸不让人参加投票过程的做法今天在美国大多已是陈年往事了，但是仍存有一系列措施来限制民众参与投票，始终如一地指向穷人和社会关系不强的人群。政府部门甚至采取更巧妙的方法阻止某些群体参与政治：无论是不充分给予穷人或移民街区投票机会，还是对投票点配备工作人员不足或者不让某些罪犯投票。在某些情况下，很难区分政府是忽视还是故意剥夺了投票权，但效果是一样的，都降低了选民投票率。即便这些措施并不设立绝对障碍来阻止选民登记或投票，但它们都会削弱选民的参与——尤其是对于人口中那些权利最少的人群，他们的投票热情本来就低并且极其不信任官方体系。结果就造成了 4 个有资格的选民中就有 1 个——总计有 5100 万甚至更多的美国人没被登记。[33]

另一方面，某些措施能使登记变得更容易并使有资格的选民更有可能投票。比如允许人们在申请驾照的同时进行投票登记，这会降低交易成本从而便利选民登记；制定投票中心更灵活的时间安排并增设投票站也会促进投票活动本身。

这些剥夺选举权的企图造成了一种双重效应：第一，如果它们成功了，它们就压抑了某些公民的声音；第二，如果人们感知到竟然存在着这样一种试图逆转一项长期公认的原则即所有公民都有选举权的斗争，那么他们对于政治体制的失望就会增强，同时政治异化也会加剧。

剥夺权利

此前我们知道了由政治过程设定的经济游戏规则是如何有利于那 1% 上层群体的。政治游戏规则也同样如此。人们觉得政治游戏规则也是以不公平的方式设定的——也就是它们给了经济精英过多的权力，继而进一步增加了上层群体的经济势力，这种感知增加了政治异化以及权利被剥夺感和失望感。这种权力被剥夺感出现在与政府交往的各个层面上。

在**联合公民诉联邦选举委员会**（Citizens United vs. Federal Election Commission）的案子中，最高法院在2010年从本质上批准了肆无忌惮的大公司对竞选活动的捐助，这一判决象征了剥夺普通美国人权利的一个里程碑。[34] 它赋予了大公司和工会在支持候选人和竞选目标时可以像单独个人一样行使"言论自由"（free speech）权。由于大公司所拥有的资源数百万倍于广大个体美国人，因此最高法院的这一判决就有可能促成一种超级富有的政治活动家阶层的形成，他们的政治兴趣很单一：就是提高他们自身的收益。

很难从哲学层面上证明最高法院的这一判决正当。大公司是法人，其产生是为了一个特定目的并被法律赋予了具体的权利和义务。比如，虽然公司享有有限责任的优势，但是在某些情况中，公司的面纱可以被戳穿（the corporate veil can be pierced），即公司人格否认，也就是对于犯罪行为仍要追究个人罪责。然而大公司又不是活生生的人，它们没有任何**不可剥夺**的权利。当最高法院给予大公司塑造权力和政治体制的自由行动权时，它似乎不这样认为。

最高法院平衡言论自由的利益与平衡的民主制度的利益的判决显然是冷遇了后者。最高法院已经明确规定，以候选人能否提供特殊照顾（如支持一项议案）为条件而提供金钱（支持）是一种腐败。腐败削弱了人们对于民主制度的信念。但是那种明确规定的腐败与我们政治中实际出现的情况并无二样——比如说，那些支持一项允许石油公司在石油泄漏时享有法律责任豁免权的议案的候选人就能得到资助，并且该候选人及其他每个人都知道如果他不支持此项议案的话，那笔钱就不会给他。虽然这当中并没有**正式的**交换物，也没有书面契约，但实际效果是一样的。最重要的是，普通公民对此的感知也是一样的，因此它削弱了公众对于民主制度的信念，这一点丝毫不亚于明目张胆的腐败。[35]

从某种意义上说，最高法院的这一行为只不过从另一角度反映了金钱利益集团在创造"一美元一票"制度方面的成功：他们成功选举了那些自己心目中的政客，那些政客上台后便任命那些能赋予大公司在政治舞台上无节制开支权力的人做法官。[36]

政治游戏的规则也会让民众（理所当然地）觉得自己被剥夺了选举权。不公正划分选区（Gerrymandering）⊖使得一个人的投票更有可能**不算数**：投票区的划分使得选举结果几乎是预先注定了的。阻挠议案通过权（filibuster）给了少数参议员过度的权力。过去，阻挠议案通过权是被审慎使用的。当初大家都知道，阻挠议案通过权只能用在人们强烈关注的问题上：具有讽刺意味的是，当初它最多用于阻挠那些确保人人都有投票权的民权法律，但那些日子已经一去不复返了。时至今日，阻挠议案通过权已成为阻碍立法的一种必然手段。[37]

稍后我们还将讨论另一个剥夺权利的例子——联邦储备银行在制定宏观经济政策中的作用。政府将一种对于普通公民而言意义重大的事项——影响着就业水平和经济活动的货币政策的责任，委托给了一个在很大程度上由银行和商界选举出来的人组成的小组，这一做法不符合民主问责制。

美国日益加剧的不平等现象对民主制度而言也许尤为糟糕。大家普遍认为中产阶级是民主制度的中坚。穷人通常被疏远以至于让他们

⊖ 1812年，马萨诸塞州州长杰里签署一项法令，在该州实行不规则划分选区，划出的选区有的像蜥蜴的尾巴。应运而生的是"Gerrymandering"（杰里蜥蜴）这个名词，专指不公正地操纵选区划分。——译者注

投票是件很困难的事。富人不需要法治，因为他们可以并且也确实以有利于自己的方式塑造着经济和政治进程。中产阶层最理解为何在民主制度中投票选举如此重要以及为何对于经济和社会而言**公平的**法治是必要的。20世纪中叶，中产阶层成员都相信经济和政治体制基本上是公平的，并且他们对于"公民参与"（civic engagement）的信任显然得到了回报——经济在那个时期迅速增长，让他们和其他每个人都受益了。但时至今日，所有那一切都变了。正如我们在第3章所见，美国劳动力市场的两极化掏空了中产阶级，且逐渐缩小的中产阶级自身对于那种显然不再为其成员服务的政治进程越来越失望。

我们为何应该在意

本章我们描述了一种政治体制的构建——虽然名义上号称是基于"一人一票"原则，但实际上是为上层群体利益服务的。另一种恶性循环已经显现了：游戏的政治规则不仅**直接**有益于上层群体，确保他们得到过多的话语权，而且还造成了一种**间接**给予上层群体更多权力的政治进程。我们已经指出了一系列使得民众对政治失望并对政治体制怀疑的力量。美国社会存在的鸿沟已经使得各方难以达成妥协，导致了目前的政治僵局。

政治僵局继而削弱了民众对于制度有效性和公平性的信任。上层群体企图剥夺底层群体的选举权，而民众识别出了政治和经济体制的不公平，得知了信息流动受制于本身由上层群体控制的媒体以及反映在有如脱缰野马的竞选捐款中的金钱对政治的影响力。这一切都增加了民众对我们政治体制的失望。失望降低了政治参与，尤其是对底层群体而言，每一分失望造成的效果不亚于那些旨在使选民向上层群体倾斜的赤裸裸的剥夺选举权的企图。这就为1%上层群体及其拥有的金钱提供了更大的影响力，从而强化了民众的信任缺失与失望。这种失望的存在使得拉选票要花很多钱，并且拉选票的努力也会集中在那些与上层群体利益一致的人群上。

这一效应能够在美国看到——与其他发达社会相比，美国的选民投票率看上去很惨淡。虽然近年来美国总统竞选的平均投票率一直是57%，[38]但是非总统竞选年度的众议院议员选举的投票率平均只有37.5%。[39]鉴于青年人失望的程度（尤其是在期望值如此之高的2008年总统选举之后），也就不奇怪在2010年的众议院选举中青年人投票率更为惨淡，只有大约20%。[40]

初选的投票率甚至更低，并且是有偏差的，[41]结果使得选民在稍后大选中面临的选择看上去令人失望，这反过来降低了选民在大选中的投票率。

对于我们政治体制的失望及认为它不公平的看法所煽动的民众情绪超出了政治体制，占领华尔街运动就是个明显的例子。如果这种被煽动的情绪导致了对政治体制的一种改革，那么效应就是正面的；如果政治体制拒绝了这些改革提议，那它就增加了异化。

在本章的前面，我讨论了信任、合作、社会资本及公平感对于经济和社会整体运行的重要性。我们政治体制中这些方面的失败具有显著的溢出效应，成了我们的社会和经济为高度和日益加剧的不平等付出巨大代价的另一个渠道。

改革我们的政治进程

大多数美国人现在都意识到美国的政治进程必须要改革，以使它更能响应民众的意愿并削弱金钱的势力。我们已经讲述了游戏的政治规则是如何赋予上层群体过多影响力的，因此改变游戏规则能够创造一种更为民主的民主制度。

比如我们能够并且也应该改变规则，以确保选民的构成能反映我们的整体公民性——通过停止剥夺选举权并使投票对包括穷人在内的任何人而言都更容易。像不公正划分选区这些旨在降低政治体制响应度的实践都需要被限制，同时"旋转门"（revolving door）——允许银行界人士自如地在华尔街和华盛顿之间更换工作岗位，这类实践也必须进行限制。另外，像澳大利亚实行的强制投票（mandatory voting）规定就会导致选民参与度更高，并使选举结果更真实地反映整个社会的观点。[42] 最重要的是需要改革竞选捐助。就算**联合公民诉联邦选举委员会**一案没有被撤销，大公司也应该只有在其所有者即股东投票同意后才能对竞选进行捐助。这种决策权不应该只留给高管人员，他们利用职权之便不仅给自己发放了巨额奖金而且还维持了一种允许他们如此行事的制度。政府还应该运用它的财政资源确保"思想的市场"的竞争环境是公平的，或者至少比现有的竞争环境要更公平些。[43]

我们知道该怎么做——就算这些改革不能充分实现我们希望的那种"一人一票"的民主制度，但至少它们使我们朝着那个方向前进了。然而这样的努力一直备受阻挠，原因很简单：金钱利益集团有足够的激励和资源确保当前政治体制继续为它们的利益服务。当我担任克林顿总统经济顾问委员会主席时，政府在遏制竞选资金方面做了一个勇敢的举措。电视台所用的波段属于大众公有，与其不加任何约束条件地把这些波段送给电视台（这是一种公然无耻的企业福利），我们倒不如把使用权卖给它们，并且在卖的时候再附上一个条件，即只能用一定时间播放竞选广告。既然广告是免费的，政客就不需要那么多钱了，我们便可以约束他们所接受的竞选捐助数量和性质。然而那些通过竞选广告和免费波段赚钱的电视台猛烈而成功地抵制了那次改革。

民主制度空心化

民主（至少在我们大多数人看来）基于"一人一票"制原则。正如标准政治理论所指出的，大多政治套话都强调"中间的""独立的"选民。但是没有人会承认美国政治的结果真的反映了中间选民的利益。中间选民对企业福利不感兴趣，在金融监管改革战中也不会获胜，那是一场绝大多数美国人（有些民意调查称大约有 2/3）[44] 都要求更严厉的监管而大银行反对的"战斗"。最终，我们的监管改革就像瑞士奶酪一样——充满了漏洞、例外和豁免，无法用任何原则证明其是合理的。**除了**汽车贷款，其他所有贷款都被认定没有充分的理由实施更严格的消费者保护，其实是因为那些贷款方成功进行了必要的政治投资。

因此也就不奇怪为什么负责制定新监管规则的众议院金融服务委员会竟然有 61 名成员了——几乎占全部众议员人数的 15%！2010 年通过的《多德–弗兰克法案》代表了全美最大的十家银行与要求更严厉监管的两亿美国人之间的一种精心平衡的妥协（我觉得历史将证明绝大多数美国人是正确的）。

保罗·克鲁格曼曾强有力地指出："收入的极端集中与真正的民主制度是不相容的。我们的政治体制正在被大财阀的影响扭曲，并且随着少数人的财富日益增多，那种扭曲正变得更加严重——有谁敢否认这两点呢？"[45]

在葛底斯堡演讲中，林肯总统说，美国正在进行一场伟大的内战，为的是"民有、民治、民享的政府永世长存"。但如果今天所发生的这一切持续下去，林肯总统的梦想就危险了。[46]

本章开篇我们讨论了中间选民的困惑——为什么我们的民主制度似乎没有像反映上层群体的观点那样反映中间群体的观点？本章提供了部分解释：中间选民（收入水平居中的选民）比中间美国人有钱。于是我们的全体选民构成是有**偏差**的，是向上层群体倾斜的。

但是，这并不能完全解释美国政治中所发生的一切。收入偏差（政治体制对上层群体的偏袒）大于全体选民的构成偏差所能解释的范围。中间选民困惑的另一部分可以用认知和信念中的偏差来解释——上层群体说服了中层群体以一种扭曲的方式看待世界，使得他们认为那些有利于上层群体利益的政策与他们自身利益相一致。上层群体是如何做到这一点的将是下一章讨论的主题。[47]不过首先我想讨论一下全球化——它是如何被精英群体以大多数美国人的损失为代价，并以有利于自己的方式管理失当的，但更为重要的是，它在美国以及其他地方被管理的方式如何削弱了民主制度。此外，我前面所讲的民主制度的弱化和扭曲正动摇着美国全球领导者的地位，从而也动摇了美国创造一个与美国价值观和利益更为一致的世界的能力。

全球化、不平等与民主制度

这些结果并不奇怪：全球化如果为那 1% 上层群体所管理，那它就提供了一种机制，这种机制既有利于避税也施加了压力，使得那 1% 上层群体同时在公司内部谈判（见第 3 章）和政治谈判中都占据了优势。于是越来越多的就业机会被送到了国外，并且在一定意义上政治也遭到了同样的待遇。这种趋势不仅出现在美国，而是一种全球现象，并且有些国家的情况要比美国糟糕得多。

最生动的例子出现在那些负债过多的国家。[48] 这种债务国对自身命运控制权的丧失（把权力转交给了债权国）可以追溯到全球化的早期。19 世纪，欠富国银行钱的穷国都遭到了军事接管或轰炸，如墨西哥、埃及和委内瑞拉。这种情况一直延续到 20 世纪：30 年代，随着进入破产管理并被债权人接管，纽芬兰放弃了自己的民主制度。[49] 在"二战"后的年代里，国际货币基金组织成了人们的首选工具：实际上相当于成员国把它们的经济主权上缴给了一个代表着国际债权人的机构。

这些情况出现在贫穷的发展中国家是一回事，出现在发达的工业化国家就是另一回事了。那正是最近发生在欧洲的情况，起初是希腊然后是意大利，两国都允许国际货币基金组织与欧洲中央银行以及欧盟（都不是由选举产生的）来制定政策的范围并任命技术官僚政府来监督计划的实施。[50] 当希腊提议将先前准备好的强硬的财政紧缩计划交由全民公投决议时，欧盟官员和银行家发出了惊恐的呼喊：希腊民众或许会拒绝该计划，那就意味着债权人将无法得到偿还。[51]

屈从于金融市场的控制其实是更加宽泛也更加微妙的。这种屈从不仅发生在那些濒临灾难的国家，而且也出现在任何需要从资本市场筹钱的国家。如果哪个国家不按金融市场的要求做，那么后者就会威胁降低评级、收回贷款并提高利率。这些威胁通常是有效果的，于是金融市场便得到了它想要的。自由选举或许存在，但呈现给选民的选择并没有涉及他们最关心的问题——经济问题。

20世纪90年代，路易斯·伊纳西奥·卢拉·达席尔瓦曾经两次与巴西总统的位置擦肩而过，因为华尔街两次都运用了相当于一票否决权的手段加以反对——它释放出的信号是如果卢拉当选，它就会从巴西抽走资金，那么该国要支付的利息就会猛增，投资者将回避巴西，并且巴西的经济增长会崩溃。到了2002年卢拉第三次竞选总统时，巴西人民直接就说他们不愿受国际金融家的摆布。[52] 当选的卢拉总统果然不负众望，维持了经济稳定、促进了经济增长、打击了该国存在的极端不平等。他是世界上为数不多的执政八年后仍然受到一如刚上台时民众那种支持的一位总统。

巴西仅是金融市场的判断存在严重缺陷的例子之一。金融市场的拥护者喜欢宣称开放的资本市场的一大优点是它能提供"惩戒"（discipline）。然而金融市场却是一个反复无常的惩戒者，一会儿给了一个A评级，转身就可能又给了个F评级。更糟糕的是，金融市场的利益经常与国家的利益不一致。金融市场目光短浅，其政治和经济日程寻求的是金融家福利的增加而不是国家整体福利的增加。

情况并非一定如此。金融市场能威胁一夜之间从某个国家撤走资金，主要是因为金融市场对短期资本流动的完全开放性。尽管该市场对于所谓的"资本市场自由化"（capital market liberalization，允许资本自由地流入流出一个国家）——一种符合市场自身利益的思想，有着意识形态上的承诺，但实际上这种自由化并不刺激经济增长，反倒增加了不稳定和不平等。[53]

我所罗列的这些问题实际上更为深刻、广泛。正如全球化方面世界级专家之一哈佛大学丹尼·罗德里克教授所指出的，哪个国家都不可能同时拥有民主、国家自主权及充分和不受约束的全球化。[54]

跨国公司经常试图从国际领域获得它们在自己国内得不到的资源。世界贸易组织（WTO）的《金融服务协议》（*Financial Services Agreement*）力推金融市场自由化，要求各国政府允许外国银行进入，并限制各国实施确保金融体系稳定和有效服务经济与社会的监管条例。《乌拉圭回合贸易协定》（*Uruguay Round Trade Agreement*）成功地向各国强制推销了某种知识产权，不仅对美国科学、全球科学和发展中国家而言是不利的，而且还不利于人们获得健康。该协定是为了防止知识的自由流动并顺应大公司的利益设计的，它强化了垄断势力——帮助创造了租金，正如我们在第2章中看到的，租金是今日大多数不平等的根源。[55]无论人们是否赞同这种独特的国际协定评估，很显然这种评估对于每一个国家的知识产权制度的设计施加了（不必要的）严厉束缚。该协定破坏了那些国家的自主权以及民主制度的权力——它们不能选择一种反映自己观点的知识产权制度，不能最好地促进本国的知识进展，无法平衡对于得到知识和得到救命药品的各种担心，无法提供研究和创新所需的必要激励。它们不得不选择了一种迎合世界贸易组织要求的知识产权制度。[56]

其他例子也不胜枚举。在与新加坡签署的双边贸易协定中，美国企图限制新加坡对口香糖的规定，因为它担心新加坡的有关规定或许会阻止美国的"主要"出口商品之一——口香糖进入新加坡。在与智利签署的双边贸易协定中,美国企图阻碍智利对资本实施控制,而那些控制早已成功稳定了该国的经济。还有部分协定是为了阻碍有的国家不鼓励人们购买高油耗的汽车,因为那些类型的车正是美国生产的。《北美自由贸易协定》的第 11 章以及其他双边投资协定(还有美国和欧洲与发展中国家签订的其他经济协议)言辞凿凿地向那些由于监管变化而遭受利润损失的公司提供了补偿,但这一点美国国会和法院都拒绝了。这一条款旨在阻碍环保法规,这些法规的实施对于政府的预算来说特别昂贵。[57]

很多发展中国家(甚至一些欧洲国家)由于负债累累而不得不求助于国际货币基金组织,而它们丧失经济主权的后果是非常严重的。至少在美国和大多数欧洲国家,那 1% 上层群体通常不能毫不费力地大行其道。然而这些国家的财政部长经常借用国际货币基金组织来强化他们的观点,采取有利于那 1% 上层群体利益的制度安排、监管架构和宏观经济架构。即便是希腊,2011 年为了确保得到欧盟的紧急财政援助,也被迫通过了一些法律,不但影响了政府预算,还影响了卫生部门、集体谈判中的工会权力及最低工资标准。

即使全球化不是通过全球协议或作为国际"救援"的一部分来限制民主的,它也可以通过竞争限制民主。原因之一是(我们被告知)我们**只能**有较弱的金融监管,否则的话金融公司就会转移到海外。针对一项要对银行奖金课税的提议,伦敦的金融公司威胁说要离开英国。在这些情况下,也许有人会说:它们走了更好!金融业的过度行为带给社会的成本(紧急救助、经济动荡、不平等)远远超过了该行业创造的就业岗位带来的收益。投机者将离去,但从事真正重要的金融业务——向当地企业融资的人要留下来,这些人**必须**要留在这里。

民主最受限制的领域是税收，尤其是为了减少不平等的税制设计。所谓的"税收竞争"（tax competition）——为了得到最低税赋的不同政策之间的竞争限制了累计税制的范围。如果税赋过高，企业就会威胁离去，富人也会如此。在此美国比其他国家至少有一个优势：我们是依据全球收入纳税的。而一个希腊公民，在享受了该国的公立中小学和大学、医院和医疗体系后，可以居住在卢森堡，随意在全欧洲做生意，还可以避免任何纳税的责任——甚至都不用偿还他/她受教育的费用。

我们经常被告知，一切本该如此，因为全球化不给我们任何选择余地。这种宿命论一方面为那些从当前体系中受益的人找了托词，同时还掩盖了真相：这种困境是种选择。我们民主制度的政府为全球化选择了一种经济架构，这种经济架构实际上已束缚了这些民主制度的手脚。那1%上层群体曾经总担心民主制度在某种影响下（如某位平民主义的领袖）会制定"过度"累进的税制。但现在民众被告知不能那样做——如果要想参与全球化的话。

简言之，就其被管理的模式而言，全球化如今正缩减着我们民主制度所面临的选择，使得民主制度更难执行那种对于创造更加平等、机遇更多的社会所必需的税收与支出政策。但是使我们的民主制度手脚受束缚的正是上层群体所要的：既可以拥有"一人一票"的民主制度，同时得到的结果更符合上层所期望的"一美元一票"的体制。[58]

美国的影响力递减

美国的全球力量是它的软实力——思想的力量、一种培养全世界领袖的教育制度以及供其他人效仿的模式。美国对伊拉克和阿富汗的战争都已经显示出了军事力量的局限性,就算是一个军费开支相当于全世界其他国家总和的超级大国也无法真正平息或征服一个人口只有其 1/10 的及 GDP 只有其 0.1% 的国家。美国长久以来是凭借其经济力量和民主制度的吸引力向全世界发挥影响力的。

然而美国模式正在丧失一些辉煌。这不仅仅是因为美国的资本主义模式未能提供可持续增长,更重要的是,其他国家正开始意识到美国大多数公民并没有从那种增长中获益,并且这样一种模式在政治上也不是特别有吸引力。它们同时也感觉到了美国政治体制中存在着美国式的腐败——充斥着特殊利益集团的影响。

当然了,别人对此有着很强的幸灾乐祸心理。我们曾在世界各地鼓吹如何管理各国经济、什么是良好的制度、什么是民主制度以及什么是财政清廉和平衡的预算。我们也曾向世界各国告诫它们的极端不平等和寻租。然而现在我们的可信度没了:人家看到在我们的政治体制中,富人企图剥夺穷人的选举权,同时用金钱收买了政客和政策,从而进一步增强了不平等。

美国人应该担心这种影响力递减的风险。即使美国的一切曾经运转良好,但新兴市场的增长会催生一种新的全球秩序。柏林墙的倒下与雷曼兄弟破产的时间相隔甚短,那时美国还几乎主宰着任何一个领域。如今新兴市场在国际舞台上需要更多的话语权。我们已经从八国集团(G8)(当年由世界上最富有的工业化国家为了制定全球经济政策而成立的组织)发展到了今天的二十国集团(G20),因为我们不得不如此:虽然一方面是因为全球经济衰退,但另一方面是因为不把其他国家也拉进来参与的话,任何一个国家都无法独自应对像全球变暖或全球贸易这类的全球性问题。中国已经成为全球第二大经济体、第二大贸易经济体、最大的制造经济体及最大的储蓄国。

美国在思想传播方面一直影响力显著——关于平等、人权、民主制度、市场经济等的各类思想。使世界都分享这些价值观一直是美国国家使命之一，这也是符合美国自身利益的。我刚刚提到过，美国的真正力量源泉是其软实力，但是只有当其他国家看待事物的视角与我们差异不是太大时，软实力才能形成。我们可以试图强加一种美国式和平，但是我们看到了那是多么困难和昂贵。更好的途径是通过让别人看到在创造民主和繁荣的社会时，他们的利益与我们的利益是相吻合的。管理全球化需要全球协定——在贸易、金融、投资、环境、卫生、知识管理等各个领域。过去，美国在塑造这些协定时有着巨大影响力。可惜我们没有很好地使用那种影响力，我们常常用它来提高我们自己的某些特殊利益，协助那些对于不平等的形成起着重大作用的寻租活动。虽然在现代全球化初期人们没有充分认识到那一点，但今天人们看清楚了。人们要求治理模式的改变，并且伴随着全球经济实力的新平衡，改变是不可避免的了。即便如此，我们的影响力仍有可能维持强大，几乎可以肯定是大于我们投票权的。但是全球经济和政策在多大程度上会按照我们的价值观和利益来塑造，这在很大程度上取决于我们的经济和政治体制是否能为**大多数公民**所接受。随着民主制度在世界其他很多地方的兴起，一种将大多数公民甩在后面的经济和政治体制（正如我们现行的这种）不会被看作是一种值得效仿的体制，而且这种国家所倡导的游戏规则会受到人们的鄙视。

结语

美国曾对当前游戏规则的制定发挥了核心作用,现在仍是世界上最大的经济体,美国还可以利用它的经济实力和影响力来塑造及创造一个更公平的全球经济环境的新规则。虽然这样做未必符合那1%上层群体的利益,[59]但是符合更广泛的国家利益。正如我们前面所讲,全球化的当前规则加剧了日益增长的不平等。某一天(也许很快)我们也将看到**按当前这样模式管理的**全球化既不能提升全球效率也不能促进平等。更为重要的是,它使我们的民主制度陷入危险境地。**另一种世界是可能的**:还有其他对我们经济和民主都能进行更好的管理全球化的方式,并且它们不会造成**不受约束的**全球化。我们已经了解了不受约束的市场对于我们经济的风险及如何缓和资本主义使其为**绝大多数**而非一小撮强权人物服务。同样,我们也能缓和全球化。实际上,为了维护我们的民主制度,防止猖獗的不平等进一步恶化,维持我们在全球的影响力,我们必须这样做。

第6章

1984 降临美国

上一章我们提到的一大困惑是在"一人一票"的民主制度中,那1%上层群体如何能够如此成功地以自身利益塑造政策。我们讲述了剥夺权力、理想破灭和剥夺选举权等一系列降低选民投票率的措施,这种体制使得选举成功离不开大量投资,也使得那些进行了政治投资的有钱人收获颇丰——经常大于其他投资的回报。

还有另外一个方法让那些金钱利益集团从政府那儿得到其想要的:使那99%群体坚信他们也有同样的利益。这种策略需要一种了不起的手段才能实现,因为在很多方面那1%上层群体与99%群体的差异都很显著。

那1%上层群体如此成功地塑造了公共认知这一事实验证了信念的可塑性。当其他人被它吸引时,我们称之为"洗脑"和"宣传"。[1]我们蔑视这些塑造公共观点的企图,因为它们经常被看作失衡和被操纵的，但我们却没有意识到类似的情况在民主制度中发生着。今天所不同的是我们已经大大掌握了如何去塑造认知和信念——这要归功于社会科学研究中的进展。

不同于认知和偏好是可以被塑造的这一事实，主流经济学假定每个人都有明确的偏好以及充分理性的预期和认知，人人都知道自己要什么。但在这方面，传统经济学错了。要是果真那样，广告也就无用武之地了。[2] 企业利用心理学和经济学中对于认知和信念是可以被塑造的研究新进展来诱使人们购买它们的产品。在本章中，我们将看到那1%上层群体如何利用类似的研究成果来塑造人们的信念，使之相信什么是公平和有效率的、政府和市场的优势劣势是什么，甚至今天美国不平等的程度怎么样。

很明显的一点是，许多（如果不是绝大多数）美国人对于社会中不平等的认识有限：他们以为不平等比实际的要少，他们低估了不平等的逆向经济效应，[3] 他们低估了治理不平等的能力，他们高估了采取行动的代价。他们甚至不了解政府在做什么——很多对像医疗保障计划等政府项目评价甚高的人们并没有意识到其实这些项目是属于公共部门范畴的。[4]

在最近的一项研究中，受试者普遍认为美国人口中最上层的20%群体所占有的财富不到全国总财富的60%，而事实上这一数字大约是85%（有意思的是，当被问及理想的财富分配比例是多少时，答案是最上层的20%群体占有刚刚多于30%的财富为宜。美国人承认有些不平等是难以避免的，甚至也许是可取的——如果是为了提供激励的话，然而今天美国社会的不平等水平已经远远超过了那个水平）。[5]

美国人不仅错误地看待了不平等水平，而且还低估了当前所发生的改变。只有42%的美国人认为不平等在过去10年中增加了，而事实上不平等增加的影响是巨大而深远的。[6] 这种误读也反映在对社会流动性的看法上，已有好几项研究证实了人们对于社会流动性的认知过于乐观了。[7]

在对于不平等程度的误解上，美国人并非唯一。纵观世界各国，不平等的趋势与人们对不平等和公平的认知两者之间似乎存在着一种负相关性。有一种说法是当不平等变得跟美国的一样大时，它反倒变得不那么引人注意了——也许是因为不同收入和财富不同的人之间根本就不交往。[8]

这些错误的想法，不管其来自何处，对于政治和经济政策都有重大影响。

认知塑造现实。了解信念是如何演进的一直是人类思想史的核心话题。尽管权力阶层喜欢塑造信念，尽管他们的确能够塑造信念，但是他们不能完全控制思想：思想有其自身的活力，并且世界的变化（经济和技术中的）影响着思想（正如思想对于塑造我们的经济有着重要影响）。然而今天的问题是，那1%上层群体掌握了**更多的**知识，知道如何以更有利于富人的方式塑造偏好和信念，并且也有更多的手段和资源这么做。

在这一章里，我将描述一些能拓展我们了解认知和现实之间联系的经济学和心理学的新近研究。我将展现那1%上层群体是如何利用这些新研究成果来改变认知从而实现其目标的——使美国的不平等看上去没那么严重而且更容易接受。

现代心理学和经济学的一些基本要点

了解人们实际如何表现（而不是他们会怎样表现，比如当他们掌握了充分信息并有效利用信息来实现目标而且他们对此也了如指掌时）是现代经济学的一个重要分支行为经济学（behavioral economic）的研究内容。该学派认为，即使行为并不与标准的**理性**原则相吻合，但它也许仍然是可预测的。如果我们能理解什么决定了行为，我们就能塑造行为。[9]

现代心理学与行为经济学的研究表明，在某些领域存在着系统性误解，也就是人们的判断有着一致的偏见。于是这两大学科便着手解释是什么决定了人们的误解和偏见。

框定与误解

这类研究强调人们的认知是如何受到"框定"影响的，如一项分析所处的情境。最臭名昭著的例子就是列队指认（police lineup）：即便被指控者中没有一人曾出现在犯罪现场，但目击者总会将其中一人指认为罪犯，并且坚信不疑。今天大部分政治争斗都是关于框定而展开的。我们社会中不同人群所采用的框定影响了他们的判断。

人是可以通过操纵框定来操纵感知和行为的。这些框定和感知又是会自我强化的。[10]

有一组实验表明了我们的看法是多么"脆弱"，并且多么容易被影响。受试者被要求从一顶帽子里抽取一个数字，然后被问到一个他们几乎一无所知的问题，比如去年有多少只船通过巴拿马运河，答案竟然与他们先前从帽子中抽取的随机数字呈系统性相关——那些抽到了一个较大数字的人会**系统地**回答一个较大的数字。[11]

此前我们已指出，标准经济理论一开始就假设人们是具备明确偏好和想法的，比如关于要存多少钱。人们做这种决策应基于审慎考虑今天消费和未来消费两者不同的收益，但现实并非如此。当雇主问及员工他们愿意将多少收入存入退休账户时，答案在很大程度上取决于雇主是如何框定这一问题的。例如，当雇主说，员工收入的10%将被扣除以存入退休账户，除非该员工自己选择存入更多（15%）或更少（5%）时，绝大多数情况下该员工会选择10%。但当雇主说，15%的收入将被扣除，除非员工选择一个更小的比例（5%或10%）时，15%被选的概率更大；当雇主再换一种方式提问比如再给出20%或25%等附加选项时，这些选项（尽管对大多数人而言毫不相干，因为它们在任何实际情形中都不会被选择）仍然影响着员工的选择。[12]

这类行为不应该是令人奇怪的（起码对于不是经济学家的人而言）。事实上，每个人都无法得知40年后的生活会怎样，因此对于现在该存多少钱这样的决策缺乏判断的依据。经济学标准模型中的个体是重复做选择的。比如，在红色生菜与绿色生菜之间，个体会不断尝试最终才发现他们真正喜欢哪一种。但是除非真有来生，否则一个人是无法重复经历存钱实验的：如果他存钱太少，他就可能余生遗憾，但无法重活一遍；如果他存钱太多，也会出现同样的情况。况且今天的世界如此不同于昨天的世界，以至于在生命周期储蓄方面，一个人能向父母学习的经验甚少，他的孩子能向他学习的经验也很少。

虚构平衡

心理学研究的第二个重要命题是：人们处理那些与他们先前看法一

致的信息不同于处理那些与他们先前看法不一致的信息。[13] 一致的信息会被人们记住并被视为相关的，从而强化已有的看法；不一致的信息更有可能被忽视、不重视或者忘记。这种扭曲被称为"验证性偏见"。[14]

这一过程中的"虚构平衡"（equilibrium fiction）是指那些得到强烈支持的看法是因为人们所看见的证据（随着他们感知和处理这类证据）与这些看法充分一致。[15]

行为经济学与现代营销学

塑造行为是营销学的核心目的。许多年来，各家公司都一直在努力理解什么决定了消费者的购买决策。因为如果知道了答案，它们就能够诱使人们更多地购买它们的产品。因此，广告的主要目的不是为了传递信息，而是为了塑造感知。最著名的广告都能使消费者追求一种生活方式——尽管这可能与该产品真实使用者的生活方式甚至是相互矛盾的。香烟广告"万宝路男人"即是这种策略的一个恶名昭彰的例子。[16]

感知影响行为和市场均衡

无论是否基于现实，**看法**和**感知**都的确影响着行为。如果人们把"万宝路男人"视为心目中的偶像，那么他们就可能选那个品牌的香烟而不选其他牌子。如果人们高估某种风险，那他们就可能采取过多预防措施。

但是，尽管看法和感知对于塑造个体行为非常重要，但它们对于塑造**集体**行为（包括影响经济的政治决策）其实更为重要。经济学家早就注意到思想对于塑造政策的重要影响，正如凯恩斯曾说过的名言：

经济学家和政治哲学家的思想（无论对与错）都比一般认为的要更有影响力。实际上除此之外，鲜有其他东西能统治世界。那些自认为能免受任何思想影响的现实中的人们，其实通常被某位已死去的经济学家的思想左右。[17]

像经济学这类的社会科学不同于"硬科学"（hard science）之处就在于看法影响现实：关于原子如何运动的看法不会影响原子的实际运动，但是关于经济体系如何运行的看法会影响它的实际运行。了不起的金融家乔治·索罗斯称这种现象为"相关反射性"（reflexivity），[18] 他对此的理解或许造就了他的成功。凯恩斯的名气不仅因为他是一位了不起的经济学家，他还是一位了不起的投资家。他曾把市场比作一场选美比赛——谁能准确估计评委如何评判什么是最美的，冠军就属于谁。

市场有时能够创造为其自身服务的现实。如果人们普遍认为市场是有效率的并且政府监管只会干预市场效率，那么政府真的就更有可能剥离监管职能，于是这将影响市场的实际表现。在最近一次经济危机中，解除监管之后的市场表现得完全没有效率，但即便如此，一场有关如何解释市场表现的战斗仍激烈进行着。右翼人士试图将表面上的市场失灵归咎于政府。在他们看来，政府推动低收入人群住房拥有率的努力正是问题的根源所在。尽管这一观点在保守派圈子里广为流传，但几乎所有评估这方面证据的研究都达成一致结论：该观点价值不大。不过，这仅有的少许价值也足以让那些认为市场无所错政府无所对的人士确信他们的观点是有根据的，这恰是"验证性偏见"的另一个例子。[19]

对不平等的感知与个体行为

正如我们在第 4 章中讨论的，当个体认为他们受到雇主的不公平对待时，他们就更有可能推卸工作。如果来自某一少数民族的人得到的工资低于其他具有同等资格的员工，那么他们就会并且也应该觉得受到了不公平对待（但是随之而来的较低生产率会并且也极有可能将），导致雇主真的支付更低的工资，这就出现了一种"歧视性平衡"（discriminatory equilibrium）。[20]

甚至对于种族、社会等级、性别认同等方面的感知都对生产率有重要影响。人们在印度做了一类有趣的实验：来自低收入阶级和高收入阶级的孩子都参加了解题游戏，胜者将获得金钱奖励。当他们匿名这样做时，在成绩上看不出任何社会等级差异；但当低收入阶级和高收入阶级的孩子混在一个组里，并且**前者的身份为大家所知时**，低收入阶级的孩子的成绩就大大逊色于高收入阶级的同龄人。[21] 该类实验突出了社会感知的重要性：低收入阶级的人不知怎么就将一种观念吸收到自己的现实中了，即认为**低收入阶级的人**就是低人一等——当然只有当那些持这种看法的人在场时，他们才这么想。

对公平的感知与不平等的政治

此前我解释过了我们的感知是如何受到框定影响的，因此今天大部分政治斗争都围绕着对不平等的框定而进行也就不足为奇了。与所谓"情人眼中出西施"相似，公平至少部分上也是如此，并且上层人士还要确保今日美国的不平等必须以使其看上去公平或者至少可以被接受的方式来框定。如果不平等被感知为不公平的话，那么它不但会挫伤工作场所的生产率而且还可能引起试图减缓它的立法。

在对公共政策的争夺战中，无论特殊利益集团的现实政治是什么，公共话语所关注的都是效率与公平。在我本人供职于政府的岁月里，我从未听说过哪一个寻求政府补贴的行业请愿者的理由单纯是为了增加个人财富。相反，所有的请愿者都打着公平的旗号（以及会给其他人带来的好处，如更多的就业机会和更高的政府税收）来表达诉求。

这一情况也适用于那些塑造了美国日益严重的不平等的政策——无论是那些增强了市场收入中的不平等的政策，还是那些削弱了政府对降低不平等程度的作用的政策。关于框定的争斗首先就围绕着我们如何**看待**不平等的水平——它有多大，它的根源是什么，它的存在怎样才能被证明是合理的？

企业的尤其是在金融业工作的CEO，都试图说服他人（包括他们自己）：一个人因对社会做出较大贡献而得到高薪是合理的，并且也有必要激励他们继续做出那样的贡献。这就是为什么这类薪酬被称为**激励收入**（incentive pay）。但是经济危机向大家证实了经济研究很早就揭露了的真相——上述理由都是骗人的。我们在第4章也指出，所谓的激励收入根本不跟什么激励挂钩：绩效好的时候，它高；绩效差的时候，它还照样高。只不过换了个说法：当绩效差时，它被改称"留任收入"（retention pay）了。

如果那些社会底层群体的问题主要都是他们自己造成的，如果那些领取福利支票的人真的比社会上其他人还过得好（正如20世纪80年代和90年代的"福利赖账者"和"福利女王"运动所表明的），那么不向他们提供任何援助也就没有什么可内疚的了。如果那些社会上层群体因为对社会的贡献大而获得高收入（实际上，收入只占他们社会贡献的一部分），那么他们的收入也似乎说得过去，尤其是当他们的贡献来自辛勤工作而非仅凭运气时。其他观点（如各种激励和激励收入的重要性）表明，降低不平等可能要付出高昂代价；还有观点（如涓滴经济学）认为，高度不平等其实并非那么糟糕，因为比起生活在那种没有高度不平等的世界里，大家的生活不都过得更好了嘛。

这场争论的另一方则持相反的看法：对于平等价值的基本信念。前几章所提出的各种分析——指出今日美国高度不平等增加了社会不稳定、降低了劳动生产率、破坏了民主制度，而且大部分不平等的形成并非与人的社会贡献有关，相反，它来自运用市场势力的能力，也就是通过垄断来剥削消费者或者通过虽不违法但亦不太合理的活动来剥削穷困和未受教育的借款人。

这种思想争锋通常是关于一些特定政策的，比如是否应该对资本收益征税。但这些争论的背后隐藏着更大的斗争，是关于感知和关于大思想的——如市场、国家等角色。这不仅仅是一场哲学辩论更是一场就如何塑造对于这些不同制度的能力的感知。那些不想让国家阻止使他们获益匪浅的寻租的人们，不想让国家参与再分配或增加经济机会和流动性的人们，总是强调国家的不好之处（值得注意的是，即便那些人就是吃官饭的并且可以也应该做些什么来纠正他们已经意识到的任何问题，情况依然如此）。他们强调说国家干预了市场的运行。他们一方面夸大了政府的失败，另一方面夸大了市场的力量。对我们而言最重要的是，那些人想方设法确保这些感知会成为公众观点的一部分，使大家都觉得私人花的每一分钱（哪怕是花在赌博上）都比委托给政府去花要强，都认为任何政府试图纠正市场失灵（如企业过度排污的倾向）造成的坏处大于好处。[22]

这场大斗争对于理解美国不平等的演变是至关重要的。过去30年里右翼人士在这场斗争中的胜利塑造了我们的政府。我们还没有达到自由意志论者所倡导的那种最低限度的政府。我们目前所具备的这种政府既太受约束难以提供公共产品——在基础设施、技术和教育等领域的投资，又太软弱不能参与创造一个公平社会所需要的再分配。但是我们现今这种政府却庞大和扭曲到足以为富人提供大量的好处。金融业那些倡导小政府的人士都开心地看到政府有钱拯救他们2008年的金融危机——实际上对银行的紧急援助几百年来一直是资本主义的一部分。[23]

这些政治斗争反过来又依赖于有关人性以及民主和平等的意义等更宽泛的理念。关于这些问题的争论和看法近些年来在美国所采取的路线不同于世界上许多其他国家，尤其是那些发达的工业化国家。要弄清美国社会中这些经济和社会鸿沟在创造这些看法上的差异所起的作用也许有些困难，但容易明确的一点是：如果美国的价值观和看法被认为是与世界其他国家的世界观和看法相脱节的，那么美国的全球影响力就会打折扣，这一点我们在上一章中已经指出。

思想是如何演进的

关于这些基本原则的正在变化的思想，既是一个经历变革的社会和经济的原因，也是两者的结果——包括社会不平等所发生的变化。

思想史描述了思想是如何演进的。没有哪个人控制得了这种演进。[24]思想来源于各种不同渠道——经常是对当时事件的响应，有时也作为自然演化过程的一部分。[25]有些思想被抛弃了（可以把它们想象成知识突变），有些则找到了沃土：它们帮助人们理解世界，尤其

是以有利于它们自身利益的方式。

在过去，有时人们的看法是为了增进精英人士的福祉而改变的。曾经证明奴隶制或不平等是合理的思潮一度盛行，而有时人们的看法又是以有悖于精英人士的利益而改变的。英国的精英人士原本不希望启蒙运动的思想漂洋过海到美国。美国南部的奴隶主原本希望"人人生而平等"这句话的界定更为狭隘。有些例子表明思想会背离精英人士的利益而演进，这一事实说明了至少在过去，精英人士实际上不能完全控制思想的演进。

比如全球化已经把很多新思想带到了很多国家，包括关于民主、平等的思想。技术领域或市场结构的某种变革（从农业转向制造业，或者从制造业转向服务业经济）都不可避免地伴随着规模巨大的社会变革，包括如何组织社会和经济的思想。制造业的发展需要更多受过教育的劳动力，并且很难提出理由**不把**选举权延伸给受过良好教育的人，即便那些人不是早期精英群体的成员。

政府和市场的成功与失败在过去一个世纪对于有关各自作用的思想的演进一直起着重要作用。在 20 世纪 30 年代的经济大萧条期间，当每四个工人中就有一个失业时，除了虔诚的理论家，其他人都难以相信市场总是有效率的。在那些情况下，主张政府在宏观管理中应该扮演更重要的角色的思想赢得广泛支持也就不足为奇了。1960 年之前在世界上很多发展中国家，（至少那些被殖民力量塑造的）市场凭其自身并没有实现增长，于是这些社会中的许多人很自然地得出结论：政府应该在发展中扮演更重要的角色。然而，随着时间的推移及事态的发展，除了虔诚的理论家，其他人也同样难以相信政府应该在经济中发挥**主导**作用。这种平衡到底会怎样可能因国家和时代的不同而不同。在东亚曾诞生了发展型国家（developmental state）这一思想，该思想主张精心策划发展但又利用市场机制，取得了一些巨大成功，出现了人类历史上最快的可持续增长，极大减少了贫困并给绝大多数人民带来了收益。

然而思想和其对历史事件的解读总是遭到质疑。有些人在审视这些经验之后不知为何就提出了不同的见解。有些人（如诺贝尔经济学奖得主、芝加哥大学经济学家米尔顿·弗里德曼）对 20 世纪 30 年代的经济大萧条构建了一种解读，强调政府的失败，就像右翼人士看待经济大萧条一样，试图把责任推给政府在促进穷人住房方面所做的努力。还有些人审视了"二战"后美国取得的巨大成就——相对的社会稳定及快速并且让所有人都受益的经济增长，提出如果当时政府解除管制并降低税收的话，那么经济增长甚至可以更快些（当然了，正如前面几章指出的，情况并非如此：在解除管制并降低税收的时代，经济增长变得更慢了，而且国家也分裂了）。

正如我们在讨论虚构均衡时所强调的，证据并非总能解决这些争论：不同观点的主张者以不同方式看待证据。即便无管制和低税收时代的经济增长较慢并且多数美国人的日子过得不好，也总能找到别的东西可以指责——那些主张更多管制的人造成了太多的管制和太多的不确定性。表明房利美（Fannie Mae）和房地美（Freddie Mac）并非这场经济大衰退核心原因的分析完全不被考虑。[26]

虽然有些思想是变革性的，但大部分的社会变革和信念变化都是缓慢出现的。有时候，思想变革与社会变革的步伐不相一致；有时候，信仰与现实的差距如此惊人以至于促发了对思想的再思考或者社会的变革。

变革的速度经常跟不上它似乎应有的速度，思想的缓慢演进是社会有时变革缓慢的原因之一。尽管早在1776年《独立宣言》就清楚地表达了"人人生而平等"的原则，但是直到差不多两百年后美国才通过了贯彻这一原则的民权立法，并且充分的平等仍有待努力。

思想变革缓慢的原因之一就在于思想与感知都是**社会构念**（social construct）。我愿意秉持某种信念是与其他人秉持类似信念相关联的。当我在美国和世界各地旅行时，让我经常感到震惊的是为什么在有些地方人们普遍接受的思想（比如政府必然是低效率的、政府造成了经济衰退或者全球变暖是种虚构）到了其他一些地方却成了"真理"的对立面。大多数人不会亲自检验证据。很多人即使有时间但也没能力去评价关于全球变暖的证据，但是他们所信任并交流的其他人持有的某些信念强化了他们对这些信念正确性的坚信度。

这些社会建构的思想和感知为我们提供了了解世界的透镜。某些划分（像种族和种姓）在某些社会是相关的，但在其他社会却是不相关的。但正如我们所指出的，这些"思想"有着真实而持久的后果。

社会可能会被一些特定的信念"套牢"，只有当足够多的其他人信念改变时，每个个体的信念才发生改变。但是如果其他人的信念不改变，**那些**特定的信念也不会改变。

思想和感知都是社会构念，这一见解也有助于解释为什么社会观念有时会变化得相当迅速。如果出于某种原因有足够多的人发现某种思想有吸引力，那就可能产生一个转折点（tipping point）：那种思想成为一种新的"对现实的社会建构"的一部分，即新的人们普遍接受的观点。比如"种族差异"这一观点就从一个有待证明的概念变成了一个有待驳斥的概念；再比如信念的转变还体现在从"不平等对市场经济的运行是必要的"到"今日美国不平等的程度已损害到美国经济和社会"。于是新思想成了人们普遍接受的观点的一部分——直到某种其他思潮来临打破了既有的思想均衡。

信念所处的社会环境是很重要的。如果不同的群体之间缺乏互动，那他们对现实就会形成不同的感知，对于不平等的合法性甚至幅度的争论也是如此。在某些群体（既包括富人也包括穷人）中，富人被认为主要通过自己的辛勤劳动获得了财富，而他人的贡献以及运气所起的作用均不大。在其他群体中，看法恰恰相反。[27]毫不奇怪，这两类群体对于税收政策也持不同观点——如果一个人认为他的财富纯粹是自己努力的结果，那他就不太愿意与那些他认为**选择了**不太努力的人分享他的财富。而当一个人把自己的成功看成主要是运气好的结果，那他就更愿意与他人分享他的好运。

塑造关于政策的感知

今天，那些希望保留社会不平等的人力求塑造感知和信念来使这些不平等更能让人接受。他们有这样做的知识、工具、资源和动力。即便是在过去，也有许多塑造社会感知的尝试。时至今日，这么做的手段越来越复杂。比如那些力图这么做的人更知道该如何操纵他人的思想和偏好——他们不能只是希望和祈祷思想的演进以有利于他们的方式进行。[28]

上层人士能塑造感知这一事实代表了一个重要警示："没人能控制思想演进"这一想法是错误的。控制可以采取多种方式，本节我们将详细探究。一种形式是控制接受教育和接近媒体的机会。如果一个群体在接受教育或者担任公职和接近媒体等方面的机会严重不足，那它就无法在同等条件下参与那种让"习以为常的观念"显现出来的审议活动。因此，一方面有些思想无法脱颖而出，另一方面有些思想则被有效压制。

另一种控制形式是创造社会距离。如果一个群体的经济机会使得它比其他群体贫困得多，那么它与其他群体的互动就会受限，于是便有可能发展出一种不同的文化。这样那些关于贫困群体本身自带差异的看法便更有可能生根发芽并经久不衰。我在先前关于认知框定的研究中指出，[29] 社会构建的种类，其力量部分上取决于它们看上去似乎不是社会构建的，被置于不同种类的人们结果表现各异，于是看上去就似乎真的存在本质差异了。

最为重要的是，如果商品能被营销，那么思想尤其是支撑某些政策的想法也能被营销。现代营销学教会了人们塑造感知的艺术和科学——并且对于那些有足够资源的人（那些占据过多财富的富人）来说，他们也有这么做的工具。

在促销产品时，许多公司对于提供扭曲信息甚至撒谎都不觉内疚。因此，烟草公司能够成功地使人们不相信吸烟有害健康的科学证据，哪怕它们手头掌握的证据实际与此相反。同样，埃克森石油公司支持那些所谓的智库以使人们不相信全球变暖的风险的科学证据，它对自己的行径也丝毫不觉内疚，哪怕相反的证据一大堆。尽管有各种"广告须讲真话"的法律力求约束公司行为，但在促销思想和政策方面却没有这回事。[30] 我们已经看到了几起例子（比如宣称美国虽然不像其他国家一样平等，但它却提供了更多的机会平等，或者政府改善穷人住房的努力正是经济大衰退的根源），稍后我们将审视其他一些例子。

教育当然也塑造人们的看法和感知,在这方面,也许没有哪个群体能比得过经济学家。比如现在有充分的证据表明,经济学家对于公平的感知明显不同于社会的其他群体。芝加哥大学经济学家理查德·塞勒的研究指出,尽管一般人群中有 82% 的被调查者认为下过暴雪之后提高雪铲的售价是不公平的,但他所教的 MBA 学生中只有 24% 的人持那种观点。[31] 这也许部分上是因为经济学对于人群中那些不太注重公平理念的人更有吸引力,但也有证据表明经济学训练塑造了人的感知——并且由于经济学家在制定公共政策时的作用越来越大,因此他们对于什么是公平的感知以及对于公平与效率之间的权衡就可能给决策带来很大影响。

右翼人士很清楚教育对于塑造感知的重要性,于是他们一直积极影响学校课程表的设计并展开了一项"教育"计划以使那些评审者具备更多的"经济学知识",也就是让他们透过保守派经济学的狭隘视角来看待世界。[32]

影响公共舆论最有效的方式之一就是"俘获"政客,毕竟政客是思想的贩卖者(说服政客采纳某人的观点和看法有双重好处:他们不仅将思想兜售给公众,而且还把那些思想转化为法律和法规)。在大多数情况下,政客不创造思想,准确地说,他们采纳来自学术界、公共知识分子、政府内部以及非政府组织的思想。他们根据自己的世界观把这些思想拼凑起来,或者至少以他们认为选民会喜欢的方式组合起来。在美国的金钱政治中,并非所有选民都生而平等,政客有动力去拥护那些服务于金钱利益集团的思想。

在其他一些国家，政客可以被直接买通。但是美国的政客一般不会那么愚钝。他们不会接受塞满了钱的信封，钱会进入他们的竞选活动中、进入到他们所在政党的保险箱里，这种现象被称为"美国式腐败"。有些政客离任之后会得到金钱回报，这正是在美国盛行的"旋转门"过程的一部分，而对另一些政客而言，权力带来的乐趣很大。

支持这些思想的是大批的"专家"，他们愿意提供各种证词、辩论及故事来表明这些观点的正确性。当然了，这种思想之争（battle of idea）出现在许多竞争领域。政客有自己的代言人，即他们的奴仆，就是那些不参加竞选却推崇各种这类思想并挑战对手思想的人，他们收集了双方的证据和辩论。

这种"思想之争"有两个目的（一般来说就像广告）——鼓动那些已经是真正信徒的人，说服那些尚未打定主意的人。前者需要振奋军心鼓舞士气。在像美国这样昂贵的选举制民主中，激发核心选民的热情至关重要，因为选举的结果经常取决于募集到的资金和拉到的选票。把竞选对手描述成一个"自由主义者"或"新保守主义者"有利于增加己方的选票，即便自己一方的竞选者没什么名气。

大部分说服工作是为了赢得"独立选民"的支持。通过重复讲述简单并扭曲的故事来赢得他们，要比讲述漫长而微妙的故事的效果更为有效和持久。打动人的情绪常常比打动人的理智更为有效。广告公司擅长将一则信息提炼成一个60秒的广告，该广告恰到好处——恰好激发起人们似乎经过"理智"过滤了的情绪反应。[33]

战争武器

确实存在一个思想的战场。但在大多数情况下，这一战场并不涉及学术界所理解的那种思想交锋——那种双方证据和理论都被谨慎权衡的交锋。这里是一个关于"说服"的战场、一个关于框定的战场，其企图并非为了寻求事物真相而是为了更好地了解普通民众的感知是如何形成的，以便对这些感知施加影响。

在这场思想之争中，某些武器发挥着核心作用。在上一章中，我们讨论了其中一种武器——媒体。很显然，媒体失衡会造成思想之争的战场极不公平。

不管思想是如何传播的，正如我所指出的，思想之争的主旨是关于框定的，而在这场战争中，措辞又是关键。我们所选用的词汇既能传递公平的概念、合法性和**积极**的情感，也能传递**分裂**、**自私**和**非法性**等概念。词汇也以其他方式框定一些问题。

美国人已经习惯于相信市场以及激励会使市场运行良好，因此就有了"激励薪酬"这一种把薪酬贴上了光环的说法，它使得不管多么高的薪酬听上去都名正言顺了。超高薪酬的问题时不时被人们拿到桌面上来。1993年在克林顿总统执政初期，对超高薪酬的批评之词如此强烈以至于政府决定对超过100万美元的收入征收附加税。但随后又对与绩效有关的薪酬做了例外规定，[34] 于是就给人们提供了一个激励——把所有高薪酬都标以"激励薪酬"。然而，正如我们在前几章中看到的，这一规定同时也造成了一整套的扭曲激励，其影响已超出了薪酬本身。

再举一个例子，信用卡公司对于接受它们信用卡的商家施加了一系列规定，其中一项叫作"不索取额外费用的规定"，它禁止商家把信用卡交易费的成本转移到消费者身上。然而只有当消费者看到与他们的选择相关的成本时，价格体系才会起作用。当人们买东西时，他们会选择一种支付机制。没有人会说对某件昂贵商品的要价高于某件廉价商品的价格就是索取"额外费用"。但是把**任何**定价都贴上"额外费用"的标签，信用卡公司就是在框定合理的定价，使其看上去不合理。它们要让消费者觉得这种收费是如此不合理于是不在那些收取这笔费用的商家购物，这样就促使商家不能"收费"。缺乏一种明确的（额外）索价就意味着信用卡公司可以提高它们对商家收取的费用，程度之高接近于"爆发点"——即商家宁愿放弃消费者也不愿支付费用的那一点。

最后一个例子关于市场的价格发现功能。在运行良好的市场中，需求等于供给，于是两者形成的均衡价格"揭示"了对于买方的商品边际价值和对于卖方的边际成本。这一信息对于制定决策是有价值的。许多经济学家用类推的方法提出，股票市场的价格也反映了资产的真实价值，这被称为市场的"价格发现"作用。这些话很令人激动：发现资产的真实价值大概是颇有价值的，因此市场应该为执行这个重要的社会功能受到赞扬。实际上，市场倡导者宣称市场是完全有效率的——价格向市场参与者揭示了**全部**现有信息。这纯属是宗教信仰问题，纯粹是一种信念。语言的选用非常重要：因为"效率"是个好词，于是很显然完全有效率的市场就是好的。但这种理念是基于漏洞百出的逻辑而得出的。事实上，假如市场真能向所有市场参与者完全揭示所有信息，那么就没人有动力去搜集关于公共交易的资产的信息了——既然那些不花钱的人也能同样得到信息。假如有效市场的假说是正确的话，那它也就荒诞地意味着股票市场必定是非常低效的，因为没人会去搜集任何信息了。[35]

自经济大衰退以来，有效市场模型遭遇了挫折，[36]尽管在此期间仍有一些市场倡导者继续使用"价格发现"的论据来维护市场出现的变化，但实际上这些变化使市场变得更加不稳定并更加低效率了。

市场的一次主要变革出现在 21 世纪之初：证券交易所的大多数交易（2009 年大约有 61%，2010 年大约有 53%）是使用一定的算法在计算机与计算机之间相互进行的。买卖报价不是基于市场调研或者对于比如钢铁业的前景或者某一特定钢铁企业的效率的了解而形成的看法，而是基于从价格和交易提取的信息以及计算机动态吸收并处理的不管什么样的其他信息。买卖报价的考虑时间极其短暂。有人建议任何准备在特定价位购买某只股票的公司都最好多考虑一会儿，公司对此的反应是："难道你要回到中世纪吗？"当然了，在那极其短暂时间内决定的价格与任何**真正的**决策制定都没有相关性。没有哪家钢铁公司会根据这些股价的微调来决定是扩张业务还是收缩业务。尽管持有某些算法的券商宣称它们使得市场更具流动性，但这种流动性总是在最被需要的时候（即出现一种市场需要适应的**真正的**动荡时）消失，结果便是市场表现出前所未有的波动。例如，仅在 2010 年 5 月 6 日这一天，股价暴跌，以至于道琼斯指数一度损失了大约 10% 的价值，其中包括在 5 分钟之内一下子就跌了将近 600 点。[37]在那一天快要收盘时，市场又收复了它的大部分价值，其增长速度之快有如它暴跌的速度。没有人会说国家资产的真实价值在那么短的时间内缩水了。但是，不断地提及"价格发现"和"有效市场"却为这种闪电交易提供了光环，使其看上去不仅可以接受甚至理所应当。

事实上，我们有理由相信闪电交易实际上使市场变得不但更加波动而且提供的"信息更少了"。计算机试图利用复杂的数学算法来提取市场上的任何信息，采取的是一种现代的更为高级的抢先交易（front running）手段——本质上还是那些老式的非法活动，借此股票经纪人试图利用从那些下订单的人手中获取的信息来进一步提高他们自己的收益。当然了，市场参与者都知道这回事。如果某位市场研究员发现了某公司将要盈利（比如刚刚做出了一项有价值的发现），那他就有可能抢购下一笔大订单。然而计算机交易员会马上觉察到这一点，并利用**那位市场研究员**所掌握的信息来为自己牟利。今天，交易员当然都知道了其中奥秘，于是第一个交易员不会立刻就下一个大额订单，而是会下无数个小额订单。这好比上演了一场军备竞赛：那些辛辛苦苦进行市场研究的人努力使自己获取的信息不被那些掌握了某种算法的交易员得到，而那些掌握了某种算法的交易员也在努力破译市场研究者的秘密。有人说这简直就是一种资源的浪费——大家都争夺与早期信息有关的租金，而决策并没有在那提炼的"价格"发现的极短时间内做出。更糟糕的是：由于掌握了某种算法的交易员狡猾地胜过了那些做真正研究的人，于是研究的回报降低了，随之对信息的投资也减少了，最终市场实际传递的信息远远少于我们真正需要的。

作为对感知争夺的政策之争

政策之争变成了一种对**感知**的争夺，其程度之大尤为引人注目。以下我们将考虑近年来出现的三次大的争夺——关于遗产税的废除、对银行的救助计划、抵押贷款的重组，后两者当然是就如何应对2007～2008年金融危机的重点讨论内容。这三件事对于我们理解美国是如何变得这么不平等都是非常重要的。由于不征收遗产税，美国创造了一种新的富豪政治，其特点是家族后代都能自我延续。救助计划为金融业提供了金钱——这是上层群体的重要财源之一。抵押贷款重组方面的工作不足，增加了社会中底层群体的经济压力。

遗产税[38]

正如我们已经看到的，右翼人士一直能够说服许多美国人支持那些并**不符合**他们自己利益的政策。遗产税（对那些把大笔遗产传给继承人的人所征收的税）就是一个典型例子。批判遗产税的人把它称为"死亡税"（death duty）并提出对死亡征税是不公平的。根据现行法律，该税只对**超过 500 万美元**（对已婚夫妇通常是 1000 万美元）的遗产起征，[39] 因此绝大多数美国人一辈子都不大可能被征收这种税，即便他们对于美国社会的流动性持过度乐观的看法。[40] 然而，由于美国社会财富的集中，遗产税还是能筹集到大笔的钱。此外，在理论上一个"公平的"社会应该让每个人都站在一个公平的起跑线上。尽管在现实中我们知道那是不可能的，但遗产税的目的是限制"继承的"不平等的程度——为了创造一个较为公平的竞争环境。虽然很明显这项税收是符合大多数美国人利益的，但右翼人士还是说服了大量美国人反对它[41]——虽然这么做违背了他们自身的利益。2010 年，遗产税曾一度被完全废除，原因是 2001 年布什总统执政后通过的税收削减政策。右翼人士整天说免征遗产税如何如何使小企业受益，可是绝大多数的小企业规模太小，根本享受不到免征这一税收的福利。并且遗产税的规定允许纳税者将税赋摊开在 14 年里支付，确保这项税收不会是破坏性的。[42]

银行补充资本金

随着金融危机的不断深化,我们看到了银行是如何管理感知的。我们被告知:必须救助银行才能拯救经济——才能保护**我们的**工作,不管当时我们觉得救助计划是多么令人不快。如果我们对银行施加任何条件,市场就会动荡,我们的情况也会因此更糟。并且我们所要救助的不仅是银行而且还有银行家、银行的股东及银行的债券持有者。当然了,也有像瑞典那样的国家采取了其他做法,它们依据"资本主义"规则把资本金不足的银行交由第三方托管,这一过程(对银行而言)类似于破产,目的是保护存款人并"保留"银行资产。倘若采取瑞典的做法就不是"美国之道"了。奥巴马不但采纳了对银行补充资本金这一方针,并且还通过反复提及使它戴上了一层充满真实性的光环。[43] 但是这一方针并不具备事实基础,其目的是使世界上最大的财富转移变得可以接受:在人类历史上从未有过这么多人把这么多的财富给了这么有钱的少数人,却根本不要求任何回报。

这一问题本可以完全不同地加以框定,本可以说真正的美国之道是法治。法律是明确的:如果银行无法支付所欠的债务和储户所要求提取的,那么它就要被重组,于是股东血本无归,债券持有者变成新股东。如果资金仍然不足的话,政府就会介入。虽然债券持有者和无担保债权人都会因此失去一切,但是有担保的储户却能得到之前被承诺的东西。虽然银行被拯救了,但作为银行新所有者的政府最终将决定对其再度私有化或者将其与一家健康的银行合并。这么做的部分目的是尽可能多地收回纳税人的钱。我们当然不会等到银行真的一分钱没有时才采取这些严厉的行动。当你走进银行把卡插入 ATM 机时,如果指示灯闪烁提醒"资金不足",我们希望那是因为你自己的户头余额不足而不是因为银行自身资金不足。这本应该是银行的运营之道,但它实际上却不是布什和奥巴马各自执政期间所秉承的。他们拯救的不单单是银行(有充分的理由这么做),还包括了股东、债券持有者以及其他无担保债权人。这是感知争夺战的一场胜利。

对政策问题的框定还有另外一种方法。这种叙事手法的开头不是讲述瑞典的做法如何不符合美国的"传统",而是分析经济理论和历史对我们有何启示。那种分析会向人们展示:通过遵循资本主义的一般规则,我们能够拯救银行业、保护存款人、维持信贷流动,这一切对政府而言成本都是很低的。这实际上正是瑞典和美国在其他情况中当银行陷入困境时的做法。

简单地说,假如奥巴马和布什当初真的遵循资本主义的一般规则而不是按照自己的行事方式制定规则——也就是说,如果他们真的遵守法制,美国的经济利益便会得到更好保护,社会体系的公平感也会得到更好维系。相反,银行家毫无条件地拿到了钱。那笔钱**本应该用来对银行进行重新注资**,而**重新注资本应该形成更多的借贷**。然而给了银行的钱却被用来发放奖金,也就无法同时用来重新注资了。银行家及其支持者赢得了短暂的战斗胜利——他们把钱放进了银行和银行家自己的小金库里,但他们失去了长期的感知之争:几乎每个人都认为他们的所作所为是**不公平的**——即使在不寻常的经济情况下也说不过去。这一点和其他情况一样,都增加了当前民众对政府救助银行行为的强烈不满。[44]

重组按揭贷款

当房地产泡沫破裂后,许多房主发现自己"被房子套牢了":他们所欠的房款高于房子的价值。银行救助计划与抵押贷款重组两者在感知之争方面提供了一个明显的对比：在前一种情况中，塑造政府行动的感知是大规模的救市是**可取的**；但在后一种情况中，塑造政府行动的感知则是大规模的重组是**不可取的**。然而今天人们普遍认为当初对银行的救助根本是不可取的，并且具有讽刺意味的是：越来越多的人承认要是不给予楼市（抵押贷款市场）更多支持的话，我们的经济就不会复苏。

抵押贷款市场所发生的这一切完全没有效率。当人们在银行提前收回抵押房产过程中被赶出家门时，人人都是输家。那些家庭蒙受的损失不言而喻——正常生活的破灭、一生积蓄的丧失。更糟糕的是，那些空空如也的房产无人照料，也连带着贬损了周围住户的房产价值，因此更多的房主陷入困境，存在着大量这种被银行提前收回房产的社区不可避免地整体遭受损失。银行也因此受损：提前收回抵押房产最重要的决定因素是该房产价格跳水的程度。提前收回导致了更多的提前收回：通过使更多的房产价格跳水，银行增加了提前收回率以及因此而产生的损失率，并且每一笔提前收回所产生的大笔法律费用也使银行遭受更多损失。

其实有一些更好的办法来应对这种恶性循环：通过调低本金（房主欠银行的钱）的账面价值，也许再加上少量债转股，使银行在房子出售时能获得一部分资本收益。房主仍有动力来维护自己的家园，房子也不会被抛到市场上销售，从而压低房产价格，也避免了昂贵的提前收回过程。整个社区最终得到了保护。因此给予房主一个新起点可以使每个人都受益。采取这种做法，银行不但收益无损而且获益更多。实施这一策略需要对现行法律进行修改，然而银行家以及奥巴马政府都迅速拒绝了这一办法，至少在 2012 年总统大选之前是这样做的。[45]

银行知道，重组按揭贷款会使它们**承认**自己的损失，这一结果是它们一直成功地竭力躲避的——通过欺骗但又合法的会计手段使那些受损的抵押贷款（即那些借款人不能按时还款的抵押贷款）看上去最终将能得到偿还。这些不良抵押贷款的真实市场价值经常只是表面价值的一小部分。然而承认这些损失就意味着银行必须要拿出更多的资金，但依据现行规定让银行拿出足够的资金都已经是勉为其难了，更别说再依据 2010 年秋季采纳的新规定（Basel Ⅲ，"巴塞尔协议Ⅲ"）了。

当然了，奥巴马政府与银行家都没有这样讲述其情况。[46] 至于为什么没有为房主做些什么，他们提出了两个主要理由：首先，帮助那些不能及时偿还抵押贷款的人是"不公平的"，因为有那么多负责任的良好公民正在那里勤勉地工作以偿还贷款；其次，向房主提供救济会加剧道德风险的问题：一旦人脱离了困境，他偿还贷款的动力就受到了削弱。[47]

然而让人费解的是，这些理由又顺理成章地变成了救助银行的借口。银行一而再再而三地被救助：1995 年墨西哥的救助；1997～1998 年印度尼西亚、泰国及韩国的救助；1998 年俄罗斯的救助；2000 年阿根廷的救助，这些以及其他都是真正的银行救助，尽管它们都以国家的名义。随之在 2008～2009 年，美国政府也再一次卷入了银行救助，而且这次是规模最庞大的。银行证明了道德风险的相关性——银行救助屡次并可预见地造成了银行的过度冒险，然而布什与奥巴马政府都无视这一点并拒绝防止未来银行的不良行为，比如通过解雇高管（英国就是这么做的），[48] 或者让股东和债券持有者遭受点儿打击。[49] 与银行不同，大多数失去住房的人们并非惯犯。然而他们却被勒令放弃他们投在住房上的全部股权,与此同时银行的股东和债券持有者却被给予了大笔财富。[50] 此外,假如房主事先知道了等待他们的是什么的话,就没有几个人愿意将自己置身于已经经历的这种痛苦——为丧失住房和毕生积蓄而忧心忡忡。他们错就错在相信了银行,那些看上去似乎理解市场和风险的银行口口声声向他们保证他们所承担的风险是很容易管理的。

银行家和它们的盟友对那些正在失去住房的人们发起了强烈谴责,称他们一直"粗心大意、不计后果"。虽然只有一小部分人购买了多处房产,但为了玷污所有失去房产的人,他们也被称为"投机者"。当然,对于这么多银行都采取的这种赌博行为还有什么其他更好的称呼呢?它们不计后果的投机正是这场经济危机的核心所在。

然而最大的嘲讽莫过于宣称帮助某些贫困房主而不帮助其他人就是"不公平的"。可是这些不平等与那砸进金融业的数千亿美元相比简直就是小巫见大巫。那些与银行救助相关的不平等从未被提及,就算有某位批评人士提及此事,它们也会被说成是复苏经济所必须付出的代价而被置之不理。根本没有人提及这样一种观点:阻止房屋被银行提前收回可能是一件有益于经济复苏的好事——并且也能帮助普通老百姓。

帮助房主的方法有很多,它们不会多花纳税人一分钱,还能使那些审慎管理自己债务的房主比那些不尽心的房主过上好得多的日子,但是银行家对于任何和所有这些提议都加以抵制。[51]

我们在第 1 章中看到了不加约束的银行救助与对房主帮助缺失的混合后果:增加财富不平等,包括总人口中底部一半人群的财富大幅减少。[52]

大思路之争：政府与市场失灵

虽然我已经阐述了在相当具体情况下的感知之争，但其实在大思路领域的某些争执是最为激烈的。其中的一种争执涉及一方认为市场通常能独自运行良好并且**大多数**市场失灵实际上是政府失灵，而另一方则对市场不太乐观并且主张政府扮演重要角色。这两大阵营界定了我们这个时代重要的意识形态之争。这之所以是一场**意识形态**的争执，是因为经济科学（包括理论和历史）提供了一套非常微妙的答案。

这种争执出现在公共政策的各个领域，它影响了政府在许多领域所扮演的角色：确保宏观稳定；监管市场；投资公共产品；保护消费者、投资者和环境；提供社会保障。然而此处我们关注的是一个更窄的话题：这种大争执的结果对于美国的不平等演化的影响——不平等将会一如既往地增加，还是会开始减弱。

本书第 2 章和第 3 章的一个核心论点就是市场失灵（以及政府未能限制市场失灵）在解释美国的不平等方面起着关键作用。在社会上层存在着各种租（如垄断租），同时在社会底层又存在着人力资本投资不足。扭曲了市场的隐性补贴和为上层群体提供了优势的游戏规则加在一起使问题变得更为复杂了。

正如我们在第 3 章中强调的，经济理论已经表明市场不是抽象存在的。最起码，市场需要政府来执行合约并提供基本的法律架构。但是政府如何去做对于效率和分配结果来说都大不相同。右翼人士想要"正确的"游戏规则——就是那些以其他人的损失为代价而有益于富人的规则。他们一直试图塑造这种辩论，一直试图表明存在着**单一**的有益于所有人的一套规则。然而，在本书中，我们看到了他们的言论根本不正确。

经济理论同时也表明，只有当个人收益与社会收益非常一致时，市场才会运行得好。市场失灵是普遍存在的，比如外部效应不仅仅局限于环境。银行通过"有毒"的抵押贷款也污染了全球经济，并且银行的失败还把全球经济带到毁灭的边缘，给全世界的民众施加了巨大成本。原则上这样的市场失灵有一些是容易纠正的，比如一个排放污染的企业可以就它所产生的污染被罚款。然而，由于不完美信息和不对称信息而产生的扭曲随处可见并且不那么容易被纠正。管理者并非总是从"利益相关者"（包括股东）的利益出发行事，并且他们对此也几乎无能为力。正如我们在第4章所见，激励薪酬本应该是用来协调管理者和其他人的利益的，但它实际上并没有做到，受益的只是管理者，付出代价的是其他人。[53]

然而如果只听信右翼人士的主张，人们就会觉得市场**总是**有效的而政府总是失败的。右翼人士竭力向大众塑造这种感知，通过忽视市场的失败和政府的成功。同时他们还尽力忽视（并使其他人也忽视）这些市场失灵的分配后果——当个人回报与社会收益不充分一致时，哪些人获益哪些人受损。这场经济危机提供了一个实例，让人们清楚地看到这当中谁是赢家谁是输家。但是几乎在每一个例子中——无论是环境污染、掠夺性贷款还是滥用公司治理，都是上层群体成为赢家，而其他人成为输家。

当然，并非每一项政府举措都是成功的，或者并不像它的鼓吹者所期盼的那么成功。实际上，当政府进行研究时（或支持私营部门进行新尝试时），就**应该**预见一些失败。缺乏失败意味着没有承担足够的风险。当那些成功了的项目的回报大到足以抵消那些失败了的项目的损失时，就实现了成功。从政府研究项目来看，有充分证据毫无疑问地表明政府在技术领域的投资回报**平均而言**一直是非常高的（只要想一想互联网、人类基因组工程、喷气式飞机、浏览器、电报以及19世纪农业生产率的提高），这些都为美国从农业向制造业的转型提供了基础。在我担任克林顿总统经济顾问委员会主席期间，我们评估了政府研发项目的平均社会收益，发现大大超过50%，比其他投资领域的回报都高得多（包括私营部门的研发）。[54]

政府是人类的机构，人类及其所创造的机构都难免犯错。就像市场有失灵的时候，政府也有失灵的时候。近期的经济理论也解释了在什么时候这样的机构更有可能失灵，并且政府和市场（以及其他民间机构，包括那些监管企业和政府的机构）如何才能相得益彰并提供一套彼此制衡机制。我们已经看到了这种互补的无数实例：最初政府创办了互联网，但随后是像谷歌这样的私营企业开发了很多产品和应用才使得互联网处于人们生活和国民经济的中心。或许政府创造了第一个网络浏览器，但私营部门及开放源代码运动却改进了浏览器。

公共部门和私营部门都会成功和失败，这一点是确凿无疑的。然而很多右翼人士似乎脑子里想的是只有政府才会失败。这些对于市场和政府的不同感知部分上与先前我们提到的虚构均衡有关。那些信奉市场的人对于市场失灵的信息打了折扣而对于政府失灵的例子进行了强化突出。他们很容易回想起失败的政府项目的例子，而对于我们金融体系内出现的那些造成这场经济大衰退的大规模的失败，他们很快就淡忘了，并将其称为一种异常情况或者责备政府。

事实的真相是从未有过成功的大型经济体而政府在其中不扮演重

要角色的，而且在那些经济发展最快的国家（比如中国）以及生活标准最高的国家（比如北欧的国家）[55]，政府扮演的角色尤为重要。然而右翼人士的意识形态如此盛行，所以小型政府被不断推崇，为的是将政府服务外包及私有化甚至抵制监管。

右翼人士不仅没有注意到政府的成功而且忽略了市场的失败。然而，自2008年的金融危机爆发以来，人们很难再忽视自资本主义诞生以来**一次又一次**的金融危机。[56] 反复的银行救助向纳税人施加了高昂成本。如果我们把这场金融危机爆发之前由于金融业资本配置不当而造成的损失与经济的潜在产出和实际产出之间的差额加在一起的话，我们得到的数字将以万亿美元计。

在20世纪30年代的经济大萧条之后，政府成功地监管了金融业，形成了将近40年的金融稳定和快速增长，银行专注于借贷，从而为我们企业的迅速扩张提供了必要的资金。通过减少欺诈和欺骗消费者的范围以及提高竞争效率，政府帮助市场得以能够以市场**应有的**方式行使职能。但自从里根总统开始，一直到克林顿总统，政府退步了。解除管制造成了不稳定；监督少了，欺诈就多了，竞争也少了。

比如私营的健康保险公司远不如政府运营的医疗保障计划那么有效率，[57] 私营的人寿保险公司在效率方面也远远不及政府提供的社会保障计划。[58]

再比如最近的一项研究显示，一般来说，对于类似的服务，承包商"向联邦政府的要价是联邦政府支付给联邦雇员工资的两倍还多"。[59] 根据伊拉克和阿富汗战时承包委员会的调查，花在伊拉克和阿富汗承包工程上的每四美元中就有多达一美元是被浪费了或者误花了。[60]

在更早的一项研究中，琳达·比尔梅斯和我就指出，政府本可以节省数十亿美元的经费，如果让军队自身提供这些服务的话。[61] 但是这个例子以及其他经验都表明了一点：驱动承包、私有化进程的不单是意识形态，而且还有寻租。

自由化与私有化

此处具有讽刺意味的是，私有化（把以前由公共部门运营的企业转移到私营部门）和自由化（剥离监管）的鼓吹者一直宣称这些政策是限制寻租的必要手段。他们只关注公共部门的腐败却很少承认问题的另一面：向公共部门雇员行贿的行贿者通常都是一个私营企业。也就是说，私营企业完全卷入了腐败之中。更糟糕的是，从根本意义上讲，私有化和自由化议程本身也一直是腐败的：它为那些利用政治影响推进这一议程的人提供了高额租金。[62]

纵观世界，私有化失败的例子不胜枚举——从墨西哥的公路到英国的铁路。

美国近年来主要的一桩私有化——美国浓缩公司（U.S. Enrichment Corporation，USEC，主要生产用于核电厂和制造原子弹的浓缩铀）的私有化一直饱受批判，被指责存在不诚实交易。虽然那些设计了该项私有化的前政府官员以及促进了该项私有化的投资银行都获利数百万美元，但该公司本身却从未能盈利。在它被私有化之后的15年多，政府补贴一直是其商业模式的中心。结果一直这么令人不安，因此一直有提议要对该公司重新国有化。[63]

但是假若当初布什总统的方案被实施了的话，那就会出现一种非常非常大的私有化——包括他在2005年的国情咨文中所强调的社会保障（部分）的私有化。当然了，美国人现在都庆幸他的计划失败了。要是成功了的话，美国老年人的处境就会比今天的境况还要糟糕：那些把钱都投进股市的人们会看到他们的大部分退休金没了，那些把钱买了国库券的人们会为生存而挣扎——因为联邦储备银行把利息率压低到了近乎零的水平。但是即便在金融危机爆发前，有一点就本应该是很明显的：对大多数美国人来说，私有化并不是件什么好事。之前我们说到政府提供的社会保障比私营机构提供的年金效率高得多，私营保险公司的交易成本也高得多。实际上，那正是私有化的关键所在：对于老年人而言，交易成本高不是件好事，但对于金融业而言，交易成本高却是件好事。这是金融业人士的收入所在，也是他们赖以生活的来源。他们的愿望是从人们每年投入到社会保障账户中的数千亿美元[64]里分得一杯羹。[65]

自由化、解除管制的举措有着与私有化一样混杂的记录——最臭名昭著的当属金融业的解除管制与资本市场的自由化。对于那些笃信右翼人士观点的人来说，这些领域的失败都是个谜；对于那些更清楚市场局限性的人来说，这些失败都是可预测的——而且经常被预测到。自由化的举措也是如此，包括加利福尼亚州电力行业灾难性的自由化。自由化最大的鼓吹者之一、市场奇迹的公开推崇者安然（Enron）公司（其2001年的破产是到那时为止美国历史上最大的一桩破产案）通过操控加州的电力市场为自己牟取了大量财富——把该州普通老百姓的钱转入了它的CEO肯·雷和其他高管的腰包里。布什政府官员指责安然公司所刻意造成的电力短缺是因为过多的环境监管妨碍了新建筑的进行，但事实恰好相反：随着安然公司操控市场哄抬价格的丑闻被曝光并且政府监管又重新恢复,电力短缺立刻消失了。

创新与抵制监管

反对监管的人总是抱怨管制对企业不利。当然了,防止污染的监管的确不利于那些会造成污染的企业;防止童工的监管的确不利于那些会剥削儿童的企业;防止美国企业贿赂的监管也许不利于那些靠贿赂发展的企业。正如我们所看到的,个人收益与社会回报经常不一致,当两者相异时,市场就不能良好运行。政府的任务就是使两者一致起来。

就算真像某些人所说的那样,对银行的新监管会扼杀创新,我们也仍须权衡监管带来的利与弊。如果监管能防止银行体系的另一次濒临崩溃,那么收益就是巨大的,可能多达数万亿美元,并且设计良好的监管几十年来的确成功地确保了我们金融体系的稳定,因此**监管是有作用的**。同时,金融监管严格的那一时期也是经济快速增长的时期,其间经济增长的成果比今天更为广泛地被人们分享。相比之下,在"自由化"期间,一个普通公民的收入增长远远低于监管期间的。

自由化失败的原因很简单:当社会回报与个人收益相互不一致时,所有的经济活动都被扭曲了,包括创新。金融业创新并不是为了提高美国民众的福祉而是为了提高银行家的福祉,至少有一段时间它实现了后者,但却在改进普通美国人的生活困境和拉动美国整体经济的增长等方面都惨败了。

思想之争的胜利

我已经描述了思想之争（包括对于那些决定着社会不平等的政策的核心思想）。尽管富人（和公司）在塑造有利于他们的感知方面一直非常成功，但他们也至少在某些思想争论中失败了。思想的市场虽然远非完美但起码还是有竞争的，这让人看到了希望。

在以下各节中，我将描述三种这样的思想争论，其中势头都发生了扭转：关于公司福利的；关于国际货币基金组织及其治理还有它过去所追寻的一些政策；关于公共政策的最终目标。

阶级斗争与公司福利

当克林顿总统执政后，政府面临着高失业和高赤字双重问题，尽管当时的失业率和债务水平与今天比起来相形见绌。因此我们理所应当地寻求削减预算，以便在不影响"以人为本"的核心议程的前提下提高效率，并且通过重新定位财政支出，也许能刺激整个经济。明显预备被削减的项目是时任美国劳工部部长罗伯特·赖克和我称为公司福利（corporate welfare，政府对美国大公司的补贴）方面的大量支出。我当时所供职的总统经济顾问委员会被赋予一项任务——列出一份要削减支出的名单，那可不像听上去那么简单，因为大部分公司福利都隐含在了税法里面。即便那时，列于名单前面的就已经是对银行（如通过国际货币基金组织的救助）、农业、煤炭及其他自然资源公司的补贴。

我本以为对于该原则政府内部会出现广泛的共识，但在政治上会出现相当的保留。我本以为只有那些派发了这些补贴的政府部门会试图保卫自己的地盘。但令我感到吃惊的是来自美国国家经济委员会（National Economic Council）主席（并且后来担任美国财政部部长的）鲍勃·鲁宾的强烈反应：他说我们这是在掀起一场阶级斗争！当然，事实根本不是那么回事。对于一个注重经济复苏并帮助人民的民主党政府而言，那些扭曲了经济并增加了不平等的高昂补贴说不过去。此外，假装我们的社会中不存在大量不平等和大量分化就像是鸵鸟把头埋入了沙中。沃伦·巴菲特说的是对的："过去20年一直存在阶级斗争，只不过我所处的阶级胜利了。"[66] 不过鲁宾那种阶级斗争的指控暗示了我们这些试图减少公司福利的人是在**制造分裂**。

在克林顿政府期间，我们在削减公司福利方面只做出了一点点成绩。对于农业和能源业的大量补贴仍然存在。那种体现在较小的但高度象征性的公司专用喷气式飞机方面的补贴也丝毫没动。

但是在2008年金融危机期间，公司福利达到新高。在对于经济大衰退的大拯救过程中，仅美国国际集团一家公司就获得了超过1500亿美元——大大多于1990～2006年政府支付给穷人的福利开销。[67]

随着赤字的进一步加大，对预算的审查变得更为严厉，于是对公司福利（不管是这个叫法还是其他叫法）的削减又被摆在了桌面上。已经出现了一些削减——正如我们先前提到的，在2012年初，原计划实施30年的60亿美元的乙醇补贴停止了。然而我怀疑那些更有权力的行业和企业仍能继续得到它们所得到的。

尽管政府有责任提供一张安全网、一种"社会保护"，但这种安全网应该用来保护**个人及其家人**免受他们所面临的风险，尤其是那些他们无法通过购买保险来抵御的风险，而不是用来保护公司免于承担由于错误的商业判断造成的后果或者还为它们的小金库提供补贴。如果没有一些规则——只让公司从风险中获益而让纳税人承受损失的话，市场就不能发挥作用。

国际货币基金组织：没有新装的皇帝

在《全球化及其不满》一书中，我描述了与国际货币基金组织的激烈争斗以及在发展中国家和新兴市场的各种领域的一些争斗——关于发展政策和向市场经济政策过渡，以及东亚危机管理。我解释了国际货币基金组织是如何对面临经济下行压力的国家施加货币紧缩政策的，我也解释了国际货币基金组织的"结构性调整"政策（迫使私有化和自由化）为什么经常没有带来增长反倒造成贫困，尤其是对穷人而言。

在我写那本书时，国际货币基金组织被视为这些问题上的**权威**，尤其是在西方。然而许多发展中国家对这一点持怀疑态度：它们看到国际货币基金组织推行的政策经常失败。尽管它们觉察到国际货币基金组织是在推高全球金融业的利益和发达工业化国家公司的利益，但是它们也通常觉得除了遵循国际货币基金组织的束缚外别无选择——因为它们需要它的钱。我开始揭示"**皇帝没有新衣服了**"：那些受青睐的国际货币基金组织政策都不是基于最佳经济科学的；相反，它所推行的那些教条主义都是遭到过去25年里经济学研究怀疑的。

我也试图揭露某些思想矛盾以及治理的失败。在此期间，国际货币基金组织越来越强调"治理"，但其实它自身的治理有很多需要改进之处。金融业的影响力过大，而发展中国家的影响力过小。金融业的过大影响力也解释了为什么国际货币基金组织这么热衷于推行经济紧缩政策——因为它的首要任务是帮助西方债权国得到偿还，那也就意味着发展中国家不得不削减开支，以便省更多的钱用于还债。这也解释了为什么国际货币基金组织极力倡导资本市场自由化——目的是剥离那些约束货币（尤其是短期热钱）流进流出一个国家的金融管制。尽管没有多少证据表明资本市场自由化促进了经济更快增长，却有充分证据表明它造成了更多不稳定。然而从发达工业化国家的立场来看，资本市场自由化是有利可图的，因为它为西方金融公司提供了更多进入发展中国家的机会——从而赚取了更多的利润。很显然，国际货币基金组织被意识形态和利益的一种自我强化组合俘获了。

毫不奇怪，国际货币基金组织并没有欣然接受我的这些观点——它的反应是针对我的个人谩骂。对于我所指提议的"在某些情况下，资本控制也许是可取的"，国际货币基金组织指责我是在企图欺骗世人。

自我那本书出版之后10年过去了，今天的战场情况已有所不同。人们的观点发生了重大变化，并且广泛认同公司治理改革（对此我的书也许有所贡献），有的已在进行，更多的则提上了未来日程。

国际货币基金组织已经承认了在某些情况下资本控制也许是可取的。[68] 在近期的一些项目中，比如对冰岛的项目，它就接受了资本控制并推行了不像以往那么苛刻的财政紧缩政策。在一些陷入危机的欧洲国家里，国际货币基金组织在幕后推行了债务重组——让债权人多承担一些成本，让纳税人少承担一些。但另一边也一直存在着强大的力量，包括欧洲中央银行。尽管在希腊深度债务重组的理念最终被接受了，但在爱尔兰就连无抵押的债券持有者也受到了保护——他们得到了高回报，名义上是因为承担了高风险，但最后他们是以爱尔兰纳税人为极大代价而得到保护的。

在追求错误的目标

美国一直热衷于追求错误目标。我们已然迷失了。我们本以为单凭提高 GDP 就能使所有人受益，但事实并非如此。即便美国经济生产了更多的商品和服务，但如果年复一年大多数美国人的收入越来越低，那就说明我们的经济表现并**不好**。

现在显而易见的一点是：衡量经济表现的标准方式，即通过实际人均 GDP 水平（一个国家所生产的商品和服务总量除以总人口数，并根据通货膨胀率加以调整）及它的增长速率，并不是衡量成功与否的一个好方法。就实际人均 GDP 而言，美国一直做得相当好，而且那些数字麻痹了大家，让人觉得美国一切运行良好（即便如此，美国也不是名列第一的国家——卢森堡、挪威、瑞士、丹麦甚至瑞典[69]的人均 GDP 在 2010 年都比美国高）。[70]

举一个例子来说明在衡量一个国家成功与否时，GDP 是如何制造了一种假象：人均 GDP 错误衡量了国民经济中几个部门生产的商品和服务，包括医疗卫生部门和公共部门——这两个部门的重要性今天已远远大于半个世纪前当 GDP 最早被用作衡量工具时。比如就寿命或几乎任何其他测量医疗卫生的指标而言，美国的表现都比许多国家差，但是花的钱却更多。假如我们只衡量**绩效**的话，美国医疗卫生部门的较低效率是不利于美国的，并且法国的医疗卫生部门的产出高于美国。但实际情况恰好相反：美国的这种低效率反倒膨胀了美国的 GDP 数字。

将 GDP 作为我们测量绩效的标准方法并没有考虑可持续

性——个人和国家虽然都可以过入不敷出的日子，但只能维持一段时间。当然，这是美国的情况：不仅大多数人靠借钱来维持生活标准，而且整个国家也是如此。一次房地产泡沫使得经济在 21 世纪的头十年里持续增长——但这是一种造成了不可持续消费的人造生活支撑体系。

就本书的写作目的而言，最重要的是明确我们常规的收入测量方法没有充分反映一种更宽泛意义上大多数人所面临的情况。正如我们在第 1 章所见，虽然人均 GDP 可能持续增加，但大多数人的境况年复一年停滞不前甚至变得更糟：这正是在美国发生的情形。

就像收入中存在很大不平等，在几乎所有其他对我们总体福利做出贡献的领域中也都存在着很大差距，但这没有体现在测量经济表现的 GDP 里，如医疗卫生、教育或者环境等领域。环境正义运动（environmental justice movement）呼吁人们关注恶劣的环境条件，那里住着很多穷人——他们能负担得起的唯一住房都靠近排放污染的工厂或者嘈杂的飞机场和铁路。[71]

我们如何测量绩效是感知之争的一个方面并且会造成差别，尤其是在我们这样一个以绩效为导向的社会里。我们的测量体系影响着我们对于自己做得怎样的感知，以及对于某一特定经济体系的整体绩效的感知。如果我们测量了错误的东西，我们就会受到诱惑去做错误的事情，还会对于什么是一种好的经济体系做出错误的推论。

如果我们使用 GDP 来测量经济的成功，那就是我们将推崇的，于是我们也就不会充分重视**大多数**美国人的生活境况。再举一个例子：环境监管的批判者提出环境监管代价高昂并且会降低经济增长，但是我们如何看待这种取舍有赖于我们如何测量产出。如果我们在测量 GDP 的方法中考虑到环境恶化的成本,那么更好的环境监管也许实际上能提高**正确测量**的 GDP。

很多年来,经济绩效的标准测量法是 GNP 即国民生产总值(gross national product),大致等于一个国家的公民的总体收入。但是到了大约 1990 年,开始改用 GDP 即国内生产总值(gross domestic product),指的是在一个国家或地区的经济中所生产出的全部最终产品和劳务的价值。对于一个既不与其他国家进行贸易往来也不接受外来投资的封闭国家而言,GNP 和 GDP 这两个数字是相同的。但这种转换恰好是伴随着全球化的增长而出现的,并且它有着一些深刻的影响:如果与在某国内生产的商品相关联的收入流向了其他地方,那么 GDP 就会增加而 GNP 却会减少。这不仅仅是一种理论。巴布亚新几内亚的金矿是由外国公司开发的——包括澳大利亚、加拿大以及其他国家。开采出的黄金的大部分价值都流入外国公司的囊中,巴布亚新几内亚仅得到少量的钱,甚至都不足以补偿开矿对其自然环境的破坏或者对其经济或国民健康的不良影响。[72] 正是由于对 GDP 的强调,才鼓励了像巴布亚新几内亚独立国这样的国家从事这样的项目——因为测量它们成功的标准明显提高了。但假如仍采用旧的测量方法 GNP 的话,这类项目很可能早就被拒绝了。

在我担任克林顿总统经济顾问委员会主席期间,我曾努力敦促美国着手处理某些这样的问题,比如通过构建"绿色 GDP"(Green GDP)账户,我们就会考虑到自然资源的枯竭与环境的恶化。我当时就知道自己捅了马蜂窝——因为煤炭行业反响强烈,并且来自美国采煤大州的国会代表甚至威胁要中断对这一领域研究的资助。煤炭行业意识到了感知是非常重要的：如果民众都普遍认为当采取正确的测量方法时煤炭行业对国家产出的贡献或许是消极的，那就会对政策制定产生重大影响。

时至今日，人们普遍认为我们必须要改变测量方法。法国前总统萨科齐设立了"经济绩效与社会进步测量国际委员会"（International Commission on the Measurement of Economic Performance and Social Progress），邀请了我担任主席。[73] 其他受聘的专家来自统计学、经济学、政治学和心理学等不同领域，该委员会有三位诺贝尔奖得主。我们一致认为 GDP 不但是个糟糕的并且存在严重误导性的测量指标，而且也是可以改进的。[74] 虽然目前我不能说我们已经充分打赢了这场思想之争，但趋势的确已经发生了转变。甚至连美国都开始拓宽测量内容，20 国集团（G20）也鼓励支持找到更好的测量方法。作为发达工业化国家的组织——世界经济合作与发展组织（OECD）也根据我们的工作启动了一个大项目。世界各国（包括澳大利亚、新西兰、苏格兰、英国、德国、法国、韩国、意大利以及其他许多国家）也已经沿着这些思路开始采取新举措。

在民主社会里，即便有钱人有权控制媒体并塑造感知，但要完全压制思想也是不可能的。并且当这些思想引起为数众多的公民的共鸣时，这些思想就获得了自身的生命力。

结语

在政治中，感知至关重要。每一派的虔诚理论家都会优先选择有利于己方的例子并从中得出宽泛的概括。就像我们之前提出的，多数人都只察觉或记得那些与他们的初始信念相一致的证据。这一点在有关意识形态的问题上尤其如此，如政府的角色——尤其是在处理不平等的时候。这一点本身也许就是美国社会中高度不平等现象的一种折射。那1%上层群体为了赢得这场思想之争投入了大量金钱。鉴于此，要想以一种平衡的方式来权衡各种考虑就变得难上加难了。

在本章中，我提出了应以一种微妙而平衡的方式来看待市场和政府各自应发挥的作用。我们不能通过只考虑成功概率或者恐怖故事来决定某种特定的医疗介入是好还是坏；相反，我们应该通过认真了解在哪些条件下这种医疗介入更有可能成功或失败——不采取任何干预的风险是什么？干预的局限有哪些？同样的谨慎也应该应用到我们所讨论的"大思想"以及更为具体的政策干预上。

有权有势的人试图以一种有益于他们利益的方式来框定这些争论，因为他们知道，在一个民主国家里，他们不能简单地把自己的规则强加给别人。他们不得不以这样或那样的方式来"拉拢"社会各界人士以推进他们自己的议程。

但在这里仍然是有钱人占优势。感知和信念都是具有延伸性的、可以被塑造的。本章揭示了有钱人具备大量的工具、资源和激励来塑造对其利益有利的信念。尽管他们不能次次赢，但这的确远非一种势均力敌的斗争。

我们已经看到了有权有势的人是如何通过倡导公平和效率来操控大众感知的，但实际结果只对他们自身有利。在下一章中，我们将看到他们是如何做到这一点的——不仅在公共舆论的场合，而且在美国的法庭。

第 7 章

所有人的正义吗？不平等侵蚀了法治

每天早晨，全美国的学生都仰望国旗宣誓效忠，向它所代表的信条——"在上帝保佑下，美利坚合众国这个统一的国家，人人享有自由和正义"宣誓效忠。这一隐含的承诺（人人享有自由和正义）体现了界定美国认同感的核心价值观之一。就最理想的状况而言，美国是一个法治国家，每个人在被证明有罪之前都是无辜的，并且法律面前人人平等。这些价值观对于我们理解美国的世界地位至关重要，而且也被美国推广到了其他国家。然而，那一誓言的真正含义很少被付诸实践。还有一个更大的问题也没被提出来讨论：美国是否真的兑现了自己的承诺？

本章将探讨为创造一个更加平等或者更加不平等的社会而进行斗争的三个关键战场之一——关于制定治理经济的法律法规及其执行情况的斗争。下一章将考虑预算之争，第 9 章将考察对货币政策及宏观经济的管理。

本章开篇即提出一系列抽象却很关键的问题：制定对于经济运行至关重要的法律法规的目的是什么？我们为什么需要法治？还有没有其他可能的"法治"？如果有，不同的选择会造成什么不同的结果？本章要旨与前几章相呼应：存在多种可供选择的法律架构（legal framework），每一种对效率和分配的影响都不同。**错误的"法治"只能保持并扩大不平等**。

尽管正确的"法治"应该保护弱者不受有权人的侵犯，但我们看到有时候这些法律架构的效果恰好适得其反，把大笔财富从社会中底层转移到了上层。[1]具有讽刺意味的是，虽然这些法律架构的倡导者声称这是为了促进经济的效率，但其实他们造就了一种扭曲的经济。

我们为何需要法治

正如一句古诗"没有人是一座孤岛"（No man is an island）㊀，所说的是在社会中，每个人的行为都可能损害其他人或者有益于其他人。经济学家把这类效应统称为外部效应（外部性）（externality）。如果那些损害了其他人的人不必承担自己行为的全部后果，那么就既没有充分的激励让他们不去损害他人，也没有充分的激励让其采取避免造成损害的预防措施。我们设定法律，就是为了给每个人提供激励，以避免人们损害他人的财产、健康以及他人所享有的公共产品（如大自然）。

㊀ 此句出自约翰·多恩（John Donn, 1572—1631）的诗篇。——译者注

经济学家一直关注如何最好地提供激励,从而使个体和企业都考虑自己行为的外部效应:迫使钢铁生产者为它们所造成的污染付出代价,而对于造成事故的,更应要求其承担后果。比如我们将这些思想体现在"污染者支付原则"(polluter pays principle)中,规定污染者必须为其行为的全部后果负责。不要求生产者对自己行为的全部后果负责(如由于生产而造成的污染)就相当于为生产者提供一种补贴,这跟不为劳动或资本支付成本是一样的。有些不愿为其造成的污染支付的公司会辩解说此举可能造成失业。没有经济学家会同意应对劳动或资本的扭曲性补贴予以保留以维持就业。不支付对环境造成的成本损失就是一种补贴,此举更加不可接受。维持经济的充分就业的责任应该落在别处——货币政策和财政政策。

大公司经常成功逃避自己全部行为后果的责任,这是一个典型例子,表明了它们是如何以有利于自己的方式改变经济游戏规则的。现有的各种法律限定了公司的责任范围,其结果就是像核能发电厂和海上石油钻井平台之类的企业一旦发生爆炸就可免于承担全部成本。[2]于是我们拥有的核能发电厂和海上石油钻井平台的数量大大超过了在没有这些立法情况下的数量——实际上不禁令人质疑:假如没有这一系列政府补贴,究竟还会不会有核能发电厂?[3]

有时候,企业给他人造成的成本不是立竿见影的。大公司经常冒大风险,虽然也许很多年都不会出问题,但是一旦出了问题(如日本东京电力公司的核电厂和印度博帕尔的联合碳化合物公司的泄漏事故),成千上万的人就要遭殃。迫使这些公司补偿那些受到伤害的人并不能真正将其造成的危害抹去。由于安全措施不得力而死的人,就算其家属获得了赔偿,逝者的生命已经无法挽回了。这就是为什么我们不能仅仅依赖激励。有些人是爱冒险的——尤其是当其他人承担大部分风险时。2010年4月，"深水地平线"海上石油钻井平台发生的爆炸造成了严重泄漏，致使英国石油公司数百万桶原油涌入墨西哥湾。此前英国石油公司的高管豪赌了一把：在安全设施上钻空子可增加眼前利润。在这起事故中，他们的豪赌输了，致使海洋环境及路易斯安那州和其他环墨西哥湾各州居民的损失则非常惨重。

在事故之后的诉讼中，那些造成伤害的大公司比那些遭受伤害的人们也许更占上风。前者很容易在赔偿后者时锱铢必争，因为很多人要么等不到获得适当赔偿的时候，要么无力聘请能够与公司方聘请的律师势均力敌的律师。政府的一个角色就是重新平衡正义的天平——在英国石油公司这起泄漏灾难中，政府的确发挥了一定作用，但太微弱了，以至于到最后很多受害者收到的赔偿金显然只是他们本应得到的一小部分。[4]

芝加哥学派的诺贝尔经济学奖得主罗纳德·科斯解释了不同方式的产权分配是如何同样有效地解决外部效应问题的，或至少在一个没有交易成本的假设世界里是如此。[5] 在一间既有吸烟者也有不吸烟者的屋子里，假如人们把"空气权"分配给吸烟者的话，那么如果不吸烟者比吸烟者更重视清洁空气，他们就会贿赂吸烟者不吸烟。但人们也可以把"空气权"分配给不吸烟者，在那种情况下，吸烟者为了能吸烟，就会贿赂不吸烟者——只要他们对吸烟权的重视超过不吸烟者对清洁空气的重视。在一个存在交易成本的世界里（也就是真实世界里，比如向一个群体收钱支付给另一个群体是有成本的），某种分配方式可能比另一种更为有效。[6] 但更重要的是，不同分配方式会造成不同的分配后果。将"空气权"给了不吸烟者，就使得他们能以吸烟者为代价获益。

不管人们多么努力，仍然摆脱不掉分配的问题，即便是组织一种经济形式过程中出现的最简单的现象。[7] 将"产权"/外部效应与分配纠缠在一起的弊端是"自由"与"正义"不能被分开。每一个人的自由都必须受到限制——当这些自由对他人构成伤害时，比如一个人污染环境的自由侵犯了他人的健康；再比如，一个人开车超速侵犯了他人不被伤害的权利。[8] 然而，谁的自由是最重要的呢？为了回答这一基本问题，各种社会都制定了规则和规定。这些规则规定既影响了经济体系的效率也影响了分配：一些人的获益是以另一些人的损失为代价的。

这就是为什么"权力"（政治权力）如此重要。如果一个国家的经济权力分配太过不均，那么随之就会出现政治后果。尽管我们通常认为设计法治的目的是保护弱势群体免遭强势群体的欺负、普通百姓免遭特权阶层的欺负，然而那些有钱有势的人还是会运用他们的政治权力来塑造法治，从而提供一种能让他们剥削别人的法律架构。[9] 他们也会运用自己的政治权力来维持不平等而不是实现一个更加平等和更加公正的经济与社会。如果某些群体控制了政治进程，那么它们就会利用它来设计一种有利于自己的经济体制：通过具体应用于某一行业的法律法规；通过监管破产、竞争、知识产权或税收的法律法规；或者间接通过进入法院体系的成本。实际上，大公司都会狡辩它们有污染权——因此要求不污染的补贴；或者狡辩它们有权对他人施加核污染的风险——于是要求隐性补贴和责任限制，以便在工厂发生爆炸时保护自己免于被起诉。

我在政府部门的工作经历表明：那些在权力岗位上的人都相信自己做的是正确的事情——都在追求公共利益。然而他们的信念是可塑的——那些"特殊利益集团"可以使他们确信它们所要的符合公共利益，而事实上却是为了**它们自身**的利益。在本章的其余部分，我们将透过三种情境审视这一主题，这三种情境（掠夺性贷款、破产法、银行提前收回房产的过程）都体现了规则和规定在确定美国市场经济近年来表现方面所起的关键作用。

掠夺性贷款

早在房地产泡沫形成之初就已经彰显了一点：各家银行竞相参与的不仅仅是不计后果的贷款（不计后果到了危及整个经济体系的地步），还有掠夺性贷款，即利用我们社会中那些受教育程度最低和缺乏金融知识的人，向他们兜售昂贵的抵押贷款并隐藏那些让大多数人都理解不了的小号字体印刷的收费细则。有些州试图扭转这种局面，比如在2002年10月，佐治亚州的立法机关注意到该州的抵押贷款充满了欺诈和掠夺行为，便援引一项消费者保护法试图叫停这种现象，但来自金融市场的反应快速而又激烈。

今天那些以把大量F级抵押贷款评为A级抵押品而著称的评级机构也参与了维持欺诈性贷款行为。评级机构原本应该欢迎佐治亚州所采取的这类行动：因为该项法律意味着评级机构不需要评定一些既定的抵押贷款是否存在欺诈或不当。相反，作为主要评级机构之一的标准普尔（Standard & Poor's）却威胁说不再评估任何佐治亚州的抵押贷款。没有这些评估，就难以将抵押贷款转为债券；（在当前这种商业模式中）不能债券化，该州的抵押贷款就可能枯竭。很显然，评估机构担心如果佐治亚州的实践传播到其他各州，那么它们通过"评定"而赚了这么多钱的不良抵押贷款的流动性就会大大降低。标准普尔的威胁是有效果的：佐治亚州很快就撤销了该项法律。[10]

其他一些州也采取了措施试图阻止掠夺性贷款，但是每一次银行都会动用全部政治力量来阻止这些州制定旨在遏制掠夺性贷款的法律。[11] 结果正如我们现在所知道的，不但出现了大规模欺诈还产生了大量不良贷款：负债过高以至于利率稍有变化或者更宽泛的经济条件稍有变化，金融产品就会逾期，而事实上很多金融产品的确逾期了。[12]

在一个简单的世界里，"购买者自己负责"，即"货物出门概不退换，买主须自行当心"的格言或许是恰当的。但在今天这样的复杂世界里，情况并非如此。因此需要一个对于金融产品进行监管的机构，不仅是防止欺诈性产品，还有滥用的、骗人的及不恰当的产品。[13]

甚至连许多金融机构都承认**某些**监管是必要的：如果没有对银行和保险公司的监管来确保这些机构的稳健性，那么人们就不愿意把钱交给银行和保险公司，他们会担心钱拿不回来了。个体靠自身力量永远无法评估这些大型而复杂的机构的财务状况，并且就连有经验的政府监管者要做到这一点也很困难。[14]

尽管在这次金融危机爆发前就出现了不良贷款和低劣信贷实践的糟糕记录，且公众广泛支持监管机构采取措施保护消费者，但美国的银行业还是抵制了监管。虽然《多德－弗兰克法案》中有专门一项条款创立了这样一种监管机构，可是金融机构发动攻势以确保哈佛大学的一位法学教授伊丽莎白·沃伦不被选为该机构的负责人——虽然她具备了执掌这样一种监管机构的全部资质，包括保护消费者的专业知识和承诺。最终银行胜了。（事实上，伊丽莎白·沃伦被广泛认为是创办该机构的思想的提出者，也是该机构不遗余力的倡导者，这正是金融业所不能原谅她的原罪。更令金融业愤慨的是，她曾担任过美国国会监督小组的组长，负责监督政府的救市方案。该小组揭露政府给了银行一大笔优惠——从银行得到的优先股价值仅仅是政府给予它们的救助款额的一半。）[15]

破产法

　　许多其他法律和法规塑造了市场，因此也影响了收入和福利的分配。破产法（明确规定了当个人或公司无法偿还欠款时该如何处理）对于我们社会的两个群体有着特殊意义——那些上层群体（银行家）和那些勉强维持生计的底层群体。

　　设计破产法的目的是给人们重新开始的机会。在一定条件下债务应该被免除的理念由来已久，至少可以追溯到《圣经》中，其中记述了在大赦年时将债务予以免除。几乎每个现代经济都有破产法，这些法律要么属于债务人友好型要么属于债权人友好型，从而使得清偿债务要么更容易要么更困难。尽管塑造这些法律的不同方式显然有着不同的重要分配后果，但其所形成的激励效应同样都是强有力的。如果债务不能被清偿或者不能被容易地清偿，那么贷款人就缺乏在贷款时小心谨慎的激励，而更有激励从事掠夺性贷款了。

　　2005年，正当次贷危机开始显现端倪时，美国国会通过了一部新的债权人友好型破产法，使得银行更加占据上风，而令痛苦的借款人更加难以偿清债务。该破产法的一项新规定引进了一种所谓"部分卖身契"（partial indentured servitude）的体系。比如说，如果一个人的负债等于他100%的收入，那么他就可能要在余生岁月里被迫将他税前总收入的25%交给银行，这是因为银行每年对他的欠款可以增加（比如说）30%的利息。最终，一个抵押贷款持有人欠银行的钱会远远多于银行当初借出的钱。事实上，债务人人生最后有1/4的时间是为银行打工。[16]

每一笔借贷中都有一个心甘情愿的贷款人和一个心甘情愿的借款人，银行在这当中理应扮演金融专家的角色——弄清楚不同的人能管理多少不同的负债。然而一种扭曲的金融体系更加强调的是银行账本中迅速显现的预付费用而不是日后将可能引发的一系列损失。这部新破产法给银行壮了胆，它们觉得可以想尽办法从那些不幸的借款人那里榨取钱财，而根本不考虑房地产市场和就业会受到什么影响。这种不计后果的借贷行为，再加上欺诈行为和偶尔的高利贷利率，使许多家庭濒临破产。尽管有一些所谓的改革，但银行有时依然索取将近30%的年费（也就是说，在短短的9年时间里，一笔100美元的债务可以增加至1000美元）。除此以外，银行还制定了其他造成严重后果的费用。虽然有些最严重的侵权行为得以遏制，比如那些与透支有关的（这些费用差不多每年能产生几十亿美元的利润[17]——这些钱都来自普通老百姓的口袋），但很多仍在继续。

当新的破产法通过以后，产权发生了变更，却是以一种有利于银行的方式发生的。当借款人产生了债务，且还债负担不堪重负时，一种更人性化的破产法给了他们一个重新开始的机会。银行没有抱怨这种产权变更，因为毕竟是它们叫嚷着推行的。当然，如果事情朝着另一方向发展的话，财产所有者就会抱怨游戏规则被中途改变了，于是开始索赔。[18]

助学贷款项目

我们之前看到了美国的不平等一直在急剧上升并有可能继续增加。其中原因之一就是机会的日益不平等，部分与教育机会有关。虽然年轻人和他们的父母都知道教育很重要，但我们设计的制度却使得争取教育实际上造成了更多不平等。原因之一就是在过去25年多的时间里，美国各州一直在减少对高等教育的支持，[19]并且这一问题在经济衰退期尤为严重。

另一个原因是有远大抱负的学生越来越负债累累了。[20] 2005年，破产法使学生即便在破产情况下也可能需要清偿债务。[21]这就让银行以及它们所合作的以营利为目的的学校没有任何激励提供一种能产生回报的教育。[22]哪怕所受的这种教育毫无价值，可是借款人仍然被套住了。对于很多学生而言，教育经常几乎一文不值。大约有80%的学生毕不了业，[23]而教育的真正经济回报只有当学业结束时才能开始——但即便到了那时，经济回报也未必能成为现实。然而在这场营利性学校（许多都是部分或大部分由华尔街企业拥有的）与营利性银行之间的合谋中，学生从未被警告过。说得好听是"保证让你满意或者你的钱会回来"，但实际情况却是"几乎保证让你不满意，并且你的余生将背负这些债务"。学校和银行都不会告诉学生："几乎可以确定你**找不到**一份好工作，起码不是你心目中的理想工作。我们利用了你的梦想，我们不会履行承诺。"当政府提议设定标准时——只有具备了足够的完成率和学生满意度（至少有最低数量的学生得到了曾被承诺的工作）的学校才有资格获得政府资助的贷款，学校和银行就极力反抗并往往获胜。

这并非好像政府在尽力监管一种看上去自身做得不错的（虽然部分上通过剥削穷人和信息不足的人）私营行业。这种营利性学校能存在在很大程度上是因为联邦政府的资助。在每年收益达 300 亿美元的营利性教育产业中，这种学校通过联邦学生贷款项目和联邦资助等方式获得了其收入的 90%。这些学校享用着从联邦政府那里得到的 260 多亿美元，这笔钱足够它们在游说和竞选捐助方面投入重金，以确保最终自己不会被问责。[24]

在助学贷款这方面，银行许多年来都设法以几乎零风险获取回报：在许多情况下，政府担保了贷款；在另一些情况下，助学贷款永远不能被清偿的事实（它们是不能破产的）使得它们比起其他贷给类似个人的贷款更安全。然而，银行对学生索取的利息率却与这些风险不相称：银行一直把助学贷款项目（尤其是那些有政府担保的贷款项目）当成一棵摇钱树——以至于在 2010 年政府最终决定缩减助学贷款项目时，政府和学生之间可以进账数百亿美元，这笔钱先前都归了银行。[25]

美国设定了模式

当然，高利贷（即收取高昂的利率）[26] 并非只限于美国。事实上，它作为这类流氓资本主义（rogue capitalism）的结果是使世界范围内的穷人都债务重重。印度有它自己的次贷危机：一旦引入营利动机，曾经一度为贫穷的农民提供信贷并改变了他们生活的那些取得了巨大成功的小额信贷计划就变得丑陋不堪了。小额信贷计划最初是由孟加拉乡村银行（Grameen Bank）的穆罕默德·尤努斯与孟加拉国农村发展委员会（BRAC）的法兹勒·哈桑·阿贝德爵士发起的，该计划通过使那些从未接触过银行的最贫穷的人们有机会得到小额贷款，从而改变了数百万人的生活。女性是主要的受益者——因为被允许养鸡和从事其他生产性活动，她们得以提高自己家庭和所在社区的生活水平。但随后营利性银行发现了"金字塔的底部也有钱"[27]——虽然社会底层人群的手头钱很少，但由于人数众多，因此从他们每个人身上抽取一点儿就会聚少成多。于是全世界的银行都热衷于向穷人发放小额贷款。印度的银行抓住了这一新机遇，它们意识到贫困的印度家庭不仅为了改善生活而且愿意为了给生病的父母看病或者为女儿操办婚礼支付高额利息贷款。[28] 这些银行还把这类贷款披上了一层公民美德的外衣，称其为"小额信贷"，仿佛与毗邻的孟加拉国乡村银行和农村发展委员会做的是一码事——直到发生了一系列不堪债务重负的农民的自杀事件，人们才注意到那**并非**一码事。

次贷危机与法治管理

当次贷危机最终全面爆发并引发了2008年的经济大衰退时，美国政府对随之而来的银行提前收回房屋潮的反应体现了美国式"法治"。处于产权及消费者保护核心的是强有力的程序保障（如保存记录），以保护那些签订合同的人。这些保障既保护银行也保护房主。如果银行说某人欠了它的钱，那么依法银行必须出示证据才能把那个人赶出家门扔到大街上。如果一份抵押贷款（房主向银行提供的一种借据）被从一家银行转让给另一家银行，那么依法必须有一份表明借方已经还了多少还欠多少的清楚记录跟着抵押贷款一同转让。

银行发行的抵押贷款数量之多、速度之快让它们无暇顾及基本的程序保障。并且随着银行以及其他贷款机构都迫不及待地借出越来越多的钱，欺诈行为开始盛行。FBI的调查随之激增。[29] 频繁的欺诈行为与对程序保障的漠视加在一起是致命的打击。

银行需要一种速度更快、成本更低的方式来转让债权，于是它们开发了它们自己的系统，叫作"抵押贷款电子登记系统"（mortgage electronic registry system，MERS）；然而，就像银行在淘金热时代所做的大部分事情一样，该系统也被证明是有缺陷的，类似于一种规避旨在保护债务人的法律体系的迂回战术。正如一位法律专家所说："抵押贷款电子登记系统实施者及其成员都认为他们不经过一种民主授权就可以重写物权法。"[30]

当房产泡沫最终破裂时，银行在放贷和保存记录方面不计后果的危险显露了出来。根据法律，银行理应能够证明欠款，结果在很多情况中，银行根本就无法证明这一点。

所有这一切都使清理随之而来的烂摊子的过程复杂化了。仅仅是无法偿还的抵押贷款的数量（数以百万计）就足以令局面雪上加霜了。这项任务的艰巨性使得银行发明了机器人签名（robo-signing）系统——不再像以往那样动用大量人工检查记录以核实某人的确欠了应付的金额并让他本人签署一份确认书，而只是指派一个人负责签署数以百计的确认书——却连记录看也不看一眼就签字了！因为按照法律程序检查记录会损害银行的收益，于是银行便采取了这样一种策略来**欺骗法庭**。银行的高管知道内幕——设立机器人签名系统就是让他们无法检查记录,尽管他们口口声声说已经检查过了。

这为那则"大而不倒"(too-big-to-fail)的旧信条增添了新转机。美国的大银行早就知道,当它们规模大到一定程度时,就算在高风险贷款的赌博中输了,政府也会出手救助的。它们也早就知道,当它们规模大到一定程度时,就算被发现撒谎,也会因为规模大后台硬而不被追究责任。政府应该怎么做?去扭转已经发生的数以百万计的银行提前收回房产潮,还是向银行罚款几十亿美元呢——正如当局早就该做的?然而那将再次置银行于一个危险位置,它们又将会需要政府救助,而到那时政府就会既没钱也没政治意愿了。向法院撒谎通常是一个非常严重的问题,而数百次习以为常地向法院撒谎则应该是一项更严重的罪行。那是一种真正的犯罪模式。假如大公司也是人,[31]而这些人所在的州推行"三振出局"规则㊀——比如入店行窃三次就会被判无期徒刑,那么像大公司这些惯犯就会被判多个无期徒刑,并且没有假释。然而事实上从未有银行高管因为这样的罪行而入狱。实际上,当本书付梓之际,无论是美国司法部长艾瑞克·霍尔德还是其他任何一位地区检察官,都没有对银行提前收回房产的诈骗提出诉讼。与此相反,继储蓄和贷款危机之后,在1990年之前,美国司法部受理了7000起刑事立案,在1992年之前指控了其中的1100起,其中839起被定了罪(其中大约有650起被判在监狱服刑)。[32]时至今日,银行只专注于谈判它们的罚款应该是什么——在某些案件中,罚金可能少于它们从非法活动中获取的利润。[33]

㊀ 类似于中国的古话"事不过三",美国有些州实施了"三振出局"规则(three strikes law),指一个人如果连续三次犯罪就会被判重刑,来自棒球用语"Three strikes, and you are out",意思是,在棒球比赛中,击球手若三次都未击中投球手所投的球,那就必须得出局。——译者注

银行的所作所为并非仅仅是未能遵守一些技术性问题。这不是一起没有受害人的犯罪。对很多银行家而言，他们在为了提前收回房产而急于签署那些确认书时所犯的伪证罪只不过是一个可以忽略的细节。但法治和产权的一项基本原则是当你不能证明某人欠你钱时，你就不能把他从家里赶出去。然而，银行是那么不遗余力地追求提前收回房产，以至于有些压根儿就没欠银行钱的人也被赶出了家门。对某些银行来说，这只不过是"连带损害"罢了——银行把几百万美国人赶出家门（自这场经济危机爆发以来已有大约 800 万，估计还将增加三四百万）。[34] 要不是后来政府介入叫停了机器人签名系统，恐怕银行提前收回房产的步伐还要更快。

银行的辩护（大多数被赶出家门的美国人的确欠了钱）明显印证美国已经偏离了法治和对法治的根本理解。本来一个人应该在被证明有罪之前是无辜的，但根据银行的逻辑，房主必须证明自己是无罪的，即证明自己不欠银行的钱。在我们的司法制度中，把一个无辜的人定罪是不合理的；同样，把一个不欠钱的房主驱逐出户也是不合理的。我们应该有一种保护无辜者的制度。美国的司法制度需要一种举证责任并建立程序保障以帮助实现这一要求。然而银行却绕过了这些保障。

实际上，我们原有的制度使银行很容易借助一些捷径逃离责罚——至少在引起民众一片哗然之前是这样。在美国的很多州，房主可以不经过法院听证会就被赶出家门。不举行听证会，一个人就难以（甚至无法）在不公平的提前收回房产发生之前采取必要的行动。在一些观察人士看来，美国的这种情况类似于俄罗斯曾出现过的"狂野东部"（Wild East）⊖情形，在那里法治（尤其是破产立法）被用作一

⊖ 即西伯利亚。——译者注

种法律机制来使一批业主得以取代另一批业主。法院被收买，文件被伪造，整个过程进展顺利。在美国，类似的贪污腐化则是在更高层次上运作的。不是收买了哪些特定的法官，而是通过竞选捐款和游说收买了法律本身，这就是人们称的"美国式腐败"。有些州的法官因为是由选举产生的，于是在那些州金钱与"正义"之间的联系就更为密切。金钱利益集团通过捐助竞选的方式来拉拢那些同情他们事业的法官。[35]

美国政府对于银行大规模侵犯法治的回应反映了美国的新式腐败：奥巴马政府实际上**打击了**有些州要惩治银行的企图。事实上，当马萨诸塞州的总检察长对由联邦政府控制的银行提起诉讼时，其中一家银行曾威胁要终止在该州的业务。[36]

马萨诸塞州总检察长玛莎·科克利花了一年多的时间试图与银行达成和解，但银行始终顽固和不合作。在银行看来，自己所犯的罪行只不过是件谈判的事。银行（据科克利指控）表现得既欺骗又欺诈——它们不仅不当地提前收回了陷入困境的借款（引自14件案例），编制具有欺诈性的法律文件，而且还（在很多案例中）承诺为房主修改贷款但随后就背弃了承诺。随着抵押贷款电子登记系统"腐蚀"了国家设定的用于记录所有权的架构，这些问题就并非偶然出现而是系统性的。马萨诸塞州总检察长在反驳"大而不必承担责任"的观点时就一针见血地指出："虽然银行也许认为自己大而不倒或者大而不必在乎行为后果，但我们认为它们不能因为大就不遵守法律。"[37]

2012年2月下旬，《华尔街日报》披露了关于美国提前收回房产潮令人不快的另一方面。正如我们在第3章指出的，在发放抵押贷款时一直存在歧视，在提前收回房产的过程中也是如此——只不过此时不是基于人种而是基于收入。一般来说，银行要花两年零两个月的时间来提前收回超过 100 万美元的抵押贷款，这比提前收回那些低于 10 万美元的抵押贷款要长 6 个月。个中原因很多，其中一条就是银行要花很多力气来应对这些能更好地把自己武装起来的大债主和借款人——他们雇用了律师为自己辩护。[38]

与第 6 章的讨论一脉相承，本章的讨论也显示了金融业如何确保"法治"**几乎总**为它服务而不为普通美国人服务。金融业具备这样做的资源、组织和激励，并且也实现了起初设定的目标。它所采用的手段是多方面的，包括改革破产法以增加对借款人的权力；确保私立的营利学校能得到学生贷款——几乎对标准不管不顾；废除高利贷法；阻止减少掠夺性贷款的立法；规避那些程序保障——虽然那些保障力度不够，但其存在是为了确保只有真正欠钱的人才会被收回房产。然而，在放贷和提前收回房产时，它们瞄准的对象是弱势群体、受教育程度低的人以及穷人。在把财富从社会底层转移到上层的"宏伟"追求中，道德顾虑早已被搁置一旁。

在第 6 章中，我们解释了提前收回房产危机在很大程度上是可以避免的——如果我们能够让银行不具有这么大的影响力，通过允许一个有序的债务重组即可解决，就像我们对待大公司那样。在这过程中的每一步（从最初决定贷款到最后提前收回）都有替代方案及法规，本应该可以减少那些不计后果的掠夺性贷款并提高经济的稳定度——甚至也许能避免这场经济大萧条本身，然而由于现存的这种金钱主导的政治体制，这些替代方案都没有机会实施。

抵押贷款的崩溃和掠夺性贷款的盛行以及破产法的"改革"都对法治提出了深层次的问题，法治是全世界公认的文明进步社会的标志。法治本应该保护弱势群体免受强势群体欺负并确保所有人都能被公平对待。但在次贷危机爆发后，法治一点作用都没起。我们的法律法规及执行体系都进一步授权给了本已很强势的银行，这不是一种保护弱势群体的法治。在把财富从社会底层转移到上层的过程中，不平等的诸多问题在收入和财富分配方面都一步恶化了。

基于事实还是基于法律

运营一种司法体系是很费钱的，游戏规则决定了成本有多少以及谁承担它们。如果人们设计了一种昂贵的体系，其中当事人自己承担费用，那么这种体系就是不公平的，即便在原则上似乎并非如此。如果人们设计了一种效率低下的司法体系，那也可能是不公平的——不仅仅是因为"迟到的正义非正义"，而且因为穷人不能像富人那样担负拖延所造成的成本。大公司都深谙此道，在它们与不那么富有的对手的谈判过程中，一种常用策略就是先提出一小笔报价，然后威胁对方说，如果不接受那笔报价的话，就会面临一个漫长而昂贵的过程，而且结果还不确定。[39]

运用法律体系也是很昂贵的，这给了大公司和富人一种优势。我们整天讨论知识产权的重要性，可是却设计了一种昂贵和不公平的知识产权制度，它更有利于专利律师和大公司，而非科学进步与小创新者。[40]大公司可以侵犯小公司的知识产权而几乎不受惩罚，因为它们知道如果打官司的话它们必胜无疑。流氓专利诱饵（rogue patent troll，即律师事务所）可以低价买入沉睡的专利（sleeping patent，即那些没有转化成市场产品的专利），然后当某家公司在同一领域取得成功时，这些流氓专利诱饵便宣称被侵权并以威胁关闭那家公司为由进行勒索。

这正是著名的黑莓手机（Blackberry）的生产者加拿大动态研究公司（Research in Motion）所经历的困境——它曾成为"专利持有公司"NTP的一宗专利诉讼案的对象。NPT公司目前也提起了对苹果、谷歌、微软、Verizon Wireless、AT&T、雅虎及T-Mobile USA等一系列知名公司的诉讼。[41] 尽管就连这些所谓被侵犯的版权是否有效这一点尚未明确，但在这些诉讼被审查并被宣布无效之前——这一过程要耗费数年时间，专利的"持有者"可以关掉任何一家可能侵权的公司，除非该公司同意支付强加给它的**不管什么样**的费用及强加给它的**不管什么样**的条件——包括该版权不能遭质疑的条件。在那起官司中，生产黑莓手机的公司屈服了，最终向NPT公司支付了6亿多美元。[42]

最近一段时间，手机行业卷入了一大堆专利争议中（涉及苹果、三星、爱立信、谷歌、微软、诺基亚、RIM、LG和惠普等公司以及一家专利持有者Acacia研究公司），以各种法律形式波及许多国家。尽管最终结果尚未明晰（如果某些当事人胜了，那么今后手机用户面临的选择就可能急剧下降而价格却会急剧上涨），但可以确定的一点就是在这些争议中最大的赢家将会是律师。

正如我们在第2章中提到的，法律体系本身就榨取了大量租金。执行现行法律的各种大型法律诉讼案（如就微软公司是否侵犯了旨在维持竞争性市场的法律或者银行是否犯了诈骗罪）都需要动用大量的律师。这就好比一场军备竞赛。在这场军备竞赛中，那些涉及诈骗的银行和参与反竞争活动的公司都占了很大优势，特别是私人公司。因为它们想尽办法来限制政府的花钱能力，其结果就体现为美国证监会一直在应对层出不穷的美国各家银行所实施的诈骗。

美国证监会与证券诈骗

我已经描述了银行是如何在抵押贷款市场上利用普通房屋所有者的。其实银行也利用了那些金融知识更为丰富的人群。美国证监会（即负责执行联邦证券法的美国证券交易监督委员会）就一直不断地因花旗银行和其他主要银行触犯诈骗法而对它们提起民事诉讼。

诉讼之后的结局一般都是这样的：首先银行威胁要进行一场永无休止的法律战，然后便是妥协：银行支付一大笔罚金，但既不承认也不否认有罪。它们也承诺再不做同样的事情。但是刚刚承诺没多久，它们就会再从事类似活动，于是再招致斥责并再交纳一笔它们可承受的罚金。

这是一种便捷的解决方式，因为政府起诉法律案件的资源有限，而且诈骗案又这么多。解决一起是一起，这样政府才能腾出手来应对下一起。这样的法律制度也很适合银行：它们所付出的成本相对低于它们通过诈骗行为获取的利润，并且一旦它们承认了自己有罪，那么该证据就可能会被那些受了诈骗的人们在私人诉讼中用来反对它们，以求获得损失补偿。但银行知道，如果没有政府的帮助，大多数受诈骗者是没有挑战它们的法律资源的。因此，没有人敢说在这样一种法律制度中，正义真正得到了体现。存在着这种模式的经济制度也无法良好运行，因为诈骗扭曲了经济，损害了信任。

美国证监会的解决方案必须经由法院同意，而法院通常都是走个形式。然而，有一位法官认为一起诈骗案太严重了。2011年11月，曼哈顿区法院的雷科夫法官驳回了花旗银行针对一起诈骗指控所提议交纳2.85亿美元的解决方案。该法官指出，花旗银行屡次犯错，是个"本性难改的惯犯"。很显然，美国证监会的执法行动对花旗银行的行为影响甚微，部分原因是美国证监会对像花旗银行这样的惯犯没有针对它们违背承诺的行为进行蔑视指控。

在这起案件中，花旗银行（与包括高盛公司在内的其他许多银行一样）设计的证券中包含了它认为将会无法偿还的抵押贷款，于是它（或者在其他有些银行的例子中是受青睐的客户）就能部分对赌那些证券。当证券价值缩水时，银行（或其青睐的客户）能以其他购买了证券的银行客户为代价获取利润。采取这种手段的很多银行都不透露它们所做的这些。它们变相地辩解"购买者自己负责"，即"谁都**不应该**相信我们，谁相信了我们谁就是傻瓜"。但是在这起雷科夫法官驳回的案件中，花旗银行与其他一些银行的做法已超出了仅仅对风险缄默不语的范畴——它们虚伪地告诉投资者，一个独立的第三方正在选择这一投资组合。最终在这笔交易中，投资者赔了7亿美元，而花旗银行却赚了1.6亿美元。

如果这只是一起孤立的案件，那也可只归咎于少数个人。但是《纽约时报》在对美国证监会关于诈骗的解决方案进行了分析后却"发现了51起这样的案件，涉及19家公司，这些公司都违背了它们先前同意永不违背的诈骗法"。[43]

我们的经济体制和法律体系似乎为这类违法行为提供了激励：公司高管的薪酬是随着公司利润上涨而上涨的，哪怕这种利润是基于诈骗的，但公司的股东们却最终为此买单（即支付罚金）。在很多案件中,那些应为诈骗行为负责的高管早就没了踪影。在此说几句关于对高管的刑事起诉。如果只由股东买单,而管理层却可以根据短期绩效给自己加薪并把风险隐藏于收益率分布的末端(像被发现、被起诉**并且**被罚款等情况出现的可能性都很小),那么我们对于这种持久不衰的诈骗模式就不必诧异了。在这些情形下,我们就必须不仅对公司罚款——做出决策和采取行动的是公司管理层,因此他们应该为自己的行为承担责任。那些犯这些罪行的人不能简单地把罪责推卸到一个抽象的、叫作"公司"的实体。

结语

建立强有力的法治是人们的普遍需要,但重要的是应该有什么样的规则以及如何实施这些规则。在设计统领经济和社会的法律法规体系时存在着权衡取舍:一些法律法规有利于某个群体,另一些法律法规有利于另一个群体。

我们已审视了几个例子,其中所发生的情况也许都是可预知的:法律法规以及它们的实施和执行都反映的是社会上层群体的利益而不是中下层群体的利益。

日益增长的不平等再加上有缺陷的竞选捐助制度,将美国司法制度置于歪曲正义的风险之中。有些人也许仍称它为法治,但是在今天的美国,曾经令人引以为豪的口号"所有人的正义"正在被"那些能负担得起的人的正义"取代,而能负担得起的人的数量正在迅速减少。

第 8 章

预算之战

经济大衰退伊始，美国政府收入锐减，同时赤字和债务激增。很快，美国和欧洲就呼声四起，民众要求必须尽快控制赤字。通常的做法是大幅削减开支，也就是实施被称为**财政紧缩**（austerity）的计划。

奥巴马总统成立了一个两党赤字削减委员会，由前怀俄明州参议员艾伦·K.辛普森及克林顿总统的前白宫办公厅主任厄斯金·鲍尔斯联合领导。[1] 华盛顿的一家智库——两党政策中心（Bipartisan Policy Center）给出了一份提案。[2] 而众议院预算委员会主席、来自威斯康星州的保罗·莱恩给出了另一份提案。[3] 时至 2011 年夏，关于预算的争论已变得针锋相对了，众议院的共和党人"绑架"了整个国家——拒绝再提高债务上限，除非这种提高伴随着大幅削减赤字的承诺——要么削减开支，要么增加税收。[4]

这种预算方面的边缘政策⊖掩盖了美国所面临的真正经济挑战：高失业率及经济潜在产出与实际产出之间差距所造成的迫在眉睫的问题，以及日益严重的不平等这一长期存在的问题。边缘政策把人们的注意力从这些问题引向了赤字和债务削减等问题。

各式各样的委员会提案接二连三出现，有些甚至建议降低对上层群体的税收而增加对中层群体的税收。其实他们忽略了赤字（政府支出与收入之间的差距）最初是如何产生的了。假如他们一开始就关注了赤字的真正根源，那他们就会意识到有更多直接的方法来控制赤字。在本章中，我将重新展开这种争论。我将揭示预算、税收及支出政策如何能真正用来减少美国的不平等，同时还能促进经济增长并控制财政赤字。

赤字的历史

如今也许难以回想起来了，但其实就在 10 年前，看上去似乎失控的赤字问题就已跃居美国施政纲领的首位。当时美国产生了大量财政盈余，占 GDP 的 2%。这么多的财政盈余令当时的美联储主席格林斯潘发愁，他说这样下去整个美国的债务很快就会被还清，那将会使货币政策难以为继（美联储提高或降低利率的方式是销售或购买政府发行的国库券，但是如果没有政府债务，那也就没有可买可卖的国库券了）。在他看来，有一种方法可以解决这种潜在危机：实施布什总统提议的减税，而这次减税的大部分好处都被富人享受了。对于 2001

⊖ 边缘政策（brinkmanship），是指将危险局面推向灾难边缘，以迫使对手就范从而自己获利的处理方式。它经常出现在国际政治、外交政策、劳资关系、军事战略等领域。——译者注

年的减税,格林斯潘的支持起了关键作用。[5]

人们本应该持怀疑态度来看待格林斯潘的论断:假如他的预测是准确的,即国债在未来某一天会面临被还清的危险,那么他和布什总统就应该呼吁国会增加支出或者减少税收。如果说他们无法迅速响应以避免"清偿国债"这种所谓的迫在眉睫的灾难,那真叫不可思议。在对这些减税措施持批判观点的人士看来,格林斯潘的主张似乎与货币政策关系不大却与缩减政府规模有更大关系。对于那些关心美国日益增长的不平等的人士而言,针对上层群体的减税与伴随财政约束收紧而不可避免形成的针对中低收入者的社会保障计划的削弱,两者的同时进行尤其令人担忧。

没过多久,在四股主要力量的影响下,盈余就变成了赤字。第一股力量是减税本身。从盈到亏的那些年显示了减税超出的国家所能承担的幅度:截至 2010 年,美国国会预算办公室预测,如果减税再持续 10 年的话,那么 2011～2020 年的预算成本将达到 3.3 万亿美元。[6] 在 2012 年的预算赤字中,大约有 1/5 可归因于当年布什政府的减税。[7]

造成美国财政地位发生戏剧性变化的第二股力量是伊拉克战争和阿富汗战争所引起的开销,(长期的)预算成本据估计要超出 2 万亿美元,甚至超出 3 万亿美元。实际上,这种预算成本将持续几十年:返回美国的部队中大约 50% 的军人有资格获得某种程度的伤残金,这部分钱及退伍军人的医疗费加在一起几乎接近或超过 1 万亿美元。[8] 即便伊拉克战争在 2011 年结束了,可是战争开销仍然至少占了 2012 年预算赤字的 15%。[9] 我们没有通过增税来支付这些冒险活动,相反,我们寅吃卯粮,造成了日益加重的债务后果,尤其是在经济大衰退爆发前的头几年。当利息率是 5% 时,一笔 2 万亿美元的国债需要支付

1000亿美元的利息（即便是没打算支付），年复一年。目前，那笔利息额不算高，因为利息率非常低，但那笔利息额会随着经济复苏和利息率恢复正常而变得很高。

美国还增加了数千亿美元的其他军费开支[10]——包括花钱购买批评人士认为无用的武器，花钱防备根本不存在的敌人。当你看见国防部及中情局的花销时，你可能就会怀疑"冷战"到底结束没有。美国花钱的方式就像"冷战"仍在进行：它的军费开支相当于世界其他国家加起来的总和。[11]

尽管在这两场战争中受伤或死亡的好几万伊拉克人和阿富汗人及好几千美国人都付出了高昂代价，但是每一笔公共开支与每一项风险事业都有赢家和输家，这里也不例外：国防项目承包商在赚得盆满钵满后可以转身就走，其中的一部分钱以竞选捐助费的形式"被再循环"了，有些采取了"租金"（正如我们在第2章中给它们的这个称呼）的形式——政府支付的价格高于竞争性市场价格。伊拉克战争之初价值70亿美元的哈利伯顿无投标合同就是一个经典例子。我们在第6章中描述了与承包有关的高昂成本——政府支付的费用高于如果让政府雇员从事同样工作所付出的成本。虽然政府已尽力控制，但武器系统的开支仍然激增：仅购买洛克希德-马丁公司生产的F-35联合打击战斗机这一项订单就价值3820亿美元，一下子就花掉了整个奥巴马政府经济刺激计划的一半费用。[12]（于是不难理解为什么这么多人都对当前的预算优先顺序不满意：有钱买战斗机——批评人士认为这无助于解决美国自身所面临的冲突，却没钱帮助房主不被从自己家里赶出去。）

造成赤字增加的第三股力量是新的医疗保险药品福利，尽管这种福利本身是合理的，但其部分成本变成了另一笔巨大的"租金"——这一次不是给了军方承包商而是给了制药商。此前我们注意到一个小细节——为医疗保险受益者提供药品福利的法案中有一项条款，规定作为世界上最大的药品买家的政府不能与制药商讨价还价，这不啻送给制药商的一份厚礼——据估计10年下来差不多价值5000亿美元。[13]

然而，2001年的世界（当时我们预期有一大笔联邦预算盈余）与2011年的世界（当时我们面临着有巨大缺口的财政赤字，并且一眼望不到尽头）最大的不同就是那场经济大衰退。任何经济衰退都会造成收入减少和开支增加（用于失业保险和社会保障计划），而像2008年大衰退那般规模的衰退对多个国家的财政状况造成了大逆转。西班牙与爱尔兰在那场经济危机之前也都有预算盈余，但现在都处于财政崩溃的边缘。即使当美国经济据说进入了复苏期之后，在2012年经济衰退仍然几乎占了赤字原因的2/3——其中16%用于刺激经济的措施（刺激一揽子计划包括减税、对各州的援助和公共投资），但是将近一半（48%）的赤字是经济表现不佳所造成的——造成了低税收和用于失业保险、食品补助以及其他社会保障计划等方面的高支出。这些不足反映了一个事实：2012年美国实际GDP预计比潜在GDP少了将近9000亿美元。[14]

我们在考虑削减赤字时要牢记一个关键：是经济衰退造成了赤字，而非赤字造成了经济衰退。加强财政紧缩只会使衰退恶化，而人们所期待的政府财政状况的改善也不会出现。

一箭"三"雕

美国财政状况逆转的**原因**也为恢复这个国家的财政状况提供了一个清晰解答：取消布什总统执政期间制定的那种对百万富翁的减税政策，结束战争并缩减军费开支，允许政府谈判药品价格，最重要的是，让整个国家重新发挥作用——使国家恢复充分就业比其他任何事都更能改善美国的财政状况。尽管所有这些行动都将有助于解决当前的预算困境、改善收入分配并为未来的经济增长提供投资，然而还有其他几项改革会起到更大的推进作用。[15]

其中一项改革就是使税收体系变得**公平**。正如我们在第3章中指出的，当前那些投机者的纳税税率只相当于那些为生计劳作的人纳税税率的一小部分。一个最具代表性的例子就是那1%上层群体说服了社会其他成员，使他们相信凡是对那1%上层群体有利的就是对全社会有益的。对于资本收益的较低税率没有形成更高的可持续经济增长，反倒造成了两次投机繁荣：1997年对资本收益减税后出现了高科技泡沫，21世纪初期对资本收益减税后出现了房地产泡沫，每一次都绝非偶然。[16]

同样，布什总统在2003年成功实施了对股息的（临时性）减税，最多减至15%，这连那些以薪酬形式可比较收入的人所纳税率的一半都不到。当时减税的理由是，这么做会使公司加大在厂房和设备方面的投资，但实际上并没有达到这种效果。甚至更有可能的是，减税造成了相反效果。正如我们在第4章所说的，实际上低税率鼓励了公司派付股息，因此一旦出现好的投资项目，留在公司内部可调用的资金就少而又少了。[17]

不仅要使税收体系变得更为公平，还要使它变得更为进步才能弥补漏洞，并增加对上层群体的税率、减少对底层群体的税率。对市政债券免征利息税就是一个效率低下的"漏洞"的例子——富人所获收益要远远大于**所谓的**受益者即市政当局的收益。这种减税能使各个城市以较低的利息借款——但也只是稍微低了一点点。举个简单的算术例子，假如利率一直是10%，而免征利息税可能使某个城市的借款利率降低至9%，那么发行一笔价值1亿美元的债券，该城市每年可节省100万美元。然而债券持有人（大多数都处在高税级）却能得到900万美元的利息回报，并且不必为这类利息收入纳税。但是设想一下，假如这些债券持有人面对的是联邦和州加在一起的40%的税率，那他们就得支付400万美元的税，税后收益就变成了600万美元。可是在我们当前这种税制下，他们却可获得900万美元的收益。虽然市政当局的确省下了100万美元，但为了保证这100万美元，联邦和州却不得不放弃400万美元的税收。富有的债券持有人获得了3倍于市政当局的收益。要是通过联邦政府直接拨给市政当局一笔钱，效率可能会更高呢。[18]

经济学的一条基本原理认为，对租金征税效率是会很高的，因为这种税不会造成任何扭曲，比如对土地租金征税不会令土地消失。实际上，19世纪伟大的进步派政治经济学家亨利·乔治就提出政府应该完全依赖这种税收。[19]当然，今天我们意识到租金可以采取许多种形式——不仅来自土地，而且来自石油、天然气、矿物、煤炭等自然资源。[20]还有其他获取租金的途径，比如通过运用垄断势力。对所有这些租金实施高税收不仅会减少不平等，还会降低对参与这些扭曲我们经济和民主制度的寻租行为的激励。

虽然右翼人士认为所有税收都具有扭曲作用，但根本不是那么回事，因为租金税实际上会提高经济效率。但是有些新型税收也许更能提高经济效率。

经济学的另一条基本原理是，对坏东西征税要好于对好东西征税。与其对工作（一种有创造力的东西）征税，不如对污染（一种坏东西，不管是污染海洋的石油公司石油泄漏，还是化学公司生产的有毒废料或者金融公司造成的毒性资产）征税。那些造成污染的人没有付出他们给社会其他成员造成损失的代价。那些造成水或空气污染（包括温室气体排放）的人并没有支付自己行为的社会成本，这一事实是经济中存在的一种主要扭曲。税收会帮助纠正这一扭曲，打击那些造成负外部效应的活动，并将资源转移到社会贡献更高的领域中。那些没有全面付出自己给他人所造成损失的代价的公司实际上享受着补贴。与此同时，这样一种税收可以在 10 年期间增加数万亿美元的收入。

石油、煤炭、化学、造纸以及其他许多行业的公司污染了我们的环境，金融公司则以毒性抵押贷款污染了全球经济。金融业对社会其他行业都造成了巨大的外部效应——正如我们前面所指出的，金融危机的总成本中金融业应承担的数额达到了数万亿美元。在前面几章里，我们看到了闪电交易（flash trading）及其他投机造成了市场波动但却没有真正创造价值：整个市场经济的效率甚至被降低了。

"污染者支付原则"（polluter pay principle）指出，污染者应该赔偿给其他人造成的损害。通过一系列的救助计划和数不清的隐性补贴，我们实际上有效地补助了金融业。人们的呼声越来越高，要求对金融业征收各种税，包括金融交易税，一种税率极低的对所有金融交易的税，或者至少某些有选择的此类交易，比如外汇交易。法国已经正在采取这样一种手段，英国则采取了一种更有限的形式，西班牙、德国及欧盟的首脑都在主张这样一种税收。即使税率非常低，这种税收也能增加相当大的收入。

增加收入还有其他方式——只要停止把资源以低于市场的价格给予那些石油、天然气和矿业公司，那种低价的方式会被认为是对这些公司的一种补贴。政府需要确保没有对于特殊资源的拱手相让，就像它允许电视台免费使用频谱一样。同样的错误也出现在当政府允许矿业仅支付最低限度的使用费，而不是拍卖这些自然资源的开采权时，以及当政府对石油和天然气的租契进行甩卖，而不是认真设计一场拍卖，以最大化收入时。[21]

增加更多收入仍有其他方式——停止隐藏在我们税法中的对公司的隐性补贴（即我们在第6章中所指的公司福利），或者消除那些使众多美国公司得以逃避这么多税收的漏洞及其他特殊条款。

在第6章中我们用证据说明了大多数美国人对公平的看重。之前的各章表明，由于最上层群体纳税占其收入的比例小于那些收入并不怎么高的人，所以我们的税收体系是不公平的——并且也广泛地被认为不公平。我们的税收体系在一定程度上依赖于自愿遵守，但是如果这种税收体系被认为是不公平的，那么这种遵守也就不会实现了。美国也就会变成像许多其他国家一样——对纳税的遵守要么是微弱的要么是通过侵犯和强制手段实现的，而创造一种更为公平的税收体系有利于获得大量的额外收入。

征收额外税涉及一个简单的原则：到有钱的地方去征税。由于钱越来越多地流向上层群体，所以那里是额外税收的来源。其实道理就是这么简单。令人高兴的是，由于富人从国民收入这块蛋糕上切的份额如此之大，所以稍微提高一点他们的税率就能产生大量收入。过去人们常说上层群体没有足够的钱来填补赤字漏洞，但那种说法现在越来越不可信了。随着那1%上层群体获得了超过20%的国民收入，一种针对他们收入的渐进式的10%（没有漏洞）的税收会产生相当于大约GDP的2%的收入。

简言之，如果我们把削减赤字真的当回事，那么在未来10年时间里，我们可以轻易获得数万亿美元，方法很简单：①提高对上层群体的征税——因为他们占据了国民收入的一大块，所以对他们的税率即便稍微提高都会带来巨大收入；②消除对上层群体那种超比例的收入的漏洞和特别待遇——从对投机者及股息的较低税率到对市政债券利息的免除征税；③消除个人及公司税收体系中存在的对公司补贴的漏洞及特别规定；④对租金征收更高的税赋；⑤对污染征税；⑥对金融业征税，起码要部分上反映金融业不断给社会其他成员施加的成本；⑦让那些使用或开发我们国家资源（理应属于所有美国人的资源）的人支付全部价值。这些增加收入的手段不仅会使经济更有效率并极大减少赤字，而且还会减少不平等。那也正是为什么这些简单的理念一直不是预算争论的重要内容。那1%上层群体中很多人的大量收入都来自得到上述优待的部门——来自石油、天然气及其他形式的污染环境的活动，来自隐藏在税法中的补贴，来自廉价获得国家资源的能力，来自给予金融业的许多特殊福利——这些提案一直没有成为标准的预算削减议程的关注点。

正如我们可以设计出一种税收体系来增加国家收入并提高效率和

平等，我们也同样可以对政府开支进行再设计。在第 2 章中我们看到了租金对提高上层群体的收入时的作用并且也注意到某些租金不过就是政府给予的礼物。在之前的各章里，我描述了政府需要完成的重要职能，其中之一就是社会保障——当私营部门不能充分或者以合理条件帮助穷人以及为所有美国人提供保险时，就是发挥政府职能的时候了。尽管有些对穷人的福利计划已遭到缩减，但与此同时，我们在第 6 章所描述的那些公司福利和对公司的补贴却增加了。

当然，不管人们何时讨论减少或消除（隐性的或公开的）补贴的议题，这些补贴的受用者总试图辩解说这些补贴是**符合公众利益的**。这里就存在某种讽刺，因为许多这样的公司和政府补贴的受用者都同时反对政府支出——主张一个小政府。自我利益塑造了对公平的判断，这是人的本性。这种影响实际上是潜意识的。但是正如我们一再强调的，这些补贴以及得到它们的努力扭曲了我们的经济及政治体制。

在下一节里，我们将解释如何通过消除这些补贴并把这些钱花在别处，我们实际上就可以提高就业。[22]

知其不可而为之：在预算赤字与需求不足的时代刺激经济

假如经济处于充分就业，那么我们就会关注改革"供给方"对税法和支出计划的影响，诸如消除公司福利之类的改革减少了扭曲，从而提高生产率和 GDP，**甚至还会增加国家收入。**

然而今天的右翼人士却主张一种供给与需求双方措施的奇怪组合：削减赤字能恢复人们对国家和经济的信心，因此是积极的，且减税能提高经济效率并把钱放到那些善于花钱的人手中。当然了，如果削减赤字的同时也减少税收，那就意味着必须大幅削减政府支出，而那正是议程所在——缩减政府规模。事实上，由于大多数右翼人士都想保护军费开支，因此在教育、科研和基础设施等非国防领域开支的削减都必然将掏空这些计划。

但是这一议程不但会危及美国的未来增长，而且会加剧当前的经济衰退。在本节中我将解释政府如何才能刺激经济——即使它的当务之急是债务，以及右翼人士的议程为何几乎可以肯定将是灾难性的。

政府可以今天借钱来为明天投资——比如确保穷人和中产阶级美国人都得到高质量教育，发展将增加对美国技能熟练工人需求的各种技术，并且同时保护环境。这些高回报的投资将改善美国的资产负债表（该表同时反映资产与负债），并且产生的收益足以偿还国家借贷所付的极低利息。所有好企业都通过借钱来资助扩张，如果它们发现了高回报的投资并且资本成本很低的话（正如今天美国的情形），那么它们就会肆无忌惮地借钱。

美国处于一个绝佳的位置来追求这种战略——既因为公共投资的回报如此之高（这是过去25年投资不足的结果），也因为美国可以**长期**如此廉价地借钱。然而令人遗憾的是，特别是在右翼人士当中（但更为遗憾的是也在很多中间人士当中），**赤字迷恋**已然成风。那些信用等级评定机构（尽管它们近几十年来表现得如此糟糕，但还是被信任）也推波助澜，降低了美国的债务评级。但对债务质量的测试才是投资者所要求的风险溢价。正当本书出版之际，出现了一种势头：要求美国国库券近乎零利率（根据通货膨胀调整后，实际上就是负利率）发行。

虽然"赤字迷恋"无法根据经济学原理来自圆其说，但它可能正成为现实生活的一部分。投资于未来的国家战略会在长期减少美国的债务，但是在短期，政府不得不借钱，而那些受"赤字迷恋"影响的人认为这样做是可以的。

即使有人主张**现在**不能增加赤字，但也还有另一种战略能刺激经济。它基于一个长期存在的被称为"**平衡预算乘数**"的原理：如果政府同时增加税收和支出（于是**当前的**赤字保持不变），那么经济就得到了刺激。当然，税收本身抑制了经济，不过支出又刺激了经济。分析**清楚地**表明刺激效应显著大于紧缩效应。如果税收和支出的增加是经过仔细选择的，那么 GDP 的增加就将是支出增加的 2～3 倍。[23]虽然赤字没有立刻增加或减少（假设如此），但是国家债务却在这期间减少了，因为增加支出带来了经济增长，而经济增长又带来了税收增长。

知其不可而为之的最后一种方法是在债务和赤字的范围内刺激经济，即便政府不能增加其整体规模，这种方法也能奏效。而那正是与我们上一节所讨论的改革尤为相关的地方。

我们可以利用不同程度的税收和支出来刺激经济，把更多的钱花在乘数效应大的项目上（每花的 1 美元都能产生更多的整体 GDP）并减少对乘数效应小的项目的支出。从乘数效应小的渠道征税，对乘数效应大的地方减税。把钱用于支付阿富汗战争中的外国承包商不能刺激美国经济，而把钱用于支付长期失业人群的失业救济金能够刺激美国经济，因为这些失业者身无分文，所以他们会把得到的每 1 美元都用于消费。对极富人群增加税收会使每 1 美元的支出减少大约 80 美分，而对底层人群减少税收会使每 1 美元的支出增加几乎 100 美分。因此，使税收体系变得更加进步不仅能减少不平等，而且也能刺激经济。虽然向下的涓滴经济学不起作用，但向上的涓滴经济学会起作用。

就连富人也能从增长的 GDP 中受益，甚至在某些情况下收益足以抵消他们不得不支付的增加的税赋。由于会增加租金的政府项目（无论是高额政府采购、对有钱农夫的补贴还是公司福利）都偏向于上层群体，因此对这些领域的削减（得到的钱用于增加投资和提高社会保障）就能增进平等、效率及增长，并且在当前形势下，整体经济也能得到刺激。

希腊的因素

希腊越演越烈的债务危机以及欧洲其他地区的其他问题都为世界许多地方注入了对债务的恐惧感。许多目睹欧债危机的人士都认为该危机证实了他们之前的偏见：当一个地区存在高税收、高债务以及过度慷慨的福利制度时，就会发生这种情况。然而这种对于欧洲所处困境的解读根本就是错误的，并且希腊的情况（以及其他欧洲国家的情况）与美国的情况有显著差别——这些差别起源于货币制度。

希腊可以被指责开支过度，但是对此金融业也要承担一定的罪责——美国的一家大银行曾利用金融衍生品帮助上一届希腊政府对其公民和欧盟隐瞒了实际财政状况。但是其他也经历了金融危机的欧洲国家就不能被指责财政挥霍了，比如爱尔兰与西班牙在危机爆发前是有财政盈余的。

美国与希腊（及其他那些国家）的区别之一就是：希腊及其他那些国家以欧元的形式欠债，而它们对欧元没有直接控制权。但美国的债务是以美元计价的，并且美国掌控着美元印钞机。这就是为什么

"美国会违约"（某家评级机构所说）的说法近乎可笑。当然，有一种可能：就是为了还清欠款，必须要印大量的美元，美元因此就不太值钱了。于是便出现了**通货膨胀**问题，而目前市场还不觉得通货膨胀是一个重大风险。这一点我们可以从两个方面推断出来：一个方面是政府必须要为其长期债务支付的极低利率，另一个方面是政府必须要为受通货膨胀保护债券付出代价（或者说得更准确点，就是了解普通债券与受通货膨胀保护债券间的差别）。现在，市场可能是错的，但那些把美国降了级的评级机构本应该解释市场为什么是错的，以及为什么它们所认为的通货膨胀风险远远大于市场所认为的。这些问题的答案还都没有给出来。

在欧元出现之前，希腊所欠的债务是以希腊货币德拉克马计价的，而现在它欠的是欧元了。不仅希腊欠的钱以欧元计价，它的中央银行也由欧盟控制了。美国知道美联储会购买美国政府债券，可是希腊甚至都不能确定欧洲中央银行会购买由希腊自己的银行所持有的希腊债券。实际上，欧洲中央银行不断威胁说不会购买欧元区内国家的主权债券——除非这些国家按照它说的话去做。

右翼人士的另类选择

欧债危机虽然不是偶然的，但它也并不是由过度长期债务和赤字或者"福利"国家引起的。它是由过度财政紧缩（2012年不可避免导致经济放缓的政府开支削减）与欧元这种有缺陷的货币安排联合造成的。当欧元最初被引入时，大多数公正无私的经济学家都持怀疑态度。汇率与利率的变动是帮助经济调整的关键。假如所有欧洲国家都受到同样冲击，那么只需要单一调整汇率与利率就能协调所有国家。

但不同的欧洲经济体明显受到的是不同的冲击。欧元夺去了两种调整机制，却没提供什么取而代之的方式。欧元是一项政治工程，政客都以为共用一种货币会使得欧洲各国更为紧密，然而在欧洲内部却没有足够的凝聚力使欧元发挥作用。政客达成一致的就是不要出现过大的赤字与债务。但正如西班牙和爱尔兰的情形所显示，那样还不够。曾有人希望多年以后欧元这项政治工程会终止。但当一切进展顺利时，人们就缺乏动力进一步做点什么；而当欧债危机明显不同地影响各个国家时，人们又缺乏意志进一步做点什么。欧洲这些国家只同意进一步勒紧裤腰带（紧缩财政支出），这迫使欧洲陷入两位数的经济衰退。

纵观欧洲，经济运行最好的当属瑞典和挪威，两国都推行高福利与大政府，但是它们都没有加入欧元区。英国也没有陷入这场危机，尽管其经济不太景气：虽然英国也没选择加入欧元区，但它推行了财政紧缩计划。

令人遗憾的是，很多美国国会议员要求美国也加入"财政紧缩和小政府"这股潮流中——削减税收和支出。我们知道，平衡地增加税收与支出能刺激经济增长。同理，平衡地削减支出与税收会造成经济的收缩。而且如果我们再向前一步，即按照右翼人士的主张加大幅度削减支出，以达到减少赤字的目的，那么这种勇敢但却可能是徒劳的做法只能使经济收缩更为严重。

揭露赤字议程：保持和扩展了不平等

在一个上层群体的税率已经低于其他多数发达工业化国家同等税率的国家里，仍然推行一种强调降低上层税率和企业税率的**赤字削减**

计划，也许有些令人奇怪，然而这正是鲍尔斯－辛普森赤字削减委员会（Bowles-Simpson Deficit Reduction Commission）的所作所为。[24] 该委员会提议将上层边际税率限制在23%～29%，这是它限制政府规模的更广泛议程的一部分内容，如此把整体税收限定在占GDP的21%水平上。实际上，大约3/4的赤字削减是通过削减政府支出实现的。

里根政府所推崇的"供给学派经济学"认为降低税率会增加经济活动，从而税收实际上也会跟着增加（正如我们在第3章中所指出的）。这已经被布什政府和里根政府实施减税之后的情形推翻了。今天，个人税率已大大低于1980年时的税率，这意味着再进一步降低税率就会更进一步减少税收。

企业税率也本应该降低（从现行的35%调整到23%～29%）[25] 的说法就更难让人信服了，尽管鲍尔斯－辛普森赤字削减委员会关于堵住无数漏洞的提议（如果真实施的话）意味着即使官方税率下调，许多公司仍然要纳更多的税。我们在第3章指出，有效税率（企业实际缴纳税款占其收入的比例）远远低于35%，而且像通用电气那样的全国首屈一指的大公司是不用纳税的。然而，尽管堵住这些漏洞有着令人信服的理由，但是只要关注投资和创造就业，就几乎没有理由全面降低企业税率。毕竟，随着利息免税，税收对称地降低了借贷成本与回报。对于任何通过借贷融资的投资，都不存在投资的逆向效应，并且一旦考虑有利的资本计提折旧率（企业被允许从收入中扣除一部分来反映机器磨损这一事实），税法实际上还是鼓励了投资。[26] 如果赤字削减委员会担心税收对投资的影响，还有比全面减税更精确的办法来微调税法：对那些在美国投资并创造就业的公司降低税率，而对那些没在美国投资和创造就业的公司提高税率。这样一种政策会提高政府收入并为在美投资与创造就业提供激励。

每一个赤字削减小组都力图解决税法中的扭曲——那些鼓励经济中具体行业的条款大多数是由特殊利益集团故意设立的。然而，没有一个小组对我们在本书中所强调的企业福利及（包括对金融业的）隐性补贴提出正面攻击，正如我们在第6章所说，部分原因是右翼人士已经成功地使许多美国人确信：攻击企业福利就会引发"阶级战争"。

减免项目

许多主张削减赤字的人都特别关注使中产阶级受益的几项减免项目——抵押贷款的利息减免以及医疗福利的减免。[27]但是取消这些减免项目无异于实际增加对中产阶级的征税，因为他们的收入多年来持续停滞或下降。任何关心中产阶级困境的人都应该知道，如果这些减免项目被取消的话，就应该以较低税率来补偿中产阶级——而不是上层群体。

大多数经济学家原本支持取消住房抵押贷款利息减免，因为该项减免造成了人们在住房上的过度支出。此外，减免抵押贷款利息也或可被指摘鼓励了人们过度负债。政府实际上补贴了债务——这是对那些身为真正受益者的银行家的另一种隐性补贴。因为更有钱的人面临着更高税率，因此他们要比低收入者从抵押贷款利息减免中获益更多。当前所设计的这种税收减免政策既是扭曲的也是不公的甚至对提升城市居民住房率也未必有效果，因为那儿住着太多低收入者。在这些地区，住房供给是有限的，抵押贷款利息减免可能会提高房价，使得人们难以承受。[28]

但是时机的选择至关重要——取消抵押贷款利息减免会使住房变得更加昂贵,从而打压房价。由于偿还抵押贷款的所有美国人中有1/4(大约有1100万家庭)欠银行的钱超过了自己房产的价值,因此房地产业的危机只能跟着恶化。于是更多银行提前收回房产,更多不景气的社区以及房地产这一经济的重要产业在接下来的年份里持续低迷。房地产市场不景气的时间越长,经济陷于目前这种几近衰退状态的时间也就越长。

摆脱这种困境有一种方法。2009年,首次购房者所享受的1万美元税收抵免通过为首次购房者提供**公平**而支撑了房地产市场。恢复该计划并扩大应用于所有低收入家庭可以同时达到几个效果:帮助刺激房地产市场,帮助经济恢复健康,使低收入家庭住得起房。

一般来说,可以设计各种税收条款(如对退休账户的特殊待遇)来鼓励个人储蓄,虽然这些条款是否能导致更多储蓄尚存疑问,但由于它们带给高收入群体的利益更多,所以确实有助于使那些知道储蓄的富人更加富有,而对于低收入群体就益处不大了。假如政府对低收入家庭的投资提供一种可兑现的税收抵免(也就是补充他们的储蓄,即便他们不交任何税),那就会提供更多的激励让他们储蓄,甚至还能缩小一些底层与上层之间的差距。

削减赤字的一种平等手段

简言之,削减赤字不是今天经济所面临的当务之急,削减赤字的任务也不是那么困难。只需要扭转那些造成从2000年到今天政府财政状况大逆转的措施:增加对上层群体的税收;切断公司福利和隐性补贴;增加相对于其他公司而言不在美国投资和创造就业的那些公司的税收；对污染环境者增税；停止把我们国家的资源拱手相让；削减军事浪费；不要在采购上（无论是对制药公司还是对国防承包商）过多付钱。按照这些方案去做，得到的钱足以实现任何一个赤字削减委员会所设定的哪怕是最雄心勃勃的赤字削减目标。

将上述议程与各种委员会所提出的改革相对照，我们就得出以下两种结论：有些改革要么是刻意继续以有益于上层群体但以社会其他群体的损失为代价的方式调整我们经济的道路，要么就是因为有些扭曲了理性经济政策制定的迷思才被接纳的。

迷思

关于预算的争论早就被一系列迷思所笼罩，其中一些我们已讨论过了。供给学派的迷思是对富人征税将减少工作和储蓄，于是每个人（不仅仅是富人）都会受到伤害。每一个行业都有各自版本的迷思：削减军事开支会造成失业；削减对煤炭或石油业的税收福利也会造成失业；就连那些造成空气或水污染或者产生有毒废物的行业也都宣称，迫使污染者支付它们对于其他人所造成污染的成本就会造成失业。

我们前面已经解释过了，历史和理论都强烈反对供给学派经济学，但时至今日那已无关紧要了，因为今天我们所面临的问题已不再是供给而是需求了：大公司至少手头都有可用于任何投资的现金，但是没有对它们产品的需求，这些投资就实现不了。为了刺激投资，我们必须要关注如何才能最好地刺激需求。把更多的钱放入社会中底层群体的口袋里能达到这一目的，这就是为什么那些实际上把增税的大部分负担都摊到中产阶级头上的赤字削减提案只会使情况变得更糟。[29]

使经济保持充分就业正是宏观政策（货币与财政政策）的职责所在。当一切进展顺利，经济运行接近充分就业时，过度的军费开支和"奢华"的企业福利并不创造就业，它们恰恰扭曲了经济——把劳动力从更富生产力的用途转到缺乏生产力的用途上。的确，如果我们纠正这些扭曲，某些有着特定行业技能的工人就会吃苦头，因为他们的技能不再被需要了。但那并不是保持这种情形的理由，而是对那些受到影响的工人提供强有力的调整援助的理由——这类援助通常都会受到右翼人士的抵制。

也许最为有效的迷思是宣称对百万富翁或大公司提高税收将伤害小企业，因此会造成失业。在现实当中，极少有小企业会受到这类税收（不足1%）的影响，只不过它们的**收益**会稍微减少。假如在纳税前雇用一个工人或购买一部机器能够盈利的话，那么在纳税后这么做仍然是盈利的。比如雇一个工人给公司带来10万美元的收益，而公司必须得支出（包括所有税费）5万美元，那么该公司（不管大小）的纯利润就是5万美元；如果现在必须为那笔利润支付额外的5%的税，那将从它的净利润中扣除2500美元，而对公司而言雇用一个工人还是非常划算的。对此持相反观点的说法让人震惊之处就在于那些说法完全违背了基本经济学：在税收增加之前盈利的投资和良好的就业不会在税收增加之后变得不好。

也许有一点稍微令人担忧的地方，就是在这个小企业的信贷可获得性有限的时代里，一种对百万富翁较高的税收政策可能会降低他们做出理想投资的**能力**（仅仅是因为**在纳税后**可支出的钱变少了）。具有讽刺意味的是，那些在经济大衰退中得到充分支持的银行却宣称情况并非如此——它们说，有好项目的好的小企业仍可得到所需要的钱。在银行家看来，缺乏对小企业的贷款不是因为银行没有履行自身职责（当把救助的钱慷慨地给了银行时，大家以为这样银行就能够并且也愿意继续放贷了），而是因为经济衰退消除了良好的贷款机会。然而，即便存在着投资能力的问题，也有处理这一问题的更好方式——要好于把一张空白支票给那些大公司，然后希望一部分钱会从富人口袋流向穷人并最终创造就业。[30]

削减社会保险

当右翼人士没有恶意抵御哪怕是适度地对富人增税时，那 1% 上层群体的人士及其盟友却主张削减社会保险——包括对老年人的医疗与社会保障（养老金），这两样社会保险经常被轻蔑地称作**中产阶级的权利**。右翼人士曾极力反对政府采纳这两项保险，现如今又将美国的财政困难归咎于这些项目。

在其最希望的方案当中，右翼人士想把这两项服务私有化。当然，私有化是基于另一个迷思的：政府运营的项目**一定**是无效率的，所以私有化**一定**更好些。实际上，正如我们在第 6 章所言，政府所提供的社会保障与医疗保险的交易成本远远低于那些私营公司提供类似服务时的交易成本。这不足为奇：私营部门的目标是盈利（对私营公司而言，交易成本是件好事），它们吸收的钱与支出的钱两者之间的差异正是它们想最大化的。[31]

从长期看，政府收入和用于公共项目的支出之间的差距确实会产生问题。就社会保障而言，两者的差距可能相对较小，但具有高度的不确定性。社会保障的财政状况严重依赖于对薪酬、人口及寿命的预测。经济预测者并没有很好地预测到这场经济大衰退——即使是它爆发的前一年，所以人们不应该对于 40 年后的经济预测太有信心。该项目相对于人口规模甚至有可能产生盈余，特别是如果移民的水平以经济衰退前的速度持续的话。当然，我们也必须适应可能出现的两种情况：①社会保障计划将出现大量长期的赤字；②社保缴费或福利将不得不发生变化。

现在做几项调整是行得通的：提高社保缴费的最高收入（2011 年，社保缴费的收入仅规定为最高 106 800 美元，造成的结果就是缴纳薪酬税的部分不足薪酬的 86%）；随着人均寿命提高，继续调整退休年龄（但是这么做必须辅助以增加对那些因为残疾而不得不提前退休的人的支持）；增强社保制度的进步性以更好地反映我们这个社会日益增加的不平等。目前上层群体得到的略少于他们缴纳的，底层群体得到的略多于他们缴纳的。稍微倾斜一下平衡（即让高收入者多缴纳一些社保金）既帮助了那些底层群体，也使社会保障有更稳固的财政基础。从长远来看，可能还必须有一些额外的调整，比如说，稍微增加税收，稍微减少福利。在标准情况下，两者的差距是适度的。[32]

社会保障是一项相当成功的计划，它不仅几乎消除了老年人的贫困，[33] 而且提供了一种任何私人保险计划都无法比拟的保障，抵御了股市波动以及通货膨胀。许多依赖私人养老金的美国人能明白我这番话的意思：尽管政府的计划都力图确保私人养老金资本充足，但企业还是耍弄了它们的员工。在企业破产前，CEO 拿了大笔薪酬离开，而养老基金却被置于风险之中。

布什总统关于社会保障私有化的议案并不是为了给美国退休人员提供更多的钱或安全，也并不是为了提高效率。该议案只有一个目的：以那 99% 的群体为代价为那 1% 上层群体提供更多的钱——也就是给华尔街更多的钱，且规模大得惊人。以 2.6 万亿美元的社会保障基金为例，如果华尔街每年能拿到 1% 的管理费，那么**每年**管理者的额外收益就是 260 亿美元。

医疗保险

医疗保险计划所涉及的问题就更为复杂，不过也只是略微如此。美国的医疗保健体系效率低下，它只对那些买得起健康保险的人，或者不必买保险却付得起医疗费用的人提供一流的医疗保健。这种充斥着扭曲和租金的医保体系的高交易成本养肥了那些保险公司，高药价养肥了那些制药公司。要解决这种与医疗保险和医疗救助有关的长期赤字，一种方法就是使医疗保健部门的效率更高。如果美国提供医疗保健所花的成本能与**取得了更好效果**的（如以人均寿命或者婴儿死亡率或产妇死亡率为指标）其他发达工业化国家相媲美的话，那么美国的预算问题就会得以解决。[34]

相反，赤字削减委员会及其 2011 年的提议要么对此支支吾吾——说医疗保险支出的增长必须设定上限，却没说如何做到这一点，要么就像瑞安计划（Ryan plan）所建议的，把医疗保险转换成一种凭券计划，即个人凭所发的券来支付**私人市场上的**医疗保险。[35]那些无法用自己的钱来补贴这种券的人就不得不仅凭券来凑合着用所能得到的最佳保险政策。这种措施的含义是很明显的：如果医疗保健成本普遍增加而对于老年人的支出却封顶的话，那么那些有能力自己出钱的人不得不这么做，而那些没钱的人也只好将就着——对他们而言，那实际上变成了定量供应。

社会保障和医疗保险的大部分改革都要经过长时间分阶段逐步进

行，这就是为什么这些削减不会对当前赤字产生立竿见影的大影响。一方面，最大的优势是人们尽可能谈论财政责任，但**现在**却不会影响经济；[36] 另一方面，对于真正的赤字鹰派而言，那恰恰是最大的劣势。空谈是无意义的，鹰派人物需要现在就削减支出，**并且**还要人们承诺今后也对社会项目做出削减。然而，现在要真进行削减的话，将加剧经济衰退并恶化社会中底层群体的困境。

责备受害者

还有一个迷思就是穷人只有自己可责备——那些失业的人之所以没工作是因为他们懒惰，没有尽心尽力去找工作。[37] 一提起延长失业救济金，主张上述思想的人就担心道德风险。他们觉得为失业人群提供保险会降低他们找工作的积极性，从而导致更高的失业率。当经济在接近充分就业的状态运行时，这类主张是否有效并不是我此处关心的问题。然而，当每一份工作有四个人在求职，那么很显然今天的问题就不是缺乏求职者，而是缺乏工作岗位。[38] 假如有更多的人找工作，那就只会造成更多的人竞争有限的工作岗位。实质上，就业水平是不会有什么提升的。[39]

央行行长（以及其他右翼人士）一致认为并非**他们**没有管理好使经济充分运行的总需求。相反，他们把责任推到别处，尤其是推到工人头上——怪他们要求过度工作保障和过高薪酬，从而破坏了劳动力市场的运行。这场危机表明了他们对于劳动力市场的观点是多么错误：被称为具有最灵活劳动力市场的美国表现得比那些具有更强劳动力保护的国家（如瑞典和德国）差多了！[40] 原因很明显：削减薪酬降低了总需求，并深化了经济衰退。

财政紧缩

最糟糕的迷思就是财政紧缩会带来经济复苏而更多的政府支出则不会。这种观点认为，当商人看到政府账目状况更好时，他们就会更有信心，更有信心就会投资更多。有意思的是，基于这种论调，那些主张财政紧缩的人应该支持我们对于经济复苏的第一种策略：更高的公共投资。由于公共投资机会被广泛认为有非常高的预期收益——远远高于政府借钱所必须支付的利息，因此更多的公共投资会产生较低的长期国家债务，并且这种信念会注入信心，从而带来一轮更强劲的经济活动。然而财政紧缩的倡导者不支持更高的公共投资。[41]

考虑财政紧缩优点的另一种方法就是回顾历史。历史表明，财政紧缩几乎就从未奏效过，理论解释了我们为何不必对此感到诧异。经济衰退是由**需求不足**引起的——总需求小于经济所能生产的。当政府削减支出时，需求就进一步降低了，同时失业增加了。

在财政紧缩会带来信心这一迷思背后经常还有一个迷思——国家预算就好像家庭预算，每一户家庭或早或迟都必须量入为出。但是当经济面临高失业率时，这种简单的法则就不适用于国家债务了。这是因为扩大支出实际上能够通过创造就业而扩大生产，这些就业恰好可以由那些失业的人们填补。单一一个支出大于收入的家庭是不能改变宏观经济的，而一个政府却能，并且GDP的增长可以数倍于政府支出的额度。

金融业人士都强调信心的重要性，但信心不能通过那些导致更多失业和更低产出的政策来恢复。信心只能通过导致增长的政策来恢复——而财政紧缩恰恰适得其反。

主张财政紧缩的人提出了在经济衰退期实施紧缩政策并复苏的国家的证据，但仔细看就会发现这些国家都是小国家并且它们的贸易伙伴都正经历着经济繁荣。[42] 因此增加出口就能很容易取代削减的政府支出。但今天美国和欧洲国家的情形并非如此，它们的贸易伙伴自身也都经济低迷。[43]

有人也许会以为那些主张财政紧缩的人已从先前造成灾难性后果的大量财政紧缩的经历中汲取教训：胡佛总统的财政紧缩将1929年的股市崩盘转变成了经济大萧条；国际货币基金组织的财政紧缩把东南亚和拉美的经济低迷转变成了衰退和萧条；几个欧洲国家（英国、拉脱维亚、希腊、葡萄牙）自愿强加的以及被迫实施的财政紧缩现在正经历着完全一样的效应。然而财政紧缩的倡导者似乎还不能接受这些发人深省的证据。就像那些相信放血疗法的中世纪医生，当病人没见好转时就争辩说病人实际上需要再放一次血。今天，21世纪经济学的"放血者"仍毫不动摇地这么做着。他们甚至要求更多的财政紧缩，并且会找出一大堆理由来解释为何第一剂处方没有像预测的那样奏效。与此同时，失业将增加，薪酬将下降，社会中底层所依赖的政府项目将萎缩。

与此相对照，政府支出取得了成功。出于对"二战"的预期而进行的政府支出最终帮助美国摆脱了大萧条。尽管罗斯福新政提供了一些刺激并帮助经济在1933～1936年取得了一些复苏，但那种刺激还是不够大，无法克服州和地方层面的支出萎缩及农业衰弱（构成全国人口1/4的农业人口的收入在此期间显著下降——仅1929～1932年就下降了50%）所造成的联合效应。[44] 于是，在1936年，罗斯福总统的第一届任期末，对于赤字的担忧及来自财政保守派的压力促使他削减了联邦支出。经济复苏中止，增长也变成了负的。[45]

刺激失败的迷思

财政紧缩的倡导者反驳那些主张更多政府支出的人的论点是，这样的支出不会刺激经济。他们的批评一开始就提到 2009 年 2 月实施的将近 8000 亿美元的美国刺激计划并没有把经济从严重的衰退中拯救出来——因此更多的政府支出也无法做到。然而 2009 年的刺激计划**确实**起作用了：要不是因为它，失业率早就高达 12% 了，比最后实际达到的水平要高出 2 个多百分点。

政府的确犯了几个错误。首先，它低估了经济衰退的深度和持续时间。它以为不刺激的话，失业率最高也就达到 10%。政府经济学家（其中有些还参与了房地产泡沫的制造）低估了经济衰退的规模。他们简直难以相信房地产价格居然**那么**过度膨胀，因此他们认为房价跌落只是暂时现象，并且随着房价回升，消费就会恢复。当企业看到经济迅速复苏时，它们就不会解雇优秀员工。然而实际情况刚好相反：存在着巨大的房地产泡沫，即便泡沫破裂，房价仍连续 5 年比危机爆发前的水平低 30%（在有些地区甚至超过了 50%）。于是越来越清楚的一点就是房地产业会连续若干年持续萧条，即便金融业能完全复苏。[46] 那是一个大问题，因为在危机爆发前所有投资的大约 40% 都投在了房地产上。

其次，政府误以为主要问题是金融危机——没有意识到结构转变的潜在需要。制造业生产率的巨大提高超过了需求增长，那就不可避免地意味着劳动力必须要离开制造业——就像大萧条爆发之前若干年里农业生产率的巨大提高意味着劳动力必须离开农业转入制造业。此外，伴随着全球化，制造业的大量工作将转移到发展中国家和新兴市场，这更加重了结构转变的必要。

最后，政府没有抓住另一个基本问题：日益严重的不平等与其对危机爆发前情况的影响，以及对接下来可能的情况的影响。在危机爆发前，美国平均家庭储蓄率几乎是零，也就是说很多美国人过着入不敷出的生活——有着负储蓄。总人口中的上层20%把持着全国收入的大约40%并将其中的大约15%用于储蓄（全国收入中大约有6%用于储蓄），那就意味着总人口中的下层80%把持着那剩下的60%全国收入，不得不按他们收入的10%的比例靠借贷过日子。就算金融业能完全复苏并且房地产业减债能彻底完成，这些家庭也不应该再返回他们那种随意的入不敷出的消费方式，银行也不应该再借贷给他们。这就是为什么认为危机爆发前的那种过度消费会再继续的想法是不切实际的。

当然，没有政府援助的话，薪酬的下降部分（增加的不平等）将使复苏更为困难。

这些错误的经济分析有着严重的后果。认为（一旦银行受政府援助恢复元气）经济会迅速自己复苏的想法导致刺激计划规模过小、时间过短。由于以为经济衰退时间不会长，所以政府认为企业会保留员工。但是企业却持不同看法，因此解雇的工人数量多于政府所预期的。此外，刺激计划设计得也不如它本应该的那么好：本来每美元的支出应该有更多的刺激。然而，那种只需短期缓和之策的看法（当金融业复苏后）可能使得政府对于这些弱点过于轻视了。[47]

政府在这一领域的错误判断还被另一项错误判断加重了：以为如

果政府发言人通过夸夸其谈使人们恢复对经济的信心，那么强大的美国消费者就会以某种方式转头。2009年3月，政府开始谈论复苏的迹象，但是到了夏季，这些复苏迹象就变得渺茫了。在随后几年，希望的曙光偶尔闪现，但是这些再三振奋信心的企图可能实际上已经破坏了信心（尤其是人们对于政府和美联储的信心）：很明显，美国的领导人没有明白到底发生了什么。[48]

为什么政府支出可以非常有效

关于政府支出能够（并且一直能够）有效刺激经济的逻辑是令人信服的。比如说，当政府增加支出时，GDP将以该数量的乘积增加。GDP增加与政府支出增加之间的这种关系被称为乘数效应。毫不奇怪，右翼人士说这种乘数太小——甚至接近于零。当然，当经济处于充分就业时，更多的政府支出不会增加GDP。政府支出势必要挤出其他支出。为了确保增加的政府支出不引起通货膨胀，美联储就会提高利率或者减少信贷供应，这样投资就会被挤出。但是当失业率很高（且极有可能保持多年）并且美联储决心不提高利率作为反应时，再来评价政府支出的影响，这些经验就不相干了。在这些情况（大衰退的情况）下，乘数极有可能很大，将远远超过1。[49]

当然，政府支出甚至可以更为有效——如果它流向高生产率的投资，包括那些促进经济重组的投资。这类投资除了直接的高额回报，还会产生其他效益——私人投资的回报会增加，于是私人投资能被"挤进来"；赤字在中期将会减少，不但能为公众注入信心，而且消费者在意识到他们未来的税负将降低时，今天就会消费得更多，[50]于是就连私人消费也会被"挤进来"。

政府花在结构改革（帮助资源从旧的缺乏竞争力的部门转移到新部门）上的钱刺激了经济，并且较高收入为个人和企业提供了适应变化后的经济所需的资源。

在许多面临财政紧缩的欧洲国家，也存在着对结构改革的要求。它们经常关注的结构改革没有要求政府援助经济从旧部门转向新部门。准确地说，它们所指的结构改革是一种反生产措施（降低最低薪酬）和减少寻租措施（如更有效地执行竞争法及减少许可限制）的混合物。虽然所有这些改革都被冠以令人向往的目标——为了增强竞争性，但其效果含糊不清——在许多国家，仓促的私有化实际上增加了租金并破坏了效率。即便这些改革以史无前例的步伐进行，实现全部利益也需要若干年时间。然而，这些改革表现再好（即当它们设计良好时，而许多其实没设计好），也不过是提高了经济中的供给一面。可是正如我们屡次强调的，今天的经济问题来自需求一方，因此削减工人收入（不管是由于解雇工人还是更低的薪酬）只会降低总需求，从而降低 GDP 并且弱化那些必须做出结构改革的人的能力。调整很可能被削弱。实际上，除非**现在**就对需求和增长做些什么（而大多数欧洲项目似乎什么也没做或者做得很少），否则旨在提高效率的结构改革就意味着将需要更少的工人来生产经济所能实现的任何产出。虽然从长期看结构改革是有利的，但从短期看它有增加失业和降低产出的风险。

结语

银行家与那 1% 上层群体的人士对于如何应对经济危机的观点

（削减工资和预算）不会使我们的经济恢复繁荣。我们甚至不清楚他们所主张的政策在当前经济形势下对于减少赤字是否会非常成功：更低的 GDP 和更高的失业率将意味着更低的税收和更高的支出；另外也不清楚这些政策是否真符合那 1% 上层群体的利益，虽然很容易看出他们是那样想的。只有当销售上去时，降低薪酬（即所谓的增加"更多的劳动力市场灵活性"）才可能增加利润。此外，银行家一直关心的是得到偿还，他们满脑子想的是欠他们钱的家庭。如果该家庭自觉减少支出，那它就有更多的钱偿还银行了。但是关于家庭与经济之间的类比是错误的：削减政府支出破坏了需求，也破坏了就业。如果家庭的收入随着政府支出的削减而下降的话，那它就没有钱来偿还银行了。并且如果收入是以政府支出削减的乘数下降的话，那偿还贷款就更困难了——而这正是现在经济学所表明的情形。

令人震惊的是居然有这么多人（权威人士和普通百姓，政府人员和非政府人员）都被这两个迷思给误导了：财政紧缩迷思与政府预算就像家庭预算的迷思。很多人都听信了右翼人士对于宏观经济所做出的微妙论断：财政曾有盈余，经济没有任何好转，反倒变得更糟，因此刺激没起作用。然而，刺激是起了作用的，它防止了失业率继续攀升。

那 1% 上层群体控制并扭曲了关于预算的争论——利用人们对于过度支出的担心，为旨在缩减政府规模的一项计划提供了掩护，这种做法将削弱今天的经济，降低未来的增长，并且增加不平等——这正是本书最为关注的。那 1% 上层群体甚至利用预算之争的机会主张减少我们税收体系的累进制，并削减已经很有限的美国社会保障中的项目。

鉴于经济中存在的问题（今天需求不足以及未来投资不足），赤字迷恋者关注了错误的问题，至少目前如此。然而即便人们屈从于赤字迷恋，我们已指出仍有其他税收和支出政策能够同时提高经济效率、提高国家产出、降低失业率，以及应对美国最麻烦的难题之一——日益增长的不平等。

在社会底层，不平等的一个主要根源就是失业。那些没工作的人受苦，那些有工作的人也受苦，因为高失业率对薪酬施加了强大的下行压力。由于美国的政治僵局束缚了使用财政政策（税收和支出）来使经济恢复到充分就业，因此人们寄希望于货币政策。但正如本章所指出的，事态可能会变得更糟：赤字迷恋主义可能会导致财政紧缩，那将进一步削弱经济并对货币政策造成更大的负担。但是货币政策准备好担此重任了吗？下一章将解释为什么货币政策没有像预期的那样服务我们这个国家：在很大程度上，货币政策是为了服务金融业及上层的其他利益群体而设计的。

第9章

由那1%群体制定并为其服务的宏观经济政策与中央银行

有些读者也许觉得奇怪：在一本关于不平等的书里怎么会有一章是谈论宏观经济的——经济学的一个分支，研究经济活动的整体水平、产出（GDP）和就业、利息和通货膨胀。没有什么比宏观经济的状况（是否实现了充分就业和增长）更能影响大多数公民的福祉。当宏观经济政策失败、失业率飙升时，社会底层群体受损最严重。更宽泛地说，宏观经济政策极大地影响着收入分配。政策制定者应该清楚这一点，但他们经常表现得似乎不知道这一点。实际上，收入分配极少在宏观经济学中被谈及，而这正是问题所在。

政策制定者最重要的责任就是维持经济的整体稳定。这场经济大衰退证实了一场巨大失败。并且这场大失败给普通美国人（工人、房主、纳税人）造成了巨大负担，正如我们在第1章中描述的那样。我们解释了宏观经济的失败如何最终把我们经济体制的问题凸显出来。当一切运行良好时，大多数人都富裕发达并且能说服自己有些人不发达只能怪他们自己。但是随着2007～2008年经济衰退的发生，这样的故事不再说得通了。太多"循规蹈矩、刻苦学习、勤劳工作"的人只能勉强过活，甚至都没法过活。**整个经济体制不起作用了。**

本书认为，在很多方面，美国的经济体制以社会其他群体的损失为代价而使上层群体受益，并且这一体制已远非所谓的那种"收入决定的成就模型"——其中收入反映了对社会的贡献。在本章中，我们关注宏观经济政策对这一结果的贡献——在经济危机之前、当中及之后。

政策促发选择。所有政策都有分配后果。本书的一个中心主题就是某些政策选择既增加了不平等（使上层群体受益），也伤害了经济。

但是很多选择更为复杂，并且涉及权衡取舍。如果通货膨胀与失业之间存在一种权衡取舍，那么追求较低通货膨胀率就意味着较高失业率，并且工人遭受痛苦；而较低失业率就意味着较高通货膨胀率，债券持有者的资产价值也会因此减损。关注通货膨胀就是重视债券持有者的利益。设想一下货币政策将会多么不同——如果重点是把失业率控制在5%以下而不是把通货膨胀率控制在2%以下。

不同政策对社会的不同群体施加了不同风险。如果出了问题，谁将承担后果？如果一切正常，谁将获得收益？美联储在相信银行靠自身能管理风险的基础上进行了一场豪赌——这是一场给银行带来可观回报（尤其是给银行家），却让社会其他群体付出代价的赌博。美联储本来可以限制不计后果的掠夺性贷款和滥发信用卡行为，但却选择不那样做。在此，赢家是银行，而输家是社会其他群体。

货币和宏观经济政策及美联储的行为分别以几种方式加剧了美国日益严重的不平等问题。对于社会中底层群体而言，时常高于必要的失业率意味着更低的收入，银行不当行为损害了人们的生活水准。我们甚至看到当前宏观经济政策如何加剧了一种无就业复苏的形成——当复苏实际上真的在进行时。对银行的隐性补贴和对造成经济金融化的解除管制的支持加剧了日益严重的不平等，并且反对通货膨胀的强硬政策意味着富有的债券持有者不必担心通货膨胀会侵蚀债券的价值。

这些失败并非偶然。货币政策制定所依据的制度安排给了银行家及其盟友过多的发言权，这一点甚至反映在构成中央银行标准工具库一部分的模型当中。它们虽然关注通货膨胀（这是债券持有者特别关心的事），但忽视了分配（这是各家银行不希望央行行长过多考虑的事）——尽管正如我们所指出的：越来越严重的不平等对于经济不稳定的形成起了至关重要的作用。

美国越来越严重的不平等打碎了一个迷思：所有人都从过去25年连续出现的经济增长中获益。这次的经济大衰退打碎了另外两个迷思：关注通货膨胀是经济繁荣的基石，确保经济繁荣的最好方式就是有一个独立的中央银行。本章将解释我们所追求的货币政策如何弱化了整体经济绩效，同时又增加了不平等。

另有一套政策和制度安排不仅承诺更好、更稳定的增长，并且承诺对那种增长所带来的福利进行更平等的分享。

现代宏观经济学与货币政策怎样伤害了那99%的群体

现代经济学与货币政策重点关注的是通货膨胀——低而稳定的通货膨胀率被认为是使市场经济繁荣的宏观经济条件。虽然通货膨胀（尤其是非常高并且飘忽不定的通货膨胀）可能是一个问题，但美国和西欧在过去30多年时间里还没有遇到过严重的通货膨胀问题。[1] 关注昨天的问题会分散对今天更为紧迫的问题的注意力。在大衰退爆发之前，本应该更关注金融体系崩溃所造成的重大损失而不是通货膨胀小幅上涨所造成的轻度效率损失。[2] 而在大衰退爆发之后，本应该更关注经济没有充分发挥出潜力而引发的资源浪费所造成的重大损失而不是通货膨胀小幅上涨所造成的轻度效率损失。

正如我们在第4章中所指出的，每次在危机中损失最惨重的都是工人和小企业，那种情况在这场危机中尤其明显，而与此同时许多部门企业的利润都很高[3] 并且银行与银行家收益颇丰。高失业率伤害了那些靠工作糊口的人，大多数有工作的人都面临着更短的工作时间和更低的收入，但尤其受伤害的当属那些处于社会底层的人。技能较强的工人取代了技能较差的工人，而技能较差的又取代了没有技能的。虽然每一类工人都被迫接受了更低的收入，但那些失去了工作的工人受的伤害最大。[4]

高失业率不仅影响了那些失去工作或者工时减少的人，它还伤害了99%的底层群体——通过使工人竞争工作而压低薪酬。大多数中央银行执行货币政策的方式创造了一种过去几十年来残酷运行的棘轮效应（ratchet effect）：一旦薪酬开始复苏，那些一味关注通货膨胀的央行行长就开始启用提高价格这一幽灵——提高利率并收紧信贷，**使失业率保持在一个不必要的高水准上**。他们过于频繁地成功阻止了薪酬上涨——

结果造成生产率的增加速度是薪酬的 **6 倍**[5]（当 2007～2008 年经济危机爆发时，工人还没有恢复他们在上一次经济衰退中的损失）。[6]

央行行长很难把他们的意见限定在货币和银行监管政策上（假如他们坚持自己的职责并且制定了正确的货币和监管政策，那么经济状况就会好得多）。这些行长的一个中心主题就是应该有更多的"劳动力市场灵活性"，那通常意味着降低薪酬，尤其是最低薪酬与工作保护。然而，社会保障体系的弱化已经放大了这些错误宏观政策的逆向效应。最低薪酬赶不上通货膨胀（因此 2011 年美国的**实际**联邦最低薪酬要比 1980 年的**低 15%**），并且这明显使得降低薪酬更容易了，尤其是在社会底层。[7] 失业保险也没有与时俱进，因此那些失去工作却有幸得到失业保险的人只能拿到他们先前薪酬的一小部分。[8] 并且，正如我们在第 1 章所见，失业但没领到救济的人的数量已经上升到惊人的水平。

可是社会保障体系的弱化及向更灵活劳动力市场的推进都可能放大有缺陷的货币政策的经济后果。正如我们所指出的，这场大衰退的核心经济问题是总需求不足。如果有良好的社会保障体系，就算面临着经济向下的"震荡"，工人的收入和消费也都可持续。经济学家把这些减震器称为"自动稳定器"。另外，作为对经济逆向震荡反应的薪酬下降放大了震荡效应。那些既关注通货膨胀呼吁更多"薪酬灵活性"又忽视金融脆弱性风险的央行行长既追求将经济置于一场大震荡风险的政策又推崇确保那种震荡的政策——一旦出现震荡，那些政策将产生深远而严重的后果。

无视于货币政策的分配后果

正如我所指出的，标准的宏观经济学模型甚至没有认识到收入分配的重要性，因此也就不奇怪美联储在制定政策时似乎经常无视决策对分配的影响。即使美联储关注就业，但不考虑自己行为的分配后果，也会导致它采取可能反生产的政策。

比如美联储错误地以为通过调整利率变动这种简单的"杠杆"就可以操控经济——降低利率，经济扩张；提高利率，经济放缓。尽管在有些时候和有些情况下可能有效，但在其他时候利率与经济之间的联系是很弱的，其他的工具或许更为有效。例如，针对房地产泡沫，更为合理的方式可能是提高抵押贷款的首付要求。没有人想要放缓生产性投资，而只是为了抑制泡沫。然而这样的管制对于美联储而言却是诅咒——它热衷价格体系及市场奇迹。

当经济陷入一片混乱时，降低利率或许能拯救银行，但显然不能重新激活经济。即便银行为资金支付的较低利率传递给了借贷者，但在大多数部门并不会出现大量增加的投资，因为产能利用率水平不高——经济中已有的产能足以生产任何需求的产品。因此，除了银行低成本得到了钱（一种隐性补贴），降低利率实际上没有多大好处。当年针对技术泡沫的破灭，美联储所采取的降低利率的手段并没有带来许多商业投资却真的造成了房地产泡沫。但是随着房产价格大幅下降，让人几乎不可思议的是低利率竟然有如此大的效应。

然而，那样做是有成本的：所有谨慎投资于政府债券的退休人员突然发现自己的收入消失了。于是出现了一种财富大转移：钱从退休人员转到了政府，又从政府转到了银行家。但是这对退休人员造成的伤害却很少被提及，并且政府也没采取什么措施来抵消这种伤害。[9]

低利率可能还抑制了在其他方面的支出。接近退休年龄的人们看到可以通过将更多的钱用于购买安全的政府债券以得到他们想要的退休收入，便会储蓄更多的钱——就像那些存钱供孩子上学的家长一样。哪怕对这些政策的分配后果稍加留意，人们就会质疑这种低利率政策的有效性。[10]

然而，一直关注那1%上层群体的美联储确实说过低利率会提高股市价格（有助于那些拥有过多股市份额的上层群体），并且更高的股市价格会造成更多的投资，因为人们感觉更富有了。然而利率不会永远保持在这么低的水平，这就意味着股价的收益不可能是永久的。任何对富人尤为有利的临时性降低利率所引起的临时性股价上涨都不太可能转换成消费的实质性增加。[11]

虽然美联储的低利率政策并没有如愿以偿地引起投资的复苏，但它的确鼓励了那些计划投资用廉价资本取代劳动的人。一时间资本实际上呈现出暂时性的人为低成本，人们对这一特殊情况大加利用。这种情况强化了扭曲的创新格局，它在劳动力异常丰富的时候却强调节省劳动力。于是令人诧异的是：当不熟练工人的失业率如此之高时，杂货店和药店却在以自动机器取代收银员。美联储使得经济复苏越来越有可能成为一个无就业的经济复苏。事实上，这成了从2001年开始的经济衰退复苏的标志，在那场经济衰退期间，美联储再一次调低了利率。[12]

帮助上层群体

我们已经指出了美联储帮助银行及银行家的几种方式，尤其是在经济危机当中。美联储**以非常低的利率**借钱给银行，这种利率（特别是在经济危机的时候）远远低于市场利率。如果一家银行能够以近乎零的利率借到钱，同时又购买了比方说收益率为3%的长期政府债券，那么它**什么都不干**就可"漂漂亮亮地"挣得3%的利润。[13]如果美联储每年借给银行系统1万亿美元，那就相当于奉送一笔价值300亿美元的礼物。但是银行经常会做得更好——它们能够以高得多的利率把钱借给三A级公司，即它们的优质客户。如果它们能够以10%的利率把钱借出去，那么政府愿意以几乎零的利率借给它们1万亿美元就相当于一笔1000亿美元的年礼。[14]

银行也可以把钱存入美联储，并且它们现在第一次开始获得这些存款的利息——这是把钱从纳税人转到银行的另一种隐性转移。[15]令人诧异的是，这一最新礼物或许阻碍了贷款。支付银行**不放贷**意味着银行通过贷款获得的增量收益降低了。[16]

更广泛地说，对银行的救助策略把银行（尤其是大银行）和银行家的利益置于我们经济中其他群体的利益之前了。[17]虽然把钱给予银行的**依据**是让信贷的流动不会中断，但是对于领受资金的金融机构却没有提出什么条件——既没有要求维持借贷的流动，也没有要求不准用这笔钱支付奖金。于是给予银行的这笔钱很多都用于发放奖金而非银行资本结构调整。钱不成比例地给了大银行，而那些大银行却把钱更多地用于投机和交易而不是借贷。就算它们借出了一些钱，也是不成比例地借给了大型国际公司。政府的钱大部分都没有流入那些专门贷款给中小企业的小型地区和社区银行。[18]毫不奇怪，数百家这样的小银行破产了[19]，另外数百家处境危险，不得不削减贷款。[20] 对于旨在维护信贷流动的策略而言，美联储（与财政部）的决策真是千疮百孔。

解除管制：经济金融化日益严重的根本原因

这种对银行的"敬重"是美联储及其他中央银行对不平等所做的最大贡献的根本原因：它们未能对银行实施充分监管，也未能充分执行已存在的监管条例——且达到了始于里根总统时期的解除金融管制20年来的高峰。美联储及其当时的主席格林斯潘都参与了那些管制的剥离，而那些管制对于确保20世纪30年代经济大萧条之后的几十年来金融体系有效地服务于国家发挥了非常重要的作用。他们还参与阻止了那些反映金融业变化（如金融衍生品的发展）的新规定，而那些变化对于金融和经济体系的稳定造成了威胁。[21]

这种解除管制有两个相关后果，之前我们都提到过。首先，它造成了越来越严重的经济金融化——伴随着所有相关联的扭曲和不平等。其次，它允许银行剥削社会大众——通过掠夺性贷款、滥收信用卡费以及其他实践。银行把风险转嫁给了穷人和纳税人：当情况并未像银行预测的那样发展时，其他人必须承担后果。美联储不但没有阻止反倒鼓励了这一切。[22] 很显然，**从社会的角度看**，银行没有帮助人们管理风险，而是创造了风险。然而说到管理他们自身的风险，银行家倒是做得很成功，他们不必承担自己行为的不利结果。

在经济危机爆发后，美联储在关于监管的辩论中的立场表明了它效忠于谁，而它原本应该设计监管以督促银行回归那枯燥的借贷老本行。当发现那些"大而不倒"的银行存在着反常的激励时，美联储本应该关注如何限制银行的规模以及彼此间的联系。此外，那些"大而不倒"的银行比其他银行更有竞争优势——那些借钱给它们的人都知道这些银行实际上可以依赖政府担保，因此那些人就愿意以较低利率借钱给这些银行。于是这些大银行便可以繁荣发展——不是因为它们更有效率或者提供更好的服务，而是因为它们实际上得到了纳税人的补贴。我们未能实施任何税收来抵消大银行的这种竞争优势，就是给了这些银行**另一份**厚礼。[23] 过度的奖金鼓励了金融业人士参与过度冒险和短视的行为，对此的认识也本应该引起对奖金设计严格的监管。在确认资本不足的银行存在风险时（资产价值的微小变化就足以导致破产），就应该在银行体系充分复苏前对奖金和红利的多少进行严格监管。在认识到缺乏透明度和衍生品在金融危机中所起的作用后，美联储也本应对两者坚持采取必要手段。

上述措施极少被采取，就算有被采取的也经常遭到美联储的反对。2010年7月签署成法律的新监管法案——《多德－弗兰克法案》把大部分实施监管的责任给予了美联储，于是它在某些领域再一次显示出它的忠诚所在。仅举几个例子：在通过《多德－弗兰克法案》之前的讨论中，对金融衍生品有监管职责的参议院委员主张不允许政府保险的银行承保金融衍生品。尽管人们不清楚衍生品究竟属于保险产品还是赌博工具，但有一点是清楚的：它们不是贷款。如果它们是保险产品，那它们应该受到州保险监管部门的监管；如果它们是赌博产品，那它们应该受到州赌博监管部门的监管。无论如何它们都不应该通过为**银行储户**承保的政府机构——美国联邦存款保险公司得到美国政府的保险。然而美联储主席本·伯南克却提出了不同主张（他不顾美联储两名地区行长的反对，那两人似乎秉持银行应该专注于银行业务的想法)。伯南克与那些每年通过信用违约互换获利数十亿美元的大银行最终取得了胜利。

与此同时，经济学家与政策制定者（包括至少一名美联储地区行长以及英格兰银行行长默文·金）有了一个广泛的共识：应该对那些大而不倒的银行做些什么。金指出，如果这些银行太大而不能倒闭，那么它们就太大而不应存在。甚至更早些时候，美联储前主席保罗·沃尔克就说过这些银行太大难以管理。可是美联储委员会的现任和前任主席（对此次金融危机应承担责任的伯南克和格林斯潘）似乎从未意识到这一问题，至少没有表明应该做些什么。然而可以做的其实很多：从限制银行规模和它们可做什么的监管方案到抵消此前描述过的它们所享受的各种优势的税收。

当然，美联储从未故意增加不平等——无论是通过向上层群体提供的各种福利还是通过向中底层群体所做的一切。正如我们稍后将解释的，实际上大多数美联储委员会成员可能真的都相信美联储的各项政策（放松管制、对抗通胀、帮助对我们经济运行至关重要的银行）会促进增长，**所有人都会受益**。但那恰好证明了美联储被银行家的观点和世界观"俘获"的程度之深。

走向一个更民主的中央银行[24]

当前大家习以为常的一个重要观点就是中央银行应该独立。这种思想认为，如果中央银行受制于政治势力，那么政客就会操纵货币政策以长期代价来获取短期利益。他们会在选举前过度刺激经济，在选举后支付代价——更高的通货膨胀。此外，有一个致力于低通货膨胀的独立的中央银行，市场就不会将通胀预期植入其行为当中，因此通货膨胀将得到抑制，并且经济将出现更好的整体表现。

独立中央银行的失败

在上一次经济危机中，美国和欧洲的独立中央银行都表现得不是特别好，并且与印度、中国、巴西等国不那么独立的中央银行相比，表现得大为逊色。原因很明显：美国的中央银行和欧洲的中央银行实际上都已被金融业"俘获"了。它们或许从民主意义上讲没有责任，但确实响应了银行家的利益和观点。银行家想要的是低通货膨胀、解除管制的金融业、不严的监管，那正是他们所得到的——即使通货膨胀所造成的经济损失与过度解除管制的金融市场所造成的经济损失相比显得微不足道。普通消费者因掠夺性贷款所蒙受的损失不被理睬——实际上，额外的收益提升了银行的金融实力。毕竟，银行系统的稳健是中央银行的首要任务。

俘获

我们在第2章中看到，当一个监管机构所追寻的政策和所采取的管制更多地反映它本该监管的群体的利益和观点而不是公众利益时，那它就被它本该监管的群体"俘获"了。"俘获"的出现部分是"旋转门"的一种结果——监管者来自被监管部门，在政府工作一段时间后又返回被监管部门。"俘获"部分被称为认知俘获（cognitive capture），即监管者慢慢采纳了被监管者的思维方式。在美国，"俘获"也表现得更为直接——华尔街对于中央银行的可能被任命者会言辞强烈地表达自己的意见。我本人曾在克林顿执政期间目睹了这种现象：当时有两项非常好的任命都被金融市场否决了，一个是因为被任命者表露出对贷款歧视的关心，另一个是因为被任命者似乎过于关心鼓励经济增长和充分就业。最让人诧异的例子出现在奥巴马总统执政期间，当时一位优秀的诺贝尔奖得主被提名了，他对于我们了解失业及其决定因素（这本应该是美联储最关心的问题）进行了开拓性工作。也许金融市场有人意识到这样一位有判断力的思考者**会带来不便**——他可能会对中央银行某些没有基于经济理论或证据的主张提出质疑。于是他的提名最终没有被参议院银行委员会通过。[25]

尽管面对这些压力，但是美联储的行长仍持有相当多样化的观点。甚至有一位行长[26]对于贷给房地产界的不良贷款提出过警告，但事实上其他人对他不以为然。在这场经济衰退中，有几位美联储的行长坚定不移地认为失业是**关键**问题，并且也认识到根本问题是需求不足。还有几位行长在经济的失业率大幅降低之前，甚至提出了（对于中央银行行长而言是）"异端邪说"：就业（而非通货膨胀）应该是货币政策的"目标"。

对民主制度缺乏信心

那些主张独立的中央银行的人们对于民主问责制缺乏信心，这一点令人深感不安。究竟该把政府的哪些重要职责划分给独立机构，这一点不容易把握。关于政治化的这些争论也同样适用于税收和预算政策。我怀疑有些金融市场的人会很愿意把那些职责转移给"技术专家"。但这里的潜台词是：金融市场并不满足于随便什么技术专家。正如我们已经看到的，他们更喜欢分享他们观点（支持他们的利益和意识形态）的"专家"。美联储及其主席都愿意假装他们是超越政治的。不承担责任而保持独立当然是方便的了。他们视自己为充满智慧的男人和女人，是驾驭经济这艘复杂大船的公职人员。

但是如果对于美联储及其主席的政治性质存有任何疑惑，本可以通过观察过去20年中央银行看上去不断转变的立场来弄明白。1993年，美国面临着巨大财政赤字和高失业率，时任美联储主席格林斯潘敦促政府采取强硬措施减少赤字，当时人们认为利率会随之降低以恢复充分就业的经济。但当时经济面临着失业，并没有过热，没有理由等赤字减少后才降低利率。实际上，降低利率和增加信贷供本应可以联手帮助经济增长，并且对减少赤字有奇效。然而利率只降到低于3%一点点——据推测，假如利率进一步降低的话，经济本会得到更强劲的复苏。到了2001年，格林斯潘又敦促国会减税，**制造了庞大的赤字**；针对经济衰退，进一步降低利率——最后降到了1%以下。对于这些看似不一致的立场的一种解读就是美联储的真正目的是精简政府和减少税收的累进制。[27]

在任何一种民主制度中，公共机构（不管怎么说，中央银行都是一个公共机构）必须有某种程度的问责制。必须要有监督以确保不出现渎职，并确保中央银行按照指令行事，而且该指令必须与公共利益一致。在一个现代的民主社会，治理是一个核心问题。那些负责做出关键决策的人是怎样被挑选出来的？决策是如何制定的？是否有足够的透明度以便存在有意义的公众监督？

对普通公民而言，没有什么比经济表现更令他们关心，而货币政策是经济表现的一个重要决定因素。事实上，政治学的标准模型表明，失业水平及其变化率是总统大选和国会选举结果最重要的决定因素。然而在当前的制度安排下，似乎政府官员被追究责任的事物并不是他们所能控制的。

在美国，我们对于中央银行的治理和问责制度其实是一件尴尬的事。货币政策是由 7 名联邦储备委员会成员以及 12 名地区级联邦储备银行总裁构成的一个委员会（叫作公开市场委员会）制定的，12 名总裁中只有纽约联邦储备银行总裁及另外 4 名总裁有投票权。可是地区级联邦储备银行总裁是通过一种公众几乎没有什么发言权的不透明过程挑选的，而（本应该受到这些总裁监管的）银行对于这一过程却造成了太大的影响。[28]

尽管美联储现任主席伯南克对于透明度的好处大书特书，[29] 但当为银行提供隐性支持的任务越来越成为美联储的工作重点时，他似乎就改变了注意。当媒体要求披露信息时——依据《信息自由法》（Freedom of Information Act），政府其他部门也必须披露，美联储声称它不受该法的制约。虽然美国联邦地区法院不同意，但美联储却不予配合——仍拒绝披露媒体想知道的信息。美联储对联邦地区法院的决议提出上诉，但受理上诉的法院重申美联储是有责任向媒体披露信息的。据说，要不是白宫告诫美联储实际上它是政府的一部分因此必须服从适用于其他政府部门的法律时，美联储就可能向联邦最高法院提出上诉了。国会要求对美联储的所作所为进行独立审查——包括谁得到了美联储的钱。

最终美联储屈服于来自法院和国会的压力。当信息披露之后，美国人更好地理解了为什么之前美联储不想披露信息。原来保密的真实原因是为了隐藏那些无法得到民众支持的政策——也为了隐瞒美联储所说与所做两者之间的不一致。[30]

在标志着经济大衰退开始的大救助当中,纽约联邦储备银行总裁是制定救助计划的"三人帮"(另两位是美联储主席及财政部部长)之一,他们决定了谁得到救助、谁遭到抛弃以及谁得到多少和根据什么条件。此前这位总裁就是由一个委员会提名任命的,而该委员会正是由银行家和**以最优惠条件**被救助的某些公司的 CEO 组成的。[31] 这其中就体现了利益冲突。美国人从未充分理解为什么美国国际集团能得到那么大的救助或者为什么它发行的衍生品在被回购时每一美元都分毫不差——大大高于必要的价格。直到救助美国国际集团的最终受益者浮出水面时,一切才变得更加明朗了:最大的受益者是高盛公司,其他受益者是大型外国银行,其中有些被怀疑与高盛公司之间有着复杂的金融交易。看上去尤其让人奇怪的是美国救助外国银行。如果外国银行陷入困境,救助它们本应该是外国政府的责任。

随着更多信息的披露,原来早在 2008 年 9 月经济危机爆发之前美联储就已经大量借钱给外国银行了。[32] 显然,美联储不但是美国银行的最后贷款人,而且也成了外国银行的最后贷款人。[33] 美国银行与这些外国银行进行了如此复杂并且高风险的交易,那么一旦这些外国银行出事,美国银行不也就身处险境了吗?假如真是这样,那显然美联储既没有行使监管职责也没有做好监督工作。另外也很明显的是,尽管美联储反复宣称次级抵押贷款问题与泡沫破灭都得到了很好控制,[34] 但全球金融市场已经经历了好几个月的创伤。

美联储被迫披露的信息也揭示了在雷曼兄弟公司破产之后的几个月里,像高盛公司这样的大银行一边向美联储大量借钱,另一边还公开宣称其财务状况良好。

这一切都不应该令人惊讶:一旦一家独立的中央银行被金融业

"俘获"，它所做的各项决策都将代表金融业的信念和利益。

即使拥有一家独立于民主政治过程的中央银行是可取的，银行董事会成员的构成也至少应该具有代表性，而不能由金融业人士主导。有一些国家不允许来自金融业的人士进入央行董事会——它们认为这是一个明显的利益冲突，在金融业之外也存在着拥有丰富专业知识的人士。实际上，金融业人士只是熟悉交易业务，却不是宏观经济的相互依存关系等复杂问题的专家。幸好今天在金融业之外的各种机构（包括学术界、非政府组织及工会）都有真正的专家。

那些主张建立独立中央银行的人经常想当然地以为央行所做的决策不涉及权衡取舍——技术专家能够想出管理经济的最好办法，就像他们能够决定桥梁的最佳设计一样。然而权衡取舍却是制定经济政策的本质。正如我们已提出的，选择总是要做的。有些人会从这些选择中受益，而其他人则会受损。现在看得出来，美联储当初没能维持经济稳定，并且在经济危机爆发后也未能使经济复苏。同时，美联储制定政策所依据的经济理论存在着严重缺陷。没有无风险的政策，但是美联储所选择的政策迫使风险都由房屋所有者、工人和纳税人承担了，而收益都被银行霸占了。伴随其他风险的其他政策则本可以使社会的其他群体过得更好，使银行过得更差。我们需要认识到，央行的决策基本上都带有政治性。这些决策权不应该给予技术专家，当然也不能给予那些代表各种既得利益集团的人。[35]

欧元危机——一个例子

美国用以监管银行和决定利率的中央银行体系的设计中所存在的制度缺陷也在世界其他国家暴露出来。在这场经济危机爆发之前，美国被视为制度设计的典范，使得其他国家争先效仿。在危机爆发之后，这一体系的缺陷显露出来，美国和其他采取了类似制度设计的国家都应该重新思考一种设计。

尽管我对美联储持批评态度，但我发现欧洲的事态更加糟糕。**应该说**，美国的中央银行应该负责通货膨胀、经济增长和就业。与美联储相对等的欧洲央行掌管着由多国构成的欧元区，但它只负责通货膨胀，并且它所反映的银行与金融业的思维模式更甚于美联储——这一点从欧洲央行对2010年1月始于希腊的债务危机的处理可见一斑。首先是希腊，接着是爱尔兰和葡萄牙，后来又有西班牙和意大利，这些国家都面临着难以为继的债务利率。希腊违约的"幽灵"从2010年1月的遥远可能发展到了2011年7月的不可避免，尽管人们使用了"债务重组"这类比较温和的表达。如果不对本国公民造成政治上不可接受的痛苦，希腊是无法偿还它所欠债务的。当唯一的问题看上去还只是希腊本身的问题时，对欧洲体系简单的修补本来是可以起作用的。然而当像西班牙和意大利这样的大国也面临着以合理利率为其债务融资的困难时，显然解决这一问题需要更坚决的行动了。

欧洲央行充其量也就扮演着一个模糊的角色。[36] 比如在希腊债务这件事上，欧洲央行坚持主张任何债务重组（请求债权人采取债务减记并推迟偿还）都必须是自愿的，它强调无论达成何种协议都不能掀起一场"信贷事件"，即会触发支付信用违约互换的事件——如果希腊违约，将要偿清那些高风险的证券。此言既出，欧洲央行就把银行的利益高高置于希腊人民利益之上了。希腊需要一种深度债务重组（也就是说大量减少其债务负担），远远超过自愿重组，只不过自愿减记不会被认为是一种信贷事件。

关于欧洲央行的立场，更有令人感到好奇之处。信用违约互换应该提供保险。假如你手中有一张保险单，你希望保险公司慷慨地宣布出现了一次"可保事件"：那是你能够得到保险支付的唯一方式。事实上，有时人们会做点事情来创造这样一种事件（这就是"道德风险"一词的来历）。在希腊债务危机中，欧洲央行说它不希望这些保单被支付。如果金融衍生品是被当作保险产品购买的，那么银行就想获得保险支付，而作为银行保护人的欧洲央行当然也希望如此。一种解释是欧洲央行没有履行它的监管责任，并且有些银行没有购买保险而是参与了赌博——一旦信用违约互换必须要支付，这些银行就有损失的风险。欧洲央行似乎把这些银行的利益不仅置于希腊人民之前，而且还置于那些谨慎并购买了保险的银行之前。[37]

当然，欧洲央行以及欧洲金融机构的责任是确保各家银行资本金充足并且没有过度面临风险。然而，它们却惨败了：在欧洲金融机构得到一份健康证书（通过一种据称为了确保银行能经受住重大经济压力的一次压力测验）的几周之后，爱尔兰银行倒闭了。而在第二次得到健康认定（据说是收紧了标准）的几周之后，又一家主要欧洲的国家银行（比利时德克夏银行）倒闭了。[38]

货币政策与思想之争

本书的一个重要主题就是人类社会始终存在着思想之争（关于什么类型的社会和政策对大多数公民来说是最好的），并且这种思想争论总企图说服大家凡是对那1%上层群体好的（即上层群体所关心和想要的）就是对每个人都好的：对上层群体降低税率、减少赤字、精简政府。

目前流行的货币经济学（宏观经济学）起源于富有影响力的芝加哥学派经济学家米尔顿·弗里德曼，这一点并非偶然。弗里德曼是所谓的自由市场经济学的大力倡导者，该学派低估外部效应的重要性并忽视信息不完善以及其他"代理"问题的影响。[39] 尽管弗里德曼对关于消费的决定因素的开拓性工作为他当之无愧地赢得了诺贝尔经济学奖，但是他的自由市场主张主要基于思想信念而不是经济分析。我记得曾与他长时间讨论过不完善信息或不完整的风险市场的后果。我本人以及其他许多同事的研究都表明在这些条件下，市场通常不能运行良好。弗里德曼根本不能或不愿理解这些结果，虽然他无法反驳它们。他只**知道**这些结果一定是错的。他连同其他自由市场经济学家还有另外两个答复：①即使理论结果是正确的，它们也只是"奇闻逸事"——证明了规则的例外情况；②即使问题是普遍存在的，人们也不能依赖政府来解决它们。

弗里德曼的货币理论和政策反映了他坚定不移的主张——政府规模要小并且政府自行决定权要受到限制。他所推行的被称为货币主义（monetarism）的学说认为政府只应该以一个固定的比率增加货币供给（产出增长率＝劳动力增长率＋生产率增长率）。货币政策不能被用来稳定**实体**经济（也就是确保充分就业），这一点他也不是很关心。弗里德曼认为经济依靠自身会保持或接近充分就业。只要政府不把事情搞砸，任何偏离都会被迅速纠正。

在弗里德曼看来，20世纪30年代的大萧条不是一次市场失灵，而是一次政府失灵：美联储没有做到它本应该做到的，它使得货币供给减少了。在经济学中，我们没有机会做实验。我们不能使大萧条重演,通过改变货币政策来看不同的结果。但是在有些方面,最近这场大衰退提供了一次难得的也是昂贵的机会来验证一些思想。作为研究过大萧条的人,伯南克深知他人对美联储的批评,并且他也不想被指责为不吸取教训。于是他使经济充满了流动性。货币政策行动的一个衡量标准是美联储资产负债表的大小——它向银行系统借出了多少钱和购买了多少政府债券及其他债券。资产负债表几乎增加了2倍——从危机爆发前的8700亿美元(2007年6月28日)到了本书付梓时(2012年2月29日)的2.93万亿美元。[40]这种流动性的增加(连同财政部的大量救助)或许拯救了银行,却未能阻止经济衰退。美联储可能通过宽松的货币政策和不严格的监管引发了经济危机,然而它几乎无力阻止或扭转衰退。最终,美联储主席也承认了这一点。[41]

弗里德曼对于银行监管也有自己的观点——他认为像大多数其他监管一样,对银行的监管也干扰了经济效率。他提倡"自由银行业",主张应该有效地对银行解除限制,这一思想在19世纪曾被尝试过但失败了。弗里德曼找到了一个能接受他观点的追随者:智利的领导者奥古斯托·皮诺切特。随着新银行的开设和信贷的自由流动,自由银行业的确引发了经济活动的一阵激增。然而正如美国解除管制的银行业没过多久就把美国经济带入了崩溃的边缘,智利在1982年也经历了它最严重的经济衰退,最后花了25年多的时间才还清政府在解决这一问题时所欠下的债务。

尽管已遭遇了这些经历,但市场依靠自身能运行良好(即政府不应干预)的观点依然成为过去25年的主导思想,这也是由美联储主席格林斯潘和一连串的财政部部长推动的。正如我们已经指出的,这种观点扭曲了经济却迎合了金融业和其他上层人士的利益。此外,即使金融系统的崩溃似乎令美联储震惊，但其实并非如此。从一开始，泡沫就是西方资本主义的一部分——从1637年荷兰的郁金香狂热到2003～2007年的房产泡沫。[42] 而货币发行机构在确保经济稳定方面的一项职责就是阻止这种泡沫的形成。[43]

货币主义基于这样一种假设：货币流通速度（1美元纸币在1年之内的转手次数）是恒定的。虽然这种假设在有些国家和地方是真实的，但在20世纪末迅速变化的全球经济里却不是那么回事了。货币主义理论没受到央行行长追捧几年就名誉扫地了。在迅速放弃了货币主义之后，央行行长开始寻求一种与他们"尽量不干预市场"的信仰相吻合的新圭臬，最后他们锁定了通货膨胀目标制。据此目标，中央银行应该选择一个通货膨胀率（2%是一个时髦的数字），只要通货膨胀超过了那个比率，央行就应该提高利率（较高的利率会抑制增长，进而抑制通货膨胀）。[44]

迷恋通货膨胀

通货膨胀目标制基于三个值得怀疑的假设：首先，通货膨胀罪大恶极；其次，对于维护一种高而稳健的**实际**经济增长率而言，维持低而稳定的通货膨胀是必要的并且也几乎是足够的；第三，所有人都会受益于低通货膨胀。[45]

高通货膨胀率（如20世纪20年代初期困扰德国魏玛共和国的恶性通货膨胀）的确是个问题；但它不是**唯一**的经济问题，并且经常不是最重要的问题。[46] 我们前面说过，30多年来通货膨胀一直不是美国和欧洲的一个主要问题。至少在美国，美联储有一个平衡的任务（通货膨胀、就业和增长），但在实践中美联储关注的只是通货膨胀。

直到最近,任何提出不同意见的央行行长都冒着被众人唾弃的风险。即便美国面临着9%的失业率(以及意味着实际失业率要更高些的隐性失业率),美联储委员会的三位通货膨胀鹰派(inflation hawk)都投票要求提高利率,只因为他们一味地关注通货膨胀。

在全球经济崩溃之前不久的2008年,通货膨胀目标制受到了考验。大多数发展中国家面临较高的通货膨胀率,不是因为宏观管理不善,而是因为石油和食品价格飙升,并且这些物品在发展中国家平均家庭预算中所占的份额要大于富裕国家。比如在越南,通货膨胀率高达23%。[47] 如果根据通货膨胀目标制,这些国家都本应该提高利率,但是这些国家的通货膨胀大部分都是**进口型**的,因此提高利率对于谷物或燃料的国际价格都不会产生太大影响。[48]

只要一国融入了全球经济(并且没有采取措施来抑制国际价格对国内价格的影响),那么当国际价格上升时,其国内食品和能源的价格也必然随之显著上升。[49] 提高利率能够减少总需求,从而减缓经济增长并控制某些商品和服务的价格增长,尤其是不能交易的商品和服务。但是除非这些措施被发挥到一个无法容忍的地步,否则单靠它们是不能把通货膨胀率降低到目标水平的。如果全球食品和能源价格以每年20%的比率上涨,要实现**总体**通货膨胀率保持在2%就需要其他地方的薪酬和价格下降,那几乎将会毫无疑问地引起显著的经济放缓和高失业率。结果就会变成治疗比疾病本身更糟糕。[50]

在通货膨胀鹰派看来,经济总是处于悬崖的边缘:一旦发生通货膨胀,就很难加以控制;而且由于扭转通货膨胀——被称为"反通货膨胀"(disinflation)的成本如此之大,所以最好的办法就是使其不要发生。然而这些观点并未基于对证据的仔细评估。根本不存在悬崖,并且通货膨胀的温和上升（如果看上去似乎会变得持续）可以通过收紧信贷供应就很容易扭转。[51] 简言之，认为维持高就业和强劲增长的最佳途径就是关注通货膨胀的观点是完全错误的。对通货膨胀的关注分散了人们对其他更为重要的事情的注意力：适度通货膨胀造成的损失与金融崩溃造成的损失相比实在微不足道。

帮别人一个忙

正如我们所看到的，虽然在标准的经济模型中有一个保持低通货膨胀的理由，但这些模型本身却是误导人的。根据这些模型，主张保持低通货膨胀的人解释说低通货膨胀对于整体经济都有好处。但他们并没有特别指出债券持有人是低通货膨胀的最大受益者。通货膨胀是最残酷的税收。它无差别地影响着每一个人——特别是穷人，因为他们最无力承受。但是问一个失业4年的人更喜欢哪种选择——再失业1年或者通货膨胀略微增加（如从1% ~ 2%），答案是明确的。失业给工人造成的损失是巨大并且难以承受的。哪怕一份工作的薪酬实质上下降了几个百分点，也比没工作强。

华尔街的权威人士曾一度声称通货膨胀伤害了贫穷的退休人员，但那种说法也不正确，因为社会保障金是随着通货膨胀一起增加的，[52] 因此领取社保金的人得到了保护。在市场运行良好的时期，工人也得到了保护——更高的价格增加了工人的（边际）收益，因此也应该成比例地增加他们的薪酬。[53] 持上述观点主要是因为在通货膨胀一直居高不下的时期还存在着对实体经济的巨大冲击，因此那些通货膨胀事件经常伴有工人实际收入的减少。

当债券持有人对通货膨胀保持高度警惕时，尤其是当他们劝说货币管理机构提高利率时,他们没有帮其他任何人的忙,只是在帮助他们自己。并且这是一笔只赢不输的赌注:如果央行行长过于警惕,并且通货膨胀低于他们的预期,或者价格实际上被造成下降,债券持有人都会赢——一方面因为他们可得到的利息支付更高了,另一方面因为债券到期时他们可得到的货币价值更高了。

不存在权衡取舍

经济危机爆发前的经济分析认为,不仅政府干预是不必要的(因为市场总体上是有效率并且稳定的),而且政府干预也是不起作用的。依照那种逻辑,泡沫是不存在的。但是就算有泡沫,政府也只有等它破裂后才能确认它是一场泡沫。并且就算政府能判断出泡沫的存在,它唯一可用的工具就是利率这把钝器。更好的办法就是让泡沫自生自灭,因为事后清理烂摊子的成本要小于阻止泡沫形成而对经济造成扭曲的成本。

假如美联储的领导者不是那么执着于不存在泡沫的观念,那他们就应该很容易看出(就像美国房地产领域的顶级专家、耶鲁大学的经济学家罗伯特·希勒所看出的那样)[54] 相对于收入,房价那种前所未有的上涨**几乎肯定就是一个泡沫**。此外,美联储也不必只依赖利率变化来抑制泡沫,它还可以提高首付要求或者收紧贷款标准。国会在1994年就曾给过美联储这么做的权力。美联储在表示对市场原教旨主义效忠的同时也束缚了自己的手脚。

同样,经济学家还为美联储提供了不要试图解决失业问题的理由。他们说,在一个充满活力的经济中,人们必须要从一份工作跳到另一份工作,而那需要时间,于是就造成了**自然**失业率。在他们看来，推动经济超越那种自然失业率就是推动经济走向不断加速的通货膨胀。哪怕失业率暂时低于自然失业率，通货膨胀也会增加。随后市场参与者就会预期那种通货膨胀率，于是那将被纳入他们的薪酬和物价上涨中。最终（在这些经济学家看来用不了多久）中央银行将不得不让步，允许失业率再回归到自然失业率。然而到了那时（这些经济学家认为）把通货膨胀率降下来就需要付出更大的代价。但那样一来，失业率又不得不高于自然失业率，否则通货膨胀就会持续下去。他们的论点是，暂时性低失业率的好处远远小于更高通货膨胀以及随之而来的更高失业的成本。

这些思想为那些不想解决失业问题的央行行长提供了思想安慰。然而我们有充分怀疑这些思想的理由：像加纳和以色列等一些国家就以很小的代价迅速降低了通货膨胀率。失业水平与通货膨胀**加速率**之间存在一种稳定关系的潜在假设没有经得住时间的检验，甚至连反通货膨胀的成本略微大于较高通货膨胀的好处这一主张背后的更强的假设也从未真正很好地建立过。[55]

失业率使用"自然"这一术语意味着这种失业率是"自然的"，凡是自然的就是好的或至少是不可避免的。然而，我们今日所见的这种高程度失业率不是自然的。这些思想被那些不想让政府对失业问题采取任何举措的人利用了。我相信有相当多的手段可以降低失业率。数百万有工作的美国人都在做兼职或者打短工，**就是因为经济的总需求不足**。无论人们对今天的"自然"失业率做何种猜测（以及人们是否相信"自然"失业率这一概念），显然增加总需求将会是有益的。[56]

当然，政府需要做的不只是增加总需求，它还必须要帮助人们改变工作部门，从过去曾被需要的部门转移到未来将会被需要的部门。这些"活跃的劳动力市场政策"在好几个国家都被证明是有效的，尤其是在斯堪的纳维亚国家。削减政府在这些项目的支出不但会因降低需求而降低总收入，并且还将造成更高的自然失业水平——如果存在自然失业这回事的话。各州对高等教育资助的削减（尤其是在科学、工程学和医疗保健领域，因为这些领域的教育费用尤其昂贵）意味着这些领域的有些工作岗位无人去干，并且这种削减严重减少了穷人得到更多培训和找到好工作的机会。[57]

结语

对大多数人来说，薪酬是最重要的收入来源。造成较高失业率以及普通人较低薪酬的宏观经济政策和货币政策是今天我们这个社会中不平等的一个主要来源。在过去25年里，宏观经济政策、货币政策以及相应机构没有创造出稳定，也没有创造出可持续发展。而且最重要的是，它们都没有创造出让我们这个社会大多数人都受益的经济增长。

鉴于这些惨重的失败，有人也许会期待出现另一种宏观经济和货币架构。但是正如银行（它们辩解说没有什么体系是从不出意外的，它们也是一场百年不遇的洪灾的受害者，我们当前这场经济萧条绝不是改变一个起作用的体系的理由）相当成功地抵制了管制，那些对宏观经济学持有错误看法并导致漏洞百出的货币政策的人中有许多人一直执迷不悟。这些人始终不愿意改变自己的看法。他们声称理论是正确的，只是在贯彻实施时出了一些纰漏。[58]

事实上宏观经济模型对于不平等及分配政策的后果关注太少。基于这些有缺陷的模型的政策既帮助创造了经济危机，同时在处理危机时也被证明是不起作用的。这些政策甚至还造成了即使经济复苏也不会产生就业的困局。对本书的写作目的而言，最重要的是说明宏观经济政策造成了美国和其他地区的高度不平等。

尽管这些政策的倡导者声称它们是对所有人都**最好**的政策，但实际情况并非如此。根本就不存在唯一的最好的政策。正如我在本书中强调的，任何政策都有分配效应，因此在债券持有人和债务人的利益之间、青年人和老年人的利益之间、金融业和其他行业的利益之间，以及其他种种利益之间都存在着权衡取舍。然而，我也强调过，还有其他可替代政策能更好地改进整体经济表现——尤其当我们判断经济表现的依据是看其对大多数人的福利有何影响时。然而，如果想让这些可替代政策得到实施的话，制定决策所需的那些制度也必须改变。我们不能让货币体系由那些思维已被银行家"俘获"的人掌控，也不能让货币体系只为了上层群体的利益有效运行。

第 10 章

前方的路：另一种世界是可能的

矫揉造作是没有用的。尽管长久以来人们一直认为美国人比欧洲人享有更高的社会流动性，但其实美国已不再是一个充满机遇的国度了。

没有什么比今天 20 多岁的年轻人所处的困境更能生动地阐述所发生的这一切了。许多年轻人无法开启一段充满热情和希望的新生活，他们面对的是一个充满焦虑和恐惧的世界。他们背负着必须要努力偿还的、即便破产也不会被减免的助学贷款，在惨淡的就业市场中找寻理想工作。如果运气好找到了一份工作，薪酬也会令人失望——经常低到他们不得不继续与父母住在一起。[1]

50 多岁的父母不只替他们的孩子担忧，还替他们自己的前途担忧——会不会失去住房？会不会被迫提早退休？被这场经济大衰退极大减损的储蓄能不能帮他们度日？他们知道要是自己遇上了困难，可能没办法向自己的孩子求助。华盛顿传来的消息甚至更糟糕：政客正在广泛讨论对医疗保障计划的削减，那将使某些群体难以享受到医保。社会保障似乎也要被削减。当年纪渐长的美国人面对自己的晚年时，舒适的退休生活梦想似乎成了海市蜃楼。他们对于自己孩子能过上繁荣美好生活的憧憬就好像是来自20世纪50年代电影中的过时货。

美国所发生的这一切也在世界其他许多国家发生着。但这种情况并非不可避免，也不是市场经济不可阻挡的运行方式。然而，即便是在一个由于能力、努力和运气不同而使市场力量和占主导地位的政策范式造成了大量不平等的世界里，仍有一些社会在处理这类问题时表现得好多了。对于它们的大多数人而言，这些社会创造了高于美国的生活标准，不仅是就收入方面来衡量，还包括卫生、教育、安全以及决定生活质量的其他很多重要方面。并且有些不平等情况远比美国还严重的国家已经眺望到悬崖的那一端，看到了前方的可能景象，然后及时后退：那些国家已经设法降低了不平等程度，帮助了穷人并且扩大了教育。

另一种世界是可能的。我们可以实现一个与我们基本价值观更为一致的社会，有更多的机遇、更高的国民总收入、更强的民主制度以及大多数人能享受到的更高生活标准。这不是件容易的事，因为总有一些市场力量拉着我们朝另一个方向走。那些市场力量是由政治和我们作为一个社会所采纳的规则和规定以及我们机构（如我们的中央银行、美联储和其他监管机构）的行为方式所塑造的。我们创造了一种经济和一个社会，其中巨大的财富是通过寻租积累的——有时候通过从大众向富人的财富直接转移，更多时候通过允许富人借助垄断力量和其他形式的剥削向社会其他群体收"租金"的规则。

本书和嫉妒的政治无关：99%底层群体基本上不嫉妒那1%上层群体所做的社会贡献以及他们应得的收入。本书和效率与公平的政治有关，中心论点是上层群体所推崇的那种能最佳描述收入决定的模型并非基于个体对社会的贡献（先前介绍的"边际生产率理论"）运作，尽管上层群体的有些人的确对社会做出了巨大贡献。上层群体的大部分收入来自我们所称的租金。这些租金把钱从社会中下层群体转移到了上层群体，并且扭曲了市场，使某些人受益而另一些人倒霉。

一种更有效率的经济和更公平的社会将使市场更好地运行（竞争性多，掠夺性少），并且能调整市场行为。游戏规则不仅对于经济体制的效率很重要，对于分配也很重要。错误的规则将造就低效率的经济和更分裂的社会。

增加对社会的投资（教育、技术和基础设施等领域）和为普通人提供更多的保护都将形成一种更有效率和活力的经济，这种经济与我们一贯宣称的更为一致，也为社会更多的人群提供更多的机会。当如此多的底层群体的能力不被浪费时，就连那1%上层群体（那些已经在享受很多机会的人）也可以从中受益，也会有更多的人终有一天成为那1%上层群体的一员。

最后，使社会变得更加平等也有可能改变那一直影响着我们微观和宏观政策的盛行意识形态。我们已经指出了这种意识形态所依赖的几个迷思。我们可以打破这种恶性循环——上层群体的政治统治所形成的看法和政策增加了经济不平等，继而又强化了它们的政治统治。

在过去30多年时间里，美国工人眼看着他们的生活标准从停滞不前到越来越差。对于那些在20世纪30年代经济大萧条最严重的日子里说市场力量最终将占上风并且使经济恢复到充分就业的人,凯恩斯反唇相讥:(大意如下)是的,从长远来看市场可能会起作用,然而从长远来看我们也都死了。我不知道凯恩斯在讲"从长远来看"时有没有预料到美国工人会在这么长的时间里看着自己生活标准不断下降。

在这一章里,我将回顾必须做些什么才能创造出**另一种世界**——也就是我们需要对经济和政治进行的改革。然而不幸的是,我们正朝着**错误的**方向前进,存在着政治和经济变革会让事态变得更糟的风险。在本章最后,我概括出了如果我们改变路线,将会发生什么——这是一种谨慎的乐观主义。

当我们思考如何加强美国经济时,最重要的是我们不能屈从于 GDP 至上主义。我们(见第 1 章和第 4 章)已经看到,GDP 不是一种测量经济表现的好方法,它不能准确反映在宽泛意义上界定的大多数公民生活标准的变化,并且它也没告诉我们曾经历的经济增长是否可持续。

经济改革议程

一种真正的经济改革议程将同时增加经济效率、公平、产出和机会。大多数美国人都会从中受益,唯一受损失的也许是那 1% 上层群体中的一些人——比如那些收入依赖于寻租的人和那些与他们过从甚密的人。改革密切按照我们的诊断进行:我们的社会上层、中层和底层都存在问题,简单的解决方案是不够的。我们识别出造成美国当前高度不平等和机会不足的多重因素。尽管经济学家经常争论每一种因素的相对重要性，但我们解释了为什么解决这一问题是一项几乎不可能完成的任务。此外，机会的不平等在美国已经达到了我们不得不采取一切手段来解决的程度。虽然不平等的有些原因或许大大超出了我们的掌控，另外一些原因我们也只能通过长期努力逐步改善，但是仍有一些原因是我们可以立刻处理的。我们需要发起一场全面的攻势，其中的一些关键要素接下来我将逐一列出。

遏制上层群体的过度行为

第 2 章揭示了上层群体这么多的财富是如何通过寻租或者有利于他们的游戏规则得来的。尽管我们的经济体系中普遍存在扭曲和颠倒的现象，但下面七项改革会让情况大有不同。

减少寻租并创造公平的竞争环境

约束金融业 由于大量增加的不平等都与金融业的过度行为有关，因此很自然金融业应该成为改革项目的起点。《多德－弗兰克法案》的通过是一个开端，但只是一个开端。还有以下六项进一步的改革亟待落实。

（1）遏制过度冒险和那些"大而不倒"及过从甚密而不败的金融机构，它们是一种致命的组合，造成了过去 30 年里政府对金融机构的屡次救助。限制举债经营和流动性是关键所在，因为不知何故银行总认为通过举债经营就能像变魔术似的创造出资源。实际上那做不到。它们所创造的只是风险和波动。[2]

（2）使银行行为变得更加透明，尤其是在它们处理场外金融衍生品交易时。这类行为应该受到更严格的限制并且不应该由受政府保险的金融机构承保。不应该把纳税人卷进对这些风险性产品的支持，不管我们认为这些产品是保险还是赌博工具，或者如沃伦·巴菲特所说的"金融大规模杀伤武器"。[3]

（3）**使银行和信用卡发行公司更具有竞争性并确保它们以竞争的方式行事**。虽然我们有技术能力创造出21世纪所需的有效率的电子支付机制，但我们现有的银行体系却仍执意维持一种不仅剥削消费者而且盘剥商家的信用卡和借记卡制度。

（4）使银行难以从事掠夺性贷款和滥发信用卡的行为，包括对高利贷（过高的利率）施加更严格的限制。

（5）遏制那些鼓励过度冒险和短视行为的奖金。

（6）关闭那些境外银行业务中心（以及它们的境内对应机构），它们一直成功地规避管制、逃税和避税。开曼群岛之所以汇集了这么多金融企业，并不是因为它本身或其气候适宜金融业。原因只有一个：规避管制和税收。

这些改革许多是相互关联的：一个更具竞争性的银行体系是不太可能从事滥用行为的，也是不太可能在寻租方面成功的。约束金融业不是件容易事，因为那些银行太善于规避了。即使银行规模受到限制（也是件够困难的事），它们仍会相互订立契约（如金融衍生品），那将确保它们过从甚密而不会失败。

更严厉更有效地执行竞争法规　尽管美国法律和管理准则的每一方面对于效率和公平都是重要的，但关于竞争、公司治理和破产等方面的法律尤为重要。

垄断和不完全竞争市场是租金的一个主要来源。银行业不是唯一一个竞争不够的行业。纵览经济中的各个行业，就会令人惊讶地发现居然有这么多行业是由最多两家、三家或者四家公司主导的。人们曾经一度认为那样是说得过去的——在与技术变革相关联的动态竞争中，一家占主导地位的公司会取代另一家公司。然而现在我们知道那种理解是不充分的。占主导地位的公司拥有压制竞争的工具，并且它们甚至还经常压制创新。它们索取的更高价格不但扭曲了经济而且还如同征收了一种税，但是这种税收收入并没有用于公共事业而是丰富了垄断企业的腰包。

改善公司治理——尤其是限制 CEO 把大量企业资源转入自己口袋的权力　公司高管被赋予了太大的权力，他们的所谓智慧也被赋予了过多的敬意。我们已经看到了他们如何利用权力把如此多的公司资源据为己有。赋予股东对高管薪酬有发言权的法律会使情况有所不同。同样，能让股东清楚知道给了高管多少钱的会计制度也会使情况发生改变。

全面改革破产法——从对金融衍生品的处理到贬值的住宅再到助学贷款　破产法提供了另一个例子，显示了决定市场如何运作的基本游戏规则对于分配和效率都有强烈影响。就像在其他许多领域一样，这些规则越来越有利于上层群体。

虽然每一笔贷款都是介于自愿借款人和自愿贷款人之间的一种契约，但其中一方应该比另一方更加了解市场，双方存在着巨大的信息和谈判能力的不对称。相应地，当出现问题时，应该是贷款人承担主要后果，而不是借款人。

使破产法变得对借款人更有利，将为银行提供一种激励，使其在贷款时更为谨慎。那样我们也就会减少信贷泡沫和深陷债务的美国人人数。我们前面讨论过，不良贷款最典型的例子之一就是助学贷款计划，并且这种不良贷款一直受到债务不可撤销性的鼓励。

简言之，不平衡的破产法增强了金融业的膨胀、经济的不稳定和不平等以及对穷人和缺乏金融知识的人的剥削。

终止政府的慷慨给予——无论是在公共资产处置还是政府采购方面　前面四项改革关注的是限制上层群体的权力，包括限制金融业在**私人**交易中剥削消费者、借款人、股东以及其他人。然而，大量的寻租采取的是剥削纳税人的形式。这种剥削采取了多种不同的伪装，有一些可以简单表述为给予，另一些采取的是公司福利的形式。

正如我们在第2章所见，政府对大公司的给予是形式多样并且数额巨大的——从药品采购方面无须讨价还价的规定，到国防方面与哈利伯顿公司签订的成本加利润的合同、设计不佳的石油开采权拍卖、给予广播电视的波段、再到低于市场专利使用费的矿产资源。这些给予纯属一种财富转移——从普通民众手里转移到大公司和有钱人手中。然而在预算吃紧的时代，这些给予还不仅仅是一种转移，因为它们造成了对高收益公共投资的支出的减少。

终止公司福利——包括隐性补贴　我们在前面几章说明了政府过于频繁地把它宝贵的钱通过公司福利的形式给了大公司，而不是那些需要帮助的人。很多补贴都隐藏在税法中。所有的漏洞、例外、免除和优惠都减少了税收制度的累进制并扭曲了激励，那些自己不能成功的公司应该关门歇业。它们的工人也许需要帮助才能转移到另外一种工作，但那是完全不同于公司福利的另一码事。

大部分公司福利都根本不透明——也许因为一旦公民真正得知他们给予了公司多少便利，就会反对这样做了。公司福利除了嵌入在税法之中还嵌入在廉价信贷和政府贷款保证之中。公司福利最危险的形式就是对行业造成的损失限制责任——不管是对核电厂的有限责任还是对石油业造成的环境破坏。

不用为自己的行为承担全部成本是一种隐性补贴，因此所有那些（比如）对他人施加了环境成本的行业都得到了补贴。正如本节所探讨的其他许多改革，终止公司福利的改革会产生三重收益：经济更有效率，上层群体的过度行为减少，经济中其他群体的福利得到改善。

法律改革——民主化司法程序并减少打官司　法律体系滋生出以社会其他成员为代价的大量租金。我们的体系并不是能让所有人都得到正义。我们的体系充满官司，谁最有钱谁就最有竞争优势并取得胜利。若要详细解释我们法律体系的改革，就会超出本书的篇幅——那恐怕需要另外写一本大部头的书。这里只说一句就够了：我们所需要的改革非常不同于右翼人士所主张的那种诉讼改革，内容要广泛得多。遵从保守的改革议程就会像辩护律师所正确指出的那样，将使普通美国人得不到保护。然而其他一些国家[4]已经发展出问责和保护制度——玩忽职守的医生会被问责，受到伤害（不管是因为医生玩忽职守还是因为自己运气不好）的患者会得到适当补偿。

税制改革

上述七项改革每个都会产生双重回报：经济效率提高、平等程度提高。然而即使我们那样做了，仍会存在大量不平等。为了提供用于公共投资和其他公共需要的收入、为了帮助穷人和中产阶级、为了确保人口的各个组成部分都能享有机会，我们必须实施累进税制，并且最重要的是，在消除漏洞方面做得更好。然而在最近几十年里，我们一直在创造一种不那么累进的税收制度。

创造一种累进的收入税和公司税制度——减少漏洞 我们的税收制度虽然名义上是累进的，但实际上远没有看上去那么累进。正如前面我们指出的，这种税制充斥着漏洞、例外、免除和优惠。一种公平的税制对投机者征的税起码要与对靠工作赚取收入的人征的一样多，它应确保上层群体所纳的税占其收入的比例至少要与较低收入者的一样高。[5]公司税制度也应该改革，一方面消除漏洞，另一方面也鼓励创造更多的就业和投资。

我在第4章解释了，与右翼人士的说法相反，我们可以有一种效率更高，实际上也更累进的税收制度。前面我引述的其他人的研究表明，在响应储蓄和劳动力供应的基础上，对上层群体的税率应该大大超过50%，甚至超过70%似乎也说得过去。[6]这些研究尚未充分考虑在多大程度上其高收入来自租金。[7]

创造一种更有效的并且能有效执行的遗产税收制度，避免新寡头统治的形成 恢复有意义的遗产税将有助于避免一种新的美国式的寡头或财阀统治的形成，也因此有助于消除对资本收益的优惠待遇。其不利影响将是非常小的：能积累大量遗产的人大多数要么得益于运气，要么动用了垄断力量。[8]

帮助普通民众

我们可以根据结果来评判我们的制度，但如果这么做的话，我们不得不给它一个不及格的分数：不久之前，美国社会中底层民众还能感受美国梦，但时至今日，对大多数美国民众而言，美国梦已经不复存在了。

此前所阐述的那些改革不仅能约束上层群体而且能帮助普通民众。比如终止一些滥用行为和垄断行为本身就会增加普通民众的**实际**福利——他们将为信用卡、电话、电脑、健康保险以及其他产品支付更少的费用。

我想，几种额外的行动能极大改善那 99% 的群体的处境。这些行动有些是需要资源的，但前面提及的并在第 8 章展开讲述的各种改革会产生政府所需要的收入。

提高受教育机会　能否受教育比其他任何事物都更能决定一个人的机遇，这方面我们一直遵循的方向（根据收入划分住宅社区，以及对高等教育财政支持的急剧减少——由此而引起的公立大学学费的急剧增加及对工程学和其他高需求 – 高成本领域有用的地点的限制）也是可以被逆转的，但那需要整个**国家的**一致努力。怎样才能提高受教育机会尤其是提高公共教育的质量，这个问题也足够另外写一本书了。[9]

但有一件事可以很快就做：由于那些营利性学校（无论是由政府贷款资助的，还是由政府担保贷款资助的或者是由私人贷款资助的）给学生套上了债务不可撤销的枷锁，它们不但没能为学生提供更多的机会，而且实际上成了那些贫穷但有进取心的美国人的主要拖累。好工作越来越少，但债务负担却越来越重。我们没有理由允许这种掠夺行为继续下去，更没有理由允许这种行为得到公共财政的支持。公共财政应该用以扩大对州立和非营利高等教育体系的支持，并提供奖学金以确保穷人有机会受教育。

帮助普通美国人省钱　上层群体和底层群体的财富变化都受到政府政策的影响。我们讲述了税收制度是如何通过一系列激励手段帮助富人积累财富并传给后人的，穷人则得不到这种帮助。政府帮助穷人省钱的激励（如一笔配套资助或者资助首次购房者计划的扩大）[10]随着时间的推移会有助于创造一个更为公平的社会——更多的安全与机会、更多的国家财富转向社会中底层群体。

面向所有人的医疗保健　妨碍人们实现经济抱负的两个最重要的因素是失业和生病，若两者同时发生，则构成一种致命组合，还经常伴随着破产。美国工人的医保传统上一直是由雇主提供的。这种无效率并且陈旧的制度很大程度上造成美国成为发达工业化国家中整体医保体系最无效率、表现最差的国家。美国医保体系的问题不是支出太多，而是：第一，花的钱没有体现出价值；第二，太多人没享受到医保。奥巴马总统启动的医保改革部分上是针对第二类问题的。尽管来自最高法院的质询和公共支持的削减也许会削弱这些改革的效果，但是这种医保改革对于提高效率作用甚小（至少在短期是这样）。[11] 我们的高成本部分是保险公司和制药业的寻租造成的。其他国家已经遏制了这些租金，美国还没有。其他没有美国富裕的国家已经设法提供了全民普遍医保。大多数国家把看病就医视为一项基本人权。但是即便不从这种原则性视角看待这个问题，我们未能提供全民医保这一点也增加了我们医保体系的无效率。一拖再拖，最后我们虽为那些迫切需要的人提供了一些医保，但那多半发生在急诊室里，而且拖延治疗经常导致成本大幅增加。

医保覆盖面不足严重增加了不平等，这种不平等继而又削弱了我们的经济表现。

加强其他社会保障项目　这场经济危机显示出我们的失业保险体系是多么薄弱。我们不应该每隔几个月，当对延长失业保险的财政支持即将结束时，就来一场政治斗争，让失业者被挟持。新的现实是，鉴于2008年经济衰退的程度以及美国经济正在经历的结构转型的幅度，在可预见的未来美国将存在大量的长期失业人口。

政府项目（如劳动所得税收减免、医疗补助、食品券及社会保障）在减少贫困方面已经被证明非常有效。在这些项目上支出更多可以进一步减少贫困。

管理全球化：创造一个更平等的竞争环境并终止竞次

全球化与技术两者都造成了我们劳动力市场的两极分化，但它们不是从天上掉下来的抽象市场力量。确切地说，它们都是被我们的政策塑造的。我们已经解释了全球化（尤其是我们这种**不对称的全球化**）如何倾向于使工人在面对资方时处于不利的谈判地位。尽管全球化也许对社会整体是有利的，但它却把很多人抛在了后头——这不足为奇，因为在很大程度上全球化是大公司和其他特殊利益集团从自身利益出发进行管理的。太多时候，对于全球化威胁的响应甚至使工人的境况变得更糟了——不但砍了他们的薪酬而且降低了社会保障。在这些情况下，反全球化运动的兴起就是完全可以理解的了。

可以借助很多方法把全球化恢复到一种更好的平衡。[12]

在很多国家，热钱流进流出的冲击是极具毁灭性的，它造成的严重破坏表现为经济和金融危机。有必要对跨国资本流动进行管制，尤其是那种短期的投机性的资本流动。对大多数国家而言，限制失控的资本流动不仅会创造一个更稳定的经济并且还会减少资本市场对社会其他部门的控制。这一政策对于美国来说可能不太容易实施。但由于我们在全球经济中扮演的主导角色，我们的确有机会帮助塑造全球化——其他国家没有这样的机会。

在重塑全球化时，我们必须意识到已经出现了一种让我们所有人都遭殃的竞次现象。美国能停止这种情况（如果其政治允许的话）——它能够争取更好的工人权利和工作条件、更好的金融管制以及更好的环境条件。其他国家一起携手也能抵抗竞次现象。

倡导全球化的人应该理解管理全球化也是符合他们利益的。因为如果全球化不被管理得比以往还要好的话，那就会出现一种真正的倒退风险，倒退回保护主义或者各种形式的以邻为壑政策。

美国可以采取具体政策来重新平衡全球化，使其提升全球平等和效率。比如当前美国税法鼓励工作外包，因为美国公司只需要按照带回国内的利润纳税。我们的全球竞争制度鼓励公司不基于全球效率而基于税收竞争选择地址。尽管我们可以理解公司为何喜欢这样做——因为这增加了它们的税后利润，但这种制度扭曲了全球经济并削弱了对资本的公平征税。比如美国可以对在美国运营的公司征税，完全根据这些公司在美国的销售利润，而不考虑它们的生产在哪里进行。[13]

恢复并保持充分就业

保持充分就业的财政政策——伴随平等 影响人们福祉并对分配有最重要影响的政府政策就是保持充分就业。除非美国小心翼翼,否则也会走向一种类似于欧洲有些国家所面临的困境——永久性较高失业率,这是对资源的极大浪费,既导致了更多的不平等,同时还削弱了我们的经济和财政状况。过去 75 年时间里,我们已经知道了如何保持经济充分或接近充分就业的基本原则。第 8 章解释了设计良好的宏观政策实际上能够同时实现三个目标——更低的债务和赤字、更快的增长和就业、更好的收入分配。

保持充分就业的货币政策和机构 从历史上看,为了短期稳定,政府对于货币政策的依赖要大于对财政政策的依赖,是因为货币政策能更快地适应变化的环境。然而,监管不足以及盛行的经济模型的缺陷都造成了货币政策的大面积失败。第 9 章解释了在理论、治理以及政策等方面所需要的改革:建立一个更负责任和更有代表性的中央银行,从过度关注通货膨胀转向更平衡地关注就业、增长和财政稳定。

纠正贸易失衡 总需求这么低的原因之一就是美国进口得太多了——比出口多出了 5000 多亿美元。[14] 如果出口创造就业,那么进口就破坏就业。美国破坏的就业一直多于创造的就业。政府支出(赤字)曾经一度(很长的一段时间)弥补了进出口之间的这种差距,使美国在有贸易失衡的情况下保持了充分就业。但是这么不断借钱我们还能持续多久?正如我在第 8 章提出的,虽然借钱的收益(尤其是高回报的投资)大大超过成本,但是在将来(也许是不太远的将来)的某一刻,情况就不会再这样了。无论如何,美国的政治正在使得维持赤字(即便是为了支持投资)越来越难。如果那种情况持续下去,并且我们的贸易赤字也持续下去的话，那么保持充分就业就几乎是不可能的了。[15] 此外，也许更为重要的是，随着人口的老龄化，美国应该为未来储蓄而不是入不敷出。

从全球视角来看，应努力纠正贸易失衡还有另外一个原因：全球失衡——进口与出口之间的差距（美国的赤字与中国、德国和沙特阿拉伯等国的盈余）一直是个困扰。这种失衡（或者更准确地说，对于这些失衡的无序解决——随着市场逐渐认为这些失衡不可持续以及汇率突然调整）也许不是上一次经济大衰退的原因，但有可能成为下一次经济大衰退的原因。

恢复贸易平衡的难度超乎寻常。美国尝试过竞争性贬值——把利率降得比竞争对手的还低，这一般会降低汇率。我曾把汇率比作负的选美比赛：尽管美国的政治和经济管理够差的了，但欧洲似乎是有过之而无不及，于是贸易失衡一直存在。[16]

汇率主要是由资本流动决定的，但是金融业对其后果却很少重视：随着资本在美国寻找避风港，汇率被带高了，于是出口受到打击，进口得到鼓励，贸易失衡增加，就业遭到破坏。然而工人的生活陷于危险，金融家的钱却更安全了。当然，这是市场力量发挥作用的后果——但这些市场力量是由那些允许资本不受限制自由流动的规则和管制所决定的。这仅仅是说明金融业的福祉是如何被置于普通工作者的利益之上的一个例子。

有一些关于恢复贸易平衡并有助于经济恢复充分就业的令人感兴趣的提议。但其中的一个问题是，全球化的规则（主要是由贸易律师设计的，他们关注的是特定行业所面临的障碍而不是与整体系统表现相关的宏观问题）既然已经这么定了，那么有些改革就**可能**与现行规则相冲突。[17]

积极的劳动力市场政策及改善的社会保护 美国经济正在经历一场大的结构转型。[18]由于全球化和技术变化的需要，它是涉及各个部门和工作岗位的大运动，市场靠其自身是不能成功应对的。为确保在这一过程中受益者多损失者少，政府就必须发挥积极作用。工人需要得到积极帮助，使他们能够从那些正在消失的工作岗位转移到那些新的工作岗位，这就需要政府对教育和技术进行大量投资以确保新的工作至少像原来的工作一样好。当然了，只有当出现新的工作岗位供人们转入时，积极的劳动力市场政策才能发挥作用。如果我们不能成功改革我们的金融体系，使其回归到为今后新兴行业提供资助的核心职能的话，那么政府就可能需要扮演更为积极的角色来资助新兴企业了。

新型社会契约

支持工人和公民的集体行动 游戏规则影响着不同参与者的谈判能力。我们所制定的游戏规则削弱了工人对资本的谈判能力，因此工人利益受损。工作岗位的匮乏和全球化的不对称造成了竞争上岗，工人失败了，资本所有者胜利了。无论那是一种偶然演变还是一种深思熟虑战略的结果，总之现在是认识所发生的这一切并改弦易辙的时候了。

那种为所有人服务（与正义、公平竞争和机遇等原则相一致）的社会和政府不是自发形成的，必须有人监督此事。否则我们的政府和机构就会被特殊利益集团"俘获"。最起码，我们需要相互对抗的力量。但是我们的社会与管理体制已经失衡了。所有的人类机构都难免犯错并都有自身弱点。没有人因为这么多大公司剥削工人、破坏环境或从事反竞争活动就主张废除大公司。更准确地说，我们看出了危险，我们实施了管制，我们试图改变其行为。虽然知道我们永远不会完全成功，但也知道这些改革能**改进**现状。

然而，我们对于工会却一直持相反态度——工会遭到诬蔑，而且美国很多州均明显出现破坏工会的企图。没有人认可工会在对抗其他特殊利益集团时所起的重要作用，也没有人认可工会在维护对工人而言必要的社会保护（帮助工人接受变化并且适应变化的经济环境）时所起的重要作用。[19]

消除遗留下来的歧视的"肯定性行动"㊀ 最令人反感但也最难根除的不平等源头之一就是歧视，既包括今天正在进行的歧视，也包括过去遗留下来的歧视。虽然歧视在不同国家有不同形式，但几乎都包括种族歧视和性别歧视。市场力量本身是不会根除歧视的。我们已经描述了市场力量如何与社会力量一道使歧视得以继续。这些歧视腐蚀了我们的基本价值观、基本认同感以及作为一个国家的理念。强有力的禁止歧视的法律是必要的。然而过去歧视的影响仍然存在，因此即便我们成功地消除了今天存在的歧视，其后果仍将影响我们。幸好我们已经知道了如何通过肯定性行动来改善局面，虽然这些计划比硬指标要软，但是当其以良好意愿被实施时，它们有助于我们的社会以与我们基本价值观相一致的方式前进。因为教育是机遇平等的关键，因此教育领域的反歧视计划也许比其他地方更为重要。

㊀ "肯定性行动"（affirmative action）是指政府在制定政策时需要充分考虑种族、肤色、原籍、性别、残疾等因素，以保障未被充分代表的群体在就业和教育等方面受到公平对待。——译者注

恢复可持续和公平的增长

基于公共投资的增长议程　我们解释了涓滴经济学为何不起作用：因为增长不是自动使所有人受益的。但是增长的确提供了资源，供人们处理社会中某些最棘手的问题，包括那些由贫困造成的问题。当前美国和欧洲经济面临的主要问题是需求不足。但是最终当总需求足够大，可以充分使用我们的资源时（使美国恢复活力），供给一方就显得重要了。到那时，供给（而不是需求）就成了约束。但它不是右翼人士所强调的供给学派经济学。政府可以对那些不投资的公司提高税收，而对那些投资以及创造就业的公司减少税收。那样做比起有些企业所要求的全面减税更有可能促进增长。当右翼人士所主张的供给学派经济学夸大了税收激励（尤其是关于企业所得税）的重要性时，它低估了其他政策的重要性，政府在基础设施、教育和技术等领域的投资在 20 世纪支撑了增长。同样地，投资也会在 21 世纪构成增长的基础。这些投资会扩大经济，甚至使私人投资更具吸引力。正如经济历史学家亚历克斯·菲尔茨所指出的，[20] 20 世纪 30 年代、40 年代、50 年代以及 60 年代都是生产率高增长的时期（比之前和之后的几十年都高），这与**公共**投资有关。

重新定向投资和创新——保护就业和环境　我们需要从节约劳动力（这是在当前环境下对创造失业的一种委婉称呼）到节约资源来重新定向投资与创新。这不是件容易事，必须既推又拉。比如在创新方面，我们既可以借助政府资助基础和应用类研究，也可以迫使企业为自己造成的环境破坏承担全部责任。这将为那些企业提供节约资源的动力，把它们的注意力从更换工人转移到其他方面。我们可以用投资税收减免来鼓励投资，但是这些减免只能给予那些节约资源并保护就业的投资，而不是那些破坏资源和就业的投资。

在本书中，我一再强调重要的不仅是增长，而是**什么样的增长**（有时也被称为增长的质量）。如果增长使大多数人的境况更差、环境质量受损、人们忍受焦虑和异化，那它就**不是**我们所应该追寻的那种增长。好消息是有时候我们既可以朝着更好的方向塑造市场力量，**也**可以获得用以促进增长、提高社会福祉的收入。

亟待解决的问题

虽然我已经列出了一项长期经济改革议程，但眼下那 99% 的群体最大的痛苦根源在于劳动力市场和住房市场。

在住房市场中，我们看到会计标准是结构调整的一个主要障碍，而且政府对于结构调整方面的计划的设计不是强迫甚至都不是鼓励本金减记。游戏规则有利于银行而不是房主，因此那些规则必须要改变——这一点我们在第 7 章讨论银行提前收回住房时看到了。

银行需要得到一些激励（也许是被要求）来对抵押贷款进行结构调整。要求银行承认它们抵押贷款的损失（即"以市值计价"）会消除结构调整的一大障碍。税收激励（对于作为现在结构调整一部分的损失给予优惠待遇，对于因提前收回房产而产生的损失则不给予优惠待遇）可能会为银行提供一种激励。如果那样不行的话，那么强迫结构调整可能就是必要的了。

我们在破产法中有一项规定（第 11 章）给了那些负债累累（即便是由于它们本身愚蠢而导致的结果）的公司一个新的开始。我们认识到了让企业经营下去的价值以及因此而得以保留的工作岗位的价值。然而，正如我们在第 6 章所提出的，如果给予企业一个新的开始是可取之举，那么给予家庭一个新的开始也同样是有价值的。目前的政策正毁灭着家庭和社区。我们也需要一种针对房主的"第 11 章"规定，减记家庭债务。作为回报，政府在房屋出售时可得到一份资本收益。

奥巴马政府通过房利美和房地美（两家[21]在这次经济危机之初因为倒闭而被政府接管的私人抵押贷款公司）拥有了所有抵押贷款中相当大的一部分。它们至今仍未重组手上持有的抵押贷款，这简直有些离谱。[22] 重组这些抵押贷款之后，纳税人、房主以及我们的经济才会变得更好。

解决抵押贷款问题对于复兴经济是必要的，但不是充分的。劳动力市场也处于混乱状态，将近 1/6 的工人无法找到全职工作。对经济更积极的刺激（如第 8 章所述，通过财政政策）可以极大降低失业率，对劳动力市场更积极的政策可以培训工人适应经济复苏时市场所创造的新工作——可能不同于那些制造业和房地产业中已遭破坏的旧工作。

政治改革议程

明确经济改革议程之后，接下来就轮到政治了——我们的政治进程会允许采纳经济议程中的，哪怕是最基本的元素吗？如果要使经济改革得以采纳，必须要在它之前进行重大的政治改革。

我们所有人都从运行良好的民主制度和社会中受益。然而，正因为我们所有人都受益，所以任何人都可能是一个搭便车者。[23] 结果就会出现对于我们民主制度（也许是最重要的公共产品）顺利运作的投资的不足。实际上，我们已经在很大程度上私有化了对公共产品的支持和维护，而后果是灾难性的。我们已经让私营企业和有钱人花钱"告知"我们其他政策和候选人的优点，并且他们有充分的理由来扭曲所提供的信息。

虽然选择其他制度是可行的，但是同样我们仍有可能朝着错误的方向前进。关于竞选捐助的改革限制了企业对竞选活动的赞助范围，可是最高法院在其对**联合公民**（Citizens United）案件的审理中解除了对大公司竞选捐款的限制。[24] 我们可以使大公司对它们的股东更加负责，迫使它们征求股东对竞选活动捐款的投票表决。但是由于大公司控制着国会，所以我们一直不可能使这种及其他遏制大公司权力的立法被采纳甚至被认真地讨论。我们可以通过更多的公共资助或者要求广播电视台提供免费播放时间这两种方式来减少竞选捐款的需要。然而，广播电视台（它们从竞选广告中大赚特赚）和大公司（它们希望一切照旧，原因很明显）都不支持这些改革，并且它们的反对使得这些改革根本无法在国会获得通过。

我们也可以试着确保通过更多的途径得到偏见较少的信息，就像北欧几个国家做的那样。那几个国家并非仅仅依靠那些由巨头（多数来自那1%上层群体并主要反映他们的观点）掌控的媒体，还试着创造了一种更为民主的媒体，并取得了一定成功。我们也可以效仿许多欧洲国家那样为各种独立智库提供公共支持，以确保能针对不同替代政策的优劣展开一种更为平衡的讨论。

我们可以通过要求投票表决（对不执行者进行经济处罚）而使金钱在政治进程中不那么重要，就像奥地利、比利时和卢森堡等国家做的那样。这样也可以把政党的注意力从吸引选民转移到向选民提供信息。毫不奇怪，这些国家的选民参与度（在澳大利亚超过了90%）大大高于美国。[25] 还有一些使选民登记和投票都更容易的政治改革：通过确保政治进程更能反映那99%的群体所关心的事，也使得投票更有意义——提高了选民投票率。有些改革意味着我们政治体制的基本改变，[26] 但是另一些（如减少不公正地划分选区范围或者阻挠议事的范围）是可以在我们现有的政治结构中实现的。

这些都不是万无一失的方法，所有这些都可能只能稍微减少那1%上层群体的政治势力。然而，与前面所阐述的经济改革议程一道采取这些政治改革，为我们提供了一个新时代的前景——对于我们经济、政治和社会的新前景。

于是这引发了我们对最后一个问题的思考。

还有希望吗

本章所提出的政治和经济改革议程有一个假定前提：尽管市场力量对于我们当前这种不平等的形成起了一定推动作用，但市场力量归根到底是由政治塑造的。我们能够以提升**更多**平等的方式来重新塑造这些市场力量，能够使市场发挥作用或者至少发挥一些作用。同样，虽然我们永远不能创造出一种完全机会平等的制度，但我们至少能够创造**更多的**机会平等。美国的不平等不是由这场经济大衰退造成的，但经济大衰退使不平等进一步恶化了，程度之大难以忽视。经济大衰退还进一步限制了一大部分人的机会。依靠正确政策，并按照本章前面所列的各项议程，我们可以使情况变好。这不是消除不平等或创造完全机会平等的一件事，而只是减少不平等程度并增加机会平等程度的一件事。问题是，我们能做到这一点吗？

尽管我们的民主制度也许有些倾斜，但它提供了两种便于改革发生的途径。那99%的群体中的人们逐渐认识到自己被那1%上层群体愚弄了：符合那1%上层群体利益的事情**并非**也符合自己的利益。那1%上层群体则竭力说服其他人：另一种世界是不可能的，做任何那1%上层群体不喜欢的事必将伤害那99%的群体。本书的大部分内容都是专门为了粉碎这一迷思的，我们实际上能够拥有一个更具活力、更有效率的经济，以及一个更公平的社会。

2011年，我们目睹了数百万民众走上街头抗议他们的生活中充满压迫。埃及、突尼斯和利比亚等国的政府都被推翻了。也门、巴林和叙利亚等国都爆发了抗议活动。该地区其他国家的统治家族都从他们豪华舒适的住所紧张地向外眺望：他们会是下一个被民众攻击的目标吗？他们的担心是对的：在这些国家，微不足道的一小部分人群（不到总人口的1%）控制了财富的最大份额；财富是政治权力和经济权力的一种主要决定因素；某种根深蒂固的腐败成了一种生活方式；最富有的人经常积极干预那些会提高一般人生活质量的政策。当我们凝视着大街上这些民众的热诚时，我们可以问自己几个问题：这种情况何时会在美国发生？什么时候会在西方其他国家发生？在一些重要方面，我们自己的国家已经变得像这些动荡地区之一了——只服务于一小撮精英人群的利益。我们有一大优势（我们生活在一种民主制度中），但是这种民主制度已经越来越不反映大部分人群的利益了。民众觉察到了这一点——体现为他们对国会的低支持率和低得可怜的选民投票率。

于是出现了改革能够发生的一种途径：那1%上层群体能够认识

到在美国所发生的这一切不仅违背我们的价值观而且甚至也不符合他们自身的利益。托克维尔认为"正确理解的利己主义"是美国社会独到之处的首要原因,其中"正确理解"是关键。从狭义上讲,每个人都有利己主义:我现在就要对我有利的东西!但"正确理解的利己主义"就不同了——它意味着能够关心其他人的利己主义,换言之,共同福祉实际上是个人最终福祉的一个先决条件。[27] 托克维尔不是在说这种观点有什么高贵或理想化的地方,他的意思恰恰相反:它是美国式实用主义的一个标志。那些精明的美国人懂得一个基本事实:关心别人不但对自己有好处,而且也对生意有好处。

虽然那1%上层群体享受着最好的住房、教育、医生、生活方式,但是有一样东西似乎是金钱买不到的:意识到他们的命运是与那99%的群体的命运捆绑在一起的。纵观历史,这一直是1%上层群体最终都会明白的一件事,只不过他们常常明白得太晚了。

我们已经看到,政治与经济两者是分不开的,如果我们想要维持一种"一人一票"的制度(而不是一美元一票),那么就必须对政治体制进行改革。但是在一个像我们这样充满着不平等的经济体制中,要实现一个公平和反应及时的政治体制是不太可能的。最近我们已经看到,如果没有一种更深刻的社区意识,那我们的政治体制是不能起作用的。但是如果我们国家如此分化,又如何形成社区意识呢?看到经济中日益严重的分化,我们只能问:它将会成为我们未来政治的前兆吗?

接下来的半个世纪美国将面临两种愿景。一种愿景是富人与穷人更加分化的社会:有钱人住在门卫森严的社区里,把孩子送到学费昂贵的学校,并接受一流的医疗保健。而其他人则住在不安全的社区,接受很一般的教育和实际上是配给制的医疗保健——他们只能希望和祈祷自己不得重病。社会底层是数百万被异化和丧失希望的年轻人。这种情形我在发展中国家见过，经济学家甚至给它起了个名字：二元经济——两种社会并排存在，但是相互之间几乎不了解，也几乎难以想象对方过着什么样的生活。我不知道是否我们也会跌落到某些国家的那种境地——社会分化越来越严重，然而那却是我们正在慢慢走进的梦魇。

另一种社会愿景是：富人与穷人之间的差距缩小了，有一种同呼吸共命运的感觉，共同致力于机会和平等，"**所有人的自由和公正**"这几个字真的名副其实，我们认真对待《世界人权宣言》（*Universal Declaration of Human Rights*）——它不仅强调民权的重要也强调经济权的重要，不仅强调产权而且强调普通人的经济权。在这样一种愿景中，我们将有一种越来越富有活力的政治体制，大大不同于现在的这种政治体制（其中有80%的年轻人是如此被异化以至于他们都懒得去投票）。

我相信，这第二种愿景才是唯一与我们的传统和价值观一致的愿景。在此愿景中，我们公民的福祉（甚至我们的经济增长，如果适当测量的话）也会比当我们社会高度分化时所能达到的要高得多。我也相信，对于改变这个国家路线并恢复它作为立国基础的公平和机会的基本原则来说，现在仍旧不晚。然而，时间可能越来越紧迫了。4年之前，大多数美国人曾经一度还敢大言不惭地满怀希望。过去25年酝酿的趋势本来可以被逆转，但它们却恶化了。今天，那种希望正若隐若现、扑朔迷离。

注　释

前言

1. 2011 年 5 月，参见 http://www.vanityfair.com/society/features/2011/05/top-one-percent-201105（2012 年 2 月 28 日）。

2. 见第 1 章中关于美国已经变得多么不平等的描述及引用的话。

3. 当然，市场失灵的本质因国而异。比如在埃及，新自由主义市场改革虽然带来了一些增长，但是增长的好处却没有惠及大多数人。

4. 这一数字并非完全体现在"官方"公布的 8.3% 的失业率中。有些人曾积极寻找全职工作而没有找到，还有些人因为找不到全职工作而从事着兼职工作，另有些人因为找不到工作受挫而退出了劳动力队伍。欧洲的情况与此类似。

5. 广泛报道于媒体，如 http://www.dailymail.co.uk/news/article-2048754/Occupy-Wall-Street-Bloomberg-backs-dawn-eviction.html（2011 年 12 月 3 日）。

6. 参见 USA Today（http://www.usatoday.com/news/nation/story/2011-10-17/poll-wall-street-protests/50804978/1）。

7. 非美国公民的人们或许会惊讶地发现美国一般只提供 6 个月失业保险。第 1 章描述了人们努力争取政府在整个经济衰退期间都提供失业保险，也描述了没有享受到失业保险待遇的大量人群的境遇。

8. 如我们在第 1 章所述，社会学家强调这种社会区分更多地与阶级有关，而不是仅与收入有关。

9. 对此我们将在后面几章提供证据。

10. 一种回答是停止对价值观进行讨论。关于平等、公平、合法程序等的雄辩辞与现实世界的运转没有一点关系。在政治学中，我们将其称为对现实政治的强调。经济学中"现实主义"的倡导者经常支持一种经济达尔文主义：让经济制度自行演进，适者生存。19世纪，这些思想被称为"社会达尔文主义"。这种概念的变体在右翼人士中广为流行。这样的观点（经常没有直接表达）似乎影响了美国式资本主义的倡导者。然而，这一视角有许多问题。从理论层面上来说，这种关于进化的目的论观点（即它能形成最好的制度）是没有根据的，并且很难说今天有效的制度也能适应未来的挑战。这种无法评价的未来适应性正是现代市场经济的缺陷之一。也可参见 J. E. Stiglitz, *Whither Socialism?*（Cambridge：MIT Press, 1994）。

11. 截至2011年8月，失业者多是16～24岁的年轻人。参见美国劳工统计局的网站（http://www.bls.gov/news.release/youth.nr0.htm，2011年12月3日）。

12. 我们的司法体系一直遭到日益严重的不平等的破坏，这一点也是最近探讨的话题。参见 Glenn Greenwald, *With Liberty and Justice for Some: How the Law Is Used to Destroy Equality and Protect the Powerful*（New York: Metropolitan Books/Henry Holt, 2011）。另外也有人号召关注政治的失败（特殊利益集团的不当影响）是如何破坏经济的，甚至早在金融危机暴露这一情况之前就是如此了。参见 Robert Kuttner, *The Squandering of America: How the Failure of Our Politics Undermines Our Prosperity*（New York：Knopf, 2007）。

13. 这也是我在之前几本书中所采取的视角。参见 *Globalization and Its Discontents*（New York：W. W. Norton, 2002）, *Making Globalization Work*（New York：W. W. Norton, 2006）, *The Roaring Nineties*（New York：W. W. Norton, 2003）, *Freefall*（New York：W. W. Norton, 2010）。其他体现类似主题的好书包括：Robert Kuttner, *Everything for Sale: The Virtues and Limits of Markets*（New York：Knopf, 1997）；John Cassidy, *How Markets Fail: The Logic of Economic Calamities*（New York：Farrar, Straus and Girous, 2009）；Michael Hirsh, *Capital Offense: How Washington's Wise Men Turned America's Future Over to Wall Street*（New York：Wiley, 2010）；Jeff Madrick, *The Age of Greed: The Triumph of Finance and the Decline of America, 1970 to the*

Present (New York: Knopf, 2011)。

14. New York: Simon and Schuster, 2010.

15. New York: Twelve, 2011.

16. New York: Russell Sage, 2008.

17. New York: MIT Press, 2008. 这些书都遵循了一个长期的传统，包括 Greg Palast, *The Best Democracy Money Can Buy*, rev. ed. (New York: Plume, 2004)。

18. 我在第5章中简要讨论了 Thomas Frank 对此的另一种解读，参见 *What's the Matter with Kansas? How Conservatives Won the Heart of America* (New York: Metropolitan Books, 2004)。

19. 我论文的这一章后来以 "The Distribution of Income and Wealth Among Individuals" 为题发表在 *Econometrica* 37, no. 3（1969年7月）: 382–97。根据这一早期工作写成的其他论文包括与跟我同获2001年诺贝尔经济学奖的阿克洛夫合作的两篇 "Investment, Income, and Wages" (abstract), *Econometrica* 34, no. 5（1966年）: 118 和 "Capital, Wages and Structural Unemployment", *Economic Journal* 79, no. 314（1969年6月）: 269–81。还有一篇是与我的论文导师罗伯特·索洛合作的 "Output, Employment and Wages in the Short Run", *Quarterly Journal of Economics* 82（1968年11月）: 537–60。另一篇也是根据我论文中一章写成的 "A Two-Sector, Two Class Model of Economic Growth", *Review of Economic Studies* 34（1967年4月）: 227–38。

20. 我在诺贝尔经济学奖的获奖演讲中描述了帮助我思想形成的一些影响，尤其是对于信息不完善作用的思考。参见 "Information and the Change in the Paradigm in Economics", *Les Prix Nobel; The Nobel Prizes 2001*, ed. Tore Frängsmyr (Stockholm: Nobel Foundation, 2002): 472–540 及 http://www.nobelprize.org/nobel_prizes/economics/laureates/2001/stiglitz-lecture.pdf（2012年2月28日）。缩写版参见 "Information and the Change in the

Paradigm in Economics", *American Economic Review* 92, no. 3（2002 年 6 月）：460–501，以及为诺贝尔基金会所写的简要自传"Nobel Memoirs"，*Les Prix Nobel, The Nobel Prizes 2001*: 447–71，"Reflections on Economics and on Being and Becoming an Economist"，*The Makers of Modern Economics*, vol. 2, ed. Arnold Heertje（New York: Harvester Wheatsheaf, 1994）: 140–83。

第1章 美国的1%问题

1. 从 2007 年 1 月到 2011 年 12 月，银行启动了 820 多万起提前收回房屋计划并完成了 400 万起。参见 Realtytrac, "2012 Foreclosure Market Outlook", http://www.realtytrac.com/content/news-and-opinion/slideshow-2012-foreclosure-market-outlook-7021（2012 年 3 月 28 日）。仍然有许多起银行提前收回房屋计划在进行中——大约有 590 万套房产的房主拖欠贷款 30 天及以上，其房屋正在被银行提前收回。参见 Mortgage Monitor Report, Lender Processing Services（2012 年 3 月），http://www.lpsvcs.com/LPSCorporateInformation/NewsRoom/Pages/20120321.aspx（2012 年 3 月 28 日）。此外，美国所有靠抵押贷款购买的住宅中有 22.8% 或者说 111 万套的价格跳水（在 2011 年第 4 季度末出现了负的资产价值）。参见 http://www.corelogic.com/about-us/researchtrends/asset_upload_file360_14435.pdf（2012 年 3 月 28 日）。

2. 准确的数量每年不同。对于收入不平等的数据，我主要依赖赛斯和皮凯蒂的工作。重要的初始工作是他俩合写的文章 "Income Inequality in the United States, 1913–1998"，*Quarterly Journal of Economics* 118, no. 1（2003 年）：1–39。更新的数据发表于 A. B. Atkinson 和 T. Piketty, eds., *Top Incomes over the Twentieth Century: A Contrast between Continental European and English-Speaking Countries*（New York: Oxford University Press, 2007）。更新到 2010 年的 Excel 格式的表和图可从赛斯的网站查到（http://www.econ.berkeley.edu/~saez/）。在其网站上，赛斯对这项工作进行了概括："Striking It Richer: The Evolution of Top Incomes in the United States"。注意：赛斯所用的数据基于所得税纳税申报表，所以质量很高，但也因此只涵盖了申报的

收入。由于在一定程度上高收入的纳税人更善于避免申报收入，如通过将收入转移到海外他们控制的公司，所以赛斯所用的数据可能就低估了不平等的程度。我也参考了一份最近的CBO报告："Trends in the Distribution of Household Income between 1979 and 2007"，2011年10月，参见http://www.cbo.gov/sites/default/files/cbofiles/attachments/10-25-HouseholdIncome.pdf。我们也参考了J. Bakija, A. Cole和B. T. Hein等人的工作论文"Jobs and Income Growth of Top Earners and the Causes of Changing Income Inequality: Evidence from U.S. Tax Return Data", working paper, 2012年1月（http://web.williams.edu/Economics/wp/BakijaColeHeim JobsIncomeGrowthTopEarners.pdf）。人口普查历史表提供了随着时间推移家庭收入的中位数，参见http://www.census.gov/hhes/www/income/data/historical/household/index.html。用于跨国比较的基本数据来源包括OECD发布的"Divided We Stand: Why Inequality Keeps Rising"，2011年12月5日；世界银行发布的《世界银行发展指标》，参见http://data.worldbank.org/indicator；以及《卢森堡收入研究》。另外，经济政策研究所在其网站上对数据进行了精彩的解读和更新（http://www.epi.org）。

3. 参见Laurence Mishel和Josh Bivens, "Occupy Wall Streeters Are Right about Skewed Economic Rewards in the United States", *EPI Briefing Paper* 331, October 26, 2011（https://docs.google.com/viewer?url=http://www.epi.org/files/ 2011/BriefingPaper331.pdf&hl=en_US&chrome=true, 2012年2月28日）。日益加剧的不平等的另一个体现就是，在1979年，0.1%上层群体的平均收入（包括资本收益）"只是"90%底层群体的平均收入的50多倍，但到了2010年，这一比率却变成了164倍。与此同时，1%上层群体的平均家庭收入与90%底层群体的平均家庭收入之比翻了两番，从14∶1变成了42∶1。数据来源于皮凯蒂和赛斯（"Income Inequality in the United States", 1913–1998）以及赛斯的网站更新，见前面的第2条注释。

4. 更准确地说，1%上层群体控制了大约35%的财富。如果房屋价值不算在内的话，即"非房屋财富"，这一数字就更为可观：1%上层群体拥有全国2/5的财富。Edward N. Wolff比较了这两组数据，参见"Recent Trends in Household Wealth in the United States: Rising Debt and the Middle-Class Squeeze—an Update to 2007", *Levy Institute Working Paper* no. 589，2010年3月（http://www.levyinstitute.org/pubs/wp_589.pdf，2012年2月28日）。关于净值的数据，包括房屋财富，联邦储备银行是原始来源，参见Arthur B. Kennickell, "What's the Difference? Evidence on the Distribution of Wealth, Health, Life Expectancy and Health Insurance Coverage", 11th Biennial CDC/ATSDR Symposium，2007年9月23日（http://www.federalreserve.gov/pubs/oss/oss2/papers/CDC.final.pdf，2012年2月28日）。注意：1%上层群体的收入者未必与1%上层群体的财富持有者完全吻合——这是两种不同的分类。1%上层群体的收入者"只"占有全国财富的大约25%，参见Arthur B. Kennickell, "Ponds and Streams: Wealth and Income in the U.S., 1989 to 2007", 以及工作论文 "Finance and Economics Discussion Series"，美联储，（2009年1月7日）：36（http://www.federalreserve.gov/pubs/feds/2009/200913/200913pap.pdf，2012年2月29日）。

5. 基于皮凯蒂和赛斯的数据，参见"Income Inequality in the United States，1913–1998"及赛斯的网站更新，见前面的第2条注释。

6. 1%上层群体收入者从美国1979～2007年的经济扩张中得到了大约60%的收益。在那期间1%上层群体的实际税后家庭收入增长了275%，而底层的那1/5群体的平均实际税后收入只增长了18%。**事实上，90%底层收入者的所得仅仅相当于0.1%上层群体所得的1/4**。基于皮凯蒂和赛斯的数据，参见"Income Inequality in the United States, 1913–1998"以及赛斯的网站更新，见前面的第2条注释。另见前面第3条注释中提到的EPI简报，2011年10月26日，以及Josh Biven, "Three-Fifths of All Income Growth from 1979–2007 Went to the Top 1%", Economic Policy Institute，2011年10月27日（http://www.epi.org/publication/fifths-income-growth-1979-2007-top-1/，2012年2月28日）。第1条注释中提到的CBO 2011年研究也呈现了类似的景象。

7. 我们使用"典型的"一词来指中位数收入，即所有工人中有一半人的收入高于这个数字，另一半人的收入低于这个数字。2010年家庭的中位数收入（49 445美元）实际上低于1997年的（经通货膨胀调整后相当于2010年的50 123美元）。从一个更长的时期来看，1980～2010年，家庭的中位数收入基本上是停滞不前的，年增长率只有0.36%。参见人口普查历史表的表H-9（http://www.census.gov/hhes/www/income/data/historical/household/index.html）。

8. 根据通货膨胀调整后，2010年男性的中位数收入是32 137美元，而在1968年是32 844美元。参见美国人口普查局收入报告中的表T-5（http://www.census.gov/hhes/www/income/data/historical/people/index.html，2012年2月13日）。当然，今天工人的中位数已不再是1968年的那个工人的中位数了，并且这些数字还可能受到移民进来的非熟练工人的影响。

9. 截至2010年4月，股市价格（根据标准普尔指数500，从2007年10月的最高到2009年3月的低谷下跌了56%）已比低谷时的价格上涨了78%（虽然在我写此书时，股价仍比最高值低13%）。

10. 皮凯蒂和赛斯2012年更新的数据，参见"Income Inequality in the United States，1913–1998"。

11. 在本书成稿之际（2012年2月），房价仍然下降了33%。对于住在佛罗里达州迈阿密市的人来说，房价下跌仍然超过50%。参见S&P/Case-Shiller Home Price Indices的新闻发布"All Three Home Price Composites End 2011 at New Lows According to the S&P/Case-Shiller Home Price Indices"，2012年2月28日（http://www.standardandpoors.com/servlet/BlobServer?blobheadername3=MDT-Type&blobcol=urldocumentfile&blobtable=SPComSecureDocument&blobheadervalue2=inline%3B+filename%3Ddownload.pdf&blobheadername2=Content-Disposition&blobheadervalue1=application%2Fpdf&blobkey=id&blobheadername1=content-type&blobwhere=1245329497678&blobheadervalue3=abinary%3B+charset%3DUTF-8&blobnocache=true，2012年3月2日）。

12. 根据 Lawrence Mishel 和 Josh Bivens 的 "Occupy Wall Streeters Are Right about Skewed Economic Rewards in the United States", EPI Briefing Paper 331（http://www.epi.org/files/2011/BriefingPaper331.pdf，2012 年 2 月 10 日）。其他研究提供了略微不同的数字——然而，所有研究都相应地显示出 CEO 的工资与工人的中位数工资之间的高比率。

13. 数据来自 1983 年。见前面第 2 条注释中提到的皮凯蒂和赛斯的文章。从长期估计收入份额的变化是存在一些问题的。在 1986 年之前，相对较低的企业所得税税率使得高收入的个人得以在企业内部隐蔽他们的收入，因为只要钱还留在企业内部，就可以延迟支付高昂的个人所得税。到了 1986 年，这种情况发生了变化，导致了根据个人自己纳税申报单反映出来的更高的收入。尽管这解释了 1986 年前后申报收入增加中的一大部分，但是从这一时期再往后看（从 1988 年开始）很明显收入份额中的绝大多数增长都跑到了上层群体那里。参见 Jon Bakija, et al, "Jobs and Income Growth of Top Earners and the Causes of Changing Income Inequality: Evidence from U.S. Tax Return Data"; Roger Gordon 和 Joel Slemrod, "Are 'Real' Responses to Taxes Simply Income Shifting between Corporate and Personal Tax Bases?", *Does Atlas Shrug? The Economic Consequences of Taxing the Rich*, ed. Joel Slemrod（Cambridge: Harvard University Press, 2000）; Joel Slemrod, "High Income Families and the Tax Changes of the 1980s: The Anatomy of Behavioral Response", *Empirical Foundations of Household Taxation*, ed. Martin Feldstein and James Poterba（Chicago: University of Chicago Press, 1996）。很重要的是需要注意随着时间的推移，那 1%（或者 0.1%）上层群体的构成正发生着变化。并不是那 1% 上层群体的收入在 2002 年时比在 2007 年平均高出了 65%。有一定的人员流动性——但是正如我们在本章稍后讨论的，这种流动性远远小于人们广泛认为的。统计数字表明，上层群体在最近这些年比以往 10 年甚至 25 年前攫取了国家经济收益中更大的一部分。

14. 社会中底层人群眼看着自己的收入在 21 世纪下降，且贫富之间的差距在过去30多年时间里不断加大。1979~2007年，最高1%收入者的税后收入增长了275%，而第21%~80%的收入者的收入增长还不到40%。对于最底层的20%的收入者，其收入增长只有18%。这一切的最终结果就是"经过转移支付和联邦税之后成为收入最高的1/5人口的家庭收入份额从1979年的43%增加到了2007年的53%"（对于收入最高的1%上层群体，这种增长变化是从8%~17%），然而其他4/5群体的税后和转移收入份额都下降了2~3个百分点。参见 CBO, "Trends in the Distribution of Household Income"。根据皮凯蒂和赛斯的"Income Inequality in the United States, 1913-1998"及其网站上更新的相关数据，在2010年，当将资本收益算在内时，成为最高1%收入者的门槛收入是352 055美元。而要成为最高的0.1%收入者，门槛收入是1 492 175美元（这方面的数据自2010年后没再更新）。与此相反，根据第7条注释中提到的表H-9，2010年家庭的中位数收入是49 455美元（以2010年的美元计算）。虽然不同的研究使用了稍微不同的计算方法来估算上层1%群体的截止点，但整体情况基本一致。

15. 假设1年工作2000小时，那么每年130万美元的收入可以转化为大约每小时650美元的收入，或者是最低工资的80多倍。这些数据来自 CBO, *Average Federal Tax Rates in 2007*（http://www.cbo.gov/sites/default/files/cbofiles/ftpdocs/115xx/doc11554/averagefederaltaxrates2007.pdf，2012年2月29日），见表1。再说一遍，虽然不同来源的数据提供了略微不同的数字，但是整体情况基本一致。根据皮凯蒂和赛斯的"Income Inequality in the United States, 1913-1998"，那"1%上层群体"（那些在2010年收入超过352 055美元的人）在2007年包括**已实现的**资本收益的平均收入是140万美元（2010年下降至100万美元）。

16. 参见 CBO, *Average Federal Tax Rates in* 2007。表1报告了最上层的1/5人群的平均税后收入是198 300美元，而另外4/5人群的平均税后收入总和是：(77 700 + 55 300 + 38 000 + 17 700) 美元 = 188 700（美元）。

17. 贫困减少了40%。根据国家贫困标准，贫困百分数从2003年的将近36%减少到了2009年的21%。同时减少的还有那10%上层群体的收入份额，从2001年的46.7%降到2009年的42.5%。参见http://www.unicef.org/infobycountry/brazil_statistics.html#0; http://web.worldbank.org/wbsite/external/countries/lacext/brazilextn/0, menuPK:322367~pagePK:141132~piPK:141109~theSitePK:322341, 00.html；World Bank Development Indicators: http://data.worldbank.org/indicator.

18. 2004~2010年，巴西经济平均每年以4.4%的比率增长。如果不包括2009年的全球经济衰退，巴西经济增长率将近5.3%了，远远高于1985~1994年的经济增长率。参见World Bank Indicators, http://data.worldbank.org/indicator/ny.gdp.mktp.kd.zg?page=2（访问于2012年3月5日）。

19. 过去30年（1981~2011年）的经济增长没有之前30年的那么强劲（两者的平均年增长率之比为2.8%∶3.6%）。参见Federal Reserve Bank of St Louis, Real Gross Domestic Product growth rate（http://research.stlouisfed.org/fred2/series/GDPC1/downloaddata?cid=106）。

20. 1992~2000年，最底层的1/5群体的收入增长率是2.6%，除了不如最上层的1/5群体的增长率（3.5%），比其他3/5群体增长得都快。参见U.S. Census Bureau, 引用电子Alan B. Krueger, "The Rise and Consequences of Inequality in the United States", Center for American Progress, 2012年1月12日。

21. 再分配一直存在，但几乎都是从社会中底层**转移到**最上层，即1%上层群体。这是中底层群体的收入持续下降而最上层群体收入持续上升的一种直接结果。参见CBO, "Trends in the Distribution of Household Income"。

22. 参见Krueger, "The Rise and Consequences of Inequality"。

23. 参见National Center for Education Statistics, "Fast Facts", "What is the average income for young adults?", http://nces.ed.gov/fastfacts/display.asp?id=77。

24. 基于房主至少25岁并且有学士或更高学位的家庭的中位数收入。参见 Census Household Income Historical Table H-13,"Table H-13. Educational Attainment of Householder—Households with Householder 25 Years Old and Over by Median and Mean Income: 1991 to 2010"(http://www.census.gov/hhes/www/income/data/historical/household/,2012年3月1日)。受过大学教育的女性在同一时期的收入一直没有变化,并且今天是男性收入的2/3。参见 U.S. Census Bureau, Historical Income Table P-16, http://www.census.gov/hhes/www/income/data/historical/people/。

25. 正如保罗·克鲁格曼所指出的:"最上层的1/5群体的收入增长份额中几乎有2/3实际上是进了最顶层的0.1%群体的口袋里……这些人的实际收入从1979~2005年增长了400%多。"参见"Oligarchy, American Style",《纽约时报》,2011年11月4日,http://www.nytimes.com/2011/11/04/opinion/oligarchy-american-style.html(2012年3月1日)。根据前面第2条注释中引用的皮凯蒂和赛斯的数据,"Income Inequality in the United States, 1913–1998"以及赛斯的网站,在1979年,最顶层的0.1%群体的收入仅占国民总收入的3.44%,但是到了2005年,这一百分比翻了2倍还多,达到了10.98%。Bakija等人在"Jobs and Income Growth of Top Earners"报告说,1981~2006年,最顶层的0.1%群体的税前收入份额从2.2%增加到了8%。其他数据系列给了略微不同的数字,但都证实了最顶层0.1%的群体收入份额的巨大增长。

26. 家庭收入包括工资和资本收益,还有我们将在本章稍后讨论的第3个决定因素——政府既可以增大收入(通过转移支付项目)也可以缩小收入(通过税收)。正如我们在下面强调的,政府项目已变得不那么公平了——向上层群体要的少了,给底层群体的也少了。

27. 更准确地说,1979~2006年,1%上层群体的工资增长了144%,而最顶层的0.1%群体的工资增加了324%。1%上层群体得到的是90%底层群体的20倍还多。参见 Lawrence Mishel, Jared Bernstein 和 Heidi Shierholz, *The State of Working America 2008/2009*(Ithaca, NY: ILR Press, an imprint

of Cornell University Press, 2009), 表 3.10, Mishel and Biven, "Occupy Wall Streeters Are Right"。

28. 当时这一比率就已经很大了——分别是 125∶1 和 131∶1。参见 Mishel 和 Bivens 的 "Occupy Wall Streeters Are Right"。并根据 Edward Wolff 对美联储监察组未发表的分析报告——消费者财务调查的分析；参见伯克利加利福尼亚大学劳动与就业研究所经济学家 Sylvia Allegretto, "The State of Working America's Wealth, 2011: Through Volatility and Turmoil the Gap Widens", *EPI Briefing Paper* 292（Washington, D.C.：EPI, 2010）。

29. 参见 Mishel 和 Biven 的 "Occupy Wall Streeters Are Right", 基于 CBO 第 8 页的数据。这就是为什么关于收入不平等的数据比起只关注工资和收益不平等的数据反映出更多的不平等。

30. 1979 ~ 2007 年。参见 Mishel 和 Biven 的 "Occupy Wall Streeters Are Right" 第 9 页对于 CBO 收集的关于有效联邦税收的 EPI 数据分析。

31. 参见 "Six Wal-Mart Heirs Are Wealthier Than U.S. Entire Bottom 30%", *Los Angeles Times*, 2011 年 12 月 9 日, 引用了 UC-Berkeley 的经济学家 Sylvia Allegretto 的分析（http://latimesblogs.latimes.com/money_co/2011/12/six-walmart-heirs-wealthier-than-bottom-30-percent.html, 2011 年 1 月 25 日）。

32. 哈佛大学的 Larry Katz 在与人合写的几篇文章中推广了这一术语。参见 David H. Autor, Lawrence F. Katz 和 Melissa S. Kearney, "The Polarization of the Labor Market", *American Economic Review* 96, no. 2（2006 年 5 月）：189–94; Claudia Goldin 和 Lawrence F. Katz, "Long-Run Changes in the Wage Structure: Narrowing, Widening, Polarizing", *Brookings Papers on Econoic Activity* 2（2007 年）：135–64。Autor, Katz 和 Kearney 等人引用了 Maarten Goos 和 Alan Manning 的 "Lousy and Lovely Jobs: The Rising Polarization of Work in Britain", London School of Economics, Center for Economic Performance Discussion Papers: No. DP0604, 2003, 将其视为 "polarization" 这一术语的最初来源。

33. 可以用数字来表达这一点：上层群体（即人口中最上层的 5%）与

中层群体的收入比率增加了,而中层群体与下层群体(即人口中最底层的20%)的收入比率却没有变化。无论皮凯蒂和赛斯,"Income Inequality in the United States, 1913–1998"还是 U.S. Census Historical Tables(H-9 and H-1)的数据都表明,在1980年,最上层的那5%的家庭收入与家庭的中位数收入的比率是2.6,而家庭的中位数收入与最底层的那20%家庭收入的比率是2.4。而到了2010年,前一种比率变成了3.0,后一种比率仍然是2.4。

34. 中产阶级被掏空的另一种表现方式就是收入接近中产阶级的群体的数量自1970年以来从50%降到了42%。参见 Krueger,"The Rise and Consequences of Inequality",引用 Council of Economic Adviser Current Population Survey 的统计计算。

35. 参见 Bureau of Labor Statistics, Employment Situation Summary, 2011年11月(http://www.bls.gov/news.release/empsit.nr0.htm)。

36. 关于这些故事的讲述,参见 Peter Goodman, *Past Due: The End of Easy Money and the Renewal of the American Economy*(New York: Times Books, 2009)。也可参见 Lisa A. Goodman, Leonard Saxe 和 Mary Harvey,"Homelessness as Psychological Trauma: Broadening Perspectives", *American Psychologist* 46, no. 11(1991年11月):1219–25。

37. 参见 U.S. Census Bureau,"Income, Poverty, and Health Insurance Coverage in the United States: 2010",(2011年9月):60-239。

38. Himmelstein 等人"保守地"估计"2007年的所有破产中有62.1%是跟医疗费用有关"。此外,"大多数医疗费用欠款人都受过良好教育、有住房以及中产阶级职业。3/4 都有健康保险。使用相同的定义,2001～2007年,由于医疗费用问题引发的破产上升了49.6%"。参见 D. Himmelstein, D. Thorne, E. Warren 和 S. Woolhandler,"Medical Bankruptcy in the United States, 2007: Results of a National Study", *American Journal of Medicine* 122, no. 8(2009年):741–46。一个更能反映因果关系的测量手段,即估计健康冲击对于是否宣布破产的决策的直接影响,Gross 和 Notowidigdo 发

现"支付不起的医疗费用是低收入家庭中大约26%的个人破产的关键原因"。参见 Tal Gross 和 Matthew J. Notowidigdo,"Health Insurance and the Consumer Bankruptcy Decision: Evidence from Expansions of Medicaid", *Journal of Public Economics* 95, no. 7–8(2011年): 767–78。

39. 参见 Washington State Child Care Resource and Referral Network, 2010 data reports。关于全州范围内一名学龄前儿童和一名刚学会走路的幼儿的平均成本的假设前提是这些孩子全年都在全脱幼儿园,参见 http://www.childcarenet.org/partners/data(访问于2012年2月2日)。

40. 参见 Bureau of Labor Statistics, Employment Situation, http://www.bls.gov/news.release/empsit.toc.htm(访问于2012年2月2日)。

41. 参见 Stephane Pallage, Lyle Scruggs 和 Christian Zimmermann, "Unemployment Insurance Generosity: A Trans-Atlantic Comparison", IZA Discussion Papers 3869, Institute for the Study of Labor(IZA), 2008。

42. 最近是在2012年2月,在本书(英文版)付印之前。

43. 一份 Congressional Research Service 报告指出,2011年6月统计的1440万失业人口中有200万已经失业了99周多。参见 G. Mayer, "The Trend in Long-Term Unemployment and Characteristics of Workers Unemployed for More Than 99 Weeks", 2011年9月12日, http://big.assets.huffingtonpost.com/crsreport.pdf。BLS 报告说2010年的失业人口中有9%已经连续失业99周了。参见 R. Ilg, "How Long before the Unemployed Find Jobs or Quit Looking?", Bureau of Labor Statistics, 2011年5月, http://www.bls.gov/opub/ils/summary_11_01/unemployed_jobs_quit.htm。

44. 截至2011年10月。在2007年12月,这一比率是1.8,在经济大衰退的顶峰时期,该比率达到了6.1。参见 Bureau of Labor Statistics, "Job Openings and Labor Turnover Survey—October 2011", 2011年12月13日, http://www.bls.gov/web/jolts/jlt_labstatgraphs.pdf。

45. 有些政客和几位经济学家都担心失业保险会妨碍人们找工作。但是更多的人找工作只不过意味着更长的等待时间，而非更多的就业。

46. 参见 Michael Cooper 和 Allison Kopicki，"Jobless Go Without, But Stay Hopeful, Poll Finds"，《纽约时报》，2011 年 10 月 27 日：A1，A16。

47. 对于那些 45～54 岁的人来说，到 2012 年 1 月的平均失业时间是 43 周，对于 55～64 岁的人来说，平均失业时间已经超过了 1 年，差不多是 57 周。参见 Household Data Table A-6 from the Bureau of Labor Statistics, "Unemployed Persons by Age, Sex, Race, Hispanic or Latino Ethnicity, Marital Status, and Duration of Unemployment", 2012 年 1 月，http://www.bls.gov/web/empsit/cpseea36.pdf（访问于 2012 年 3 月 6 日）。

48. 参见 Steven J. Davis 和 Till von Wachter, "Recessions and the Costs of Job Loss", 2011 年 11 月，The Brookings Papers on Economic Activity, http://www.columbia.edu/~vw2112/papers//Recessions_and_the_Costs_of_Job_Loss_23_November_2011.pdf（访问于 2012 年 3 月 5 日）。另参见 P. Oreopoulos, T. von Wachter 和 A. Heisz, "The Short-and Long-Term Career Effects of Graduating in a Recession: Hysteresis and Heterogeneity in the Market for College Graduates", NBER Working Paper, no. 12159（2006 年）；L. Kahn, "The Long-Term Labor Market Consequences of Graduating from College in a Bad Economy," *Labour Economics* 12, no. 2（2010 年 4 月）：303–16。

49. 这一点在以下论文中得到解释。Domenico Delli Gatti, Mauro Gallegati, Bruce C. Greenwald, Alberto Russo 和 Joseph E. Stiglitz, "Sectoral Imbalances and Long Run Crises", Proceedings of the Beijing 2012 World Congress of the International Economic Association（forthcoming 2012）。

50. 1/4 的抵押贷款者即大约 1400 万的美国人的房产贬值了，净负资产总额达到 7000 亿美元。参见 M. Zandi, "To Shore Up the Recovery, Help Housing", Special Report, Moody's Analytics, 2011 年 5 月 25 日。

51. 那些在 2004～2008 年办理抵押贷款的人尤其受到重创——其中有 270 万家庭已经被银行提前收回了住房，另外 360 万家庭的住房岌岌可危。

参见 D. Gruenstein Bocian, W. Li 和 C. Reid, "Lost Ground, 2011: Disparities in Mortgage Lending and Foreclosures", Center for Responsible Lending, 2011 年 11 月, http://www.responsiblelending.org/mortgage-lending/research-analysis/Lost-Ground-2011.pdf。

52. 参见 Zandi, "To Shore Up the Recovery"。

53. 参见 Pew Research Center, "Wealth Gaps Rise to Record Highs between Whites, Blacks, Hispanics Twenty-to-One"（2011 年）, http://www.pewsocialtrends.org/2011/07/26/wealth-gaps-rise-to-record-highs-between-whites-blacks-hispanics/。

54. 参见世界银行统计数据，人出生时的预期寿命：http://data.worldbank.org/indicator/SP.DYN.LE00.IN?order=wbapi_data_value_2009+wbapi_data_value+wbapi_data_value-last&sort=desc。

55. 根据世界银行统计数据，2010 年美国 5 岁以下儿童的死亡率是每 1000 人中有 8 例，名列这方面排名的世界第 45 位，比不上古巴（6 例）、白俄罗斯（6 例）、立陶宛（7 例）以及阿拉伯联合酋长国（7 例）。冰岛在这方面的比率是美国的 1/4（2 例）。参见 http://data.worldbank.org/indicator/SH.DYN.MORT?order=wbapi_data_value_2010+wbapi_data_value+wbapi_data_value-last&sort=asc。关于产妇死亡率的数据也很相似，德国在这方面是美国的 1/3。

56. 2002 年，底层 1/10 群体的寿命预期是 73.2 岁，而相对应的上层却是 79.8 岁。并且上层和底层之间的差距实际上一直在扩大。1982 年，最上层的 1/10 群体的预期寿命是 76.3 岁，最底层的 1/10 群体的则是 71 岁（然而对于健康方面不平等的测量，比如基尼系数，的确显示出了改进）。参见 S. Peltzman, "Mortality Inequality", *Journal of Economic Perspectives* 23, no. 4（2009 年秋）：175–90。健康方面的不平等由来已久且普遍存在，参见 David Cutler, Angus Deaton 和 Adriana Lleras-Muney, "The Determinants of Mortality", *Journal of Economic Perspectives* 20, no. 3（2006 年夏）：97–20，"收入分布中最底层的 5% 美国人在 1980 年时各个年龄的预期寿命都比相对应的最上层的 5% 美国人低大约 25%（Rogot, Sorlie, Johnson and Schmitt,

1992）"。他们接着又说（第 99 页）："非裔美国人在 2002 年的预期寿命要比美国白人少 5.4 年。在英格兰和威尔士，1997～2001 年，男性体力劳动者的预期寿命要少于脑力劳动者 8.4 年，这种差距从 20 世纪 70 年代早期就开始了。"

57. 大约有 590 万 25～34 岁的美国人住在父母家里，这比经济大衰退前的数字 470 万提高了 14%。参见 "America's Families and Living Arrangements: 2011", 2011 Current Population Survey. K. Newman, *The Accordion Family*（Boston：Beacon Press, 2012）。据报道，这是自 20 世纪 50 年代以来最高的比率了。

58. 参见 Carol Morello, "Married Couples at a Record Low",《华盛顿邮报》, 2011 年 12 月 14 日，引用了 Rose Kreider 提供的数据。当然，这种趋势在经济大衰退爆发前就已存在，但是变化的幅度很明显，并且与经济大衰退很有关系。2010 年，没有结婚而同居的人有 750 万。在许多贫困国家，缺乏经济资源是结婚的一个障碍或者导致晚婚。美国人的风俗在有些方面也遵循着同样的模式。

59. 该现象的一部分原因是没有暴力犯罪历史的人会因为持有毒品而被判长期徒刑，但也反映了社会的暴力程度很高。不过判刑入狱的模式也表明其他社会力量（包括歧视）在起作用。参见 Robert Perkinson, *Texas Teuch* (New York：Metropolitan Books, 2010)；Michelle Alexander, *The New Jim Crow* (New York：New Press, 2010)。

60. 参见 FBI, "Crime in the US, 1991–2010", Uniform Crime Reports, http://www.fbi.gov/about-us/cjis/ucr/crime-in-the.u.s/2010/crime-in-the.u.s.-2010/tables/10tbl01.xls。杀人案在 20 世纪 70 年代急剧上升，1980 年达到顶峰，每 10 万人中有 10.2 起，20 世纪 80 年代中期稍微下降，到 1991 年又上升到每 10 万人中有 9.8 起，之后开始下降，到了 2010 年是每 10 万人中有 4.8 起。参见 U.S. Department of Justice, *Homicide Trends in the United States, 1980–2008*, 2011 年 11 月。暴力犯罪率在 1991 年达到最高峰，每 10 万人中有 758 起，到

2009年时下降到每10万人中有429起。参见FBI, Uniform Crime Reports as prepared by the National Archive of Criminal Justice Data, UCR data tool, http://www.ucrdatatool.gov/index.cfm（2012年1月1日）。

61. 入狱人数的比例来自L. Glaze, *Correctional Populations in the United States*, 2010, United States Bureau of Justice Statistics, NCJ 231681, 2011。根据同一报告，截至2010年，接受矫正监督的总人数甚至更多——超过700万。国际比较来自国际监狱研究中心，参见http://www.prisonstudies.org/info/worldbrief/wpb_stats.php?area= all&category=wb_poprate。根据这项报告，排在美国之后的世界第二大入狱率的国家是卢旺达，大约每10万人中有595人；第三是俄罗斯，大约每10万人中有542人。关于美国国内跨州之间的比较，参见Pew Center on the States, 2008, *One in 100: Behind Bars in America 2008*, http://www.pewcenteronthestates.org/uploadedFiles/One%20in%20100.pdf。

62. 1987～2007年，美国50个州中有48个州用于矫正和高等教育支出的比率都增加了。在纽约州，这一比率增加了0.61；在俄勒冈州，对于花在高等教育上的每1美元，就有1.06美元花在矫正上；密歇根州则是1.19美元。参见Pew Center on the States, *One in 100: Behind Bars in America 2008*, http://www.pewcenteronthestates.org/uploadedFiles/8015PCTS_Prison08_FINAL_2-1-1_FORWEB.pdf。

63. GDP给了人们对经济健康的一种错误印象，这是来自经济表现和社会进步测量委员会的一个主要信息。参见Jean-Paul Fitoussi, Amartya Sen, Joseph E. Stiglitz, J. Fitoussi和A. Sen, *Mismeasuring Our Lives: Why GDP Doesn't Add Up*（New York: New Press, 2010）, http://www.stiglitz-sen-fitoussi.fr/en/index.htm（2012年3月1日）。

64. 根据美国司法部的统计，美国蹲监狱的人数大约是227万。参见"Correctional Population in the United States, 2010", U.S. Department of Justice, Bureau of Justice Statistics, December 2011, NCJ 236319, http://bjs.

ojp.usdoj.gov/content/pub/pdf/cpus10.pdf（2012 年 3 月 1 日）。那一群体是没有工作的，如果把他们加入到 2012 年 1 月统计的 1.544 亿平民劳动力人口中以及当前被算成是失业的 1276 万失业人口中，那么就会使失业率从 8.3% 上升到 9.5%。失业数据来自 Bureau of Labor Statistics'"Unemployment Situation Report—January 2012, http://www.bls.gov/news.release/pdf/empsit.pdf（2012 年 3 月 1 日）。1999 年的入狱率低一些，当时的一份报告表明如果把蹲监狱的人口算在失业人口之中，那么失业率就会提高 2%。参见 Bruce Western 和 Katherine Beckett, "How Unregulated Is the U.S. Labor Market? The Penal System as a Labor Market Institution", *American Journal of Sociology* 104, no. 4（1999 年 1 月）：1030–60。然而，蹲监狱本身可能会造成未蹲监狱人口的失业率增加，因为正如我们在第 3 章指出的，蹲过监狱的人的就业前景糟糕得很，这一点对于非裔美国人尤其如此。

65. 联邦贫困线是 20 世纪 60 年代中期由社会保障局的 Mollie Orshansky 开发出来的。根据调查，当时每个家庭大约花掉其收入的 1/3 用于购买食品，基于此，贫困线是按照 3 倍于美国农业部制订的经济食品计划的成本算出的。这种贫困线为美国人口普查局所采用并根据每年根据通货膨胀进行更新。联邦贫困指南是一种管理工具（由 Department of Health and Human Services 颁布），并已作为制度应用于在一系列重要福利计划中。这些测量显然有问题（正如 Orshansky 自己所强调的），主要是相对于住房和医疗，食品成本已经发生了显著变化。2011 年，一个四口之家的贫困标准是 22 350 美元。参见 U.S. Department of Health and Human Services Poverty Guidelines, http://aspe.hhs.gov/poverty/11poverty.shtml。

66. 参见 H. Luke Shaefer 和 Kathryn Edin, "Extreme Poverty in the United States, 1996 to 2011", National Poverty Center Policy Brief no. 28, 2012 年 2 月, http://npc.umich.edu/publications/policy_briefs/brief28/policybrief28.pdf（2012 年 3 月 1 日）。这些数字已经从 636 000 增加到了 146 万。这样的家庭在 1 年当中至少有 1 个月处于极度贫困之中。该研究只包含了现金收入，因

此没有包括实物福利。此外，只有 1/5 的家庭收到租金优惠券或者住在公共住房里。即便家庭户在食品或医药上不花一分钱，仅仅维持一个三口之家每个月 180 美元的房费（没钱干别的了）就近乎是不可能的事了。

67. 参见 OECD Factbook 2011–2012: Economic, Environmental and Social Statistics, http://www.oecd-ilibrary.org/（2012 年 3 月 5 日）。

68. 截至 2011 年秋，大约有 4630 万美国人依靠食品券度日，而且有 14.5% 的美国人仍然面临着食品无保障。参见 "Supplemental Nutrition Assistance Program: Number of Persons Participatin"，数据来自 U.S. Department of Agriculture, http://www.fns.usda.gov/pd/29snapcurrpp.htm（2012 年 3 月 1 日），以及 "Food Security in the United States: Key Statistics and Graphics", U.S. Department of Agriculture, http://www.ers.usda.gov/briefing/foodsecurity/stats_graphs.htm（2012 年 3 月 1 日）。食品无保障是这样测量的："1 年当中的有些时候，这些家庭不能确定有或者不能得到满足其家庭所有成员需要的足够食品，因为他们没有足够的钱或其他资源购买食品。"

69. 根据新的测量方法，贫困人口从 2009 年的 4360 万增加到了 2010 年的 4620 万。2010 年，对于一位有两个孩子的单亲母亲来说，贫困线的标准是 17 568 美元。对于生活在美国城市中，就靠那么点儿钱用于衣、食、住和抚养孩子（剩不下多少用于享受现代生活的舒适）简直是难以想象的。食品券缓解了负担，给贫困家庭每个月最多 526 美元，相当于每人每天 6 美元。参见 U.S. Census, "The Research Supplemental Poverty Measure: 2010", 2011 年 11 月。这种讨论还没有充分强调贫困的许多维度。当年我担任世界银行首席经济学家时，我们进行了一项对 1 万人的调查来评价生活中的哪些方面他们压力最大。收入不足显然是一个方面，但他们不断强调的是不安全、没有机会表达自己的想法和不能改进影响他们生活的决策。参见 Deepa Narayan, et al., *Can Anyone Hear Us? Voices of the Poor*（New York：Published by Oxford University Press for the World Bank, 2000）和 World Bank, World Development Report 2000–2001: Attacking Poverty（New York：Oxford

University Press, 2000–01）。

70. 在4620万生活在贫困线以下的人口中，只有350万是65岁或以上的，占贫困人口的7.6%。在总体人口中，年龄在65岁及以上的人占了13%。老年贫困人口的减少主要得益于社会保障。根据人口普查局的调查，"在2010年，如果社会保障支付从货币收入中排除的话，那么年龄在65岁及以上的贫困人口的数量就会增加近1400万，相当于现有老年贫困人口的5倍"。参见U.S. Census Bureau, "Income, Poverty, and Health Insurance Coverage in the United States: 2010", 9月由U.S. Census发布, "The Research Supplemental Poverty Measure: 2010", 2011年11月。

71. 参见U.S. Census 2011, "Child Poverty in the United States 2009 and 2010: Selected Race Groups and Hispanic Origin", http://www.census.gov/prod/2011pubs/acsbr10-05.pdf（2012年3月6日）。对有些群体来说，该比率要高得多：2010年将近有40%的非裔美国儿童生活在贫困中。

72. Katharine Bradbury（第26页）总结道，根据Panel Study of Income Dynamics得出的数据，"多种测量方法都表明在1969～2006年，美国家庭收入流动性降低了，尤其是自20世纪80年代以来。"参见K. Bradbury, "Trends in U.S. Family Income Mobility, 1969–2006", Federal Reserve Bank of Boston, Working Papers, no. 11-10, 2011, http://www.bos.frb.org/economic/wp/wp2011/wp1110.pdf。

73. 参见"Does America Promote Mobility As Well As Other Nations?", Economic Mobility Project of the Pew Charitable Trusts（2011年11月）: 2, http//www.economicmobility.org/assets/pdfs/CRTTA_FINAL.pdf（2012年3月26日）。

74. 如Mark Huggett, Gustavo Ventura和Amir Yaron, "Sources of Lifetime Inequality", *American Economic Review* 101, no. 7（2011年12月）: 2923–54, 指出"最初条件的差异比职业生涯中所受的冲击更能解释人与人之间在终生收入、终生财富、终生效用等方面的变化"。父母收入与孩子收入之间的

关系实际上非常类似于父母身高与孩子身高之间的关系。奥巴马总统经济顾问委员会主席、普林斯顿大学的杰出教授阿兰·克鲁格指出,"一个出生于在收入分配中处于底层的10%群体家庭的人,想在成年后上升进入上层的10%群体,这种可能性就好比一个1.65米的爸爸,有一个长大后身高超过1.86米的儿子。这种情况确实发生,但并不常见。孩子的身高或收入与他父母的身高或收入的相关系数大约是0.5。"

75. 参见Krueger, "The Rise and Consequences of Inequality"。他把这种不平等和对于流动性的一种标准测量(代际收入弹性)之间的系统关系称为"了不起的盖茨比曲线"(Great Gatsby Curve)。

76. 参见Jason DeParle, "Harder for Americans to Rise from Lower Rungs",《纽约时报》,2012年1月4日,引用了Markus Jäntti的研究。参见M. Jäntti, B. Bratsberg, K. Røed, O. Raaum, R. Naylor, E. Österbacka, A. Björklund 和 Tor Eriksson, "American Exceptionalism in a New Light: A Comparison of Intergenerational Earnings Mobility in the Nordic Countries, the United Kingdom and the United States", IZA Discussion Paper, no. 1938, 2006, http://users.abo.fi/mjantti/dp1938.pdf。

77. 如果机会充分平等,那么最底层群体中就只有40%的人会继续留在底层的40%群体。数字来自DeParle, "Harder for Americans to Rise from Lower Rungs",引用了Markus Jäntti, et al., "American Exceptionalism in a New Light"。

78. 上层的1/10群体的孩子中大约有62%最终会进入到上层的40%群体。参见DeParle, "Harder for Americans to Rise from Lower Rungs",引用了J. B. Isaacs, I. V. Sawhill 和 R. Haskins, "Getting Ahead or Losing Ground: Economic Mobility in America", *Brookings/Pew Economic Mobility Project*, 2008年2月, http://www.economicmobility.org/assets/pdfs/PEW_EMP_GETTING_AHEAD_FULL.pdf。

79. 参见 Jonathan Chait, "No Such Thing as Equal Opportunity", *New York*,（2011 年 11 月 7 日）: 14–16。

80. 来自低收入家庭但学习成绩很好的学生中大约有 29% 大学毕业，而来自高收入家庭但学习成绩不好的学生中却有 30% 大学毕业。

81. 出身收入最低的 1/5 群体的孩子大学毕业后大约有 19% 最后进入了收入最高的 1/5 群体，而出身收入最高的群体并且大学没毕业的孩子却有 23% 仍然处于收入最高群体。

82. 根据标准化考试。参见 OECD Programme for International student Assessment (PISA) 2009（http://www.pisa.oecd.org/dataoecd/54/12/46643496.pdf）。

83. 使用不同的定义来描述什么是"知名大学"，许多研究都对精英大学缺乏经济多样性提供了强有力的数据。Lawrence Mishel, Jared Bernstein 和 Heidi Shierholz 等人引用了 Anthony P. Carnevale 和 Stephen J. Rose 等人所做的研究，指出在过去 10 年中的早些时候，知名大学的新生中大约有 74% 来自最上层的 1/4 家庭，而只有 6% 和 3% 分别来自次底层与底层的家庭。其他研究支持了这种趋势，参见 Alexander Astin 和 Leticia Osequera, "The Declining 'Equity' of Higher Education", *Review of Higher Education* 27, no. 3（2004 年）: 321-41。

84. Janet Currie 提供了强有力的证据："受教育少并且是少数民族的母亲更有可能使自己的孩子在子宫内时就受到污染。"她结合关于有毒废物清除地点的信息及有毒物质排放设施的信息，研究了 1989 ～ 2003 年来自 5 个州的 1100 万新生婴儿的数据。她发现，61% 的非裔美国人母亲生活在污染源周围 2000 米的范围内，而只有 41% 的白人母亲住在那里。她据此得出结论："处于社会底层的人在社会地位、受教育程度以及一些性格特征方面表现出了某些特点，如果结合他们的生活环境，这一切早在出生前其实就已经注定了。"参见 Currie, "Inequality at Birth: Some Causes and Consequences", *American Economic Review: Papers and Proceedings* 101, no. 3（2011 年）: 1–22。此前我们提供的数据表明大量美国人面临着无保障，大量儿童生活在贫困中。饥饿和营养不良都妨碍着学习。

85. 参见 Samuel Bowles, Steven N. Durlauf 和 Karla Hoff, eds., *Poverty Traps*（New York: Russell Sage Foundation; Princeton: Princeton University Press, 2006）。

86. 参见 Pew Economic Mobility Project, "Economic Mobility and the American Dream: Where Do We Stand in the Wake of the Great Recession?", Washington, DC: Pew Charitable Trusts, 2011, http://www.economicmoility.org/poll2011。

87. 参见 J. Clenfield: "PWC 估计，日本上市公司的高管去年平均收入为 58 万美元（包括薪酬和其他），这相当于日本工人人均薪酬的 16 倍。而根据 Corporate Library 研究，美国最大的 3000 家上市公司的 CEO 去年同期收入为 350 万美元（包括股票期权和奖金）。"参见"In Japan, Underpaid—and Loving It", *Bloomberg Businessweek*, 2010, http://www.businessweek.com/magazine/content/10_28/b4186014341924.htm。

88. 正如我们所说的，不同来源虽然给出了略微不同的数字，但都呈现了同样的情况。一项研究（http://www.ips-dc.org/reports/executive_excess_2010）报告了美国主要大企业的 CEO 薪酬是普通工人收入的大约 263 倍。根据通货膨胀调整后，2009 年 CEO 的薪酬几乎是 20 世纪 70 年代时的 8 倍。此前，我们展现的数据来自 Mishel, Bernstein 和 Shierholz, *The State of Working America*。这显示出大企业中 CEO 薪酬与普通工人的薪酬相比增加了 10 倍——从 1965 年的 24∶1 到了 2010 年的 243∶1。尽管 1950～1975 年 CEO 薪酬每年只增长 0.8%，但是从那以后每年增长率超过了 10%。根据 Frydman 和 Saks 的调查报告 "Ratio of Average Top 3 Compensation to Average Workers", 这一比率在 1970～1979 年时是 33 倍，后来逐年递增（本来应该更低些），在 20 世纪 80 年代时上升了 4.7%，90 年代上升了 8.9%。进入 21 世纪后，在 2000～2003 年时上升了 6%，最后就变成了 219 倍。参见 C. Frydman 和 D. Jenter, "CEO Compensation", *Annual Review of Financial*

Economics 2, no. 1（2010 年 12 月）: 75–102. C; Frydman 和 R. Saks, "Historical Trends in Executive Compensation 1936–2003", 工作报告, 2005 年 11 月, http://faculty.chicagobooth.edu/workshops/AppliedEcon/archive/pdf/FrydmanSecondPaper.pdf（2012 年 1 月 27 日）。

89. 参见 Joseph E. Stiglitz, *The Roaring Nineties*（New York: Norton, 2003）。

90. 参见 "Cheques with Balances: Why Tackling High Pay Is in the National Interest", 总结于 UK High Pay Commission 报告, 第 24 页, http://highpay-commission.co.uk/wp-content/uploads/2011/11/HPC_final_report_WEB.pdf（2012 年 3 月 1 日）。

91. 同上, 第 21 页。甚至 Institute of Directors（英国的公司董事组织）也觉得有些地方做得出格了。参见 Institute of Directors press release, "The Answer to High Executive Pay Lies with Shareholders and Boards, Says IoD", 2011 年 10 月 28 日, http://press.iod.com/2011/10/28/the-answer-to-high-executive-pay-lies-with-shareholders-says-iod/（2012 年 3 月 6 日）。

92. 参见 OECD, "Divided We Stand"。在 OECD 成员中, 根据基尼系数的测量, 土耳其与墨西哥两国都有着更大的不平等。见以下对这种测量方法的讨论。

93. 这些比较虽然基于 United Nations International Human Development Indicators 提供的基尼系数数据, 但也受到其他数据库的支持。虽然基尼系数是测量不平等的不完善的方法, 但对于像这种的一般国际比较是有用的。

94. 参见 United Nations Human Development Report statistics, http://hdr.undp.org/en/statistics/（2012 年 3 月 6 日）。对于不平等排名有较大负面影响的唯一一个国家是哥伦比亚。

95. 参见 World Bank Indicators, http://data.worldbank.org/indicator。

96. 参见 United Nations Human Development Indicators database, http://hdrstats.undp.org/en/tables/（2012 年 3 月 6 日）。

97. 进行跨国比较一定要谨慎。用于计算基尼系数的必要数据是不容易收集的，尤其是在贫困国家。此外，收入的不平等也许不能充分反映"福利"方面的不平等，尤其是在比较那些提供了强有力的安全网和社会保障体系的政府时。此外，在地域辽阔的国家（如中国），有些不平等可能跟地理有关。跨国比较基尼系数的数据来源有很多，包括 World Bank, United Nations, CIA 和 the Global Peace Index（http://data.worldbank.org/indicator/SI.POV.GINI?page=2&order=wbapi_data_value_2009%20wbapi_data_value%20wbapi_data_value-last&sort=asc，http://hdrstats.undp.org/en/indicators/67106.html，https://www.cia.gov/library/publications/the-world-factbook/rankorder/2172rank.html 和 http://www.visionofhumanity.org/）。

98. 1999～2009 年根据美国人口普查局的数据统计，参见 Historical Table H-4, Gini Ratios for Households, Race and Hispanic Origin of Householder, http://www.census.gov/hhes/www/income/data/historical/household/index.html。

99. 参见 UN Human Development Indicators database。需要注意的是，近些年的数据非常不完整，并且联合国对于美国 2000 年基尼系数的计算（40.8）不同于美国人口普查局的计算（46.2）。我尝试着每次只在同一套数据中进行比较。

100. 参见 Eurostat 关于欧洲基尼系数的数据（http://appsso.eurostat.ec.europa.eu/nui/show.do?dataset=ilc_di12&lang=en，2012 年 3 月 5 日）。

101. 根据对世界银行数据的比较，参见 http://data.worldbank.org/indicator/NY.GDP.PCAP.KD?page=6（2012 年 2 月 14 日）。美国的人均 GDP 在 2010 年以不变的 2000 美元计算是 35 527 美元，而在 1980 年时是 20 004 美元。

102. 经济学有一种标准理论，即消费应该反映终生（或永久）收入的差异。参见 Milton Friedman, *A Theory of the Consumption Function*（Princeton：Princeton University Press, 1957）。因此消费的巨大不平等表明了终生收入的巨大不平等。注意，收入的逐年变化仍然会对福利造成影响，如果资本市场不完善的话（实际上就是不完善），那么个体就不能使消费顺利完成。利用社会保障局公布的年度收益数据，Wojciech Kopczuk, Emmanuel Saez 和 Jae Song 发现"年度收益的变化的增加大部分是因为永久收益的变化的增加，而与暂时收益的变化的增加关系不大"。因此事实上，收益不平等的增加是在永久收入方面。此外，他们还发现一个人要向收益分配的上端流动是很难的（虽然他们的确发现了女性在一生当中有向上的流动性）。参见他们的 "Earnings Inequality and Mobility in the United States: Evidence from Social Security Data since 1937", *Quarterly Journal of Economics* 125，no. 1（2010年）：91-128。至于为何消费不平等在危机爆发前可能小于收入不平等，并且比收入不平等增长得更为缓慢，部分是因为肆无忌惮的借贷。随着房地产市场的崩溃，超出自己收入的消费能力就被降低了。这是对之前对消费不平等分析的一种重要批判，比如 Dirk Krueger 和 Fabrizio Perri, "Does Income Inequality Lead to Consumption Inequality? Evidence and Theory", *Review of Economic Studies* 73（2006年1月）：163-92。

103. 1995年，国会要求美国科学院的一个专家组调查对贫困线的修订并发布一份报告。参见 National Research Council. *Measuring Povery: A New Approach*（Washington, DC：The National Academies Press, 1995）。

104. The Heritage Foundation 最近抱怨说，"2005年，被政府界定为贫困的家庭一般都有一辆车和空调。娱乐方面，贫困家庭都有两部电视机（有线电视或者卫星电视）、一台DVD播放机和一部录像机。如果家里有孩子，尤其是男孩，那通常还会有一些游戏设备，如 Xbox 或 PlayStation。……厨房里有冰箱、微波炉。其他家庭便利设备包括洗衣机、电风扇、咖啡机。" 参见 R. Rector and R. Sheffield, 2011, "Air Conditioning, Cable TV, and an Xbox: What Is Poverty in the United States Today?", 2011年7月19日, http://www.heritage.org/research/reports/2011/07/what-is-poverty。当然，变卖电视机或者其他什么家电都不足以提供食品、医疗、住房或者让孩子上好学校。还有另一个重要领域，即探索消费与幸福之间的关系，至少可以追溯到 Veblen（1899）的 *Theory of the Leisure Class*，书中介绍了"炫耀性消费"的概念。最近，Richard Wilkinson 和 Kate Pickett 在 *The Spirit Level: Why Greater Equality Makes Societies Stronger*（New York: Bloomsbury Press，2009）一书中指出，更多的平等可以通过减少"社会评价焦虑"及相关的压力来增进幸福。

105. 参见 U.S. Census，"The Research Supplemental Poverty Measure: 2010"，2011 年 11 月。

106. 我们将在第 3 章中解释，这种论调有两个方面（都是错误的）：第一个方面是以更高的税率对上层群体征税将降低他们工作和储蓄的积极性，以至于税收甚至会下降；第二个方面是帮助穷人只会滋生更多的贫困——致使底层群体不愿意工作。

107. 在 *Today Show* 节目（2012 年 1 月 11 日）当中，Mitt Romney 说："我觉得最好私下谈论那些事情……这是一种非常容易引起别人妒忌的方法，我认为它不会成功。"（http://blogs.chicagotribune.com/news_columnists_ezorn/2012/01/shhhhh.html，2012 年 1 月 25 日）。

第2章　寻租与不平等社会的产生

1. 这就是为什么良好的股市表现不再是一种健康经济的一个良好指标。股票表现好，可以是因为薪酬低并且美联储出于对经济的担心而使利率几乎保持在零。

2. 参见 Thucydides，*The Peloponnesian War*，trans. Richard Crawley（New York: Modern Library，1951）: 331（book 5.89）。

3. 这就是为什么那些当权者主动放弃一些权力的例子显得特别有趣。其中有些例子是因为当权者意识到自己的长期利益及属于他们服务对象的人的长期利益是紧密相连的。比如不丹国王在 2007 年坚持要把他的国家转变为君主立宪制国家。他必须说服他的臣民那是对他们而言的正确道路。19 世纪那些把教育惠及普通国民的国家的统治精英一定知道那么做的风险——长远而言将弱化他们的政治专营权，然而需要一支教育程度更高的劳动力队伍的短期经济利益似乎优先于长期的政治后果。参见 François Bourguignon and Sébastien Dessus, "Equity and Development: Political Economy Considerations", pt. 1 of *"No Growth without Equity?"* ed. Santiago Levy and Michael Walton（New York：Palgrave Macmillan，2009）。Daron Acemoglu 和 James Robinson 从理论上解释了民主化是统治精英致力于未来再分配的一种手段，从而避免了在社会动荡时出现暴力革命的极端情况。如果民众反抗的力量不是太大的话，那么采取镇压或临时改革（或转移支付）也许就足够了。参见 Acemoglu 和 Robinson, *Economic Origins of Dictatorship and Democracy*（Cambridge：Cambridge University Press，2006）。

4. 参见 Karl Polyani, *The Great Transformation*（New York：Rinehart，1944）。

5. 这个想法的正规化被称为"经济学的第一福利定理"（first welfare theorem of economics）。该定理认为，在某些条件下（当市场运行良好时）要想使自己生活得更好，就要使其他人生活得更差。但是正如我们马上要解释的，市场在很多情况下运行得不好。最近一种流行的分析是 Kaushik Basu 的 *Beyond the Invisible Hand: Groundwork for a New Economics*（Princeton：Princeton University Press，2011）。他借用魔术表演来描述了经济学关于政治权利的讨论方式吸引了人们对该定理结论（市场是有效率的）的注意，但使人们忽略了这一结论赖以成立的非常特殊和不现实的条件——完美的市场。就像一位善于表演的魔术师，一位主张自由市场的经济学家成功地把观众的注意力吸引到他想让他们注意的地方——从帽子里跳出来一只兔子，但与此同时转移了人们对其他事物的关注——一开始兔子是怎么进到帽子里的。

6. 参见 Adam Smith, *The Wealth of Nations*（New York：P. F. Collier，1902）。

7. 参见 Carmen Reinhart 和 Kenneth Rogoff, *This Time Is Different: Eight Centuries of Financial Folly*（Princeton：Princeton University Press，2009）。

8. 金融衍生品就是一种金融工具，其收益**衍生于**其他东西，比如一只股票的表现或石油的价格或一只债券的价值。通过使这一市场不透明，许多银行获利丰厚——广泛估计每年超过 200 亿美元。

9. 2011 年 10 月 31 日，一家由 Jon Corzine 经营的经纪行 MF Global Holdings 在纽约申请了破产，这是美国历史上第八大企业破产，并且也是自雷曼兄弟于 2008 年申请破产以来的最大一起证券公司失败案。

10. 虽然对于什么时候利用信息不对称是不道德的这一问题（反映在"购买者自慎"这一格言里就是把责任推给了购买者，让购买者自己小心信息不对称的可能性）存在争论，但毫无疑问的是银行已经越过了界限。见稍后几章中对于银行因为欺诈行为而被罚款的讨论。

11. 这种掠夺性行为采取了几种形式。一种就是索取**非常**高的利息，有时是以费用的形式模糊处理。高利贷法的取消为贷款方提供了索取过高利率的更大范围，并且贷款方找到各种手段规避任何管制。Rent-a-Center 宣称是出租家具，但它实际上是出售家具并同时放贷——利息超高。曾经有一些州想起诉这家公司，可这家公司政治影响力（它的董事会中有一些高层的政客，包括曾经的众议院共和党领导人）颇大，它还试图先发制人：使联邦法律高于各州的法律。2006 年，加利福尼亚州以欺骗性商业行为的罪名成功起诉了 Rent-a-Center（当时其年收入超过 20 亿美元）。参见 http://oag.ca.gov/news/press_release?id=1391。信用卡和发薪日贷款提供了掠夺性实践的其他途径。参见 Robert Faris, "Payday Lending: A Business Model That Encourages Chronic Borrowing", *Economic Development Quarterly* 17, no. 1 （2003 年 2 月）: 8–32; James H. Carr 和 Lopa Kolluri, *Predatory Lending: An Overview*（Washington, DC: Fannie Mae Foundation, 2001）。

12. 运行良好的金融业对于运行良好的经济绝对是不可或缺的，它分配着资本、管理着风险并运营着支付机制。正如我在 *Freefall*（New York: Norton, 2010）一书中解释的，在 2008～2009 经济危机爆发之前，金融业并没有很好地履行这些职责。部分原因是金融业把注意力多半放在了规避管制以及剥削活动上，比如掠夺性贷款。负和博弈的性质反映在房地产界的巨大损失上。金融业喜欢宣称它一直是高度创新的并且这些创新是经济全面成功的根基。但正如美联储前主席保罗·沃尔克指出，几乎没有证据表明这些金融创新对经济增长或社会福利有任何重大影响。即使金融业在经济危机爆发前的几年里对国家经济增长有少许贡献，但危机造成的损失早已大大抵消了任何收益。

13. 最近一项研究表明，社会地位或收入越高的人对于违规的不安感越少；其有可能受自身利益的驱动，更有可能欺骗，也更有可能以通常被认为是不道德的方式行事。参见 Paul K. Piff, Daniel M. Stancato, Stephane Cote, Rodolfo Menoza-Denton 和 Dacher Keltner, "Higher Social Class Predicts Increased Unethical Behavior", *Proceedings of the National Academy of Sciences*, 2012 年 2 月 27 日。虽然什么是"不公平的"或"不道德的"取决于"规范"，并且对于什么是公平，什么是不公平，人们也有不同看法，但是他们的实验关注的情形通常是大家广泛认为是公平或道德的。同样，我接下来所批判的金融业的行为大部分是违背了任何"公平"或"道德"感。

14. 这一问题逐渐被称为"自然资源的诅咒"。这些国家一直做不好的原因还有其他一些：管理自然资源是很困难的（价格波动以及汇率被高估）。对于这些问题的回顾以及如何治理，参见 *Escaping the Resource Curse*, ed. M. Humphreys, J. Sachs, 以及 J. E. Stiglitz（New York：Columbia University Press, 2007）。也可见 Michael Ross, *The Oil Curse: How Petroleum Wealth Shapes the Development of Nations*（Princeton：Princeton University Press, 2012）及 *Timber Booms and Institutional Breakdown in Southeast Asia*（New York：Cambridge University Press, 2001）。

15. 根据 World Bank Indicators, http://data.worldbank.org/indicator，在查韦斯 1999 年执政之前，全国 50% 的人口生活在国家贫困线以下。

16. 他与苏联科学家 Nikolay Basov 和 Aleksandr Prokhorov 共同获得了 1964 年诺贝尔物理学奖，以表彰"他在量子电子学领域的基础工作导致了基于微波激射激光原理建成的振荡器和放大器"。

17. 他们获得了 1956 年的诺贝尔物理学奖，"因为他们对于半导体的研究和对晶体管效应的发现"。

18. 他所创立的 The World Wide Web Consortium 决定其标准应该基于不收版税的技术，以便这些标准能很容易地被任何人采用。与乔布斯一样，比尔·盖茨也经常被奉为一名创新者，但是尽管现在几乎全世界都采用他的产品，但那更多的是因为盖茨的商业敏锐（以及对市场的近乎垄断）而较少是因为他所卖的技术。

19. Bakija 等人发现（第3页）："高管、经理、主管以及金融专业人士近年来占了最高的 0.1% 的收入者群体的 60%，并且占了 1979～2005 年收入分配中流向最高的 0.1% 群体的收入份额增长的 70%。" 1% 上层群体构成是：31% 来自"高管、经理、（非金融业的）主管"，15.7% 来自"医疗界"，13.9% 来自"金融业专业人士，包括管理层"，8.4% 来自"律师"。这当中来自金融业的人数几乎翻了一番，从 1979 年的 7.7% 变成了 2005 年的 13.9%。这些统计是基于**不包括**资本收益的工资测量。这一点非常重要，因为所有资本收益中大约有一半都成为最上层的 0.1% 群体的了。对于收入最高的 400 人，他们收入的 60% 是资本收益。参见 J. Bakija, A. Cole 和 B. T. Hein, "Jobs and Income Growth of Top Earners and the Causes of Changing Income Inequality: Evidence from U.S. Tax Return Data"。参见 C. Rampell, "The Top 1%: Executives, Doctors and Bankers"，《纽约时报》，2011 年 10 月 17 日，http://economix.blogs.nytimes.com/2011/10/17/the-top-1-executives-doctors-and-bankers/ 和 Laura D'Andrea Tyson, "Tackling Income Inequality"，《纽约时报》，2011 年 11 月 18 日，http://economix.blogs.nytimes.com/2011/11/18/tackling-income-inequality/。

20. 参见 Forbes 世界亿万富豪榜（http://www.forbes.com/wealth/billionaires/）2011 年排名。

21. Slim 的 Grupo Carso, France Telecom 和 Southwestern Bell 在 1990 年 12 月花 17 亿美元购得了 Telmex 20.4% 的控股股份，占了该公司投票总数的 51%。参见 Keith Bradsher, "Regulatory Pitfall in Telmex Sale"，《纽约时

报》，1990 年 12 月 7 日，http://www.nytimes.com/1990/12/27/business/talking-deals-regulatory-pitfall-in-telmex-sale.html?scp=1&sq=telmex%20southwestern%20bell%201990&st=cse（2012 年 3 月 3 日）。

22. 20 世纪 90 年代中期，俄罗斯向私营部门大举借钱，把国家在石油和自然资源公司的股份作为抵押品。但那完全是把国有资产转让给寡头的一种计策，被称为"以贷款换股份"。参见 Chrystia Freeland, *Sale of the Century: Russia's Wild Ride from Communism to Capitalism*（New York：Crown Business, 2000）。人们经常提出各种似是而非的理由来支持这些私有化。最近，希腊被敦促着私有化，作为从欧洲和国际货币基金组织得到资助的一个条件。关于私有化及支持它的理由的讨论，见本书的第 6 章和第 8 章以及 J. E. Stiglitz, *Globalization and Its Discontents*（New York：Norton, 2002）。并非每个国家和每种私有化都因为以公平的市场价格将国有资产转移到私人手中而蒙受损失。许多人认为在撒切尔夫人当政时，英国所采取的私有化就是故意以免受损失的方式进行的，当时股票公开发行并且对于个人或企业可购买的股票有数量限制。

23. 参见 Forbes 2011 年薪酬最高的美国 CEO（http://www.forbes.com/lists/ 2011/12/ceo-compensation-11_rank.html）。

24. 这显然是一个有争议的说法：CEO 也许会说实际上他们得到的只不过是他们为股东创造的价值的一小部分。但是，正如我们下面所提到，所谓的激励结构设计得太差，对于因为 CEO 的努力而使市场价值增加的部分与因为更广泛的市场力量造成的市场价值增加的部分之间的关联解释得不多。此外，还有些研究指出，一旦考虑到全部薪酬（包括当股市运行不好时对奖金的调整），公司绩效与薪酬之间的关系就更弱了。关于对此的详细讨论，参见 J. E. Stiglitz, *Roaring Nineties*（New York：Norton, 2003），以及 Lucian Bebchuk 和 Jesse Fried, *Pay without Performance: The Unfulfilled Promise of Executive Compensation*（Cambridge：Harvard University Press, 2004）。

25. 还有一个群体就是地产界大亨，他们受益于税法的特殊规定，并常常通过当地政府在分区法的差异得到租金。

26. 这些有时候被叫作自然垄断，它们包括前面给出的例子，其网络外部性是非常大的。

27. 主张加强知识产权的人当然另有说法。有趣的是，位于硅谷的美国许多创新型公司一直反对那些由制药业和娱乐业人士提出的加强知识产权的提议。对专利法的最近几次修正都给了大公司一种新公司享受不到的优势，这阐明了在下一章屡次提及的事实，即任何法律架构都有强烈的分配后果。关于我们当前的知识产权架构如何实际上妨碍了创新，参见 J. E. Stiglitz, *Making Globalization Work*（New York：Norton, 2006）; Claude Henry 和 J. E. Stiglitz, "Intellecutal Property, Dissemination of Innovation, and Sustainable Development", *Global Policy* 1, no. 1（2010 年 10 月）: 237–51。

28. 参见 A. Dixit, "The Role of Investment in Entry-Deterrence", *Economic Journal* 90, no. 357（1980 年 3 月）: 95–106; J. Tirole 和 D. Fudenberg, "The Fat Cat Effect, the Puppy Dog Ploy and the Lean and Hungry Look", *American Economic Review* 74（1984 年）: 361–68。微软公司所使用的摆脱其竞争对手的实践（下面会谈到）也有助于防止新竞争者进入。

29. 显然人们需要标准，人们不想让一个不合格的医生动手术。然而，只要增加医学院的招生名额，就可以增加合格医生的供应了。

30. 国会在 1890 年通过了《谢尔曼反托拉斯法》，该法律在 20 世纪加快了实施。最高法院在 1911 年要求分别拆分标准石油公司与美国烟草公司，打破了这两家公司对各自行业的垄断。1984 年，最高法院又通过 *United States v. AT&T* 案打破了 AT&T 的垄断。参见 Charles R. Geisst, *Monopolies in America: Empire Builders and Their Enemies from Jay Gould to Bill Gates*（New York：Oxford University Press, 2000）。

31. "芝加哥学派"这个术语经常用来指这一群经济学家，尤其是因为这个学派的泰斗级人物米尔顿·弗里德曼（和他的许多追随者）曾执教于芝加哥大学。但是应该说明的是，芝加哥大学的许多学者并不是这一学派的信徒，其许多信徒分别在世界各地的不同大学。只不过这个术语已经成了一种大家普遍使用的简略表达方式。

32. 有一群人甚至离谱地说只要存在潜在竞争，就算只有一家公司，市场也会表现出竞争性。这一观点在解除航空管制方面起了重要作用，它认为即便在某一给定航线上只有一家航空公司，因为有新进入者的威胁，这家航空公司也不敢收取垄断价格的。理论和经验都已表明这种观点是错误的，只要存在着沉没成本，无论这些成本有多小。参见 Joseph Farrell, "How Effective Is Potential Competition?", *Economics Letters* 20, no. 1（1986 年）: 67–70; J. E. Stiglitz, "Technological Change, Sunk Costs, and Competition", *Brookings Papers on Economic Activity* 3（1987 年）: 883-947; P. Dasgupta 和 J. E. Stiglitz, "Potential Competition, Actual Competition, and Economic Welfare", *European Economic Review* 32, no. 2–3（1988 年 3 月）: 569–77。

33. 关于保守的基金会对芝加哥学派中法律和经济学项目的资助，具体讨论和例子参见 Alliance for Justice, *Justice for Sale: Shortchanging the Public Interest for Private Gain*（Washington, DC: Alliance for Justice, 1993）。

34. 司法部在 21 世纪初对美国航空公司进行了起诉。我原以为对于美国航空公司参与掠夺性行为的证据是尤其引人注目的，但是法官根本不需要看证据，因为最高法院已经判决：针对存在掠夺性定价的推定过于强烈，所以起诉无效。

35. 网景的创始人之一 Marc Andreessen 是在 University of Illinois at Urbana-Champaign 开发第一个被广泛使用的浏览器 Mosaic 的团队成员之一，这是一个由该大学 National Center for Supercomputing Applications（是 National Science Foundation's Supercomputer Centers Program 的原址之一）资助的项目。参见 NCSA 的网站 http://www.ncsa.illinois.edu/Projects/mosaic.html（2012 年 3 月 3 日）及 John Markoff, "New Venture in Cyberspace by Silicon Graphics Founder",《纽约时报》, 1994 年 5 月 7 日, http://www.nytimes.com/1994/05/07/business/new-venture-in-cyberspace-by-silicon-graphics-founder.html?ref=marcandreessen

(2012年3月3日)。

36. 关于微软公司案件的概括,参见 Geisst, *Monopolies in America*。

37. 参见 Steven C. Salop 和 R. Craig Romaine, "Preserving Monopoly: Economic Analysis, Legal Standards, and Microsoft", *George Mason Law Review* 4, no. 7(1999年): 617–1055。

38. 参见微软公司的年度报告。

39. 正如已故的牛津大学教授和诺贝尔奖得主约翰·希克斯说的: "所有垄断利润的最好之处就是过一种安静的生活。"参见 J. R. Hicks, "Annual Survey of Economic Theory: The Theory of Monopoly", *Econometrica* 1, no. 8(1935年)。肯尼斯·阿罗指出,由于垄断者限制了产量,他们通过减少成本省下来的钱也随之减少。参见 Arrow, "Economic Welfare and the Allocation of Resources for Invention", *The Rate and Direction of Inventive Activity: Economic and Social Factors*(Princeton: Princeton University Press, 1962): 609–26。垄断当然不能永远持续: 新技术和开放源代码运动已经开始挑战微软的霸主地位了。

40. 这是通过截止到2011年9月3日的商业银行总资产计算出来的。参见 FDIC Statistics on Banking(http://www2.fdic.gov/SDI/SOB/index.asp)和 Federal Reserve Statistical Release Large Commercial Banks(http://www.federalreserve.gov/releases/lbr/current/default.htm)。

41. 此外,银行不对它们提供的服务进行价格竞争。如果你要进行一次合并或收购,各家主要银行都收取同样比例的手续费。当这些并购价值数亿美元时,银行得到的手续费是很高的。而当并购价值达到几十亿时,手续费就变得巨大了,因为还是同样的人做同样的事。

42. 从2010年第4季度到2011年第3季度(可获得的最近的年份),FDIC 承保的机构获利总计1150亿美元。参见 *FDIC Quarterly*(http://www.fdic.gov/bank/analytical/quarterly/index.html)。但是这些数字并没有真正反映银行利润的丰厚程度,因为它们是扣除银行高管巨额奖金后的利润,那笔钱足以使某些公司的收入在抛出其他成本后增加50%，也就是说"真正的"利润可能是上面数字的2倍。银行业的**利润和奖金**超过了国家整个国民产出的1%。这些数字使得许多人得出这样一种结论：原本应是经济中其他部门仆人的金融业已经变成了主人。

43. 微软试着通过各种渠道施加政治影响。从1999年到现在，微软已为政治竞选活动捐助了13 516 304美元。参见根据竞选财务报告和联邦选举委员会披露的数据整理的捐助名单（http://www.campaignmoney.com/Microsoft.asp?pg=88，2012年3月6日）。针对微软被定罪的反竞争行为，布什总统任内的司法部推出的法律补救办法非常宽大并且没有有效限制它的市场势力。参见Andrew Chin，诉微软案："Decoding Microsoft: A First Principles Approach"，*Wake Forest Law Review* 40, no. 1（2005年）：1–157。在反托拉斯法的例子中，有效公共执法的缺失有一种部分补救办法：私人反垄断诉讼。

44. 已故的诺贝尔经济学奖得主乔治·斯蒂格勒对此写了大量文章，参见Stigler, "The Economic Theory of Regulation", *Bell Journal of Economics* 11（1971年）：3–21。

45. 数据来自OpenSectrets.org，这是Center for Responsive Politics的网站，它们统计了为商业银行、金融、信用公司等游说的人士的数量。当把所有为金融、保险和房地产业游说的人士都统计出来时，这一数字膨胀到将近五位游说人士对应一位美国国会众议员。参见http://www.opensecrets.org/lobby/indus.php?id=F&year=a（2012年3月24日）。

46. 最近的例子是参议院银行委员会主席否决了对获得诺贝尔奖的经济学家彼得·戴蒙德的提名，因为一旦任命，戴蒙德可能会对某些银行行长秉持的教条主义做出批评。奥巴马总统第一次提名任命戴蒙德为美联储理事是在2010年4月，在被共和党占优势的参议院驳回后，在同年9月和次年4月又再次提名。2011年6月5日，戴蒙德宣布退出美联储理事竞选。奥巴马政府中的参议员理查德·谢尔比一直抵制戴蒙德竞选美联储理事，他批评戴蒙德缺少在中央银行中运用货币政策刺激经济的经验。戴蒙德对此的回应是：其对手并没有明白有效的货币政策应该重点关注失业率。

47. 参见 The Medicare Prescription Drug, Improvement, and Moder-nization Act of 2003。

48. 经济学家迪恩·贝克尔的研究表明，如果医疗保障计划可以讲价的话，在最保守的高成本情况下，2006～2013年本可以节省3320亿美元（大约每年500亿美元）。在中等成本情况下，同样的预算也本可以节省5630亿美元。参见 Baker, *The Savings from an Efficient Medicare Prescription Drug Plan*（Washington, DC: Center for Economic and Policy Research, January 2006）。

49. 据估计，美国的四大银行通过金融衍生品每年可以额外收获大约200亿美元。

50. 乙醇市场还以其他方式被扭曲了（如对那些将汽油与乙醇混合起来的汽油炼油厂的乙醇要求和补贴），其中大部分都来自美国的玉米生产者。参见2010 CBO study "Using Biofuel Tax Credits to Achieve Energy and Environmental Policy Goal", http://www.cbo.gov/sites/default/files/cbofiles/ftpdocs/114xx/doc11477/07-14-biofuels.pdf（2012年3月2日）及 "The Global Dynamics of Biofuel", Brazil Institute Special Report, 2007年4月, no. 3, http://www.wilsoncenter.org/sites/default/files/Brazil_SR_e3.pdf（2012年3月2日）。

51. 国会最终允许该项补贴在2011年底终止。

52. 一个著名例子的就是ADM在1997年因为赖氨酸价格垄断而被处以在当时是创纪录的1亿美元罚款，这是漫长的联邦调查结果，并且还有3名高管获罪服刑。这后来变成了一本由库尔特·艾欣沃尔德写的书，并在2009年拍成了一部由马特·达蒙主演的电影《告密者》（*The Informant*）。

53. 在玉米为原料提炼乙醇的早期，根本不是那么回事：当时乙醇生产者对玉米的需求如此之低以至于玉米种植者几乎无法从补贴中受益。因为用玉米生产的乙醇只是全球供应的一小部分，因此它对于玉米价格的影响微乎其微。ADM 及其他乙醇生产者是真正的受益者。

54. 1995～2010 年，美国政府总共花了 2619 亿美元用于农业补贴。根据 USDA，63% 的农场没有得到任何资助。在这些资助中，一大块（在 2009 年是 62%）给了大型商业化农场（每年总销售额在 25 万美元或更多）。1995～2010 年，排名靠前的 10% 的农场每年平均得到 30 751 美元，而排名靠后的 80% 的农场每年平均只得到 587 美元。参见 USDA Economic Research Service,"Farm Income and Cost: Farms Receiving Government Payments", http://www.ers.usda.gov/Briefing/FarmIncome/govtpaybyfarmtype.htm; Environmental Working Group, Farm Subsidy Database, http://farm=.ewg.org/region.php?fips=00000&regname=UnitedStatesFarmSubsidySummary。

55. 实际上，关于这一话题已写了许多书。参见 Glenn Parker, *Congress and the Rent-Seeking Society*（Ann Arbor: University of Michigan Press, 1996）。

第3章 市场与不平等

1. 更准确地说，如果需求曲线比供给曲线移动得更多的话。

2. 制造业的就业人数从 1988 年的 1800 万人下降到现在的不到 1200 万人。参见 Department of Labor, Bureau of Labor Statistics。

3. 对这些问题的讨论，参见 David H. Autor, Lawrence F. Katz 和 Melissa S. Kearney, "Measuring and Interpreting Trends in Inequality", *American Economic Review* 96（2006 年 5 月）: 189–94; Claudia Goldin 和 Lawrence F. Katz, "Long-Run Changes in the Wage Structure: Narrowing, Widening, Polarizing", *Brookings Papers on Economic Activity* 2（2007 年）: 135–64。

4. 参见 David H. Autor, Lawrence F. Katz 和 Alan B. Krueger, "Computing Inequality: Have Computers Changed the Labor Market?", *Quarterly Journal of Economics* 113（1998 年 11 月）: 1169–213; L. F. Katz, "Technological Change, Computerization, and the Wage Structure", *Understanding the Digital Economy*, ed. E. Brynjolfsson and B. Kahin（Cambridge: MIT Press, 2000）, 217–44。

5. 参见 Goldin 和 Katz，"Long-Run Changes in the Wage Structure"，(第 153 页)。他们把大部分差异归因于美国本土出生的美国人受教育程度的下降。

6. 参见 OECD，Education at a Glance: OECD Indicators，2011：54，http://www.oecd.org/dataoecd/61/2/48631582.pdf（2012 年 3 月 2 日）。

7. 同上，第 68 页。

8. 有关数据，参见 OECD Programme for International Student Assessment (PISA) 2009 results。

9. 1998 年，大学毕业生的薪酬甚至涨到了高中毕业生薪酬的 1.75 倍（从 1970 年的 1.59 倍）。

10. 参见 David H. Autor，Frank Levy 和 Richard J. Murnane，"The Skill Content of Recent Technological Change: An Empirical Exploration"，Quarterly Journal of Economics 118（2003 年）：1279–333。

11. 根据 Autor, et al.，"Measuring and Interpreting Trends in Inequality"，自从 1988 年以来，薪酬增长最快的是在那些上层群体的人，最慢的是在中间的两个 1/4 群体。

12. 参见 Domenico Delli Gatti，Mauro Gallegati，Bruce C. Green-wald，Alberto Russo 和 Joseph E. Stiglitz，"Sectoral Imbalances and Long Run Crises"，（2012 年初）；J. E. Stigltiz，"The Book of Jobs"，Vanity Fair，January 2012，http://www.vanityfair.com/politics/2012/01/stiglitz-depression-201201（2012 年 2 月 15 日）。

13. 参见 Bill Vlasic，"Detroit Sets Its Future on a Foundation of Two-Tier Wages"，《纽约时报》，2011 年 9 月 12 日，http://www.nytimes.com/2011/09/13/business/in-detroit-two-wage-levels-are-the-new-way-of-work.html?pagewanted=all（2012 年 3 月 6 日）。GM 2007 年的年报证实了关于薪酬的某些细节，参见 http://bigthreeauto.procon.org/sourcefiles/GM_AR_2007.pdf（2012 年 3 月 6 日）。关于薪酬的更多讨论，参见 Bruce C. Greenwald 和 Judd Kahn，Globalization: The Irrational Fear That Someone in China Will Take

Your Job (Hoboken, NJ: John Wiely, 2009)。

14. 有些右翼人士在比较公共部门与私营部门的薪酬差异时，**没有根据教育进行调整**（也就是说，没有考虑到两个部门之间的教育水平差异），从而抱怨公共部门的薪酬过高。但是根据教育调整后，公共部门的薪酬是低于私营部门的。有人认为公共部门所享受到的更慷慨（和低风险）的养老金及其他福利弥补了这种差异，然而 Munnell, et al. 的研究发现私营部门的工人却享受着"适度的"4% 溢价甚至净福利。参见 A. Munnell, J.P. Aubry, J. Hurwitz 和 L. Quimby, "Comparing Compensation: State-Local versus Private Sector Workers", Center for Retirement Research at Boston College, no. 20, 2011 年 9 月。

15. 许多经济学家在应对这些分配变化时一直感到不舒服，因为难以进行人际比较。经济学家经常关注"帕累托效率"（Pareto efficient）均衡，即要使一个人状况变得更好，就必须使另一个人状况变得更差，或者关注"帕累托改进"（Pareto improvement），即使一个人状况变得更好，但同时却没有人受到损失。正如在我们基础经济学课程中学到的，达到帕累托效率均衡也许是非常不可取的，因为它使得许多人只能维持最低限度的生存。

16. 几百年前在英格兰和苏格兰，大地主圈起了公地。有些经济学家认为这种做法是可取的，因为它避免了过度放牧的问题，该问题被称为"公地悲剧"（tragedy of the common）。但是比效率效应大得多的是分配效应：很多农民丧失了赖以生存的土地变得一贫如洗。正如获得诺贝尔奖的经济学家和政治学家埃莉诺·奥斯特罗姆指出的，还有其他方法可以避免公地悲剧并确保资源得到良好管理——比如明确规定可放牧的羊的数量。这些做法在维护效率方面可以做得同样好，并且还能产生更好的社会后果。公地的真正悲剧在于，随着公地被大地主私有化，数以千计的农民变成赤贫，因此不得不迁移到英国的其他城市或出国。建立一种使用权体系（如允许每户家庭放牧10 只羊）就可以防止过度放牧问题也可以避免农民生活困窘。几乎任何一个水资源紧缺（如阿塔卡玛沙漠的土著人）或依赖灌溉的社会都开发出了复杂的监管计划来分配水资源，平衡了公平与效率——并且只是有限地使用了价格手段。对于这些问题的广泛讨论，参见 Stigltiz, *Making Globalization Work*, chap. 4。

17. 这是2005年破产法的另一个不公正方面：它甚至使得从营利性银行向营利性学校的贷款也不可免除了。

18. 我们将在稍后一章讨论掠夺性教育贷款。另一种破产"改革"（第2章讨论过了）给了金融衍生品在破产时享有优先权，那不仅通过鼓励赌博工具扭曲了经济，而且是以其他人为代价这么做的——包括工人和领取养老金的人，他们对破产公司的索赔相应地减弱了。

19. 1948年12月10日联合国采纳的 Universal Declaration of Human Rights 承认了经济权利和政治权利，但被确立的经济权利涉及普通公民。参见 The Universal Declaration of Human Rights，http://www.un.org/en/documents/udhr/index.shtml#a25。该宣言含蓄地指出，那些连生存都有风险的人是不能也不愿有效行使他们的政治权利的。在"冷战"期间，左翼人士强调这些经济权利的重要性，但是美国政府关注的是政治权利。具有讽刺意味的是，当经济权利最终得到讨论时，却不是工人和公民的而是资本的经济权利——产权、知识产权、资本跨国自由流动的权利。然而在其他国家，越来越强调普通公民的经济权利，比如在南非宪法中，就连住房权都被接受。参见 Chapter 2, Bill of Rights, Section 26。http://www.info.gov.za/documents/constitution/1996/96cons2.htm#26。印度最高法院已经承认了受教育权利。在全世界，基于权利的做法受到越来越多的关注。比如联合国人权委员会前主席（也是爱尔兰前总统）Mary Robinson 成立的组织 Realizing Rights（http://www.realizingrights.org/）。

20. 然而，这忽略了劳动力流动所带来的许多社会及其他后果，既包括对流出国也包括对流入国的。

21. 当然了，有些（也许是许多）主张金融市场自由化的人眼睛只盯着他们能够投资的回报更高的地方从而给他们的盈利带来**直接的**增加，但是他们没有考虑不对称自由化给薪酬带来的系统性影响。

22. 金融市场一体化不仅需要资本的跨国自由流动，而且也需要金融制度的跨国自由流动。见第 6 章对这些问题的详细讨论。

23. 同样的问题也出现于电网的设计中。更集成的电网容易受到系统故障的影响——一个小地方的问题，比如位于俄亥俄州的一个变电所出现故障，就可以使整个东海岸断电。解决的办法是设计出有效的断路器来隔离这种问题。

24. 银行为满足自身利益花了很多钱来游说以避免监管和争取救助。八家银行与私募基金公司在 2009 年的游说开支比 2008 年增加了 12%，达到 2980 万美元，其中大部分都用来影响立法，尤其是在过去 3 个月里当国会投票表决金融改革法案期间。参见 "Banks Step Up Spending on Lobbying to Fight Proposed Stiffer Regulations"，《洛杉矶时报》，2010 年 2 月 16 日。表明银行游说者影响力的一个例子是，美联储在 2011 年 6 月对于银行向零售商收取借记卡的手续费设了一个 24 美分的上限，这一数额是对交易成本合理估计值的好几倍，并且比美联储在 2010 年 12 月尝试提议的 12 美分大约增加了一倍。参见 "Fed Halves Debit Card Bank Fee"，《纽约时报》，2011 年 6 月 29 日，http://www.nytimes.com/2011/06/30/business/30debit.html。

25. 发展中国家对于全球化也有很多抱怨，我在其他地方讨论过这种现象。比如它们合理地抱怨贸易协定不公平：讨价还价的权力属于发达国家一方。考虑一下美国与世界许多其他国家签订的所谓的自由贸易协定，这些协定都不是真正的自由贸易协定。如果是的话，它们只需要几页纸，上面写着各方都同意消除关税、非关税壁垒及补贴。但是这些协定动辄几百页，**因为它们实际上都是被操纵了的贸易协定**，都是为特殊利益集团服务的。在这些协定中，各个行业都要求得到这样或那样的优惠待遇。公司关注的自然是能增加其利润的规定——当贸易自由化有助于它们提高利润时，它们就支持它；但当贸易自由化起反作用时，它们就反对它。贸易协定的大部分内容都反映出美国贸易代表以及其他发达工业化国家的贸易部长在代表各自国家企业的利益。然而，开放贸易只是贸易谈判关注点的一部分。今天，人们将更多的注意力放在诱使其他国家对外国投资开放市场并保护其在那些国家所做的投资上——也就是提供条件以提高工作岗位的海外流动。简言之，更关注提高企业利润，而不是增加本国内的工作岗位。这一点不足为奇，如果我们考虑到竞选资助和游说来源的话（有时候美国的贸易代表是总统竞选活动的经理，这并非偶然）。每个人都认为出口是好事而进口是坏事（这样的立场当然在思想上是不连贯的）。美国企业宣传，如果其他某一公司的销售价格低于它们的，该公司一定在不公平竞争，如以低于成本销售或者得到了政府补贴。利用这些理由，美国企业主张通过征收关税来使竞争条件公平。当国际贸易协定阻止征收关税时，美国（以及其他国家）就动用那些被称为非关税壁垒的手段，尤其是反倾销税。但问题的实际情况是，许多美国行业已经不是世界上最有效率的了。许多行业并没有在人力或机器方面进行应有的投资，这就是为什么它们的成本更高。有关美国汽车制造业创新的重要性以及美国企业是如何联手反对外国竞争者的，参见 McKinsey & Company, "Increasing Global Competition and Labor Productivity: Lessons from the US Automotive Industry", 来自 McKinsey Global Institute 的报告，2005，http://www.mckinsey.com/Insights/MGI/Research/Productivity_Competitiveness_and_Growth/Increasing_global_competition_and_labor_productivity（2012年3月6日）。

26. 在其早期历史上，美国有这样的条件，并实际上形成了一种非常不同的过程。新兴的西部各州与东海岸各州竞争定居者，这导致在竞选政治职位和公共教育领域的投票权在全国各地迅速扩大，随之带来了美国民众识字能力的普遍提高（相对于之前的状况以及欧洲当时的状况）。参见 S. Engerman 和 K. Sokoloff, "Factor Endowments, Inequality, and Paths of Development among New World Economies", *Economia 3*, no. 1（2002年）：41–109；S. Engerman 和 K. Sokoloff, "The Evolution of Suffrage Institutions in the New World", *Journal of Economic History* 65, no. 4（2005年12月）：

891—921。

27. 这对于较小的国家尤其如此，它们受到的不利因素的冲击大多来自国外。

28. 参见 D. Newbery 和 J. E. Stiglitz, "Pareto Inferior Trade", *Review of Economic Studies* 51（1984 年）: 1—12。

29. 这些思想 60 多年来一直是贸易理论的中心内容，参见 P. A. Samuelson, "International Trade and the Equalisation of Factor Prices", *Economic Journal* 58（1948 年 6 月）: 163—84; W. F. Stolper, W. F. 和 P. A. Samuelson, "Protection and Real Wages", *Review of Economic Studies* 9, no. 1（1941 年）: 58—73。对这些问题的更广泛讨论，参见 Stiglitz, *Making Globalization Work*, chap. 3。这些理论的一个标准含义是，在发展中国家非熟练工人与熟练工人的薪酬差异应该缩小，从而减少不平等。但这种情况并没有发生。原因之一是发展中国家的大多数非熟练工人（如那些自给自足的农民）的境况甚至变得更糟了，因为贸易协定使得他们的市场受到了享受高额补贴的外国农产品的冲击。那些试图量化贸易全球化对不平等的相对重要性的经济学家并没有达成一致看法。过去大家普遍认为不平等的增长中只有一小部分（至多 1/5）是因为全球化（如 Florence Jaumotte 和 Irina Tytell, "How Has the Globalization of Labor Affected the Labor Share in Advanced Countries?", *IMF Working Paper*, 2007。他们提出技术变革比全球化更重要，尤其是对于低技能工人的薪酬）。但是最近保罗·克鲁格曼提出全球化的影响力或许比先前认为的要大，参见 "Trade and Inequality, Revisited", *Vox*, 2007 年 6 月 15 日; "Trade and Wages, Reconsidered", Brookings Panel on Economic Activity, 2008 年春。部分困难在于全球化与美国国内变化的生产率、工会势力的减弱以及其他各种经济和社会变革交织在一起。没有明显的方法来明确说明相反的事实：假如我们没有全球化并且其他一切情况都不变的话，那么不平等的程度本来会怎么样？

30. 这些社会变革以及先前描述的市场力量的相对重要性一直是劳动

经济学中一个有些争议的话题。参见 David Card 和 John DiNardo, "Skill-Biased Technological Change and Rising Wage Inequality: Some Problems and Puzzles", *Journal of Labor Economics* 20（2002 年）: 733–83; Thomas Lemieux, "Increased Residual Wage Inequality: Composition Effects, Noisy Data, or Rising Demand for Skill?", *American Economic Review* 96, no. 3（2006 年）: 461–98。他关注了不平等的增长的时间段（20 世纪 80 年代）表明这种增长是由制度或社会变革引起的,包括我们这里所讲的这些。参见皮凯蒂和赛斯, "Income Inequality in the United States, 1913–1998", *Quarterly Journal of Economics* 118, no. 1（2003 年）: 1–39; "The Evolution of Top Incomes: A Historical and International Perspective", *American Economic Review* 96（2006 年）: 200–206; Frank Levy 和 Peter Temin, "Inequality and Institutions in 20th Century America", working paper, MIT 2007。其他社会变革造成了**家庭之间的不平等**,比如女性为户主的家庭数量的增加,以及联合型婚姻的增加（较高收入的男性更有可能娶较高收入的女性）。参见 R. Fernandez 和 R. Rogerson, "Sorting and Long-Run Inequality", *Quarterly Journal of Economics* 116（2001）: 1305–41。家庭在工作时间上的差异也起了一定作用。尽管这些变化都很重要,但并不如我们所关注的变化那么重要。参见 OECD, "Divided We Stand: Why Inequality Keeps Rising", 2011 年 12 月 5 日。

31. 参见 http://www.bls.gov/news.release/union2.nr0.htm。

32. 参见 Joseph A. McCartin, *Collision Course: Ronald Reagan, the Air Traffic Controllers, and the Strike That Changed America*（New York: Oxford University Press, 2011）。

33. 见第 4 章对此更为广泛的讨论。批评者会问: 如果付给工人高薪酬是这么有利可图,那么为什么企业不那样做呢? 本书的一个中心论点是对管理者的激励与实际经济收益和与股东利益都没有很好地保持一致。

34. 这些不同解读的原因部分上在于有些情况是无效率的工作规则的确不必要地干扰了效率。所有人定的制度都难免会犯错误。因为一些工会所犯的错误就谴责所有的工会,因为一些公司所犯的错误就谴责所有的公司,那样做是不合理的。对于什么情况下工会化增加了生产率的讨论,参见 Richard B. Freeman 和 James L. Medoff, "Trade Unions and Productivity: Some New Evidence on an Old Issue", *Annals of the American Academy of Political and Social Science* 473(1984 年):149–64。

35. 参见 Susan Fleck, John Glaser 和 Shawn Sprague, "The Com-pensation-Productivity Gap: A Visual Essay", *Monthly Labor Review*(2011 年 1 月):57–69。在国民收入中劳动力所占份额(或称劳动报酬)的变动也受到部门构成和政府工资政策的影响。

36. 那意味着如果公司遭受了损失,股东最大的损失也就是他购买股票的钱。相反,在承担无限责任的合伙关系中,合伙人失去的不仅是他的最初投资,还有更多其他的。

37. 收购战即公司之外的人试图购买足够多的股票从而控制该公司并替换现有的管理层。

38. 管理层不一定追寻股东的利益(就是在现代的美国存在着所有权和控制权的分离)这一理念最早是由 A. A. Berle 和 G. C. Means 提出的,参见 *The Modern Corporation and Private Property*(New York:Macmillan, 1932)。从昂贵和不完善的信息角度对于这种分离的一种解释,参见 J. E. Stiglitz, "Credit Markets and the Control of Capital", *Journal of Money, Banking, and Credit* 17, no. 2(1985 年):133–52。关于这些话题还有大量的文献,如 Aaron S. Edlin 和 Joseph E. Stiglitz, "Discouraging Rivals: Managerial Rent-Seeking and Economic Inefficiencies", *American Economic Review* 85, no. 5(1995 年 12 月):1301–12; Andrei Shleifer 和 Robert W. Vishny, "A Survey of Corporate Governance", *Journal of Finance* 52, no. 2(1997 年 6 月):737–83。

39. 这是先锋集团(一家管理着大约 1.6 万亿美元基金的投资管理公司)的创始人约翰·博格对于 Lucian Bebchuk 和 Jesse Fried 所写的 *Pay Without Performance* 的评论,参见 Henry Tosi, *Administrative Science Quarterly* 50,

no.3（2005年9月）：483—87。

40. 澳大利亚有这样的立法。美国的企业高管甚至反对"对于薪酬表达看法"的规定。虽然股东应该"拥有"公司，但是美国的公司管理者却认为拥有者对于那些本该为他们服务的人的薪酬根本就没有发言权。

41. 在制造业，薪酬份额从21世纪初高峰期的超过65%下降到了2010年的58%；商业收入整体上从1990年的63%下降到了2005年的61%，继而又进一步降到2011年中期的58%。我们必须谨慎对待这些数据。当我们把银行家及其他CEO的薪酬像对其他任何薪酬一样处理时，关于上层群体的数据就被扭曲了，因为实际上他们的薪酬是他们从职位上得到的租金的一部分。上层群体的薪酬被如此扭曲以至于实际上常规的供需模型无法很好地描述正在发生的情况。

42. 2010年，女性的中位数薪酬是男性的80%，比1979年的62%提高了。非裔美国人和西班牙裔美国人的收入分别是白人的80%和70%。

43. 关于劳动力市场歧视有大量文献，如Joseph G. Altonji和Rebecca M. Blank, "Race and Gender in the Labor Market", *Handbook of Labor Economics*, ed; Orley C. Ashenfelter和David Card, vol. 3, pt. C（New York：Elsevier, 1999）：3143—259（当然，在"统计"歧视中也有一个反馈环——教育的差异也是歧视的一种结果）。见本章第47条注释关于统计歧视的进一步讨论。

44. 特别参见获得诺贝尔奖的经济学家加里·贝克尔的*The Economics of Discrimination*（Chicago：University of Chicago Press，1957）。

45. 当然，曾有很长一段时间歧视黑人的法律强化了歧视的市场过程。公共教育的不足使得来自某些群体的人一开始生活就存在障碍——并且那一问题持续到今天。

46. 如Dilip Abreu, "On the Theory of Infinitely Repeated Games with Discounting", *Econometrica* 56, no. 2（1988年3月）：383—96；Goerge A. Akerlof, "Discriminatory, Status-Based Wages among Tradition-Oriented,

Stochastically Trading Coconut Producers", *Journal of Political Economy* 93, no. 2（1985 年 4 月）: 265–76。

47. 这是第 5 章讨论的"相关反射性"理念的另一个例子。个体的感知受到他们的信仰影响的心理现象强化了结果——这种现象也在第 5 章得到进一步讨论。关于统计歧视的讨论，参见 Edmund S. Phelps, "The Statistical Theory of Racism and Sexism", *American Economic Review* 62（1972 年）: 659–61。关于刚刚描述过的歧视均衡的种类的讨论，参见 Joseph Stiglitz, "Approaches to the Economics of Discrimination", *American Economic Review* 6, no. 2（1973 年）: 287–95; Stiglitz, "Theories of Discrimination and Economic Policy", *Patterns of Racial Discrimination*, ed. G. von Furstenberg et al.（Lexington, MA: Lexington Books, 1974）: 5–26; K. J. Arrow, "The Theory of Discrimination", *Discrimination in Labor Markets*, ed; O. Ashenfelter 和 A. Rees（Princeton: Princeton University Press, 1973）。

48. 参见 M. Bertrand, D. Chugh 和 S. Mullainathan, "Implicit Discrimination", *American Economic Review* 95, no. 2（2005 年）: 94–98。

49. 这些研究通常被叫作"审计"研究。参见 M. Bertrand S. Mullainathan, "Are Emily and Greg More Employable Than Lakisha and Jamal? A Field Experiment on Labor Market Discrimination", *American Economic Review* 94, no. 4（2004 年 9 月）: 991–1013; J. Braucher, D. Cohen 和 R. M. Lawless, "Race, Attorney Influence, and Bankruptcy Chapter Choice", *Journal of Empirical Legal Studies*（forthcoming）。

50. 参见 D. Pager, "The Mark of a Criminal Record", *American Journal of Sociology* 108, no. 5（2003 年）: 937–75; Devah Pager, *Marked: Race, Crime, and Finding Work in an Era of Mass Incarceration*（Chicago: University of Chicago Press, 2007）。

51. 参见 Center for Diseases and Control, "Deaths: Preliminary Data for 2009", *National Vital Statistics Reports* 59, no. 4（2011 年 3 月）: 16。

52. 2009年，一个典型的西班牙裔美国人的财富只有6325美元，而正如我们在第1章中提到的，一个典型的白人却有113 149美元。4年之前一个典型的白人家庭的财富"只是"非裔美国人家庭财富的10倍。2009年，大约1/3的西班牙裔美国人（31%）和非裔美国人（35%）净财富为零或者负数，而同期白人的比例只有15%（2005年，相应的数字非裔美国人是29%，西班牙裔美国人是23%，白人是11%）。参见Pew ResearchCenter, "Wealth Gaps Rise to Record Highs between Whites, Blacks, and Hispanics", July 26, 2010。

53. 关于歧视的更多讨论，见第4章。

54. 参见Tax Policy Center: Urban Institute and Brookings Institution（http://www.taxpolicycenter.org/taxfacts/displayafact.cfm?Docid=213）。布什政府推行的减税，其大部分收益都让最上层群体得到了——2/3给了最上层的1/5群体，1/3给了上层的1%群体。

55. 从理论上讲，较低税收对储蓄的效应是含糊不清的，因为尽管较高的税率减少了储蓄的回报，却迫使那些打算为某一目标（如退休和资助孩子上大学）而储蓄的人储蓄得更多了（经济学家说存在着收入效应和替代效应，两者朝着不同的方向拉动，造成了含糊不清的净效应）。从国民储蓄的视角看，即便对资本收益的减税诱发了更多的私人储蓄（这一点尚不明确），但这种减税却增加了联邦赤字。尤其不可能的是私人储蓄的收益大到足以抵消增加赤字的效应。

56. 当年我担任克林顿总统经济顾问委员会主席时曾经参与降低资本收益的争论，积极地反对它：它是不公平的，资本收益被课税的方式与资本的其他回报被课税的方式之间存在的差距是扭曲的，而且所宣称的收益只是虚幻的。尤其应该反对的是延长对已经做出的投资的优惠待遇（在布什和克林顿总统执政期间）。在这些情况下，很难说明存在任何"激励"好处来抵消不利的分配后果。

57. 参见D. Kocieniewski, "A Family's Billions, Artfully Sheltered",《纽约

时报》，2011 年 11 月 26 日，http://www.nytimes.com/2011/11/27/business/estee-lauder-heirs-tax-strategies-typify-advantages-for-wealthy.html?pagewanted=all。

58. 参见 CBO，"Trends in the Distribution of Household Income between 1979 and 2007"，October 2011。数据是 2007 年的，每年有所变化。

59. 这些数字指的是应纳税的资本收益和股息。参见 Joel Friedman 和 Katherine Richards，"Capital Gains and Dividend Tax Cuts: Data Make Clear That High-Income Households Benefit the Most"，Center on Budget and Policy Priorities，2006 年 1 月 30 日。

60. 参见 James B. Steward，"Working All Day for the IRS"，《纽约时报》，2012 年 2 月 17 日，http://www.nytimes.com/2012/02/18/business/working-all-day-for-the-irs-common-sense.html?pagewanted=1&ref=jamesbstewart（2012 年 3 月 3 日）。

61. 参见 "Richest 400 Took Record Share of Capital Gains during Market Meltdown Year"，*Forbes*，2011 年 5 月 11 日。

62. 参见 Ethan Pollack and Rebecca Thiess（基于 CBO 和 IRS 的数据）：Economic Policy Institute，"Taxes on the Wealthy Have Gone down Dramatically"，2011 年 4 月 14 日。著名的投资家巴菲特甚至在他为《纽约时报》撰写的专栏中呼吁提高征税，说像他这样的非常有钱的人支付的税率比中产阶级支付的还低，全是由于针对投资收入的特殊税收类别。参见 "Stop Coddling the Super-Rich"，《纽约时报》，2011 年 8 月 14 日，http://www.nytimes.com/2011/08/15/opinion/stop-coddling-the-super-rich.html_（2012 年 3 月）。

63. 那些执迷于激励手段的保守派人士，本应该担心的是对于遗产制定零税率可能会造成的独特激励。

64. 有些公司，比如 GE，实际上还从政府那拿钱。参见 David Kocieniewski，"G.E.'s Strategies Let It Avoid Taxes Altogether"，《纽约时报》，March 24，2011。GE 的成功一方面基于对制定有利于它的税收条款的有效

游说，另一方面也基于对税收条款的有效利用（GE 能做到这一点，因为它有一个将近 1000 人的税务部门）。像 GE 这样的跨国公司经常转移收入，因此看上去这些公司的大部分利润都来自低税收的国家。一份 U.S. Government Accountability Office（GAO）的研究发现，55% 的美国公司在 7 年时间里至少有 1 年没缴纳联邦所得税。参见 GAO, "Comparison of the Reported Tax Liabilities of Foreign and U.S.-Controlled Corporations, 1998–2005", 2008 年 6 月, http://www.gao.gov/new.items/d08957.pdf。

65. 企业所得税税收占政府全部收入的比例从 1954 年的 30% 下降到了 2010 年的 9%。参见 Tax Policy Center: Urban Institute and Brookings Institution, http://www.taxpolicycenter.org/taxfacts/displayafact.cfm?Docid=203。2010 年，企业税是 1910 亿美元，相当于美国 GDP 的 1.3%。从国际上看，根据最新的统计数据，OECD 国家的企业所得税税收平均占 GDP 的 2.8%。参见 OECD（2011）, *Revenue Statistics 2011*, OECD Publishing, http://dx.doi.org/10.1787/rev_stats-2011-en-fr（2012 年 3 月 2 日）。

66. 参见 "Microsoft Outlines Quarterly Dividend, Four-Year Stock Buyback Plan, and Special Dividend to Shareholders", Microsoft press release, 2004 年 7 月 20 日, http://www.microsoft.com/presspass/press/2004/jul04/07-20boardpr.mspx（2012 年 3 月 2 日）。

67. 根据 2008 年 IRS 的一项研究，2004～2005 年，有 843 家公司将大约 3620 亿美元的海外利润带回美国，根据特殊的 5.25% 税率，总储蓄额超过 1000 亿美元。参见 Melissa Redmiles, "The One-time Received Dividend Deduction", 2008 IRS, http://www.irs.gov/pub/irs-soi/08codivdeductbul.pdf。2011 年 10 月公布的 Levin 报告研究了排名最前的 15 家公司，这些公司根据 2004 American Jobs Creation Act 宣布了最大的符合条件的海外分红。该报告发现，在把 1550 亿美元寄回美国之后，这些公司裁掉了将近 21 000 个美国的工作岗位，并且在享受税收减免后它们的研发开支也略有下降。参见 Permanent Subcommittee on Investigations, Senator Carl Levin, "Repatriating

Offshore Funds: 2004 Tax Windfall For Select Multinationals", http://levin.senate.gov/download/repatriating-offshore-funds。

68. 可以理解为什么在州的层面上再分配较少，因为各州不得不竞相吸引人才和企业。

69. 住房补贴使它降低了 0.9 个百分点，Supplemental Nutrition Assistance Program 使它降低了 1.7 个百分点，学校午餐计划使它降低了 0.4 个百分点。参见 U.S. Census Bureau, "The Research Supplemental Poverty Measure, 2010", 2011 年 11 月。

70. CBO 总结道，"转移支付和对家庭收入税收的均衡效应在 2007 年小于 1979 年。"比如虽然上层 1% 群体的市场收入（在税收和转移支付之前）份额从 1979 年到 2007 年翻了一番，但其税后和转移支付之后的收入份额却从 8% 增加到了 17%，即不止翻了一番。而底层 20% 群体的税后和转移支付之后的收入从 7% 下降到了 5%。

71. 参见劳动统计局 Table A-4, February 2012, http://www.bls.gov/news.release/empsit.t04.htm（2012 年 3 月 25 日）以及 Bureau of Labor Statistics, "College Enrollment and Work Activity of 2010 High School Graduates", http://www.bls.gov/news/release/hsgec.nr0.htm（2012 年 3 月 25 日）。

72. 参见 K. Bischoff 和 S. F. Reardon, "Growth in the Residential Segregation of Families by Income, 1970-2009", 2011 年 11 月, http://cepa.stanford.edu/sites/default/files/RussellSageIncomeSegregationreport.pdf；Sean F. Reardon 和 Kendra Bischoff, "Income Inequality and Income Segregation", *American Journal of Sociology* 116, no. 4（2011 年 1 月）: 1092-53。

73. 参见 K. Hoff 和 A. Sen, "Homeownership, Community Interactions, and Segregation", *American Economic Review* 95, no. 4（2005 年）: 1167-89。

74. 正如 Ross Perlin 在 *Intern Nation*（London: Verso, 2011）中所描述的。

75. 在殖民统治初期新世界殖民地存在着较高程度的不平等，各种制度试图使一小部分精英人士享有政治权力以及经济发展的机会。而最初不平等程度较低的新世界殖民地则遵循着一种非常不同的制度发展路径。Engerman 和 Sokoloff 识别了几个世纪以来的一系列公共政策：投票选举权、公共办学、对土地及其他公共自然资源的分配、银行法、征税以及专利制度。参见 Kenneth L. Sokoloff 和 Stanley L. Engerman, "History Lessons: Institutions, Factor Endowments, and Paths of Development in the New World", *Journal of Economic Perspectives* 14, no. 3（2000 年）: 217–32；Sokoloff 和 Engerman, "Factor Endowments, Inequality, and Paths of Development among New World Economies", *Economia* 3, no. 1（2002 年）: 41–109。关于最初不平等对于制度发展的影响的总结，参见 K. Hoff, "Paths of Institutional Development: A View from Economic History", *World Bank Research Observer* 18, no. 22（2003 年）: 2205–26。

76. 奥巴马总统任命监管银行高管薪酬的肯尼斯·R. 范伯格指出，在 2008 年，陷入困境的银行支付的 20 亿美元奖金中将近 80% 是无功受禄。2010 年，奖金已经完全恢复——仅 25 家最大的上市银行和证券公司，奖金就达到了 1355 亿美元，几乎占美国 GDP 的 1%。参见 Louise Story, "Executive Pay",《纽约时报》, 2011 年 12 月 5 日, http://topics.nytimes.com/top/reference/timestopics/subjects/e/executive_pay/index.html；U.S. Treasury's website, "The Special Master for Tarp Executive Compensation Concludes the Review of Prior Payments", 2010 年 7 月 23 日, http://www.treasury.gov/press-center/press-releases/Pages/tg786.aspx（2012 年 2 月 15 日）。

77. 伯克希尔-哈撒韦的董事会主席兼 CEO 巴菲特在一封 2002 年写给股东的信中说，"金融衍生品是金融大规模杀伤性武器，其携带的危险尽管现在看不见，但却是潜在致命的。"参见该信的第 15 页（http://www.berkshirehathaway.com/letters/2002pdf.pdf）。

前 Countrywide CEO 安吉洛·莫兹罗是造成这场金融危机的各种抵押贷款的推动者之一，2001～2006 年他挣了大约 4700 亿美元。参见《华尔街日报》, 2008 年 11 月 20 日（http://online.wsj.com/public/resources/documents/

st_ceos_20081111.html）。现在已经去世的 Ameriquest 的创始人罗兰·阿诺尔据估计有15亿美元的财富。那家公司的母公司在2006年由于欺诈性贷款行为被处罚了3.25亿美元，当那家公司破产后，其母公司下面的分支机构都被纳入了花旗集团（http://www.nytimes.com/2008/03/19/business/19arnall.html）。

78. 参见 *Unjust Deserts: How the Rich Are Taking Our Common Inheritance and Why We Should Take It Back*（New York：New Press，2009）：97。

79. 高管薪酬的问题一直受到关注（并得到解释），参见 Bebchuk 和 Fried，*Pay without Performance*。他们指出，管理者的自由裁量权（高管们能设定他们自己的薪酬计划）造成了使薪酬和绩效脱钩并使激励错位的薪酬结构。参见 Michael Jensen 和 Kevin Murphy, "Performance Pay and Top-Management Incentives," *Journal of Political Economy* 98, no. 2（1990年）：225–64。他们对于薪酬（包括股票期权、持股和解雇费用）和绩效之间非常松散的联系提供了实证数据。Henry Tosi Jr. 和 Luis Gomez-Mejia 提供了一种解释，关于上面讨论的所有权与控制权（代理理论）的分离。我在 *The Roaring Nineties* 一书中对这些问题也有详细的讨论。

80. 于是银行也与公司 CEO 串通，帮助他们从其公司"榨取"更多的钱，从而确保银行也能得到大量利润。银行与公司 CEO 之间的串通被一系列丑闻曝光（涉及银行分析师、世通、安然、会计师事务所等），我在 *The Roaring Nineties* 一书中详细描述过。

81. 参见 James K. Galbraith, *Inequality and Instability: A Study of the World Economy Just before the Great Crisis*（New York：Oxford University Press，2012）。

第4章　为什么不平等这么重要

1. 几个正向市场经济转型的国家及一些资源丰富的国家正加紧步伐篡夺它的不幸位置。

2. 参见 Arjun Jayadev, "Distribution and Crisis: Reviewing Some of the

Linkages", *Handbook on the Political Economy of Crisis*, ed. G. Epstein and M. Wolfson（forthcoming），以及皮凯蒂和赛斯，"Income Inequality in the United States, 1913–1998", *Quarterly Journal of Economics* 118, no. 1（2003 年）：1–39。

3. 参见 Karen E. Dynan, Jonathan Skinner 和 Stephen P. Zeldes, "Do the Rich Save More?", *Journal of Political Economy* 112, no. 2（2004 年）：397–444。

4. 对于美国而言，短期乘数通常被估计为 1.5 左右。但当经济长期衰退时，则要看多阶段的长期乘数，这个乘数更大些，接近 2（注意：许多保守的经济学家认为这一乘数应更小才对，但那是因为他们所取得的数据大部分包括了经济处于或接近充分就业的阶段，因此当政府增加支出时，货币当局便开始抵消紧缩的行动）。还有许多其他期待在当前环境下乘数变大的技术原因：①很多没有在美国消费的钱都用于买进口品了，当世界经济大部分很弱时，这种支出就增加了外国的收入，继而导致它们从美国购买更多的东西；②个人和企业看到收入上涨，也许会变得对经济更有信心，从而更多地投资与消费（这有时被称为"信心乘数"）；③家庭预期未来有高收入，便更愿意今天花钱。

5. 参见 Peter Orzsag, "As Kaldor's Facts Fall, Occupy Wall Street Rises", *Bloomberg*，2011 年 10 月 18 日。薪酬份额从 1990～2011 年下降了 5 个百分点，在此期间仅从 2005～2011 年就下降了 3 个百分点。著名的剑桥大学经济学家尼古拉斯·卡尔多曾指出，总体而言，劳动力的份额是不变的。尽管技术变革也许增加了对某些类型劳动力的需求并减少了对其他类型劳动力的需求，但还没有关于劳动力份额将发生怎样变化的一般理论。如果技术变革增加了劳动力的"有效"供给，并且劳动与资本不是非常能相互替换的，那么技术变革就降低了劳动力的份额。但是薪酬增长的格局（最上层群体的薪酬比其他群体的薪酬增加得如此之多）是与这个观点一致的：除了技术变革之外的其他因素导致了薪酬份额的下降。

6. 关于这个故事更详尽的描述，参见 J. E. Stiglitz, *The Roaring Nineties*

(New York: Norton, 2003)。

7. 要进一步了解这些减税是如何使富人收益,参见Joel Friedman和Isaac Shapiro, "Tax Returns: A Comprehensive Assessment of the Bush Administration's Record on Cutting Taxes", Center on Budget and Policy Priorities, 2004年4月23日。Friedman和Shapiro估计,在2004年,中间20%的收入者享受了8.9%的减税福利,然而1%上层群体却享受了24.2%。仅那些收入超过100万美元的人就享受了15.3%的减税福利。参见"Extending the Bush Tax Cuts Is the Wrong Way to Stimulate the Economy", Joint Economic Committee Majority Staff, Chairman Charles E. Schumer; Vice Chair Rep. Carolyn B. Maloney, 2008年4月。

8. 2004年,私人的非房地产投资是GDP的11.59%,而在2000年时这一数字是13.97%。参见"Flow of Funds Accounts of the United States, 1995–2004", Board of Governors of the Federal Reserve, 表F.6; http://www.federalreserve.gov/releases/z1/Current/annuals/a1995-2004.pdf(2012年3月3日)。

9. 解释为什么股息减税可能对投资不好的理论(以及一些证据)参见Anton Korinek和Joseph E. Stiglitz, "Dividend Taxation and Intertemporal Tax Arbitrage", *Journal of Public Economics* 93, no. 1–2(2009年2月):142–59。

10. 参见"The Estate Tax and Charitable Giving", Congressional Budget Office, 2004年7月, http://www.cbo.gov/doc.cfm?index=5650(2012年2月15日)。

11. 关于房产泡沫及其直接后果,参见J. E. Stiglitz, *Freefall*(New York: Norton, 2010)。

12. 尽管许多重要的解除管制的例子已众所周知,但是解除管制造成了无处不在的影响。尽管政府实际上给了电视公司一份价值几十亿美元的厚礼,但前者很不愿意对后者施加限制。1985年,关于电视上播出极少量非娱乐节目的指导方针被废除了。FCC关于每小时能播放多少广告的指导方针也被废除了。参见http://www.pbs.org/now/politics/mediatimeline.html。

13. 短期与长期的区分是很重要的。当约束被解除后，其他人也会参与类似活动，并且如果市场是竞争性的，那么表面上的利润就会迅速消失。从长期而言，至少在金融业，银行可能实际上会遭受巨大损失，由于它们的过度行为所造成的不稳定。

14. 关于不平等、信贷泡沫、经济危机三者之间的联系，参见 Stiglitz, *Freefall*；"Report of the Commission of Experts of the President of the United Nations General Assembly on Reforms of the International Monetary and Financial System"，2009年9月21日，*The Stiglitz Report*（New York：New Press, 2010）。从那以来，出现了大量关于这一问题的文献，比如 M. Kumhof 和 R. Ranciere, "Inequality, Leverage and Crises", IMF working paper, 2010；Raghuram G. Rajan, *Fault Lines: How Hidden Fractures Still Threaten the World Economy*（Princeton: Princeton University Press, 2010）。更多调研及参考参见 J. E. Stiglitz, "Macroeconomic Fluctuations, Inequality, and Human Development", *Journal of Human Development and Capabilities*（2012年）。

15. 至少在短期到中期。现代增长理论——参见 Robert M. Solow, "A Contribution to the Theory of Economic Growth", *Quarterly Journal of Economics* 70, no. 1（1956年2月）：65-94，已经强调了从长期来看，增长率是由创新（生产率增加）步伐与人口增长决定的。较高的不稳定会导致在研发方面的较低投资，并因此减缓生产率增长的步伐。

16. 市场的某些部分，尤其是大银行，常以爱冒险的方式行动，这一直是经济波动的主要原因。对于这种行为有4种可能的解释。①组织激励：大银行实际上把大量风险推给了政府，因为这些银行"大而不倒"。②个人激励（代理问题）：在银行工作的人受到鼓励冒险的激励。③自我选择：在任何社会都有爱冒险的人，而这样的人尤其喜欢投身金融业。④普遍的非理性：金融业的人都系统性地低估风险，而他们的投资者也不懂得举债经营的风险并低估其后果。

17. 参见联合国一个负责分析经济危机原因并找出补救方案的委员会

的报告：Report of the Commission of Experts of the President of the United Nations General Assembly on Reforms of the International Monetary and Financial System，2009年9月21日，*The Stiglitz Report*（New York：New Press，2010）。

18. 参见 Andrew G. Berg 和 Jonathan D. Ostry，"Inequality and Unsustainable Growth: Two Sides of the Same Coin?"，IMF Staff Discussion Note，2011年4月8日，http://www.imf.org/external/pubs/ft/sdn/2011/sdn1108.pdf（2012年3月5日）。

19. 参见 Strauss-Kahn，"The Global Jobs Crisis—Sustaining the Recovery through Employment and Equitable Growth"，2011年4月13日，http://www.imf.org/external/np/speeches/2011/041311.htm。

20. 当然，生产这些产品有很多方式。比如基础研究可以得到政府资助并且在私人实验室和大学或者政府运营的实验室里进行。美国一直使用着所有这些方式。

21. 一份经济顾问委员会的报告记述了政府支持研发的高回报。参见 Council of Economic Advisers，"Supporting Research and Development to Promote Economic Growth: The Federal Government's Role"，1995年10月。大量文献记述了政府投资的价值，如 David Alan Aschauer，"Is Government Spending Stimulative?"，*Contemporary Economic Policy* 8, no. 4（1990年）: 30–46。Aschauer 也指出了公共资本投资除了能提供直接收益外，还能提高私人资本的回报，参见 Aschauer，"Does Public Capital Crowd Out Private Capital"，*Journal of Monetary Economics* 24, no. 2（1989年）: 121–88。

22. 这是伯南克在2011年5月16日的讲演中强调的，参见 "Promoting Research and Development: The Government's Role"，http://www.federalreserve.gov/newsevents/speech/bernanke20110516a.htm（2012年3月3日）。"首先，从20世纪70年代开始，GDP的政府支出中用于研发的费用出现了下降，而同期研发占比在私人部门则有所上升。其次，当前的研发更

关注应用学研究，忽视了基础研发。这两个趋势（基础学科研发的下降和政府对于研发支出的减少）之间有着紧密的关系，实际上政府在研发支出方面应该更加注重对于基础学科研究的投入。很多创新其实都来自基础学科研究，虽然这在表面上看来有些时滞。事实上，一些经济学家认为，基础研究具有高回报潜力，政府加大对于这方面研究的投入将能明显地推动经济的增长。"实际上，经过通货膨胀调整后，基础研究领域的实际联邦投资已经从2003年的43亿美元减少到了2008年的39亿美元。参见National Science Board 中表6，"Science and Engineering Indicators: 2010"，National Science Foundation，2010年，http://www.nsf.gov/statistics/nsf10314/content.cfm?pub_id=4000&id=2（2012年3月3日）。Albert M. Link 和其他人指出了基础研究与生产率增长有着直接联系，参见"Basic Research and Productivity Increase in Manufacturing: Additional Evidence"，*American Economic Review* 71，no. 5（1981年）：1111–12。

23. 由 Health，Education，Labor and Pensions（HELP）Committee 所做的研究表明，与非营利性和公共教育机构相比，营利性大学学费更贵而且对学生的人均支出更少，在退学率方面排在国家前列（有些准学士学位项目的退学率高达84%）并且占了所有学生贷款违约的50%，尽管营利性大学录取的学生只占美国高等教育学生总数的13%。参见 http://harkin.senate.gov/help/forprofitcolleges.cfm（2012年2月15日）。

24. 2007～2008年，大约66%的四年制本科毕业生在毕业时都背负着一定的债务，人均27 803美元。人均债务以每年超过5%的速度增加着，这些数字是由 FinAid.org 计算的。参见 National Postsecondary Student Aid Study（NPSAS），the National Center for Education Statistics，the U.S. Department of Education。

25. 这包括来自石油业的784名游说者（与国会议员的比例几乎是2比1）和来自采矿业的262名游说者。2011年用于能源和自然资源游说上的钱高达3.878亿美元。金融业花在游说上的钱甚至更多。数据来自

OpenSectrets.org，http://www.opensecrets.org/lobby/top.php?indexType=c（2012年3月5日）。

26. 关于寻租的经典文献揭示了它们的浪费效应并估计了它们的成本，参见 Gordon Tullock, "The Welfare Costs of Tariffs, Monopolies, and Theft", *Economic Inquiry* 5, no.3,（1967年）: 224-32；Ann Krueger, "The Political Economy of the Rent-Seeking Society", *American Economic Review* 64, no.3（1974年）: 291-303。有趣的是，甚至那些有更强能力为自己占有与其能力相称的回报的努力也会造成一种均衡，在那种状态下不但其他人的福利会变差，甚至他们自己的福利也会变差，因为他们花钱（留在学校的时间更长）和采取其他行动以使自己有别于他人。参见 J. E. Stiglitz, "The Theory of Screening, Education and the Distribution of Income", *American Economic Review* 65, no. 3（1975年6月）: 283–300。

27. 参见 Bureau of Economic Analysis, National Income and Product Accounts Table, "Table 6.16D. Corporate Profits by Industry", http://www.bea.gov/National/nipaweb/SelectTable.asp。

28. 听上去似乎可信的关于刷卡手续费的评论，是 Food Marketing Institute 的总裁兼 CEO 蒂姆·哈蒙德说的，参见 Hammonds, speech to the FMI Midwinter Executive Conference（2006年1月24日），http://c0462491.cdn.cloudfiles.rackspacecloud.com/Hammonds_ Interchange_Speech.pdf（2012年3月6日）。

29. 参见 Marc-André Gagnon 和 Joel Lexchin, "The Cost of Pushing Pills: A New Estimate of Pharmaceutical Promotion Expenditures in the United States", *PLoS Medicine* 5, no. 1（2008年1月）: 1-6。

30. 2009年，美国花费了GDP的大约17.4%，差不多人均8000美元。荷兰与法国是另两个花费最多的国家，分别是GDP的12%和11.8%。OECD的平均花费是3223美元。参见 OECD Health Data 2011, http://www.oecd.org/document/ 30/0, 3746, en_2649_37407_12968734_1_1_1_37407, 00.html（2012年3月3日）。

31. 参见 "The Measurement of Economic Performance and Social Progress Revisited-Reflections and Overview", 2009 年 9 月 16 日, CMEPSP, http://www.stiglitz-sen-fitoussi.fr/documents/overview-eng.pdf（2012 年 2 月 15 日）; a follow-up to the report of the Commission on the Measurement of Economic Performance and Social Progress; Joseph Stiglitz, Amartya Sen 和 Jean-Paul Fitoussi, *Mismeasuring Our Lives*（New York: New Press, 2010）。

32. 数据来自 IMF World Economic Outlook Database, http://www.imf.org/external/pubs/ft/weo/2011/02/weodata/index.aspx（2012 年 2 月 12 日）。

33. 不过有人说那句话是杜撰的，参见 http://www.dirksencenter.org/print_emd_billionhere.htm。

34. 参见 Commission on the Measurement of Economic Performance and Social Progress。

35. 参见 Stephen P. Magee, William A. Brock 和 Leslie Young, *Black Hole Tariffs and Endogenous Policy Theory: Political Economy in General Equilibrium*（New York: Cambridge University Press, 1989）。毫不奇怪, 有一大群律师准备好了要来保卫自身职业并挑战这些发现, 参见 George L. Priest, "Lawyers, Liability, and Law Reform: Effects on American Economic Growth and Trade Competitiveness", Faculty Scholarship Series, 1993 年（http://digitalcommons.law.yale.edu/fss_papers/624）。

36. 参见 Andrei Shleifer 和 Robert W. Vishny, *The Grabbing Hand: Government Pathologies and Their Cures*（Cambridge: Harvard University Press, 1998）。

37. 该理论认为, 事实揭露之后对受惩罚的害怕会为公司提供好好表现的激励。但是那些配备了大量律师的公司知道它们经常能逃避惩罚。此外, 不环保增加了今天的利润, 那些短视的管理者更在意今天的利润现实而不关心未来某时的利润变化。管理者的利益不一定与公司的利益协调一致, 公司的利益也没有与更广泛的社会利益协调一致。

38. 被称为"道德风险"的问题。

39. 对这些问题的详细讨论，参见 L. Bilmes 和 J. E. Stiglitz, *The Three Trillion Dollar War*（New York：Norton，2008）。

40. 伊拉克战争完全是靠信用卡透支经费的：当战争开始时，美国已经出现了赤字。然而政府没有通过增加税收来支付战争，反倒在2003年降低了税收。

41. 该引语出自 Marshall's 1895 *Principles of Economics*，8th ed.（London：Macmillan，1920）：555。

42. 参见 H. Leibenstein, *Economic Backwardness and Economic Growth*（New York：Wiley，1957）。

43. 参见 Paul Glewwe, Hanan G. Jacoby 和 Elizabeth M. King; "Early Childhood Nutrition and Academic Achievement: A Longitudinal Analysis", *Journal of Public Economics* 81，no. 3（2001年9月）：345–68。最近的文献参见 Douglas Almond 和 Janet Currie, "Human Capital Development before Age Five", *Handbook of Labor Economics*，vol. 4b, ed. Orley Ashenfelter and David Card（New York：Elsevier，2011）：1315–486。

44. Mullainathan 和 Shafir 正在写一本书：*The Packing Problem: Time, Money, and the Science of Scarcity*。文中的引语出自他们的手稿，参见 http://westallen.typepad.com/idealawg/2011/07/are-you-money-poor.html。关于他们观点的形象解释，参见 http://www.youtube.com/watch?v=5Aw_czU1bm0。

45. 我自己一直关注较高薪酬如何提高生产率的宽泛分析——通过降低劳动力流失、提高激励、提高劳动力素质以及提高士气。这些理论统称为"效率薪酬理论"并在我的文献回顾论文中被讨论，参见"The Causes and Consequences of the Dependence of Quality on Prices", *Journal of Economic Literature* 25（1987年）：1–48，以及以文章形式发表的我的诺贝尔获奖报告"Information and the Change in the Paradigm in Economics", *American Economic Review* 92，no. 3（2002年6月）：460–501。阿克洛夫（他与我共同获得了

2001年诺贝尔经济学奖）和Janet Yellen（现任美联储的副主席）进一步阐述了对不公平的感知可以如何破坏人的努力。参见Akerlof和Yellen，"The Fair-Wage Effort Hypothesis and Unemployment"，*Quarterly Journal of Economics* 105（1990年）：255–83。Joseph W. Harder研究了一个能对绩效进行客观测量的情境（棒球和篮球运动）并指出"报酬不足的个体表现得不那么合作却更加自私"，参见"Play for Pay: Effects of Inequity in a Pay-for-Performance Context"，*Administrative Science Quarterly* 37（1992年）：321–35。

46. 参见B. Alan Krueger and Alexandre Mas，"Strikes, Scabs, and Tread Separations: Labor Strife and the Production of Defective Bridgestone/ Firestone Tires"，*Journal of Political Economy* 112, no. 2（2004年）：253–89。

47. 参见Alain Cohn，Ernst Fehr和Lorenz Goette，"Fairness and Effort-Evidence from a Field Experiment"，Working Paper，2008年10月；Alain Cohn，Ernst Fehr，Benedikt Herrmann和Frederic Schneider，"Social Comparison in the Workplace: Evidence from a Field Experiment"，IZA Working Paper 5550，2011年3月。

48. Marianne Bertrand和Adair Morse使用了一种类似于我们的"涓滴行为主义"的表达，他们记述了涓滴消费主义的重要性，表明如果一个人住在一个有着较高收入不平等的社区，不但支出会增加而且处于破产和财务困境的人也会增加。有趣的是，他们也表明住在这些社区的政客支持能使信贷更容易得到的措施——也许是心存一种短视的企图，让更穷的人通过能够（暂时）消费得更多而感觉稍好些，参见"Trickle-down consumption"，working paper，2012年2月，http://isites.harvard.edu/fs/docs/icb.topic964076. files/BertrandMorseTrickleDown_textandtables.pdf。康奈尔大学的罗伯特·弗兰克、密歇根大学的亚当·塞斯·莱文和欧洲大学学院的Oege Dijk也提出了一个类似的假设，叫作"支出瀑布"。他们提供了实证证据表明增加的收入不平等与"过度支出"是相关联的，比如反映在更高的破产率上。参见"Expenditure Cascades"，http://ssrn.com/abstract=1690612，2010年10月12日。

49. 对于发达国家和发展中国家的证据的一项调查参见 Andrew E. Clark 和 Claudia Senik, "Will GDP Growth Increase Happiness in Developing Countries?", Paris School of Economics, Working Paper, no. 2010-43, 2011 年 3 月。

50. 参见 John Maynard Keynes, *Economic Possibilities for Our Grandchildren: Essays in Persuasion*, 1930（New York: Norton, 1963）: 358–73。这里的讨论借鉴了我对凯恩斯那篇文章的思考，参见 "Toward a General Theory of Consumerism: Reflections on Keynes' *Economic Possibilities for Our Grandchildren*", *Revisiting Keynes: Economic Possibilities for Our Grandchildren*, ed. G. Piga and L. Pecchi（Cambridge: MIT Press, 2008）: 41–87。

51. 参见 Adam Smith, *Lectures on Jurisprudence*, ed. Ronald L. Meek, D. D. Raphael; Peter Stein（New York: Clarendon Press, 1978）,（A）vi.54。引用和分析参见 Daniel Luban, "Adam Smith on Vanity, Domination, and History", *Modern Intellectual History*, forthcoming。

52. 对于地球的长期存在，美国式的答案还有其他不对之处：过度消费物质产品导致了全球变暖并使地球陷入危险。

53. 尽管激励是对于不平等的保守解释的核心所在，但它们也对"公平"产生吸引力。见第 2 章对此的批评性分析。

54. 以抵押品形式存在的财富起着一种催化剂的作用，而不是在生产产出品过程中起着一种被用掉的投入品的作用。参见 K. Hoff, "Market Failures and the Distribution of Wealth: A Perspective from the Economics of Information", *Politics and Society* 24, no. 4（1996 年）: 411–32; Hoff, "The Second Theorem of the Second Best", *Journal of Public Economics* 25（1994 年）: 223–42。

55. 这个令人激动的故事是在一本畅销书中讲到的，参见 Dava Sobel, *Longitude: The True Story of a Lone Genius Who Solved the Greatest Scientific Problem of His Time*（New York: Walker, 1995）。

56. 严格来说，只要存在信息不对称，激励薪酬就会出现问题。雇主不完全知道工人生产的产品质量（否则他就会做出具体要求）。在法庭审判中，法官和陪审团担心如果专家的报酬依赖于审判结果，那么专家的意见就可能会受影响。

57. 鉴于此，有人也许要问：为什么金融业那些号称经济专家的人这么执着于这些扭曲的激励计划呢？正如我们之前解释过的，答案与公司治理的失败有关：这些计划使得那些人更容易把公司收入更多地转入自己口袋。

58. 参见 Patrick Bolton, Jose Scheinkman 和 Wei Xiong, "Executive Compensation and Short-Termist Behaviour in Speculative Markets", *Review of Economic Studies* 73, no. 3（2006 年）：577–610。

59. 反对者声称没办法准确估价这些股票期权，但是当初我们在经济顾问委员会设计出一种方式，对于估值至少提供了一个较低的界限——这种估计要比当前会计实践提出的零价值要好得多。

60. 参见 B. Nalebuff 和 J. E. Stiglitz, "Information, Competition and Markets", *American Economic Review* 73, no. 2（1983 年 5 月）：278–84；B. Nalebuff 和 J. E. Stiglitz, "Prizes and Incentives: Toward a General Theory of Compensation and Competition", *Bell Journal* 14, no. 1（1983 年春）：21–43；J. E. Stiglitz, "Design of Labor Contracts: Economics of Incentives and Risk-Sharing", *Incentives, Cooperation and Risk Sharing*, ed. H. Nalbantian（Totowa, NJ: Rowman & Allanheld, 1987）：47–68。

61. 参见 Dasgupta Partha 和 Paul A. David, "Toward a New Economics of Science", *Research Policy* 2, no. 5（1994 年 9 月）：487–521。

62. 该项研究是在以色列的海法市进行的，参见 Uri Gneezy 和 Aldo Rustichini, "A Fine Is a Price", *Journal of Legal Studies* 29, no. 1（2000 年 1 月）：1–17。与外在奖励相比，许多实验都证实了内在奖励的力量，如 Gneezy 和 Rustichini, "Pay Enough or Don't Pay At All", *Quarterly Journal of Economics* 115, no. 3（2000 年）：791–810。对于为什么"高绩效工作系统"

(其中工人被赋予更多的责任)的效果更好,一种解释是它提高了信任和对内在奖励的感知。参见 Eileen Appelbaum, Thomas Bailey, Peter Berg 和 Arne Kalleberg, *Manufacturing Advantage: Why High-Performance Work Systems Pay Off* (Ithaca: Cornell University Press, 2000)。参见 J. E. Stiglitz, "Democratic Development as the Fruits of Labor", *The Rebel Within*, ed. Ha-Joon Chang (London: Wimbledon Publishing, 2001): 279–315 (Originally keynote address at the Industrial Relations Research Association, Boston, 2000 年 1 月)。

63. 现代产业组织的一个重要洞见是,在不完善竞争的市场(大多数市场都是不完善竞争的)一个组织要想领先并提高利润,不仅要靠表现得更好,还要靠确保竞争对手表现得更差。这样一来,虽然利润和奖金都增加了,但社会福利却减少了。这种理论被称为"提高竞争对手成本"。参见 Steven C. Salop 和 David T. Scheffman, "Raising Rivals' Costs", *American Economic Review* 73, no. 2: 267–71。

64. 一篇非常好的实证研究参见 "Team-Based Rewards: Current Empirical Evidence and Directions for Future Research", *Research in Organizational Behavior* 20 (1998 年): 141–83。更近的一项研究表明,工人之间的相互竞争削弱了工作场所的生产率。参见 Jeffrey Carpenter, Peter Hans Matthews 和 John Schirm, "Tournaments and Office Politics: Evidence from a Real Effort Experiment," *American Economic Review* 100, no. 1 (2010 年): 504–17。

65. 这正是 Committee for the Measurement of Economic Social Progress 所强调的。

66. 参见 Gerald Marwell 和 Ruth E. Ames, "Economists Free Ride, Does Anyone Else?", *Journal of Public Economics* 15 (1981 年 6 月): 295–310; John R. Carter 和 Michael D. Irons, "Are Economists Different, and If So, Why?", *Journal of Economic Perspectives* 5, no. 2 (1991 年春): 171–77; Günther Schulze 和 Bjorn Frank, "Does Economic Make Citizens Corrupt?", *Journal of Economic Behavior and Organization* 43, no. 1 (2000 年): 101-

13；Robert H. Frank, Thomas Gilovich 和 Dennis T. Regan, "Does Studying Economics Inhibit Cooperation?", *Journal of Economic Perspectives* 7, no. 2（1993 年春）: 159–71; Reinhard Selten 和 Axel Ockenfels, "An Experimental Solidarity Game", *Journal of Economic Behavior and Organization* 34, no. 4（1998 年 3 月）: 517–39。

67. Fidan Ana Kurtulus 和 Doug Kruse 的研究表明，在这次以及以往的经济衰退中，员工所有的企业做得更好，比其他企业维持了更高水平的就业。参见 "How Did Employee Ownership Firms Weather the Last Two Recessions? Employee Ownership and Employment Stability in the US: 1999–2008", 2011 年 2 月 24～25 日，在 Rutgers 大学管理学院所做的 PPT 报告。

68. 参见 Peter Diamond 和 Emmanuel Saez, "The Case for a Progressive Tax: From Basic Research to Policy Recommendations", *Journal of Economic Perspectives* 25, no. 4（2011 年）: 165–90; Thomas Piketty, Emmanuel Saez 和 Stefanie Stantcheva, "Optimal Taxation of Top Labor Incomes: A Tale of Three Elasticities", NBER Working Paper 17616, 2011 年, http://www.nber.org/papers/w17616（2012 年 3 月 1 日）。关于对第二篇论文的发现的讨论，参见相同作者的另一篇文章 "Taxing the 1%: Why the Top Tax Rate Could Be over 80%", *Vox*, 2011 年 12 月 8 日, http://www.voxeu.org/index.php?q=node/7402（2012 年 3 月 6 日）。早期理想化的经济模型显示，不对利息收入（来自资本的收入）征税是最优的，但后续研究表明那一结果不稳健，对资本征税是可取的。参见 Thomas Piketty 和 Emmanuel Saez, "A Theory of Optimal Capital Taxation", working paper, 2011 年, Paris School of Economics and University of California at Berkeley, http://elsa.berkeley.edu/~saez/piketty-saez1_1_11optKtax.pdf（2012 年 2 月 27 日）; J. E. Stiglitz, "Pareto Efficient Taxation and Expenditure Policies, with Applications to the Taxation of Capital, Public Investment, and Externalities", Agnar Sandmo, Bergen, Norway, 1998 年 1 月。

69. 这使得那些在私募股权投资公司和对冲基金工作的人的回报（包括他们通过管理他人的钱财获得的回报）以非常有利的资本收益的税率被征税。

70. 参见 Alexander J. Field, *A Great Leap Forward: 1930s Depression and U.S. Economic Growth*（New Haven：Yale University Press，2011）。

71. 这是对于"最优再分配征税"的分析要点。

72. 2011年10月26日，针对CBO所做的详述美国日益严重的不平等的一份报告的讲演，名为"Saving the American Idea: Rejecting Fear, Envy, and the Philosophy of Division"，引用于 Jonathan Chait, "No Such Thing as Equal Opportunity"，《纽约时报》，2011年11月7日，14–16。

73. 同上。

74. 同上。

75. 参见 Torsten Persson 和 Guido Tabellini, "Is Inequality Harmful for Growth?" *American Economic Review* 84, no. 3（1994年6月）：600–21。

第5章　险象环生的民主制度

1. 关于教科书的阐述以及关于对教育开支或税收体系累进制的讨论，参见 J. E. Stiglitz, *The Economics of the Public Sector*, 3rd ed.（New York：Norton, 2000）。关于早期的理论讨论，参见 Anthony Downs, "An Economic Theory of Political Action in a Democracy", *Journal of Political Economy* 65, no. 2（1957年）：135–50；Harold Hotelling, "Stability in Competition", *Economic Journal* 39, no. 153（1929年）：41–57；Kenneth J. Arrow, *Social Choice and Individual Values*, 2d ed.（New York：Wiley, 1963）。

2. 参见 Edward Wyatt, "S.E.C. Is Avoiding Tough Sanctions for Large Banks"，《纽约时报》，2012年2月3日，p. A1。这篇文章提供了一份详细的分析，并引用了JP摩根大通作为例子。

3. 这毫无疑问作为一个原因解释了为什么在美国，非裔美国人的投票出席率经常低于白人，穷人的投票出席率也落后于那些生活条件更好的其他群体。美国曾长期不让非裔美国人享受充分权利，以至于甚至投票限制被解除后，非裔美国人对于选举过程的信心仍然处于严重受伤害。参见 Mark Lopez 和 Paul Taylor，"Dissecting the 2008 Electorate: Most Diverse in U.S. History", Pew Research Center，2009 年 4 月 30 日，http://pewresearch.org/assets/pdf/dissecting-2008-electorate.pdf。

4. 然而，对于民主过程的信心的强调是很显著的。对于为何花了那么长时间才出现占领华尔街的抗议，一种解释是许多人希望政治过程能够"起作用"来遏制金融业并纠正美国的经济问题。只有当很明显政治过程起不到那个作用时，抗议才广泛爆发。2008 年强烈的选民出席率反映了希望的力量。

5. 经济历史学家已经强调了信任在现代资本主义形成过程中的作用，比如 D. McCloskey，*The Bourgeois Virtues: Ethics for an Age of Commerce*（Chicago：University of Chicago Press，2006）；J. Mokyr，*The Enlightened Economy*（New Haven：Yale University Press，2011）。他们提出，英国在"工业革命"时期的成功取决于它反对机会主义的规范。正如 Mokyr 所说："机会主义如此遭到人们忌讳，以至于只在几起案件中才有必要动用正式制度来惩罚违规者……企业的成功较少依赖于多才多艺的个体，而更多依赖于有充分理由相信彼此可以信赖的人们之间的成功合作。"对于某些紧密的民族社区和某些其他社区在资本主义发展初期发挥了重要作用，信任也是原因之一。参见 Avner Greif，"Reputation and Coalitions in Medieval Trade: Evidence on the Maghribi Traders", *Journal of Economic History* 49，no. 4（1989 年）：857–82；Greif，"Contract Enforceability and Economic Institutions in Early Trade: The Maghribi Traders' Coalition", *American Economic Review* 83，no. 3（1993 年）：525–48。伟大的经济学家阿尔伯特·赫希曼也做出了类似的评论，参见他的 *The Passions and the Interests*（Princeton：Princeton University Press，1977）。

6. 这句话来自 G. W. Kolodko，*From Shock to Therapy: The Political Economy of Postsocialist Transformation*（New York: Oxford University Press，2000）。信任的缺失不仅难以提高生产率——尤其是当生产链条连接了许多专业生

产者时，而且难以建立使经济在自由市场下富于生产力的法治制度，也就是说，建立制度本身是需要信任的。参见 O. Blanchard 和 M. Kremer，"Disorganization"，*Quarterly Journal of Economics* 112，no. 4（1997 年 11 月）：1091–126；K. Hoff 和 J. E. Stiglitz，"After the Big Bang? Obstacles to the Emergence of the Rule of Law in Post-Communist Societies"，*American Economic Review* 94，no. 3（2004 年 6 月）：753–63；K. Hoff 和 J. E. Stiglitz，"Exiting a Lawless State"，*Economic Journal* 118，no. 531（2008 年 8 月）：1474–97。

7. 因此，用一个术语表达就是，人们的偏好是**有条件的**，他们想做什么取决于他们认为别人会做什么。重要的经常不是法律规范（你应该做什么）而是描述性规范（你认为大多数其他人做什么）。由于这一原因，哲学家克里斯蒂娜·比切里指出，"有利的描述性规范是脆弱的。"参见 Bicchieri，*The Grammar of Society*（New York：Cambridge University Press，2006）：68。

8. 一项由 Gallup 和 the Better Business Bureau 进行的民意调查发现，美国人对他们日常打交道的商业的信任度从 2007 年 9 月到 2008 年 4 月就下降了 14%。参见 "BBB/Gallup Trust in Business Index: Executive Summary-Survey Results Consumers' Rating of Companies They Regularly Deal With，April 2008"，http://www.bbb.org/us/storage/0/Shared%20Documents/Survey%20II%20-%20BBB%20Gallup%20-%20Executive%20Summary%20-%2025%20Aug%2008.pdf（2012 年 3 月 4 日）。另一项在 2011 年 10 月进行的民意调查也同样发现，美国人对于国会和华盛顿普遍下降到了历史最低点，参见 "Americans' Approval of Congress Dips to Single Digits"，《纽约时报》，2011 年 10 月 25 日，http://www.nytimes.com/interactive/2011/10/25/us/politics/approval-of-congress-drops-to-single-digits.html（2012 年 3 月 4 日）。

9. 参见 Walter Y. Oi，"Labor as a Quasi-fixed Factor"，*Journal of Political Economy* 70（1962 年）：538–55；Robert M. Solow，"Distribution in the Long and Short Run"，*The Distribution of National Income: Proceedings of a Conference*

Held by the International Economics Association at Palermo, ed. Jean Marchal and Bernard Ducrois（New York: St. Martin's Press, 1968）: 449–66。另参见 Truman Bewley, *Why Wages Don't Fall during Recessions*（Cambridge : Harvard University Press, 1999）; Craig Burnside, Martin Eichenbaum 和 Sergio Rebelo, "Labor Hoarding and the Business Cycle", *Journal of Political Economy* 101, no. 2（1993 年 4 月）: 245-73。

10. 见第 4 章。

11. 正如第 4 章所讲，这是效率薪酬理论的中心原则之一。对于有时被称为"高质量工作场所"的详细讨论，见第 4 章。其他参考文献见我的论文 "Democratic Development as the Fruits of Labor", *The Rebel Within*, ed. Ha-Joon Chang（London : Wimbledon Publishing, 2001）: 279–315。Ernst Fehr 和 Klaus M. Schmidt 的研究表明，使用奖金提升努力的工作场所比那些依赖标准的基于表现的计件式激励计划效果更好，参见 Ernst Fehr 和 Schmidt, "Fairness and Incentives in a Multi-task Principal-Agent Model", *Scandinavian Journal of Economics* 106, no. 3（2004 年）: 453–74。关于为什么对工人好的工作场所在经济衰退期也能做得好的更多讨论见第 4 章。

12. 这一点也是 Commission on the Measurement of Economic Performance and Social Progress 所强调的。

13. 参见 Werner Güth, Rolf Schmittberger 和 Bernd Schwarze, "An Experimental Analysis of Ultimatum Bargaining", *Journal of Economic Behavior and Organization* 3（1982 年 12 月）: 367–88。

14. 该实验表明个体的公平构念是受环境影响的。即便他知道自己是被随机选为"独裁者"的，他也表现得似乎自己占一大半是合理的。有趣的是，如果第二位参与者在参加这项游戏时有一些钱，并且第一位参与者有权从他手中拿走点东西，那么第一位参与者就不大可能给第二位参与者任何东西。在 John List 所做的一项实验中，第一位参与者肯分配给第二位参与者的部分从 71% 下降到了 10%，这反映了其会避免对另一位参与者表现出最自私的行为。该实验表明，公平不是（或者不仅仅是）通过另一个参与者得到什么来解读的，而且还通过相对于他可能得到的最糟结果来解读。当第一位参与者意识到可以通过攫取更多来更加"虐待"第二位参与者时，他对于一种更为不公平的分配就感到心安理得了。参见 List, "On the Interpretation of Giving in Dictator Games", *Journal of Political Economy* 115, no. 3（2007年）: 482–93。

15. 对于这些结果的讨论（以及人们在最后通牒游戏中愿意接受或否决的钱数），参见 Colin Camerer 和 Richard Thaler, "Anomalies Ultimatums, Dictators and Manners", *Journal of Economic Perspectives* 9, no. 2（1995年）: 209–19。

16. 关于这方面的大量文献，参见 Daniel Kahneman, Jack L. Knetsch 和 Richard H. Thaler, "Fairness and the Assumptions of Economics", *Journal of Business* 59, no. 4（1986年）: S285–S300；Gary E. Bolton 和 Axel Ockenfels, "ERC: A Theory of Equity, Reciprocity, and Competition", *American Economic Review* 90, no. 1（2000年3月）: 166–93；Armin Falk, Ernst Fehr 和 Urs Fischbacher, "On the Nature of Fair Behavior", *Economic Inquiry* 41, no. 1（2003年1月）: 20–26；Daniel Kahneman, Jack L. Knetsch 和 Richard H. Thaler, "Fairness as a Constraint on Profit Seeking: Entitlements in the Market", *American Economic Review* 76, no. 4（1986年）: 728–41；Amartya Sen, "Moral Codes and Economic Success", *Market Capitalism and Moral Values*, ed. C. S. Brittan and A. Hamlin（Brookfield, VT: Aldershot, 1995）。

17. 士气遭到了破坏。这方面的启示已经在经济学一类被称为效率薪酬理论的文献中得到了探讨（描述了薪酬是如何影响生产率的）。参见 George A. Akerlof 和 Janet L. Yellen, "The Fair Wage-Effort Hypothesis and Unemployment", *Quarterly Journal of Economics* 105, no. 2（1990年）: 255–83。

18. 参见 "Frustration with Congress Could Hurt Republican Incumbents",

Pew Research Center for the People and the Press（第13页）。根据2011年12月7～11日进行的民意调查，参见http://www.people-press.org/files/legacy-pdf/12-15-11%20Congress%20and%20Economy%20release.pdf（2012年3月2日）。

19. 参见《华盛顿邮报》（ABC poll），2012年1月12～15日，http://www.washing-tonpost.com/wp-srv/politics/polls/postabcpoll_011512.html（2012年3月4日）。

20. 参见Michael I. Norton和Dan Ariely, "Building a Better America- One Wealth Quintile at a Time", *Perspectives on Psychological Science* 6, no. 1（2011年）: 9–12.

21. 正如我们稍后将详细解释，并不是有一种机构"创立"了当前存在的这种制度，而是在我们的经济和政治体制演进过程中，金钱利益集团利用财富和影响力塑造了当前这种制度。而最终塑造的结果就非常类似于各种机构联合起来从自身利益出发进行塑造的结果了。

22. 参见Ben H. Bagdikian, *The New Media Monopoly*（Boston: Beacon Press, 2004）; Robert W. McChesney, *The Political Economy of Media: Enduring Issues, Emerging Dilemmas*（New York: Monthly Review Press, 2008）。

23. 参见John Kenneth Galbraith, *American Capitalism: The Concept of Counter-vailing Power*（New York: New American Library, 1952）。

24. 关于这些问题的精彩讨论，参见André Schiffrin, *Words and Money*（New York: Verso, 2010）。

25. 在一定意义上这个问题更糟糕：因为媒体严重依赖广告，所以企业取消广告的威胁能够妨碍媒体对企业不良行为进行充分报道。

26. 参见Stefano DellaVigna和Ethan Kaplan, "The Fox News Effect: Media Bias and Voting", *Quarterly Journal of Economics* 122, no. 3（2007年）: 1187–234。意大利前总理贝卢斯科尼利用手中的电视帝国巩固了自己对政权17年的掌控，这个例子充分展现了控制媒体是可以影响政治结果的。

27. 互联网虽然暴露了主流媒体的偏见和扭曲，但也为人们提供了多样化的观点。同时，互联网的"商业模式"并没有提供那种深度调查性报道的资源，不像媒体那样可以作为一种对于公共部门和私营部门滥用权力的有效遏制。最后，如我们在第6章所指出的，互联网还会导致观点的两极分化，妨碍民主妥协的形成。

28. 事实上，民主党的初选只限于白人，并且由于民主党在选举过程中占主导地位，所以非裔美国人被有效地剥夺了选举权。

29. 哥伦比亚大学的 Suresh Naidu 指出，"人头税和读写测试分别降低了 10% ~ 23% 的总选举投票出席率，增加了民主党在全国大选中 5% ~ 10% 的投票份额。"他所使用的研究方法使得人们有必要比较横跨州界的相邻两县。参见他的工作论文"Suffrage, Schooling, and Sorting in the Post-Bellum U.S. South", Columbia University, 2010 年, http://iserp.columbia.edu/sites/default/files/suresh_naidu_working_paper.pdf。

30. 其他（有着类似政治目的的）目标群体还包括移民和蓝领工人。参见 Alexander Keyssar, "The Squeeze on Voting", *International Herald Tribune*, 2012 年 2 月 15 日, p. 9; Keyssar, *The Right to Vote: The Contested History of Democracy in the United States*（New York: Basic Books, 2000）。他举了一些例子，包括投票人被要求"带着密封的入籍文件到投票站，或者提交书面材料以证明他们已在任何以前的地址取消了登记，或者每年只有在两个指定的星期二才能本人亲自去登记"。最近，有效剥夺西班牙裔美国人选举权的企图集中在双语选票上，参见 Adam Serwer, "Gingrich and Romney Want to Say Adios to Bilingual Ballots", *Mother Jones*, 2012 年 1 月 30 日, http://motherjones.com/politics/2012/01/gingrich-and-romney-want-say-adios-bilingual-ballots。当然，最重要的是女性的选举权被剥夺，因为她们对于战争和社会问题的态度经常显著不同于男性。很明显，剥夺选举权影响了政治进程的结果。

31. 参见 Walter Dean Burnham, "Democracy in Peril: The American Turnout

Problem and the Path to Plutocracy", Roosevelt Institute Working Paper no. 5, 2010年12月1日; Frances Fox Piven 和 Richard A. Cloward, "Government Statistics and Conflicting Explanations of Nonvoting", *PS: Political Science and Politics* 22, no. 3 (1989年9月): 580-88; Piven 和 Cloward, "National Voter Registration Reform: How It Might Be Won", ibid, 21, no. 4 (1985年秋): 868-75。

32. 即便符合投票条件，如果人们没有车的话也不太会有动力为了投票而去考取驾照，因为投票的边际成本太高。自2005年以来十几个州都通过了身份证法律，参见 Keyssar, "The Squeeze on Voting"。

33. 参见 "Inaccurate, Costly, and Inefficient: Evidence That America's Voter Registration System Needs an Upgrade", Pew Center on the States, 2012年2月14日, http://www.pewcenteronthestates.org/uploadedFiles/Pew_Upgrading_Voter_Registration.pdf（2012年3月4日）。该报告也发现了大量不准确或无效的登记，大约占总登记人数的1/8。

34. 这是在首席大法官罗伯茨时期5票对4票的决定之一。另一项同样重要的决定是最高法院（在 Arizona Free Enterprise Club v. Bennett 案件中）在2011年驳回了亚利桑那州企图向那些不太能成功筹集到私人竞选资金的候选人提供额外资金以纠正因经济权力不平衡而造成的政治权力不平衡。对于最高法院的信任是非常重要的，因为任何一个社会都会有纠纷，至关重要的是法院要被视为这些纠纷的公平仲裁者。但如果最高法院被认为是不公平的（如偏袒一方，甚至是在争议被提交之前），那么最高法院的力量源泉即它在民意法庭的可信度与影响力就会迅速消失。在其他存在高度不和的国家里，一个独立的司法机构的概念是被人们持怀疑态度看待的，并且法院的判决基本上都像其他政府部门的声明一样被视为是政治性的。

35. 实际上，经济学家称这类安排为"隐性"契约。通过重复的博弈设计，有时甚至隐性契约执行得比显性契约更为有效，因为参与者都知道不遵守默契的严重后果。

36. 国会本可以要求在做出任何这种捐助之前，股东必须投票表决。但是像舒默参议员以及其他努力限制联合公民影响力的人却不让通过这样或其他限制企业整治权力的立法。人们在2012年总统大选时已经感觉到了金钱利益集团不断增加的权力，当时非候选人的政治活动委员会（代表着特定候选人在工作）花的钱甚至比候选人自己花的还多，并经常参与非常负面的广告。

37. 实际上，在阻挠议案通过时，（在参议院）"起决定性作用的"投票者不是位于中位数的参议员而是排在前40%的参议员。由于阻挠议案通过权的规则不是由宪法而是由每一届国会定的，于是就出现了一个有趣的问题：为什么位于中位数的参议员把控制权让给了排在前40%的参议员？当初创立阻挠议案通过权是为了在少数派认为对他们而言重要但又没受到《权利法案》保护时保护少数派的权利。好笑的是它主要被用于民权问题上了，为了废除非裔美国人的权利。

Ezra Klein 所写的 "Breaking the Filibuster in One Graph"，《华盛顿邮报》，2010年12月23日，http://voices.washingtonpost.com/ezra-klein/2010/12/breaking_the_filibuster_in_one.html，提供的数据表明了在阻挠议案通过数字方面"令人震惊的"上升——25年前这方面的数字微乎其微，但在上一届国会大约要提交140份文件才能结束一次阻挠。时至今日，阻挠议案通过已经被当成一种常规手段，并且它与竞选捐助一道提高了金钱利益集团施加政治影响力的能力，即便它们所要的与大多数人的利益相违背。

38. 许多因素造成了选民参与度低。本章所关注的理想破灭与权利被剥夺是很重要的。个性很重要，战争也很重要。

39. Burnham 在 "Democracy in Peril" 中引用的数据显示那些权利被剥夺最严重的州也是选民投票率最低的州。在南卡罗来纳州，选民投票率最低只有1.8%（在1926年的众议院选举中），并且在过去110年在南部各州举行的选举中跌到了30%以下。尽管在2008年的总统大选中选民投票率略有上升，但是上一次总统选举时选民投票率超过60%是在1968年，超过70%是在 1900 年。参见 http://www.presidency.ucsb.edu/data/turnout.php。与其他国家相比，德国议会选举的投票率在过去 60 年来从未低于 70%，法国议会选举投票率在过去 60 年来只有一次低于 60%，而总统选举的投票率一直至少是 77% 并且自 1965 年以来经常越来越高。参见 Voter Turnout database of the International Institute of Democracy and Electoral Assistance，http://www.idea.int/vt/。

40. 这么低的投票率让人震惊——考虑到年轻人有这么多的问题处于风险之中，现在政府所执行的政策可能会对他们造成一生的影响。

41. 这一点很明显，比如在 2012 年早期共和党的初选和预选选民投票率如下：缅因州的登记选民只有 1% 参加了预选投票，佛罗里达州是 16%，内华达州是 3%。这种偏见的本质在南卡罗来纳州的初选中暴露无遗：98% 的选民是白人（该州 66% 的人口是白人），72% 的选民 45 岁或以上（中位数年龄是 36 岁），2/3 的选民是福音派基督徒。类似的偏见也反映在对特定问题的立场上。尽管在共和党初选的投票者中明显反对对避孕提供健康保险的规定，但《纽约时报》在 2012 年 2 月做的一项民意调查中发现，这类规定有着 2 比 1 的大众支持，参见 Erik Eckholm, "Poll Finds Wide Support for Birth Control Coverage"，《纽约时报》，2012 年 3 月 1 日，http://www.nytimes.com/2012/03/02/us/politics/americans-divided-on-birth-control-coverage-poll-finds.html（2012 年 3 月 4 日）。

42. 不要求公民投票，只要求他们来到投票站。该项命令在很大程度上解决了本章前面我们所讨论的那种"投票悖论"。

43. 这意味着驳回最高法院在 Arizona Free Enterprise Club v. Bennett, Citizens United v. Federal Election Commission 两起案件中的裁决。

44. 2010 年 4 月 26 日，民意调查显示 2/3 的美国人赞成更严格的金融管制，参见 *Washington Post*/ABC News, http://abcnews.go.com/images/PollingUnit/1109a1FinancialRegulation.pdf（2012 年 3 月 4 日）。

45. 参见 Paul Krugman, "Oligarchy, American Style"，《纽约时报》，

2011年11月4日，http://www.nytimes.com/2011/11/04/opinion/oligarchy-american-style.html（2012年3月1日）。

46. 奥巴马总统2011年12月6日在堪萨斯州做的一次演讲中说："1910年，西奥多·罗斯福总统来过此地，他在演讲中说'只有当我们这个国家意味着真正民主制度的胜利和经济体制的胜利，使每个人都有机会展现最好的自我；否则，这个国家的意义无从谈起'。……不平等扭曲了我们的民主，它给予了少数那些付得起高价游说者和无限制竞选捐助的人过大的发言权，使得我们的民主面临着被卖给出价最高的投标者的风险；它也使得其他人有理由怀疑华盛顿制定的制度是被操纵了的，并且我们选举出来的代表并不关心大多数美国人的利益。"

47. 第三种解释或许起到一定作用，民主制度的政治需要形成联盟。我们做出这些分析，似乎个体只关心经济问题，其实选民也关心社会问题，在以不同方式权衡了社会和经济问题之后，他们选出能代表他们观点的候选人。至少在一段时间，共和党形成了一种社会和经济保守派的联盟，尽管该联盟提出了与社会保守派愿望相一致的议程，却经常违背他们的经济利益，参见Thomas Frank, *What's the Matter with Kansas? How Conservatives Won the Heart of America*（New York: Metropolitan Books, 2004）。

48. 全球金融问题与美国金融问题有许多相似之处：在很多情况下，都是银行积极鼓动过度负债，劝说个人和国家承担超出他们能力的债务。在有些情况下，问题甚至更严重：有着高储蓄率的东南亚国家本来不必向国外借钱，但是美国和其他发达工业化国家（直接或间接地通过IMF）向这些国家施加压力，迫使它们允许本国企业自由地向西方银行借钱。于是钱流进来了。但是当对于该地区前景的态度发生变化时，钱就迅速流出，于是造成了该地区的1997年东南亚金融危机。当钱流进时，银行大发横财；当危机爆发后，通过IMF和美国财政部的运作，银行照样赚到钱。参见J. E. Stiglitz, *Globalization and Its Discontents*（New York: Norton, 2002）。

49. 更广泛的讨论，参见J. E. Stiglitz, 2006, *Making Globalization Work*

（New York：Norton，2003），chap. 8；David Hale，"Newfoundland and the Global Debt Crisis"，*Globalist*，2003年4月28日，http://www.theglobalist.com/StoryId.aspx?StoryId=3088（访问于2012年3月7日）。

50. 严格来说，政府是由议会投票选举产生的，但是许多（不是大多数）议员都觉得自己没有什么选择。

51. 关于官员和银行的反应（及对银行和股市的影响）的说明，参见Quentin Peel，Richard Milne和Karen Hope，"EU Leaders Battle to Save Greek Deal"，《金融时报》，2011年11月1日，http://www.ft.com/intl/cms/s/0/cc377942-0472-11e1-ac2a-00144feabdc0.html#axzz1oBCs0Dlj（2012年3月4日）。

52. 在那场选举中，高盛公司甚至创造了高盛式的"卢拉计量器"来测量卢拉当选总统的可能性所带来的风险，言外之意就是他当选总统就会使高盛公司在该国的投资处于风险之中。参见http://moya.bus.miami.edu/~sandrade/Lulameter_GS.pdf。显然，（上述链接地址所呈现的）那份报告使高盛公司陷入了一点麻烦，于是它随即有所收敛。《纽约时报》报道称"高盛公司似乎使自己脱身于年初由该公司使用'卢拉计量器'公布的一份报告。自那以后，该公司负责新兴市场研究的主管Paulo Leme提出了一种对巴西前景相对平衡的观点"。参见http://www.nytimes.com/2002/10/12/business/worldbusiness/12BRAZ.html?pagewanted=all。

53. 正如我们在第3章所说，就连IMF现在也承认有时资本管制也许是好事。对此问题有大量文献，比如Jonathan D. Ostry, et al.，"Capital Inflows: The Role of Controls"，IMF Staff Position note 10/04，2010年2月19日，http://www.imf.org/external/pubs/ft/spn/2010/spn1004.pdf（2011年12月28日）。

54. 参见*The Globalization Paradox: Democracy and the Future of the World Economy*（New York：Norton，2011）。

55. 由此导致的医药高成本对于底层群体的贫困生活也起了重要作用，参见Stiglitz，*Making Globalization Work*，第4章。

56. 例如，没有人相信在作者去世后对于**那些在较早和更严制度下创造的作品**再将版权延长 70 年会提供任何激励。这只是一项提高了迪士尼和其他版权材料所有者租金的条款。发展中国家特别担忧的是对它们施加的知识产权制度会限制它们得到一些基本药品，迫使它们支付超出它们能力的价格，造成无数不必要的死亡。

57. 这些规定被称为"监管征收"，对于这种争议的讨论，参见 Stiglitz, *Making Globalization Work*，第 7 章；J. E. Stiglitz, "Regulating Multinational Corporations: Towards Principles of Cross-border Legal Frameworks in a Globalized World Balancing Rights and Responsibilities", *American University International Law Review* 23, no. 3（2007 年）: 451–58; Grotius Lecture presented at the 101st Annual Meeting of the American Society for International Law, Washington. DC, 2007 年 3 月 28 日。

58. 我应该强调：并不是那 1% 上层群体"密谋"确保这种情况发生，准确地说，是那 1% 上层群体推行的游戏规则起到了那种效果——并且很好地满足了他们自己的利益。见第 6 章。

59. 稍后我们将讨论，在很大程度上，那 1% 上层群体（和银行家一样）一直是目光短浅的——他们推行的政策也许符合他们的短期利益，但不符合他们的长期利益。

第6章　1984降临美国

1. 虽然列宁知道塑造公共舆论对于发动革命是必不可少的，但是在某种程度上，所有国家和领导人都必须讲出能塑造人民看待自己政府和国家方式的言论。反殖民主义的领导者比较容易地说服了本国公民认识到殖民统治的非法性。

2. 广告的确提供关于能以什么价格买到什么商品的信息，但是由卖方提供的关于商品属性的话多半是为了自己利益。人们采取各种手段使广告向消费者提供信息，比如万宝路香烟的牛仔广告（在美国经历了 45 年的规定期限后于 21 世纪初退休），虽然大多数买这个牌子的人都不是牛仔，但有可能把自己认同为像牛仔一样的硬汉。万宝路香烟广告中的牛仔形象传递了关于什么样的人喜欢这种香烟的信息,只要那些有这种认同感的人的确很享用这种香烟,那么这个广告就会一直成功。

3. 在第4章我们提出了公共产品、社会凝聚力和经济公平正义的重要性。美国各州投票模式中的一个主要分歧是在富裕的选民当中,在那些"自由"的州的更富裕的人比在那些保守的州的人更能认识到这一点(并且认为社会正义本身就是一项基本价值观)。参见 Paul Krugman, "Moochers against Welfare",《纽约时报》,2012年2月16日,http://www.nytimes.com/2012/02/17/opinion/krugman-moochers-against-welfare.html?_r=1&scp=1&sq=krugman%20moochers&st=cse(2012年2月20日)。克鲁格曼引用了哥伦比亚大学安德鲁·格尔曼的研究,后者指出,尽管各地的有钱人在投票时都更为保守,但经济状况不好的州的有钱人在投票时表现得尤其保守——于是造成了共和党人经常代表经济状况较差的州的现象。参见 Gelman, *Red State, Blue State, Rich State, Poor State: Why Americans Vote the Way They Do*(Princeton:Princeton University Press,2010)。

4. 康奈尔大学的苏珊娜·梅特勒指出,44%的社会保障受助人、43%的失业保险受助人以及40%的医疗保障受助人都说他们"没有使用过政府项目"。参见 Suzanne Mettler, "Reconstituting the Submerged State: The Challenges of Social Policy Reform in the Obama Era", *Perspectives on Politics* 8, no. 3(2010年):803–24。这也部分解释了另一种窘境:那些领受联邦支援最多的州反倒是最反对政府项目的州。另见在下面一节中所描述的关于老年人反对奥巴马总统的医改方案的逸事,因为该方案威胁说要将医保社会化。

5. 参见 Michael I. Norton 和 Dan Ariely, "Building a Better America—One Wealth Quintile at a Time", *Perspectives on Psychological Science* 6, no. 1(2011年):9–12。

6. 参见由 Fondation Jean-Jaurès 所进行的关于全世界对于不平等的感知的调查(法语),http://www.jean-jaures.org/Publications/Dossiers-d-actualite/

Enquete-sur-la-perception-des-inegalites-dans-le-monde（2012 年 3 月 4 日）。

7. 参见 R. Benabou 和 E. A. Ok，"Social Mobility and the Demand for Redistribution: The POUM Hypothesis"，*Quarterly Journal of Economics* 116，2001：447–87；K. K. Charles 和 E. Hurst，"The Correlation of Wealth across Generations"，*Journal of Political Economy* 111，no. 6（2003 年）：1155–82；L. A. Keister，*Getting Rich: America's New Rich and How They Got That Way*（Cambridge：Cambridge University Press，2005）。

8. 参见 Charlotte Cavaille，"Perceptions of Inequalities in the World: Food for Thought"，inequalitiesblog.wordpress.com/2011/09/27/perceptions-of-inequality-in-the-world-food-for-thought（2011 年 12 月 19 日）。她援引托克维尔的经典著作，对此提供了一种有趣的解读："当不平等成为社会普遍现象时，最显著的不平等并不引起人的注意；而当一切都几乎在同样水平时，最轻微的变化也显得尤为突出了。因此，当平等越趋向完整时，人们对于平等的欲望却变得越发难以满足了。"参见 *Democracy in America*（Middlesex，UK：Echo Library，2007）：428。

9. 用经济学的行话来说，理性的原则是个体最大化一个界定清晰的效用函数（或者有一套界定清晰的偏好）并且以理性预期进行最大化。行为经济学的另一个视角体现在 Dan Ariely 所写的畅销书的书名，*Predictably Irrational: The Hidden Forces That Shape Our Decisions*（New York：Harper Collins，2008）。

10. 这些思想已经被应用于政治学领域，参见 George Lakoff，*Don't Think of an Elephant! Know Your Values and Frame the Debate*（White River Junction，VT：Chelsea Green，2004）。

11. 这被称为"锚定效应"（anchoring effect）。关于对人们的判断和偏好产生锚定效应和框定效应的讨论，参见 Daniel Kahneman，Paul Slovic 和 Amos Tversky，eds.，*Judgment under Uncertainty: Heuristics and Biases*（Cambridge：Cambridge University Press，1982）；Daniel Kahneman 和

Amos Tversky, eds., *Choices, Values and Frames*（New York：Cambridge University Press, 2000）。这方面最近广为流行的讨论，参见 Daniel Kahneman, *Thinking, Fast and Slow*（New York：Farrar, Straus and Giroux, 2011）；Richard Thaler 和 Cass Sunstein, *Nudge: Improving Decisions about Health, Wealth, and Happiness*（New Haven and London：Yale University Press, 2008）。

12. 关于框定效应的讨论，参见 Ning Tang, Olivia S. Mitchell, Gary R. Mottola 和 Stephen P. Utkus, "The Efficiency of Sponsor and Participant Portfolio Choices in 401（k）Plans", *Journal of Public Economics* 84, no. 11–12（2010 年）: 1073–85; Olivia S. Mitchell, Gary R. Mottola, Stephen P. Utkus 和 Takeshi Yamaguchi, "Default, Framing and Spillover Effects: The Case of Lifecycle Funds in 401（k）Plans", NBER Working Papers 15108, 2009。

13. 因此，右翼人士想相信是政府而不是市场造成了这个问题，于是他们不重视那些说明是市场失败了的证据。比如次级抵押贷款的崩溃开始于私营部门，并且在其最严重的时候，房利美抵押贷款的表现也好于私营部门的表现。

14. 目前已有大量关于验证性偏见的文献，比如 Matthew Rabin 和 Joel Schrag, "First Impressions Matter: A Model of Confirmatory Bias", *Quarterly Journal of Economics* 114, no. 1（1999 年）: 37–82。

15. 比如 Karla Hoff 和 Joseph E. Stiglitz, "Equilibrium Fictions: A Cognitive Approach to Societal Rigidity", *American Economic Review* 100, no. 2（2010 年 5 月）: 141–46; Hoff 和 Stiglitz, "The Role of Cognitive Frames in Societal Rigidity and Change", World Bank, 2011 年, http://www.ewi-ssl.pitt.edu/econ/files/seminars/110405_sem814_Karla%20Hoff.pdf（2012 年 3 月 4 日）。他们解释了虚构平衡是如何在维持歧视时发挥作用的。那些相信种姓差异的人从认知上更容易注意到那些被定为劣等种姓的人失败而忽略他们的成功，更糟糕的是，那些自认为低人一等的人果真就会那么表现。

16. 说服型营销是企业试图操纵顾客行为的最温和最诚实的方式。烟草公司悄悄使它们的产品更容易让人上瘾，使吸烟者更有可能继续吸烟。美国食品药物管理局前主席大卫·凯斯勒在代表政府对烟草公司起诉时指出，快餐、零食和其他产品的生产者也在做非常类似的事情（即便不完全是上瘾），因为它们知道气味和口味是怎么刺激大脑产生欲望的，参见 Kessler, *The End of Overeating: Taking Control of the Insatiable American Appetite*（New York：Rodale Books, 2009）。

17. 参见 John Maynard Keynes, *The General Theory of Employment, Interest, and Money*（New York：Harcourt, Brace & World, 1936）：383。

18. 参见 George Soros, *The Soros Lectures: At the Central European University*（New York：Public Affairs, 2010）。

19. 由两党组成的美国金融与经济危机原因调查委员会的报告 *The Financial Crisis Inquiry Report* 总结道，"房地美和房利美虽然是这场危机的原因，但不是主要原因。"参见 http://www.gpo.gov/fdsys/pkg/GPO-FCIC/pdf/GPO-FCIC.pdf（2012 年 2 月 20 日）。只有一名成员（美国企业研究所的 Peter J. Wallison）对此表示异议，其他更为学术的研究都证实并支持他们的研究结果。

20. 见第 5 章关于统计歧视的讨论。

21. 参见 Karla Hoff 和 Priyanka Pandey, "Discrimination, Social Identity, and Durable Inequalities", *American Economic Review* 96, no. 2（2006 年 5 月）：206–11；K. Hoff 和 P. Pandey, "Making Up People: The Behavioral Effects of Caste", World Bank。社会心理学的大量文献表明，"区别"一种固定模式的身份（也就是突出它）会使人的表现朝着那种固定模式发展。参见 C. M. Steele, *Whistling Vivaldi and Other Clues to How Stereotypes Affect Us*（New York：Norton, 2010）；Michael Inzlicht 和 Toni Schmader, eds., *Stereotype Threat: Theory, Process, and Application*（New York：Oxford University Press, 2012）。

22. 当然，政府和市场都不是完美的。正如我在本章后面将要解释的，尽管政府有许多失败的例子，但比起私营部门失败所造成的损失——尤其是在经济大衰退前后的，就显得不算什么了。

23. 1772年，英格兰银行贷给了东印度公司几十万英镑，因为一系列因素（包括孟加拉国的饥荒和伦敦股市的暴跌）威胁到了该公司的生存。参见Nick Robins, *The Corporation That Changed the World*（London：Pluto Press，2006）：97。

24. 虽然以提升自己利益的方式努力改变人们的感知也许符合个人或群体的利益，但一般来说，变化不是以这样协同的方式发生。没有合谋的机会。

25. 参见Richard Dawkins, *The Selfish Gene*, 30th anniversary ed.（Oxford：Oxford University Press，2006）。

26. 参见*The Financial Crisis Inquiry Report*。

27. 2012年1月，Pew Research Center公布的一项民意调查发现，人们在认知上存在均衡的区分：大约有46%的受访者（美国人）认为，有钱人之所以有钱是因为他们"运气好出生在有钱人家或者有好的关系"，而43%的受访者则认为有钱人的财富来自"他们自身的辛勤工作、上进心或者教育"。该调查还发现，58%的民主党人认为"财富主要是因为家庭财富或者认识正确的人，而同样比例的共和党人则说财富主要是辛勤工作、上进心或受到前进所必需的教育的结果"。参见Pew Research Center2012年1月11日公布的报告"Rising Share of Americans See Conflict between Rich and Poor"，http://www.pewsocialtrends.org/2012/01/11/rising-share-of-americans-see-conflict-between-rich-and-poor/?src=prc-headline（2012年3月4日）。

28. 最近出现的另一种变化也许会影响思想和信念的未来演进并强化那些由验证性偏见造成的问题：互联网的兴起和扩散使得个人更容易创造他们自己的"社区"——那些分享相同信息的群体。过去，大多数美国人都会看CBS、ABC或NBC等全国电视台。但现在出现了大量有线频道，有的对左翼人士有吸引力，有的对右翼人士有吸引力。想强化自己的保守观点的人可以看Fox News，他从中所接触的观点已经是事先筛选过以迎合他的信仰的。

这样的结果便带来信仰的两极分化进一步加重的风险。关于不平等的信仰因此而两极分化的事实使我们社会难以在全国意见一致的基础上处理这个问题。关于这类问题的讨论，参见 Cass Sunstein, *Infotopia: How Many Minds Produce Knowledge*（New York：Oxford University Press，2006），他指出人们陷入了一种"信息茧"中——挡住了与他们先前看法相左的信息。查尔斯·洛德等人对信仰两极分化进行了一项重要研究，他们把关于死刑的研究结果拿给两组人看——一组是支持死刑的人，另一组是反对死刑的人。他们发现，人们倾向于认同那种与自己最初看法一致的研究，认为该研究比那种与自己最初看法相冲突的研究做得更好也更令人信服，并且这些人在看过支持他们立场的研究之后更坚定了自己的立场。参见 Charles Lord, Lee Ross 和 Mark Lepper, "Biased Assimilation and Attitude Polarization: The Effects of Prior Theories on Subsequently Considered Evidence", *Journal of Personality and Social Psychology* 37, no. 11（1979年）：2098–109。

29. 参见 Hoff 和 Stiglitz, "Equilibrium Fictions" 和 "The Role of Cognitive Frames"。另参见 Glenn C. Loury, *Anatomy of Racial Inequality*（Cambridge：Harvard University Press，2002）。

30. 对克里参议员的"swift boat（快艇）"攻击是没有基础的"营销"的传奇例子，但不管怎么说是非常有效的。对此案例的讨论，参见《纽约时报》"Times Topic" on "Swift Veterans for Truth", http://topics.nytimes.com/topics/reference/timestopics/organizations/s/swift_boat_veterans_for_truth/index.html（2012年3月4日）。

31. 参见 Richard H. Thaler, "When Business Can't Foresee Outrage",《纽约时报》，2011年11月19日。另参见 Daniel Kahneman, Jack Knetsch 和 Richard H. Thaler, "Fairness and the Assumptions of Economics", *Journal of Business* 59, no 4（1986年）：S285–300；Amelie Goosens 和 Pierre-Guillaume Meon, "The Impact of Studying Economics, and Other Disciplines, on the Belief That Voluntary Exchange Makes Everyone Better Off", University of

Brussels working paper, 2010。他们表明既有选择效应也有学习效应。关于此方面的概述,参见 John R. Carter 和 Michael D. Irons, "Are Economists Different, and If So, Why?" *Journal of Economic Perspectives* 5, no. 2（1991年春）: 171–77; Alexandra Haferkamp, Detlef Fetchenhauer, Frank Belschak 和 Dominik Enste, "Efficiency versus Fairness: The Evaluation of Labor Market Policies by Economists and Laypeople", *Journal of Economic Psychology* 30, no. 4（2009年8月）: 527–39。另参见 Robert Kuttner, *Everything for Sale: The Virtues and Limits of Markets*（New York: Knopf, 1997）; William Lazonick, *Business Organizations and the Myth of the Market Economy*（New York: Cambridge University Press, 1991）。另一个略有不同的视角,参见 Bryan Caplan, "Systematically Biased Beliefs about Economics: Robust Evidence of Judgemental Anomalies from the Survey of Americans and Economists on the Economy", *Economic Journal*（2002年4月）: 433–58。

32. 以捐赠者命名的奥林基金会在其2003年关闭之前资助了大量研究,支持了法学院和其他与保守经济思想的学术对话。作家约翰 J. 米勒写了一本祝贺该基金会的书 *A Gift of Freedom: How the John M. Olin Foundation Changed America*（San Francisco: Encounter Books, 2006）,描述了它的影响力:"如果保守的知识分子和组织被比作全国汽车比赛协会的赛车的话,那么他们每辆车都会在汽车保险杠上贴一张带有 Olin 的标签——而且很多车还会把 O-L-I-N 这四个字母大大地喷在车前身上。"参见 Miller, "Foundation's End", *National Review*, 2005年4月6日, http://www.nationalreview.com/articles/214092/foundations-end/john-j-miller（2012年3月4日）。

33. 有趣的是,说服另一方无须花多少努力,因为对方已经有了一种很强的认知架构、一种看待世界的角度,所以任何相反的证据都会大打折扣而任何确认性证据都会被过度重视。

34. 也许那不是巧合:克林顿总统经济顾问委员会的一位关键成员在加盟

该委员会之前收到了一笔远远高于100万美元门槛费的奖金。

35. 参见 Sanford Grossman 和 J. E. Stiglitz, "Information and Competitive Price Systems", *American Economic Review* 66, no. 2（1976年5月）: 246–53; Sanford Grossman 和 J. E. Stiglitz, "On the Impossibility of Informationally Efficient Markets", *American Economic Review* 70, no. 3（1980年6月）: 393–408。

36. 参见 Justin Fox, *The Myth of the Rational Market*（New York: Harper Business, 2009）。

37. 这相当于一笔超过1万亿美元的损失。标准普尔500家大公司中有8家（包括Accenture）的股票跌到每股1美分，其他股票（包括苹果公司和惠普公司）的价格增加到超过10万美元。显然，没有什么**真实的**东西能解释这些变化。市场显然不是有效率的。一份来自美国证监会和商品期货交易委员会的报告"描绘了一个如此分散和脆弱的市场，以至于单次一笔大的交易就会使股票价格陷入大波动"。"关于2010年5月6日市场事件的调查结果"是2010年9月30日发布的一份报告。我当时受任于 SEC/CFTC 成立的一个针对股市那次闪电崩盘而成立，关于市场改革的专家小组的。参见 http://www.sec.gov/news/studies/2010/marketevents-report.pdf。

38. 税收变化是一个框定尤其富有争议的领域：当人们通过降低税率的百分比来谈减税时，他们是指税率的绝对降低，还是指流向每个群体的美元的绝对价值？在以其中一种方式体现布什政府的减税时，1%上层群体成了最大的受益者，享受了收益的1/3，只有1%的收益给了底层的20%群体。参见 Andrew Fieldhouse, "The Bush Tax Cuts Disproportionately Benefitted the Wealthy", Economic Policy Institute, 2011年6月4日。但是减税的维护者指出，上层群体支付了总体税收的大部分。

39. 根据2010年12月17日通过的法律，这是2012年度免税的标准（根据通货膨胀率向上进行了调整），参见 IRS 的网站：http://www.irs.gov/businesses/small/article/0,id=164871,00.html（2012年3月26日）。在写这段

文字时，除非国会通过新的立法（那是极有可能的），否则该项免税在2013年将恢复到100万美元。

40. 参见Larry Bartels, "Homer Gets a Tax Cut: Inequality and Public Policy in the American Mind", *Perspectives on Politics* 3, no. 1（2005年）: 21。他提出："大多数普通公民根本不知道也不确定税收制度的运作以及正在考虑或实际采用的政策选择。"关于遗产税，Joel Slemrod在"The Role of Misconceptions in Support for Regressive Tax Reform", *National Tax Journal* 59, no. 1（2006年）: 57–75中提出，大多数人要么认为遗产税影响了"大部分"家庭（49%），要么不知道有多少家庭受到影响（20%）。实际上，遗产税只影响到2%的家庭。John Sides在"Stories, Science, and Public Opinion about the Estate Tax"（George Washington University, 2011）中表明，关于实际缴纳遗产税的正确信息有助于提高对遗产税的支持。

41. 2010年12月，ABC News和《华盛顿邮报》联合进行了一次民意调查，52%的参与者赞成提高对继承税的免征。参见http://abcnews.go.com/Politics/obama-gop-tax-deal-abc-news-washington-post-poll-support/story?id=12382152#.TvzvAjXWark。

42. 现行法律中有一条鲜为人知的规定，允许资本收益在人死亡时完全逃避纳税，也就是继承财产的人只需要从他们继承财产时开始缴纳资本收益税。这种做法没有经济上的理由，实际上它对行为造成了极大的扭曲。2010年的立法对这种做法提出了一些限制。

43. 奥巴马政府为银行救助辩护说，虽然银行的国有化（这似乎可以更好地理解为"按照资本主义规则进行"，因为国有化会让资本不充足的银行得到监护）在瑞典效果很好，但它对于美国不是一个好选择，因为瑞典的银行数量较少并且"美国有着不同的传统"。参见Terry Moran interview with President Obama, *Nightline*, ABC News, transcript, 2009年2月10日（http://abcnews.go.com/Politics/Business/story?id=6844330&page=1#.T3CknDEgcs1, 2012年3月26日）。

44. 奥巴马政府和银行都努力塑造人们对于对银行救助的认知，辩护说实际上那些钱都已全部偿还了。我们将在第9章解释他们的争辩哪里不对。大多数美国人对于对银行的救助一直很愤怒。

45. 奥巴马政府在2012年2月意识到住房计划迄今对于阻止银行提前收回房产潮没起到多大作用，更别说使房产市场复苏了，于是提出了一个数十亿美元的计划用于房主再融资。参见"Fact Sheet: President Obama's Plan to Help Responsible Homeowners and Heal the Housing Market", White House release, http://www.whitehouse.gov/the-press-office/2012/02/01/fact-sheet-president-obama-s-plan-help-responsible-homeowners-and-heal-h（2012年3月26日）。

46. 不愿意帮助房屋所有者也许还有另外一个原因：他们知道政府的慷慨援助是有限度的——多少钱用于支持银行以及多少钱用于帮助抵押贷款的房主。给房主的钱越多，给银行的钱就越少。鉴于银行的危险金融处境（当时也不确定银行需要多少钱才能度过困境），政府的当务之急就是确保将尽可能多的钱给银行。他们的确从问题资产救助计划中预留了大约500亿美元经费用于抵押贷款重组，但有趣的是，奥巴马政府只花掉了这笔钱当中的34亿美元——这表明银行的抵制才是重组的真正障碍。

47. 甚至"道德风险"这一术语（与更为中性的术语"激励效应"相对）的使用也带有感情的弦外之意，暗示着这些特定的激励反应有某种**不道德**的成分。正如宾夕法尼亚大学法学教授汤姆·贝克所说，这个术语"帮着否认了拒绝分担（生活的重荷）是小气的或自私的"（引用于 Shaila Dewan, "Moral Hazard: A Tempest-tossed Idea",《纽约时报》，2012年2月26日）。实际上，几乎没有证据表明帮助房屋所有者的慷慨计划会有什么严重的"道德风险后果"。美国住房和城市发展部部长肖恩·多诺万提出，"仍能支付得起抵押贷款的美国人中只有大约10%~15%逃避债务"（出处同上）。关于道德风险的一般理论是在20世纪60年代中期和70年代由Arrow, Mirrlees, Ross 和 Stiglitz 等人发展出来的，如 Kenneth Arrow, *Aspects of the Theory of*

Risk Bearing（Helsinki, Finland: Yrjö Jahnssonin Säätiö, 1965）; James Mirrlees, "The Theory of Moral Hazard and Unobservable Behaviour I", *Review of Economic Studies* 66, no. 1（1999年）: 3–21; S. Ross, "The Economic Theory of Agency: The Principal's Problem", *American Economic Review* 63, no. 2（1973年）: 134–39; J. E. Stiglitz, "Incentives and Risk Sharing in Sharecropping", *Review of Economic Studies* 41, no. 2（1974年）: 219–55。关于此术语更广泛的讨论，参见 Tom Baker, "On the Genealogy of Moral Hazard", *Texas Law Review* 75, 1996: 237。

48. 此外，英国监管机构正在推动对于那些因决策失误而导致银行失败的银行高管的自动制裁权，参见 "The Failure of the Royal Bank of Scotland: Financial Services Authority Board Report", Financial Services Authority（2011年12月）, http://www.fsa.gov.uk/static/pubs/other/rbs.pdf（2012年3月26日）。

49. 最初 CEO 都很不愿意在更大范围内限制他们的奖金或薪酬，经过对银行奖金的抗议之后才实施了一些制约。

50. 银行讨论房屋所有者道德风险的热情使人想起当初安德鲁·梅隆对胡佛总统的建议："清算劳力、清算股票、清算农民、清算房地产……这将清除我们体系内的腐朽，人们会更努力工作，过更道德的生活，价值观会有所调整，能力不太强的人会变得更富于进取心。"参见 Herbert Hoover, *Memoirs*, vol. 3（New York: Macmillan, 1952）: 30。但是当银行家被救助时，他们并没有觉醒同样的道德力量。

51. 比如债转股可以使银行在房屋出售时获得一部分资本收益。房屋所有者仍受到激励维护他们的住宅，房子没有被抛到市场上压低房产价格；家庭得到了一个"新开始"（这是所有破产法的一个基本原则）；昂贵的提前收回房产的过程也被避免了。房主付出了一定代价——他（一大部分）资本收益的丧失，因此"道德风险"也被避免了。在 *Freefall*（New York: Norton, 2010）一书中，我将这种做法称为房主的"破产保护法"，用来类比通过类似的债转股给了公司新开始的治理公司的法律。

52. 不能成功应对次贷危机还有另外一个后果——我们不但没有给美国家庭一个新开始,也没有给抵押贷款行业本身一个新开始,该行业还要靠政府支撑。虽然右翼人士对私营部门的好处赞不绝口,但抵押贷款行业这一至关重要的经济部门仍由政府把持着。今天,将近90%的抵押贷款是由美国政府作后盾的,主要通过政府所有的房利美和房地美两家机构。

53. 正如我们前面提到的,现代经济学的创始人斯密甚至比他身后的追随者都更怀疑市场是否能带来有效率的结果。比如他担心垄断并觉察到许多现代经济学所关注的其他市场并不完善。

54. 参见我担任克林顿总统经济顾问委员会主席时与斯科特·沃斯坦准备的一项研究:"Supporting Research and Development to Promote Economic Growth: The Federal Government's Role", Council of Economic Advisers, 1995年10月。

55. 比如由UNDP Human Development Indicators 所测量的,见本章最后部分的讨论。

56. 参见Kenneth Rogoff 和 Carmen M. Reinhardt 在 *This Time Is Different: Eight Centuries of Financial Folly*(Princeton:Princeton University Press,2009)一书中描述了过去800年里出现的数百次金融危机,仅从"二战"以来在发达国家就发生了18起银行危机。已故的MIT教授查尔斯·金德尔伯格在他的经典著作中描述了重复出现的危机,参见 *Manias, Panics 和 Crashes: A History of Financial Crises*(New York:Basic Books,1978)。

57. 国会预算办公室发现,公共医疗保障计划中的行政费用只花了不到2%,而Medicare Advantage 中私人计划的花销大约是11%,参见CBO, "Designing a Premium Support System for Medicare"(2006年11月):12。根据Centers for Medicare and Medicaid Services,医疗保障计划根据通货膨胀调整后的每位受益人的成本从1969~2009年增加了500%,而同期私营保险公司的实际成本增加了800%,参见https://www.cms.gov/nationalhealthexpenddata/02_nationalhealthaccountshistorical.asp。同样地,几项

研究都表明，以穷人为对象的医疗补助计划的成本低于私营机构提供服务的成本。参见 Jack Hadley 和 John Holahan, "Is Health Care Spending Higher under Medicaid or Private Insurance?", *Inquiry* 40, no. 4（2003年4月）: 323–42; "Medicaid: A Lower-Cost Approach to Serving a High-Cost Population", policy brief by the Kaiser Commission on Medicaid and the Uninsured, 2004年3月。另参见 Paul Krugman, "Medicare Saves Money", 2011年6月12日, http://www.nytimes.com/2011/06/13/opinion/13krugman.html。

58. 一项对于英国社会保障（养老金）部分私有化的研究显示，这些交易费用实际上降低了40%的养老金。每年拿出额外的1%看上去似乎不是很多，但是多年下来数量可观。参见 Mamta Murthi, Michael Orszag 和 Peter Orszag "Administrative Costs under a Decentralized Approach to Individual Accounts: Lessons from the United Kingdom", *New Ideas about Old Age Security*, ed. R. Holzmann and J. Stiglitz（Washington, DC: World Bank: 2001）。

59. 参见 Project on Government Oversight 的报告 "Bad Business: Billions of Taxpayer Dollars Wasted on Hiring Contractors", 2011年9月13日, http://www.pogo.org/pogo-files/reports/contract-oversight/bad-business/co-gp-20110913.html（2012年2月22日）。另参见 Ron Nixon, "Government Pays More in Contracts, Study Finds",《纽约时报》, 2011年9月12日。

60. 参见该委员会的最终报告 "Transforming Wartime Contracting: Controlling Costs, Reducing Risks", 2011年8月31日, http://www.wartimecontracting.gov/docs/CWC_FinalReport-lowres.pdf, Reported by Nathan Hodge, "Study Finds Extensive Waste in War Contracting",《华尔街日报》, 2011年9月1日, http://online.wsj.com/article/SB10001424053111904716604576542703010051380.html（2012年3月26日）。

61. 参见 Stiglitz 和 Bilmes, *The Three Trillion Dollar War: The True Cost of the Iraq Conflict*（New York: Norton, 2008）。

62. 我们在第2章提到世界上最有钱的人是卡洛斯·斯利姆，他的财富来自墨西哥电话业垄断的私有化。私有化过程中的腐败是如此普遍，以至于在我的 *Globalization and Its Discontents* 一书中，我将这种现象称为"贿赂化"（briberization）。

63. 我在 *Globalization and Its Discontents* 一书中描述了这起不幸事件的更早情形。随后发生的一切（反复尝试得到政府补贴）直到今天该公司处于破产的边缘，证实了当时提出的严厉批评。其他讨论参见 Peter R. Orszag, "Privatization of the U.S. Enrichment Corporation: An Economic Analysis", presented at the Brookings Institution, 2000 年 2 月。另参见 Daniel Guttman, "The United States Enrichment Corporation: A Failing Privatization", *Asian Journal of Public Administration* 23, no. 2（2001 年）: 247–72。最新的情况参见 Geoffrey Sea, "USEC Pushback on Coffin Lid of Uranium Project", http://ecowatch.org/2011/usec-pushback-on-coffin-lid-of-uranium-project/。

64. 2010 年全部捐助额是 6390 亿美元，参见 http://www.ssa.gov/policy/docs/statcomps/supplement/2011/oasdi.html。

65. 此外，没有私营保险公司会为通货膨胀的风险提供保险。通货膨胀率尽管现在低，但有可能会再一次升高，就像 20 世纪 70 年代那样。

66. 参见 http://www.nytimes.com/2006/11/26/business/yourmoney/26every.html。另外，克里斯·莱纳德更加充分地描述了上层群体是如何努力影响其他人的感知的，专门写了一章关于阶级斗争的文章。他指出，在通常的描绘中，阶级斗争"总是向上发动的，从未向下发动过"，只要当关于上层群体的再分配政策或税收被放到桌面上来时，阶级斗争就被当作一种通用武器被搬出来。他评论道，阶级斗争"指的是一种不必动用军队的冲突"。参见 *Rich People Things: Real Life Secrets of the Predator Class*（New York: Haymarket Books, 2010）: 53–55。

67. 美国联邦政府在 1990～2006 年以"现金福利和行政支出"的形式花了大约 1400 亿美元在 Temporary Assistance to Needy Families and Assistance and Aid to Families with Dependent Children 项目上，参见 "2008 Indicators

of Welfare Dependence, Appendix A, Program Data", U.S. Department of Health and Human Services, http://aspe.hhs.gov/hsp/indicators08/apa.shtml#ftanf2（2012年3月4日）。

68. 参见IMF前主席卡恩2011年3月31日在南京所做的主旨发言："尤其在IMF，虽然长久以来的传统是慎用资本控制，但我们现在在适当情况下已更多地使用这种手段。当然各个国家应该谨慎，不要轻易使用资本控制来取代合理的宏观政策。"（http://www.imf.org/external/np/speeches/2011/033111.htm，2011年2月22日）。

69. 在1960年一次共和党全国委员会的早餐会上，艾森豪威尔这样评价瑞典："我一直在读一篇相当长的文章，关于在一个友好的欧洲国家进行几乎完全家长式管理的实验，这个国家目前各方面的状态都堪忧。"参见Dwight D. Eisenhower: Remarks at the Republican National Committee Breakfast, Chicago, Illinois, 1960年7月27日, *Public Papers of the Presidents of the United States, Dwight D. Eisenhower*（Washington, DC: Government Printing Office, 1999）: 605。

70. 在进行跨国比较时，我们必须调整生活成本的差异。根据当前的汇率（如多少欧元兑换1美元），一个国家的生活成本也许低于另一个国家的（当然，这种差异可能取决于我们把钱花在什么方面，比如一个在美国必须购买医疗保险的人就比一个在法国生病的人的生活水平低得多）。经济学家把这种试图对生活成本做出调整（尽管不完善）的比较称为"购买力平价"（PPP, purchasing power parity）比较。比如就官方汇率而言，2010年美国的人均GDP是中国的10倍多，当经过购买力平价调整后，是6倍。参见World Bank Indicators database, http://databank.worldbank.org/ddp/home.do?Step=12&id=4&CNO=2（2012年3月4日）。

71. 参见普林斯顿大学Janet Currie的"Inequality at Birth: Some Causes and Consequences"及第1章中对她研究的讨论。

72. 关于这类对于巴布亚新几内亚人民的成本（不容易量化）的讨论，

参见 2011 Human Rights Watch report "Gold's Costly Dividend: Human Rights Impacts of Papua New Guinea's Porgera Gold Mine", http://www.hrw.org/sites/default/files/reports/png0211webwcover.pdf（2012 年 3 月 7 日）。

73. 由法国前总统萨科齐召集的该委员会的报告参见 Jean-Paul Fitoussi, Amartya Sen 和 Joseph E. Stiglitz, *Mismeasuring Our Lives: Why GDP Doesn't Add Up*（New York：New Press, 2010）, http://www.stiglitz-sen-fitoussi.fr/en/index.htm。

74. 这一点在一开始就被国民收入账户的早期开发者西蒙·库兹涅茨正确地指出，他说"一个国家的福利很少能由对国民收入的测量推断出来"。参见 Kuznets, "National Income, 1929–1932", 73rd U.S. Cong., 2d sess., 1934, Senate doc. no. 124：7。

第7章 所有人的正义吗？不平等侵蚀了法治

1. 有很多例子表明，法律可以被看作是维持不平等的。保护和维持奴隶制的法律提供了最深刻的例子：虽然奴隶不能投票，但宪法为了国会的代表性，通过规定将每个奴隶看成是 3/5 个人，确保了南部白人奴隶主在政府的过多代表性。美国内战之后，歧视非裔美国人的法律确保了非裔美国人被隔离，且经济权利被剥夺。就像几百年前在欧洲的封建制，土地所有主能以更有利的条件雇用劳动力：在这种情况下，法治被用来提高白人土地所有者的财富和收入。有大量文献描述强化了这种制度的劳动胁迫和法律架构。参见 S. Naidu, "Recruitment Restrictions and Labor Markets: Evidence from the Postbellum U.S. South", *Journal of Labor Economics* 28, no. 2（2010 年）：413–45；Stanley Engerman, "Economic Adjustments to Emancipation in the United States and British West Indies", *Journal of Interdisciplinary History* 13, 1982：191–220；S. Naidu 和 N. Yuchtman, "How Green Was My Valley? Coercive Contract Enforcement in 19th Century Industrial Britain", NBER Working Paper no. 17051, 2011 年, http://www.nber.org/papers/w17051（2012

年3月4日）。

2. 还没有彻底解决的核废料处理问题是另一个例子，表明核电厂不必充分内在化它们的运营成本。这就相当于把处理核废料的成本遗留给了子孙后代，不管运营核电厂的公司到那时是否还存在。

3. 由于对其他形式能源（如煤炭）生产的隐性和公开补贴，这一问题变得更复杂了。市场被如此扭曲以至于很难判断在一个有效率的市场中会出现什么情况。

4. 这一事故理赔的解决过程仍在进行中。英国石油公司出资200亿美元建立Gulf Coast Claims Facility，这项由Kenneth Feinberg管理的基金截至2012年2月已经支付或同意支付的总额已达79.6亿美元，参见http://www.bp.com/sectiongenericarticle.do?categoryId=9036580&contentId=7067577（2012年3月4日）。该基金的结构一直受到批评，一位法律学者这样描述该基金的结构："Gulf Coast Claims Facility代表着一种未被察觉的渐进倾向，倾向于对集体索赔采取不经过法律手段的私下解决方式。这种解决方式由本应受惩罚的被告所创立，不受法律规范的约束，并且由一位'英雄'般的特殊专家管理，他享有不受限制的随意处置权，并且他本身也受雇于罪犯。无论关于Gulf Coast Claims Facility的其他方面有什么好说的，但它的治理结构方面不会有好的发展。"参见L. Mullenix, "Prometheus Unbound: The Gulf Coast Claims Facility as a Means for Resolving Mass Tort Claims—A Fund Too Far", *Louisiana Law Review* 71, 2011: 823。在本书付印之际，英国石油公司与代表原告的律师之间的一项庭外和解正在考虑之中，参见"Accord Reached Settling Lawsuit over BP Oil Spill",《纽约时报》，（2012年3月3日）：A1。Propublica对于泄漏事件之后积极的媒体监督，包括清理过程中的腐败，参见http://www.propublica.org/topic/gulf-oil-spill/。

5. 参见R. H. Coase, "The Problem of Social Cost", *Journal of Law and Economics* 3, 1960: 1-44。

6. 当存在信息不对称时——尤其会出现一方比另一方更容易获得信息的

情况。如果一个群体对于伤害的信息少于另一个群体（一种普遍的现象），那么掌握信息多的一方就会处于更有利避免伤害的位置。其他的市场不完美也影响着其他形式产权分配的效率。如果一个群体的信贷受限，那它就可能无法支付。

7. 在很多情况下，谁对谁造成了外部效应并不总是很清晰。与另一辆车相撞的司机本来不会出事，要是另一辆车没在路上的话。其他人吸烟本不会造成不吸烟者得癌症，要是那位不吸烟者没有靠近吸烟者而受到他的"二手烟"影响的话。在这些以及其他例子中，有一种广泛的共识：安全驾驶的人应该有权驾驶，而不必担心鲁莽司机会造成事故的风险，普通公民应该有权呼吸新鲜空气。

8. 参见 John Stuart Mill 在 *On Liberty*（1869）一书中区分了行动时考虑他人和考虑自己的两个方面。根据他的理论，每个人都有行动的权利，只要他不伤害其他人。

9. 通过塑造信念和感知，继而这些信念和感知又塑造了法官和陪审团的推测，这些推测对于在法庭上判别任何一方的优点都是非常重要的。

10. 对此的讨论，参见 G. Morgenson 和 Joshua Rosner, *Reckless Endangerment: How Outsized Ambition, Greed, and Corruption Led to Economic Armageddon*（New York：Times Books，2011）。更具体地说，评级机构声称它们不能依据在新泽西州和佐治亚州产生的抵押贷款对 RMBS 做出评级，理由是根据州所实施的《消费者保护法》或《掠夺性贷款法》，RMBS 持有者应负法律责任。根据佐治亚州的法律和《佐治亚州公平贷款法案》，对于掠夺性贷款的无限惩罚性赔偿会在适当的时候用于 RMBS 持有者身上。这导致了 2003 年对于佐治亚州掠夺性贷款法的修订。类似的一系列事件也发生在新泽西州，导致了政府在 2004 年 6 月对《2002 年新泽西州房屋所有者安全法案》进行修订，以满足银行的要求。另参见 B. Keys, T. Mukherjee, A. Seru 和 V. Vig, "Did Securitization Lead to Lax Screening? Evidence from Subprime Loans", *Quarterly Journal of Economics* 125，no. 1（2010 年）：307–62。

11. 另外一个最重要的方面是，联邦银行监管机构——货币监理署（OCC）和美国储蓄管理局（OTS）通过对全国银行行使司法管辖权而造成了更严格的国家管制的先占权。这意味着如果哪一个州想对本州内的银行监管得更加严格，那么更严格的标准只能适用于州立银行，于是就使得这些州立银行不像国立银行那么有竞争力了。更糟的情况是，"有些州，比如佐治亚州，还实施《公平贷款法》，这些法律使得州立银行和储蓄机构像国立银行和联邦储蓄机构一样免受反掠夺性贷款法律的制裁……"参见 P. McCoy 和 E. Reunart, "The Legal Infrastructure of Subprime and Nontraditional Home Mortgages", Joint Center for Housing Studies Harvard University, UCC08-05。OCC 的负责人试图减轻人们对这种先占权的担忧："我们的工作是保护消费者，只要发现有欺诈消费者行为的话。"参见 Mike Konczal http://rortybomb.wordpress.com/2010/03/01/cfpa-i-preemption-or-what-a-bad-cfpa-would-look-like/。

12. 关于所有不良金融产品及其后果的详尽讨论，参见我的 *Freefall*（New York: Norton, 2010）一书。

13. 就像食品药监局保护消费者远离诱导性的、危险的和无效的药品。

14. 有一个证据：欧洲监管机构让欧洲最大的一家银行接受了压力测验——看看它在不利条件下做得怎样，之后还没过多久，那家银行就倒闭了。私人评级机构也表现得难以胜任。

15. 在前期交易中，纳税人每 1 美元拿回大概 65 美分，但在后期交易中，尤其是与 AIG 和花旗银行的，每 1 美元仅拿回大概 41 美分。参见 Congressional Oversight Panel, "Valuing Treasury's Acquisitions", February Oversight Report, 2009 年 2 月 6 日, http://cop.senate.gov/reports/library/report-020609-cop.cfm。尽管法律制度是不利于普通公民的，但银行的不良行为程度如此之重以至于它们必须承担一些责任——虽然不足以抵消它们通过对贫穷的非裔美国人和美籍西班牙人进行掠夺性贷款所赚取的大量利润。对此的详细讨论见第 3 章。

16. 尽管许多抵押贷款是无追索权的（即债权人只能获得房子而不能索要债务人的其他资产），因此也许不受这条规定的影响，但是大多数次级贷款涉及第二次抵押贷款，那就是有追索权的了。破产法的变化适用于这些贷款。

17. 每笔交易的透支费用平均是30～35美元，这在过去5年里上升了1/5。2011年，透支费用估计增加了银行300亿美元的收入。90%的透支费用是由10%的顾客支付的，大多数是低收入者。2010年，遏制透支费用的尝试失败了，部分原因是消费者被银行误导了。这家新成立的消费者机构的负责人理查德·科德雷批判了银行旨在不让消费者理解他们所交纳的各项费用的手段。《纽约时报》的一则社论这样描述了银行的手段："故意掩盖信息，要求消费者访问3个不同的网页并且向下滚动翻看50页的文字才能找到关于交费的信息。"参见"A Further Look at Overdraft Fees"，《纽约时报》，2012年2月27日，A16（http://www.nytimes.com/2012/02/27/opinion/a-further-look-at-overdraft-fees.html，2012年3月4日）。另参见FDIC Study of Bank Overdraft Programs，2008年11月，Executive Summary http://www.fdic.gov/bank/analytical/overdraft/FDIC138_ExecutiveSummary_v508.pdf（2012年2月22日）。

18. 他们称之为"监管没收"（regulatory taking）。但是任何影响契约或财产的法律变动都对再分配有影响。

19. 参见"Where the Jobs Are, the Training May Not Be"，《纽约时报》，2012年3月2日，A1。该文报道说："即便在今天不景气的就业市场，技术类、工程类和医疗保健类专业技能也是为数不多的需求量巨大的技能。不幸的是，这几种专业恰好也是学费最贵的科目。"因此，该文指出，有7个州已经取消了工程和计算机科学系。在护理人员严重短缺的北卡罗来纳州的一家社区大学，"护理专业的报名者人数大大超出了招生人数，以至于连个排队等待的机会都很难得"。

20. 在第4章，我们提供的数据表明了2/3欠债毕业学生的高负债水平——人均超过25 000美元。一般来说，在这些营利性学校读书的学生比其他学生多出45%的债务。平均数字掩盖了大量学生承担着非常高学生债务的事实，尤其是在营利学校。2008年在营利性学校获得学士学位的人当中差不多有25%的人借了超过4万美元的钱，而对于从公立学校和非营利性学校毕业的人这一比例分别是5%和14%。过去10年来学生的负债显著增加。根据通货膨胀调整后，在2008年获得学士学位的学生比在1996年毕业的学生多借债50%以上。对于获得专科学位的人，负债甚至增加了1倍。参见"Subprime Opportunity: The Unfulfilled Promise of For-Profit Colleges and Universities", Education Trust, 2010年11月, http://www.edtrust.org/sites/edtrust.org/files/publications/files/Subprime_report.pdf; "The Rise of College Student Borrowing", Study of the Pew Research Center, 2010年11月23日, http://www.pewsocialtrends.org/files/2010/11/social-trends-2010-student-borrowing.pdf（2012年3月4日）; Project on Student Debt, "Student Debt and the Class of 2010", 2011年11月, http://projectonstudentdebt.org/pub_view.php?idx=791（2012年3月4日）。关于这些问题的详细报道，参见Tamar Lewin, "Report Finds Low Graduation Rates at For-Profit Colleges",《纽约时报》, 2010年11月23日, http://www.nytimes.com/2010/11/24/education/24colleges.html（2012年1月29日）; Tamar Lewin, "College Graduates' Debt Burden Grew, Yet Again, in 2010",《纽约时报》, 2011年11月2日。

21. 更准确地说，它把债务不可撤销性延伸到了私营部门的贷款机构，而那正是不正当激励开始的地方。

22. 如果教育市场的这部分做得更好，那么声誉效应就会惩戒不当行为并提供激励。《美国新闻》甚至报道了那些大型营利性网络大学的贷款拖欠率，Kaplan University高达17.2%（而私立非营利性学校的平均拖欠率只有4%），University of Phoenix的贷款拖欠率是12.9%。然而这些数字似乎并没有影响这些学校招生。参见http://www.usnews.com/education/online-education/articles/2010/09/15/loan-default-rates-at-prominent-online-

universities（2012年3月5日）。

23. 营利性大学的全职学士学位教育的毕业率只有22%，公立学校的是55%，私立非营利大学的是65%，参见"Subprime Opportunity"（Education Trust，2010）。

24. 学校不仅出现很高退学率，而且也出现了很高拖欠率。本该在2009年偿还助学贷款的学生中大约有8.8%的学生拖欠到2010年底，大多出现在营利性学校，参见Eric Lichtblau，"With Lobbying Blitz, For-Profit Colleges Diluted New Rules"，《纽约时报》，2011年12月9日；Project on Student Debt，"Sharp Uptick in Federal Student Loan Default Rates"，2011年9月12日。《纽约时报》的一则社论（2011年10月5日"诈骗与在线学习"）指出了营利性教育部门诈骗盛行的情况："教育部总督察办公室声称自2005年以来它已进行了100起调查并正在受理49起投诉。"

25. 因为奥巴马总统在2010年3月签署的立法，私营银行不再处理联邦政府支持的助学贷款了。CBO（Congressional Budget Office）估计在10年间净储蓄超过了600亿美元——实际上，这笔钱相当于纳税人给银行的一份礼物。参见CBO，"Costs and Policy Options for Federal Student Loan Programs"，2010年3月，http://www.cbo.gov/sites/default/files/cbofiles/ftpdocs/110xx/doc11043/03-25-studentloans.pdf（2012年2月22日）。

26. 高利率导致更多的风险。只有那些参与高风险活动的人才愿意支付高利息（选择效应）；得到回报以偿还贷款要求借款人从事高风险的活动（激励效应）；贷款人因为从这些贷款中得到高额回报而感到高兴，也许就不太认真进行项目的筛选。参见J. E. Stiglitz和A. Weiss，"Credit Rationing in Markets with Imperfect Information"，*American Economic Review* 71，no. 3（1981年6月）：393–410。从1980年开始，美国的联邦法律越来越多地取代了旨在限制高利贷的各州法律。

27. 参见C. K. Prahalad，*The Fortune at the Bottom of the Pyramid: Eradicating Poverty through Profits*（Upper Saddle River，NJ: Prentice Hall，2005）。

28. 印度储备银行的前行长曾明确比较了印度小额贷款与美国次级借贷的联系，参见 Y. V. Reddy, "Microfinance in India Is like Subprime Lending", *Economic Times*, 2010 年 11 月 23 日, http://articles.economictimes.indiatimes.com/2010-11-23/news/27602978_1_priority-sector-lending-sks-microfinance-microfinance-industry。

29. FBI 抵押贷款诈骗小组报告说，诈骗在 2010 年更多了。2003～2007 年，与抵押贷款相关的可疑活动报告增加了 6 倍（当然，随着房产泡沫的破裂，购买者更加提防欺骗活动了）。参见 FBI Mortgage Fraud Reports, 2007～2010 年的数据来自 http://www.fbi.gov/stats-services/publications/mortgage-fraud-2010 和 http://www.fbi.gov/stats-services/publications/mortgage-fraud-2007/mortgage-fraud-2007。

30. 这引发的法律问题参见 Christopher L. Peterson, "Two Faces: Demystifying the Mortgage Electronic Registration System's Land Title Theory", *William and Mary Law Review* 53, no. 1（2011 年）：111–61（138），http://scholarship.law.wm.edu/wmlr/vol53/iss1/4（2012 年 3 月 4 日）。

31. 就像最高法院在"联合公民"一案中所判决的那样。

32. Financial Crisis Inquiry Commission 主席菲尔·安吉利德斯指出，在储蓄和贷款危机中"今天联邦政府起诉金融诈骗的比率比过去的一半还少"。他也指出，他用于调查危机（包括银行的不良行为）的预算是 980 万美元——大约相当于奥利弗·斯通导演所拍摄的电影《华尔街》（*Wall Street*）预算的 1/7。参见"Will Wall Street Ever Face Justice",《纽约时报》，2012 年 3 月 2 日，http://www.nytimes.com/2012/03/02/opinion/will-wall-street-ever-face-justice.html（2012 年 3 月 6 日）。另参见 W. K. Black, K. Calavita 和 H. N. Pontell, "The Savings and Loan Debacle of the 1980s: White-Collar Crime or Risky Business?", *Law and Policy* 17, no. 1（1995 年）：23–55。关于我们当前的危机，参见 Matt Stoller, "Treat Foreclosure as a Crime Scene", *Politico*, 2011 年 12 月 15 日。得克萨斯大学的加尔布雷思也强有力地指出了同样问

题。银行也违反了其他法律——而只受到有限的起诉。联邦国家银行的监管机构——货币监理署在2011年11月报告说，5000名现役美国军人可能被银行违法地提前收回了房产（这只是对10家国家银行所做的一项研究）。参见Nasiripour, "US Lenders Review Military Fore closures",《金融时报》，2011年11月28日。

33. 不能起诉银行只是不能使金融业承担责任的一个方面。Financial Inquiry Commission描述了受雇于20多家主要金融机构的Clayton Holdings在对这些银行所处理的抵押贷款进行"尽职调查"（due diligence）时抽取了2%~3%的样本，但就在这么小的样本中还发现了大量有问题的贷款。但那些银行业没有坚持其他97%的银行也接受调查并且也没有按照证券法的要求向投资者透露那些有问题的贷款的信息。参见Angelides, "Will Wall Street Ever Face Justice"。

34. 很难得到精确数字。在2012年1月银行提前收回房产协议签订时，有报道说自从房产泡沫破裂以来提前收回房产的数量大概是800万。参见D. Kravitz, "Banks' Agreement to Overhaul Mortgage Industry Sent to States", Associated Press, 2012年1月24日。美联储纽约分行行长威廉·达德利表示，2012~2013年银行提前收回房产的步伐会加快（严格意义上说，就是把房产转移到银行手中）——每年被收回的房产会高达180万起，而这一数字在2011年是大约110万起，在2010年大约60万起。参见Dudley, "Housing and the Economic Recovery", New Jersey Bankers Association Economic Forum, Iselin, NJ, http://www.newyorkfed.org/newsevents/speeches/2012/dud120106.html（2012年1月29日）。

35. 司法选举的竞选筹款在过去10年间增长了2倍多——从1990~1999年的8330万美元上升到了2000~2009年的2069亿美元。首席大法官被有钱的挑战者打败了，"攻击性广告"越来越多地出现在电视上。参见J. Sample, A. Skaggs, J. Blitzer和L. Casey, "The New Politics of Judicial Elections, 2000–2009: Decade of Change", Brennan Center for Justice, New

York University School of Law。人们越来越感知到正义被收买了：尽管公民都担心"竞选捐助会影响法庭的决议结果"，但更令人震惊的是"差不多有一半的州法官都同意了"。参见 http://www.brennancenter.org/content/resource/the_new_politics_of_judicial_elections/（2012年3月7日）。

36. 该银行名为 Ally，以前叫作 GMAC，政府拥有其74%的所有权。

37. 参见 Gretchen Morgenson, "Massachusetts Sues 5 Major Banks over Foreclosure Practices"，《纽约时报》，2011年12月2日，B1, B9。纽约州的检察长 埃里克·施耐德曼也起诉了美国银行、富国银行和摩根大通银行，称它们的行为"奇怪而复杂"，故意躲避传统的公共记录系统。其动机很明显：节省20亿美元的费用。MERS 当然否认了这些指控。参见 "New York Sues 3 Big Banks Over Mortgage Database"，《纽约时报》，2012年2月4日。

38. 基于对 Lender Processing Services 提供的数据的分析。一般来说，大额贷款要花792天，小额贷款要花611天。这种差异在那些要求法院诉讼的各州尤其明显。然而，在不需要法院诉讼的加利福尼亚州，对于大额抵押贷款的提前收回期要比对于小额抵押贷款的长50%，671天相对照445天。有趣的是，在次贷危机爆发之前，当"普通"的法治仍行之有效时，两者几乎没有差别：前者251天，后者260天。参见 Shelly Banjo 和 Nick Timiraos, "For the Costliest Homes, Foreclosure Comes Slowly"，《华尔街日报》，2012年2月28日，http:// online.wsj.com/article/SB10001424052970204369404577209181305152266.html。

39. 我们复杂的法律制度增加了成本和不确定性。石油公司尽力限制它们对于海上石油灾难承担的责任。法院限定了对于那些最受石油泄漏影响的人的经济赔偿责任。这对于 Exxon Valdez 石油泄漏案件而言，就意味着许多因捕鱼业被毁灭而受到重创的渔民收不回损失的利润。1990年的《石油污染法案》试图纠正某些这类限制，但是对于法律架构的充分验证要花很多年的时间——因为大量可能会被 BP 雇用的律师正力图限制 BP 的赔偿责任。参见 Ronen Perry, "The Deepwater Horizon Oil Spill and the Limits of Civil

Liability", *Washington Law Review* 86, no. 1（2011 年）: 1–68。

40. 长久以来，专利制度一直被以这种不公平和带有歧视性的方式使用。英国的专利费从一开始就使得专利制度只能为有钱人所用，参见 Z. Kahn 和 K. Sokoloff, "Patent Institutions, Industrial Organization and Early Technological Change: Britain and the United States, 1790–1850", *Technological Revolutions in Europe*, ed. M. Berg and K. Bruland（Cheltenham, UK: Elgar, 1998）。B. 佐丽娜·卡恩指出："禁止性高成本……限制对新发明知识产权的使用，这些约束条件都有利于那些有钱或有特殊技术资质的精英群体。那些想在整个王国获得保护的发明者必须要与三重专利制度的官僚体系周旋，还必须要付费——从 100 英镑的英国专利到 300 英镑的可以延伸到爱尔兰和苏格兰的知识产权。"参见 B. Zorina Kahn, "Intellectual Property and Economic Development: Lessons from American and European History", mimeo, 2003；B. Zorina Khan, *The Democratization of Invention: Patents and Copyrights in American Development, 1790–1920*（New York: Cambridge University Press, 2005）。

41. 有时下级法院以一种方式裁决，而高级法院以另一种方式裁决，整个法律过程用时非常长。另外，有些司法机构承认的专利却可能被其他司法机构拒绝。参见 S. Decker, "NTP Wins Court Ruling on 7 Patents from Apple, AT&T Cases", *Bloomberg*，2011 年 8 月 1 日。更多讨论参见 J. E. Stiglitz, *Making Globalization Work*（New York: Norton, 2006）。

42. 还有其他组织专利制度的方式能够避免敲诈勒索的范围，比如责任制度，它规定只要支付一个"合理的"费用，人人都有权使用任何专利。组织知识产权制度的其他方式可以创造出一个更公平的竞争环境。对规则的小改动可以产生大的分配后果。美国就是否应该改变专利给予"最先申报者"而不是"最先发明者"的制度曾一度有过激烈的辩论。"最先申报"制度给了大企业一种巨大优势，因为它们拥有大量的专利律师，只要有可取得专利的创新出现，这些律师就会立刻申请专利。参见 Jerome H. Reichman 的著作，包括他的"Saving the Patent Law from Itself: Informal Remarks concerning the Systemic Problems Afflicting Developed Intellectual Property Regimes", *Advances in Genetics* 50, 2003: 289–303。

43. 参见 Edward Wyatt, "Judge Blocks Citigroup Settlement with S.E.C.",《纽约时报》, 2011年11月28日。

第8章 预算之战

1. 该委员会的报告参见 http://www.fiscalcommission.gov/sites/fiscalcommission.gov/files/documents/TheMomentofTruth12_1_2010.pdf。

2. 参见 Bipartisan Policy Center Debt Reduction Task Force 的提案（该专责小组由参议院预算委员会前主席与白宫预算委员会前主任、美联储前副主席联合领导，19名成员包括白宫和内阁前官员、前参议员、前众议员、前州长、前市长及商界和工会领导者。）"Restoring America's Future", http://www.bipartisanpolicy.org/sites/default/files/BPC%20FINAL%20REPORT%20FOR%20PRINTER%2002%2028%2011.pdf（2012年3月5日）。

3. 名为"Roadmap for America's Future"的提案参见 http://www.roadmap.republicans.budget.house.gov/（2012年3月5日）。众议院在2012年4月15日通过了预算的另一个样本，参见 http://budget.house.gov/UploadedFiles/PathToProsperityFY2012.pdf（2012年3月5日）。

4. 债务上限规定了政府能借多少钱，但是国会也通过了要求支出和评价某些税收的法律。尽管国会立法制定了税率，但税收收入取决于经济的运行情况——如果经济形势好，则税收收入高；如果经济衰退，则税收收入低。政府年复一年越借越多，**债务**的总量增加了。国会也对于政府所能借的钱数做了一个限制。有人认为，没有一个提高债务上限的协议，政府将被迫关闭。无论如何，政府都将面临一种不可能的情况：要么规定花多少钱的法律必须被打破，要么规定能借多少钱的法律必须被违背。

5. 在2001年1月25日的国会证词中，格林斯潘支持近期减税并表达了对政府过快偿还债务的担忧，格林斯潘说："但如果继续实施盈余政策超过了我们达到或接近零联邦负债那一点的话,就会凸显关键的较长期的财政政策问题,即联邦政府是否应该积聚大量的私有(更为准确地说是非联邦)财产。在零负债时,当前呈现出的这种持续统一的预算盈余就意味着联邦政府对私有资产的大量积聚。这种发展势头应该被纳入你们及政府选择追寻的政策之中⋯⋯在今天这种情况下,减税在接下来几年里似乎是必须的,这样才有助于阻止对私有资产的积聚,因此早些启动这一过程比晚些启动可能更有助于向较长时期财政平衡的顺利过渡。并且,就算当前的经济疲软会持续得比当前可预见的还要长,实施减税实际上会带来显著的好处。"参见 "Testimony of Chairman Alan Greenspan: Outlook for the Federal Budget and Implications for Fiscal Policy", Before the Committee on the Budget, U.S. Senate, 2001 年 1 月 25 日, http://www.federalreserve.gov/boarddocs/testimony/2001/20010125/default.htm(2011 年 3 月 5 日)。

6. 参见 CBO's "Current Budget Projections: Selected Tables from CBO's Budget and Economic Outlook: An Update", 2010 年 8 月, http://www.cbo.gov/sites/default/files/cbofiles/ftpdocs/117xx/doc11705/budgetprojections.pdf(2012 年 2 月 22 日)。这一估计包括了对 2001 年《经济增长与税收减免》法案和 2003 年《就业与增长税收减免协调法案》联合放大效应的调整。

7. 参见 Economic Policy Institute, "Economic Snapshot", 2011 年 5 月 18 日, http://www.epi.org/publication/what_goes_into_a_budget_deficit/(2012 年 3 月 5 日),基于 CBO 的数据。2010 年的《失业保险再授权和就业创造法案》不仅将布什政府的减税政策延长了 2 年,并且还引入了其他的税收支出。据 CBO 估计,该法案将使赤字在 2011 年扩大 3900 亿美元、在 2012 年扩大 4070 亿美元。另参见 "The Budget and Economic Outlook: Fiscal Years 2011 to 2021", CBO 2011, http://budget.senate.gov/democratic/index.cfm/files/serve?File_id=94312aeb-8a73-41cd-b774-8533403f83a6(2012 年 3 月 5 日)。CBO 在 2012 年 1 月预测全年赤字将达到大约 1.1 万亿美元。参见 "The Budget and Economic Outlook: Fiscal Years 2012 to 2022", CBO 2012, http://

cbo.gov/sites/default/files/cbofiles/attachments/01-31-2012_Outlook.pdf（2012年3月5日）。

8. 根据现在的贴现条件换算为今天的美元。参见 J. E. Stiglitz 和 Linda Bilmes，Testimony before the U.S. Congress Hearing on the Economic Costs of the Iraq War, 2007 年 10 月 24 日，http://www.hks.harvard.edu/news-events/news/testimonies/linda-bilmes-testifies-before-us-house-of-representatives-commitee-on-the-budget-on-the-economic-costs-of-the-iraq-war）；Linda J. Bilmes 和 J. E. Stiglitz, *The Three Trillion Dollar War: The True Cost of the Iraq Conflict*（New York：Norton，2008）。其他人提供了甚至更高的数字。Eisenhower Study Group Research Project 估计，截至 2011 年 6 月，自 2001 年以来美国在伊拉克、阿富汗和巴基斯坦的战争已经花费或预留了 3.2 万亿～4 万亿美元，参见"The Costs of War since 2001: Iraq, Afghanistan, and Pakistan", http://costsofwar.org/sites/default/files/Costs%20of%20War%20Executive%20Summary.pdf（2012 年 3 月 5 日）。

9. 据规划，在 2012 年"用于阿富汗和伊拉克及其他相关活动的行动经费"将达到 1450 亿美元，参见"The Budget and Economic Outlook: Fiscal Years 2012 to 2022", CBO 2012, http://cbo.gov/sites/default/files/cbofiles/attachments/01-31-2012_Outlook.pdf（2012 年 3 月 5 日）。

10. 参见 Bilmes 和 Stiglitz 在 *The Three Trillion Dollar War* 一书中估计，2003～2008 年的国防开支超出战争成本的累积增加达到 6000 亿美元。这场战争的一大部分开支实际上是隐性的。

11. 参见"Defense Costs", *Economist*, 2011 年 6 月 8 日，http://www.economist.com/blogs/dailychart/2011/06/military-spending（2012 年 3 月 7 日）。更多信息参见 Bilmes and Stiglitz, *The Three Trillion Dollar War*。

12. 参见"Lockheed F-35 Cost Controls in $662 Billion Defense Bill",《商业周刊》, 2011 年 12 月 15 日，http://www.businessweek.com/news/2011-12-15/lockheed-f-35-cost-controls-in-662-billion-defense-bill.html。

13. 见第3章中对于这项规定的成本估计的讨论。

14. CBO 的估计，参见 "The Budget and Economic Outlook: Fiscal Years 2012 to 2022"，第117页，CBO 2012，http://cbo.gov/sites/default/files/cbofiles/attachments/01-31-2012_Outlook.pdf（2012年3月5日）。

15. 美国政府曾一度从泡沫中受益，于是掩盖了真实的金融状况，就像普通美国人所感受到的：收入来自人造资本收益，利润来自价格泡沫，因此即便扭转了上述的四项活动，还会存在赤字。此外，医疗通货膨胀已经超过了整体通货膨胀，使得进一步增加医疗保障计划和医疗救助计划成为必要。

16. 当然，资本收益减税只是形成泡沫的部分原因；宽松的管制和低利率也起了作用。

17. 参见 Anton Korinek 和 J. E. Stiglitz, "Dividend Taxation and Intertemporal Tax Arbitrage", *Journal of Public Economics* 93, 2009: 142–59。支持对股息实施优惠税收待遇的人又提出了一个观点：对企业利润和股息两者都征税是不公平的。最初，优惠待遇本来是应该只给那些实际缴税的企业，但是就在最后关头出现了转折：那种限制被取消了。结果造成了一种更大的不平等——逃避了企业利润税的收入在被征税时，其税率低于工薪阶层可比的收入。

18. 地方税规定的实际低效率小于这个假设的例子所显示的。一项研究表明，大约"20%来自对市政债券免征利息税的收益无意中流向了来自较高收入税级的债券购买者"，参见 Jordan Eizenga 和 Seth Hanlon, "Tax Expenditure of the Week: Tax-Exempt Bonds", 2011年3月2日, Website of the Center for American Progress, http://www.americanprogress.org/issues/2011/03/te030211.html（2012年3月5日），引用 T. J. Atwood, "Implicit Taxes: Evidence from Taxable, AMT, and Tax-Exempt State and Local Government Bond Yields", *Journal of the American Taxation Association* 25, no. 1（2003年）: 1–20。

19. 参见 Henry George, *Progress and Poverty: An Inquiry into the Cause of Industrial Depressions and of Increase of Want with Increase of Wealth: The*

Remedy（1879）。我和理查德·阿诺特指出，在有些条件下，对于这种租金征收100%的税实际上是最优税，参见"Aggregate Land Rents, Expenditure on Public Goods and Optimal City Size," *Quarterly Journal of Economics* 93, no. 4（1979年11月）: 471–500。当生产者不能充分防御他们所承担的风险时，限制条件就很重要了。政府不应该过度依赖土地税或任何基于固定数量的其他税，因为那样相对于收入而言，在坏的年头是一种高负担，而在好的年头则是一种低负担。参见K. Hoff, "Land Taxes, Output Taxes, and Sharecropping: Was Henry George Right?," *World Bank Economic Review* 5, 1991: 93–112; X. Meng, N. Qian 和 P. Yared, "The Institutional Causes of China's Great Famine," Yale University manuscript, 2010年, http://papers.ssrn.com/sol3/papers.cfm?abstract_id=1671744（2012年3月5日）。

20. 这类资源的价格可以被分解为两部分——租金和采掘成本。

21. 甚至有可能补贴拍卖，以确保它们能到达最重视它们的人那里。1995年，农场法案中就有一条规定给予了农业部这么做的自行决定权，但是从未被实施过。

22. 正如前几章所说，维护这些补贴的一个理由是它们增加就业。但是也正如我们所指出的，维持经济充分就业是宏观经济政策（货币政策和财政政策）的责任。如果宏观经济政策管理得好，没有这些补贴也能充分就业。如果宏观经济政策管理不好，即使有这些补贴我们也无法实现充分就业。

23. 平衡预算乘数通常被认为约为1。但是如果对于富人的税收增加（否则他们就会储蓄很多），并且支出的增加集中在"高乘数"活动上——比如教育投资，那么平衡预算乘数就会变大很多。

24. 该委员会的成员的确尊重一种更加累进的税制，但他们所推荐的却几乎都是不那么累进的税制。他们提供了一种解释性的分配分析（该分析只关注个人所得税的变化，而不关注企业所得税变化产生的影响，也不关注支出方面的削减），即便在他们的分析中，平均联邦税收中最大比例的增加施加给了第2个1/5群体——13.5%，相比于第1个1/5群体的10.4%。与此同时，他们一些关闭漏洞的改革的确对提高税收累进性做出了贡献。他们增加的税收收入中有将近一半是来自1%上层群体——这与本章先前所做出的推荐是相一致的。

25. 对于小企业而言，会增税。

26. 关于此问题的教科书，参见 J. E. Stiglitz, *The Economics of the Public Sector*, 3rd ed.（New York：Norton，2000）。关于最初的理论分析，参见 Joseph E. Stiglitz, "Taxation, Corporate Financial Policy, and the Cost of Capital", *Journal of Public Economics* 2（1973年2月）：1–34。

27. 对于这方面，Bowles-Simpson Commission 在其最终报告中是非常谨慎的。该委员会提出，新税法"必须包括关于只对居住地的抵押贷款利息、雇主提供的健康保险、慈善捐赠等方面的规定（有些是永久的有些是临时的）以及退休储蓄和养老金"。

28. 有证据表明，在人口密集的地区（那些地区正是房屋所有权有可能通过更高的投票率和更多参与集体行动而改善社区质量的地区），抵押贷款利息减免不会增加房屋所有率而且实际上可能会降低它，由于这些地区的房屋供给是缺乏弹性的，所以该地区的抵押贷款利息减免大部分都转化到了房价当中。当房价较高时，极少中低收入的家庭能从拥有房屋而不是出租房屋中收益。参见 C. A. Hilber 和 T. M. Turner, "The Mortgage Interest Deduction and Its Impact on Homeownership Decisions", SERC Discussion Papers 55, London School of Economics, 2010 年, http://personal.lse.ac.uk/hilber/hilber_wp/Hilber_Turner_2010_08.pdf（2012年3月5日）。

29. 大多数提案的确建议推迟实施削减，但只是暂时的，也许因为它们对于经济复苏持有过度乐观的观点。在 Bowles-Simpson 的领导下，削减（相对于公共支出的另外可能情形）开始于2012年。然而，在本书付印之际，国会预算办公室预测经济在2018年之前是不会重返充分就业的，并且美联储是如此悲观以至于它说直到2014年底利率都将维持在接近零的水平。

30. 一个明显的例子是，对于的确投资了的公司给予税收抵免，既为公司提供了激励，也为它们提供了这么做的现金。

31. 在一个充分竞争的世界里，价格会被无情地压低到边际成本，而边际成本又被压低到与当前技术一致的最低水平。但是由于多种原因，医疗保健业的竞争，尤其是健康保险业的竞争，远非充分。私营部门交易成本这么高的原因之一是公司投入大量努力以确保它们保险的人都是健康的，或者至少比一般人健康。另一个原因是大量利润的存在促使它们花费大量的资源招聘好客户，比如通过广告。

32. 这些推荐的做法许多与 Bowles-Simpson 所建议的相一致。

33. Gary Engelhardt 和 Jonathan Gruber 的研究表明，社会保障福利的增加能够解释 1960～2000 年贫困下降的所有 17 个百分点，参见 "Social Security and the Evolution of Elderly Poverty"，NBER Working Paper 10466，2004 年。

34. 参见 Thomas Ferguson 和 Robert Johnson, "A World Upside Down? Deficit Fantasies in the Great Recession"，Roosevelt Institute Working Paper no.7, 2010 年。

35. 奥巴马医保计划包含了许多旨在降低医保成本的规定。判断这些规定到底多有效，目前还为时太早。

36. 情况并非那样：甚至已承诺的未来削减（如果它们是可信的话）现在对经济也是一种抑制，因为家庭户得知社会保障和医疗保险被削减后，就不得不现在储蓄更多以保护自己。即使较高储蓄在长期是好事，但它的短期影响（消费变少）对经济复苏不是好事。

37. 有些严肃经济学家对此的类似看法是，他们不是真正失业，他们只是"享受"闲暇。当然正常而言，享受闲暇的人应该是快乐的，但那并不是大多失业者的心情。但是这种观点属于心理学的问题，不是经济学的。

38. 这当然比经济衰退最糟时强，当时每份工作有 7 个求职者（Bureau of Labor Statistics http://www.bls.gov/news.release/jolts.htm）。据说，当麦当劳在广告中说要招聘 5 万名工人时，居然有 100 万名求职者到场！参见 Leslie Patton, "McDonald's Hires 62 000 in U.S. Event, 24% More Than Planned", *Bloomberg*, 2011年4月28日, http://www.bloomberg.com/news/2011-04-28/mcdonald-s-hires-62-000-during-national-event-24-more-than-planned.html(2012年3月5日)。

39. 实际上，有一种说法认为失业保险实际上可能提高了劳动力寻找市场的效率，因为那些最不愿意工作也最不可能找到工作的人会最先退出市场。这样一来，其他人的寻找成本就降低了，并且找工作的人也更有可能与工作更好地匹配。

40. 2010年实际GDP增长（与前1年相比的百分比变化）如下：美国(2.9)，瑞典(5.3)，德国(3.5)。2010年就业增长（与前1年相比的百分比变化）如下：美国(–0.6)，瑞典(1.0)，德国(0.5)，参见OECD, http://www.oecd.org/document/22/0,3746,en_2649_39023495_43221014_1_1_1_1,00.html#taxes。第4章解释了加强社会保护带来的一系列短期和长期收益——更大的风险承担、更大的稳定以及对各项措施的更多政治支持。如果能管理好这些的话，就有助于提高经济绩效，这些都能促进更高的长期增长。

41. 反对公共投资需要额外的假设，即不存在高回报的公共投资机会。然而，正如我们之前讨论过的，在基础设施、教育、研究等许多领域都有高回报的投资机会。

42. 此外，大多数例子都涉及有弹性汇率的国家。较低汇率产生更多出口。美国汇率在很大程度上脱离了它的控制：比如假如欧洲的危机恶化，欧元相对于美元可能下跌，那么美国出口就会受打击。

43. 参见Arjun Jayadev和Mike Konczal, "The Boom Not the Slump: The Right Time for Austerity", Roosevelt Institute, August 23, 2010, 以及他们对于Alberto Alesina和Silvia Ardagna的强有力批判 "Large Changes in Fiscal Policy: Taxes Versus Spending", NBER Working Paper no. 15438, 2009年。国际货币基金组织也得出类似的结论。另参见Olivier J. Blanchard, David Romer, Michael Spence和Joseph E. Stiglitz, eds., *In the Wake of the Crisis: Leading Economists Reassess Economic Policy*(Cambridge：MIT

Press, 2012）。尤其是索洛的文章"Fiscal Policy", 第 73–76 页。参见 Jaime Guajardo, Daniel Leigh 和 Andrea Pescatori, "Expansionary Austerity: New International Evidence", IMF working paper, 2011 年 7 月。

44. 参见 Domenico Delli Gatti, Mauro Gallegati, Bruce C. Greenwald, Alberto Russo 和 Joseph E. Stiglitz, "Sectoral Imbalances and Long Run Crises", paper presented to International Economic Association meeting, Beijing, 2011 年 7 月。另参见 J. E. Stiglitz, "The Book of Jobs", *Vanity Fair*,（2012 年 1 月）: 28–32, http://www.vanityfair.com/politics/2012/01/stiglitz-depression-201201（2012 年 3 月 5 日）。

45. 参见 Sumner H. Slichter, "The Downturn of 1937", *Review of Economic Statistics* 20, 1938: 97–110; Kenneth D. Roose, "The Recession of 1937–38", *Journal of Political Economy* 56, no. 3（1948 年 6 月）: 239–48; E. Cary Brown, "Fiscal Policy in the Thirties: A Reappraisal", *American Economic Review* 46, no. 5（1956 年 12 月）: 857–79。

46. 然而，正如我们在其他地方提出的，金融业还没有充分康复，负责给美国中小企业实施了大量贷款的许多小银行仍然面临问题。尽管如此，整体而言，房地产之外的投资大部分都恢复到了经济危机之前的水平。2011 年第二季度，私营非住房固定投资大约占 GDP 的 10%，而历史战后平均值是 10.7%（尽管我们注意到 GDP 已经低于总体趋势）。2011 年初，企业在设备和软件方面的投资大约占 GDP 的 8.2%，相比于 2007 年的 8.4% 以及 2008 年第四季度经济危机高峰时的 6.6% 已有所上升。

47. 并且它影响了人们对于政治斗争价值的判断，斗争是为了得到更大、更长期和设计得更好的刺激方案。这种刺激方案的一个关键弱点是它的 1/3 都体现为家庭减税，这种做法早就被证明相对效果不是很好。

48. 随着危机的继续，政府官员变得更加谨慎。美联储宣布它期望利率近乎为零的情况至少保持到 2014 年底，实际上这意味着经济危机之前的美联储政策要承担相当大责任，这场经济衰退至少会持续 7 年（开始于 2007 年 12 月）。

49. 在产能长期应用不足时，人们不仅担心支出的近期影响，还担心两三年后的影响，届时经济仍然疲软。今天没有花掉的钱将在未来这些年支出，刺激经济。对此情况的了解可能会对当前经济提供更多的刺激。参见 P. Neary 和 J. E. Stiglitz, "Toward a Reconstruction of Keynesian Economics: Expectations and Constrained Equilibria", *Quarterly Journal of Economics* 98, 1983: 199–228。此外，钱没有被循环（更多地增加 GDP）的原因之一是"渗漏"，即钱都花在了国外。但是当其他国家（如欧洲国家）也经济疲软时，把钱花在国外就增加了那些国家的收入，作为回报，那些国家又花更多的钱购买进口商品，包括来自美国的商品。因此，我们对长期的**全球**乘数感兴趣，而不仅仅是短期的国家乘数。这些乘数有可能很大，远远大于通常使用的 1.5。参见 United Nations, "Report of the Commission of Experts of the President of the United Nations General Assembly on Reforms of the International Monetary and Financial System"（also known as the Stiglitz Commission）, New York: United Nations, 2009 年 9 月, *The Stiglitz Report*（New York: New Press, 2010）。对于近期的调查，参见 Jonathan A. Parker, "On Measuring the Effects of Fiscal Policy in Recessions", *Journal of Economic Literature* 49, no. 3（2011 年）: 703–18。那些声称乘数效应较小的人所引用的统计研究很多是有严重缺陷的，因为那些统计研究的时期要么是经济充分或接近充分就业，要么是货币当局采取了抵消行动——提高了利率。困难之处在于长期而又严重的经济衰退时期如 20 世纪 30 年代的大萧条和这次的大衰退，都相对罕见，因此妨碍了统计分析的使用。

50. 保守派人士有一种反对赤字消费的标准看法，即对于未来税赋增加的预期增加了储蓄——因为工人今天要为未来税赋做准备，以至于总需求不受影响。这一观点被称为 Barro-Ricardian 等价定理，它是以讨论了这一问题的哈佛大学 Robert Barro 教授命名的，参见 "On the Determination of the Public Debt", *Journal of Political Economy* 87, no. 5（1979 年）: 940–71。但是后来的研究，比如我的论文 "On the Relevance or Irrelevance of Public Financial Policy", *The Economics of Public Debt: Proceedings of a Conference*

Held by the International Economic Association at Stanford, California（London：Macmillan Press, 1988）：4–76，解释了那一结论只有在非常特殊的情况下才成立，比如完美的资本市场和几代人的完美利他主义。实际上，当布什总统降低对富人的征税而使赤字激增时，家庭储蓄率下降了，正好与 Barro 理论所预测的方向背道而驰。

第9章　由那1%群体制定并为其服务的宏观经济政策与中央银行

1. 通货膨胀鹰派（那些似乎对通货膨胀一点点的增加都揪住不放的货币政策制定者）坚持认为经济处在悬崖边缘，哪怕通货膨胀增加一点点都会使经济陷入越来越高的通货膨胀。并没有统计数据支持这种观点，正如1997年的《总统经济报告》所指出的。

2. 批评者会说，在危机之后指出这一点当然容易——事后诸葛亮谁都会做。但事实上，我和其他对过分迷恋通货膨胀表示担忧的人早在危机爆发前就指出了这些风险。

3. 部分原因是利率这么低，这些部门的企业的资本成本也就非常低。部分原因是高失业率对劳动力成本造成下行压力，还有部分原因是大型美国公司的利润很多来自海外，包括新兴市场，因此它们能迅速从经济大衰退中复苏并运营良好。有些人也许会说，非常有钱的人在股市暴跌中损失惨重——比那些中底层群体损失得多。但关于西班牙裔美国人和非裔美国人（甚至中位数美国白人）的净财富的损失的统计数据显示了这场危机对于他们才是毁灭性的。

4. 参见 Jason Furman 和 Joseph E. Stiglitz, "Economic Consequences of Income Inequality", *Income Inequality: Issues and Policy Options: A Symposium* (Kansas City: Federal Reserve Bank of Kansas City, 1998)：221-63, http://www.kc.frb.org/publicat/sympos/1998/s98stiglitz.pdf（2012年3月30日）。

5. "在美国的非农业商业部门，实际中位数每小时薪酬从1980年到2005年的平均年增长率是0.33%，而劳动力生产率在同期的平均年增长率是1.73%"，参见 Peter Harrison, "Median Wages and Productivity Growth in

Study of Living, Canada and the Unites States", Center for Study of Living Standards Research Note 2009-2, 2009 年 7 月。从 1989 年到 2011 年这段时期，存在着很大的累积效应。尽管生产率（私营部门加上国家和地方政府）提高了 60%，但同期工资却只增加了 20%。参见 Heidi Shierholz 和 Lawrence Mishel, "Sustained, High Joblessness Causes Lasting Damage to Wages, Benefits, Income, and Wealth", Economic Policy Institute, 2011 年 8 月 31 日；Shierholz 和 Mishel, "The Sad But True Story of Wages in America", Economic Policy Institute, Issue Brief no. 297, 2011 年 3 月 14 日。

6. 根据通货膨胀率调整后的（所有职业的）2007 年的中位数每小时工资低于 2001 年的（基于 Bureau of Labor Statistics 数据计算出来的）。

7. 关于最低工资的历史，参见美国劳工部的网站，http://www.dol.gov/whd/minwage/chart.htm。

8. 一般来说，除了经济衰退期之外，当福利临时增加时，只有 25% 的失业工人能得到失业救济金，而这笔钱平均还不到他们丧失的收入的一半（参见 Center on Budget and Policy Priorities, "Introduction to Unemployment Insurance", 2010 年 4 月 16 日）。比起其他许多发达工业化国家，美国提供的失业保险要差得多。比如虽然美国（在非高失业率期间）提供 6 个月的失业保险，但是只有意大利和捷克共和国提供的不足 6 个月，而法国提供 23 个月，德国 12 个月，丹麦 48 个月（参见 OECD Employment Outlook, 2006：60）。就就业安置率而言，美国也很低：在失业期间的第一年里，法国的就业安置率是 67.3%，德国是 64.9%，丹麦是 72.6%，而美国只有 44.9%（参见 OECD Employment Outlook, 2011：40）。

9. 参见 Gretchen Morgenson, "0.2% interest? You Bet We'll Complain",《纽约时报》，2012 年 3 月 4 日，http://www.nytimes.com/2012/03/04/business/low-rates-for-savers-are-reason-for-complaint-fair-game.html（2012 年 3 月 5 日）。

10. 有些经济学家（如哥伦比亚大学经济学家 Michael Woodford）认为美联储应该将通货膨胀率维持在一个给定的水平，参见 "Bernanke

Needs Inflation for QE2 to Set Sail",《金融时报》,2010 年 10 月 11 日,http://www.ft.com/intl/cms/s/0/4d54e574-d57a-11df-8e86-00144feabdc0.html#axzz1oHWZWjKv(2012 年 3 月 5 日)。比如当通货膨胀率是 4% 而利率是 0% 时,实际利率就会是 –4%。(根据这种观点)阻碍经济复苏的是负利率。我发现这种分析没有说服力——姑且不说美联储难以令人信服地致力于一种高通胀率。刚刚所讲的分析解释了为什么一种非常低的实际利率事实上会减少总需求。今日美国的情况明显不同于 20 世纪 30 年代经济大萧条时期的情况了,当时迅速下跌的价格意味着实际利率非常高。今天的实际利率已经是负数了,并且这些负的实际利率还没有引发人们所希望的反应。那些主张这类政策(以及其他相关政策,如名义 GDP 锁定)的人通常都过于强调实际国库券率在决定经济活动水平中的作用。同样重要或者更为重要的是信贷可用性以及企业获得信贷的条件。参见 Bruce Greenwald 和 J. E. Stiglitz, *Towards a New Paradigm in Monetary Economic*(Cambridge:Cambridge University Press, 2003)。

11. 正如我们已经说过的,社会中底层群体的消费经常受限于他们的资源,但对于上层群体而言不完全如此,这就是为什么今天临时增加上层群体的消费能力不大可能对消费水平产生太大影响。

12. 感谢米格尔·莫林对此问题的分析和见解。

13. 它的确涉及一定的风险(即长期债券的价值将减少),但随着政府系统地将损失社会化,风险至少部分上由纳税人承担了。

14. *Bloomberg* 更为保守地计算出,美联储相当于给了银行一份价值 130 亿美元的礼物,参见 Bob Ivry, Bradley Keoun 和 Phil Kuntz, "Secret Fed Loans Gave Banks $13 Billion Undisclosed to Congress", http://mobile.bloomberg.com/news/2011-11-28/secret-fed-loans-undisclosed-to-congress-gave-banks-13-billion-in-income(2012 年 3 月 5 日)。文章指出,那种号称政府给银行的钱已经得到了偿还的说法纯属骗局:实际上是美联储先给了银行钱,然后银行又把这笔钱返还给了政府。

15. 银行很久以来一直就有准备金的要求——它们必须保持的流动

资金的最低比例。美联储对于为何在2008年选择对存在储备银行的过多准备金支付利息的举措有一个解释,参见http://www.federalreserve.gov/monetarypolicy/ior_faqs.htm#4(2012年3月5日)。美联储对于当前存在储备银行的过多准备金(大约1.5万亿美元)支付0.25%利息,每年这笔支出有可能达到40亿美元。"对于为满足储备要求而持有的余额不支付利息实际上就相当于对存款机构征收了一种税,数量等同于把这些余额投资于滋生利息的资产所获得的利息。对于要求的储备余额支付利息有效地去除了这种税……对过度余额支付利息应该有助于建立一种较低的联邦基金率,因为这种做法降低了金融机构在市场上以大大低于支付给过度余额的利息交易余额的激励。对过度余额支付利息将使美联储能提供充足的流动性以支持金融稳定,同时实施与宏观经济目标(最大程度的就业和价格稳定)相一致的货币政策。"参见http://research.stlouisfed.org/fred2/series/EXCRESNS(2012年3月5日)。

16. 布鲁斯·格林沃尔德和我在 *Towards a New Paradigm in Monetary Economics* 中指出,中央银行过度夸大了利率的作用。在有些情况下,信贷可用性也是同等重要的。向银行存在中央银行的准备金支付利息一方面提高了银行向顾客索取的利率,同时还减少了银行的可用信贷。通过这两种渠道,该政策产生了逆向后果。但美联储显然不顾我们的这些担忧,因为它关注的是把钱转移到银行这种更近期的事情。美联储可以辩护说,这些行动是为了帮助银行调整资本结构,而银行资本结构的调整最终会产生更多的贷款。但是调整银行资本结构还有其他更好的办法。

17. 第6章描述了关于对银行救助的感知之战——为了拯救整个经济,我们真的不得不做现在我们所做的一切吗?

18. 关于钱的去向的分类之一,参见http://projects.propublica.org/bailout/list/index。

19. 从2009年到2012年2月,398家银行破产了,参见http://www.fdic.gov/bank/individual/failed/banklist.html。

20. 截至2011年9月30日,FDIC的"问题名单"列出了总资产达3390亿美元的844家银行,参见FDIC Quarterly Banking Profile 和 Federal

Deposit Insurance Corporation, Failed Bank List, http://www2.fdic.gov/qbp/2011sep/qbp.pdf（2012年2月24日）。

21. 也许最重要的解除管制措施是1999年在克林顿总统时期对1933年将投资银行与商业银行区分开来的《格拉斯－斯蒂格尔法案》部分内容的废止。该项废止也被称为"花旗集团救济法案"，因为它合法化了1998年出现的花旗集团与证券和保险服务的合并。在众议院的辩论中，众议员约翰·丁格尔提出，该法案会使银行变得"大而不倒"，并将导致联邦政府的救助。作为总统经济顾问委员会1995～1997年的主席，我（成功地）反对了这项废止，除了上述理由，还因为利益冲突的风险（在新证券发行机构、投资银行及商业银行之间），更因为投资银行喜欢冒险的文化会污染商业银行合理的比较保守的文化。所有这三条担心都被证明是对的。倘若格林斯潘也反对了那项废止，那么它是不可能被通过的。关于美联储主席和财政部部长在反对对金融衍生品进行管制中所起的作用，参见 J. E. Stiglitz, *Freefall*（New York：Norton, 2010），*The Roaring Nineties*（New York：W. W. Norton, 2003）。

22. 参见格林斯潘在 Credit Union National Association 2004 Governmental Affairs Conference 的演讲，Washington. DC, 2004年2月23日。在强有力地指出那些采取了可变利率抵押贷款的人做得比那些采取了固定利率抵押贷款的人好得多之后，他的确又提出了一些警告即事态可能会完全不同地发展，也就是说仍然存在风险。

23. 据迪恩·贝克和特拉维斯·麦克阿瑟估计，那些大而不倒的银行筹措资本所需支付的利息与那些较小银行筹措资本所需支付的利息之间的差异从0.29个百分点（危机爆发前的7年时间里一直如此）增加到了0.78个百分点（在政府对大银行进行救助之后的几个月时间里）。他们认为，这表明市场意识到那些大而不倒的银行已然成为"正式的政府政策"，市场同时还暗示"对于在2009年第一季度总资产超过1000亿美元的那18家控制银行的公司，政府1年的补贴是341亿美元"。参见 Dean Baker 和 Travis

McArthur, "The Value of the 'Too Big to Fail' Big Bank Subsidy", Center for Economic and Policy Research, 2009年9月, http://www.cepr.net/documents/publications/too-big-to-fail-2009-09.pdf（2012年3月5日）。

24. 关于本节中所讨论的主题有大量的文献。我本人的观点体现在一次演讲中，是我追念20世纪伟大的经济学家之一也是（第一位）诺贝尔经济学奖获得者简·丁伯根的，发表于荷兰的中央银行。参见 Stiglitz, "Central Banking in a Democratic Society", *De Economist* 146, no. 2（1998年7月）: 199–226, esp. 28。另参见 Alex Cukierman, *Central Bank Strategy, Credibility, and Independence*（Cambridge: MIT Press, 1992）; J. Furman, "Central Bank Independence, Indexing, and the Macroeconomy", 1997年手稿。

25. 更多细节见第3章。

26. 爱德华 M. 格拉姆利克不仅预见了这种泡沫和它的破裂，而且强有力地提出应该采取措施来避免银行提前收回房产。可是美联储对这两方面都无动于衷。参见他的著作 *Subprime Mortgages: America's Latest Boom and Bust*（Washington, DC: Urban Institute, 2007）。

27. 这是一种明显带有政治性并与他的著名意识形态观点相一致的立场。见第8章对此的讨论。

28. 2010年《多德－弗兰克法案》在治理方面做出了一些改进。

29. 参见 "Remarks by Governor Ben S. Bernanke", 2004年10月, http://www.federalreserve.gov/boarddocs/speeches/2004/200410072/default.htm。

30. 主张保密的人有时会说，披露信息会搅动市场，并会造成对向美联储借钱的银行进行挤兑。但在这件事情中，交易已经发生了很久才进行信息披露。此外，资本市场在缺乏相关信息时是无法执行惩戒的。那些主张保密的人实际上是在主张会破坏市场纪律的政策。

31. 摩根大通从对贝尔斯登的救助中受益。另一个有问题的治理例子是，史蒂芬·弗里德曼在2008年1月成为美联储纽约分行的主席，而他同时又担任着高盛公司的董事会成员并持有大量高盛股票。他于2009年5

月在一起争议事件之后辞职,参见 Joe Hagan,"Tenacious G",New York, 2009 年 7 月 26 日,http://nymag.com/news/business/58094/(2012 年 3 月 28 日);Kate Kelly 和 Jon Hilsenrath,"New York Fed Chairman's Ties to Goldman Raise Questions",《华尔街日报》,2009 年 5 月 4 日。

32. 参见 Binyamin Applebaum 和 Jo Craven McGinty,"The Fed's Crisis Lending: A Billion Here, a Thousand There",《纽约时报》,2011 年 3 月 31 日,http://www.nytimes.com/2011/04/01/business/economy/01fed.html(2012 年 3 月 5 日)。来自这篇文章的内容:"并且美联储帮助拯救欧洲一些最大的银行——通过向那些银行的美国子公司注入迫切需要的美元。实际上,美联储最大的借款人是一家叫德克夏的法国–比利时银行,该银行从 2008 年末到 2009 年初频繁向美联储借钱高达 300 多亿美元。"

33. 中央银行(如美联储)的核心使命是充当本国其他银行的"最后贷款人"(lender of last resort),也就是说,当没有其他人愿意借钱给有偿还能力的(如资产超过负债)银行时,美联储就会介入提供流动性。

34. 2007 年 3 月 27 日,伯南克在国会陈词:"尽管次贷市场的混乱对于许多个人和家庭造成了严重金融问题,但是这些情况对于整个房产市场的启示还不十分清楚。正在实施的收紧借贷标准虽然是一种恰当的市场反应,但也多少会削弱人们对住房的有效需求,并且银行提前收回的房产还会增加没有卖出去的住房的库存量。在此时刻,次贷市场对于整体经济和金融市场的影响似乎有可能得到控制。尤其是优级借款人的抵押贷款和所有级别贷款人的固定利率的抵押贷款都持续表现良好,逾期债款率很低。我们将继续密切关注事态的发展。"参见 2007 年 3 月 27 日伯克南在国会的证词,"Chairman Ben S. Bernanke: The Economic Outlook: Before the Joint Economic Committee, U.S. Congress",http://www.federalreserve.gov/newsevents/testimony/bernanke20070328a.htm(2012 年 2 月 24 日)。

35. 其他重要的制度改革会促成更有效的货币政策。经济学一个时尚的观点认为,应该创造不同的机构来追寻不同的目标和控制不同的工具。据此观点，中央银行应该关注通货膨胀，所选择的工具应该是利率；财政部门应该关注就业，使用税收和支出政策。不幸的是，尽管在某些非常简单的理论模型中这些制度安排能达到理想的结果，但在真实世界中需要协调，理想的是使用多种工具来追寻一个单一目标。银行借贷既受利率影响也受监管要求（如资本充足标准）影响，并且数量上的限制（如购房的首付款）比起利率那样的迟钝工具更能有效地控制过多货币。

36. 欧洲国家所体验的主权丧失感反映在当时意大利财政部长朱利奥·特雷蒙蒂私下里对欧洲国家财政部长的一次讲话中。他说，8月份意大利政府收到了两封威胁信：一封来自一个恐怖团伙，另一封来自欧洲央行，"来自欧洲央行的信更糟糕"。参见 Marcus Walker, Charles Forelle 和 Stac Meichtry, "Deepening Crisis over Euro Pits Leader against Leader"，《华尔街日报》，2011年12月30日。

37. 另一种解释是欧洲央行知道金融体系缺乏透明度，也知道投资者知道自己无法测量非自愿违约的影响，那会造成信贷市场冻结，重演雷曼兄弟在2008年9月破产后的悲剧。欧洲央行本应该坚持更多的透明度——实际上那本应该是2008年的主要教训之一。监管机构本不应该允许银行投机，而本应该要求银行购买保险。然后坚持以一种能确保保险支付的方式进行重组。一种（起码表面上）把公共利益放在首位的观点认为，非自愿重组可能会造成金融传染，使欧元区的一些国家如意大利、西班牙甚至法国都面临一种借贷成本的大幅也许是抑制性上升。但随之而来的问题是：为什么非自愿重组会比同等深度的自由重组造成更严重的传染？如果银行体系监管良好，掌握主权的银行都购买了保险，那么一种非自愿重组应该会更少地干扰金融市场。另一种解释是，通过坚持其自愿性，欧洲央行也许在尽力确保重组不要太深。欧洲央行也许担心如果希腊通过一种深度非自愿重组得以解脱的话，那么其他国家也会跃跃欲试的。出于对此的担忧，金融市场就会立即对其他处于风险之中的欧元区国家提高利率。但是由于最有风险的国家已经被阻挡在了金融市场之外，因此一种恐慌反应的可能性就后果不会那么严重了。此外，只有当看见希腊重组后的情况确实好转了，其他欧元区国家才会效仿。虽然事实如此，但目前还没有那方面的消息。最后，重组的确引发了一场信贷事件，但并没有对金融市场造成创伤——欧洲央行的担心被证明是没有理由的。

38. 2011年7月15日，欧洲银行管理局在对欧洲银行进行压力测验后，给比利时德克夏银行开具了健康证明，参见http://www.bloomberg.com/news/2011-10-13/no-1-financial-strength-ranking-spells-doom-commentary-by-jonathan-weil.html。但到了2011年10月4日，德克夏银行股价下跌了22%。2011年10月10日，该银行被救助，参见http://online.wsj.com/article/SB10001424052970203633104576620720705508498.html。欧洲央行的立场更加怪异了。一场信贷事件是否发生是由国际证券交易商协会这样一个秘密委员会决定的，该委员会可以被描述成一个由金融衍生品销售商组成的合作群体（或者卡特尔联盟），其中有些人也许对结果有着强烈的金融兴趣。他们（或者他们的雇主）也许会得到或不得不支付几十亿美元。据报道，该委员会的一位成员甚至动用她的地位来试图影响债券持有者来合作进行重组，暗示说如果他们不那样做的话，该委员会甚至会制定一个高标准来说明它是不是一起"违约"事件。国际证券交易商协会做出的决定不可上诉，无论是向仲裁方还是向法院。让人诧异的是，欧洲央行显然愿意把决定什么是或者不是可以接受的重组的权力授给一家秘密运行的私营机构。民主问责制也仅此而已了。

39. "芝加哥学派"这一术语是用来指米尔顿·弗里德曼及其追随者的，他们都相信市场原教旨主义，即不受约束的市场总是有效率的——即便是没有政府的监管。弗里德曼在芝加哥大学执教多年。当然，许多在那儿任教的经济学家不认同市场原教旨主义，而许多在其他学校任教的经济学家却认同市场原教旨主义。见第3章更详细的讨论。

40. 参见Board of Governors of the Federal Reserve的官网中最新的资产负债表数字（http://www.federalreserve.gov/monetarypolicy/bst_recenttrends.htm）。

41. 关于30年代经济大萧条的另一种理论与最近发生的这一切有相关性。有人把经济大萧条归咎于当时的金本位，说它妨碍了调整，因为许多摆脱了金本位的国家做得更好。在有些方面，欧元对于欧洲也造成了类似的僵化。然而，金本位没有造成经济大萧条，就像欧元没有造成经济大衰退一样。造成经济动荡的根源在他地方。那些摆脱了金本位的国家所得到的收益有些是以其他国家的损失为代价的。如果它们全都转向了一种灵活的汇率体系，那样是不是就足以使全球经济恢复繁荣呢？我对此表示怀疑。

42. 关于这些泡沫以及经常与这些泡沫破裂相关联的重复金融危机的讨论，参见 Charles Kindleberger, *Manias, Panics, and Crashes: A History of Financial Crises*（New York：Basic Books, 1978）；Kenneth Rogoff 和 Carmen M. Reinhardt, *This Time Is Different: Eight Centuries of Financial Folly*（Princeton：Princeton University Press, 2009）。

43. 或者类似地，增加购买股票的保证金（就像买房时的首付）。有趣的是，在20世纪90年代的技术泡沫中，增加保证金的可能性只是短暂讨论了一下，但之后就明显放弃了。参见 J. E. Stiglitz, *The Roaring Nineties: A New History of the World's Most Prosperous Decade*（New York：Norton, 2004）。

44. 那些正式采纳某种形式的通货膨胀目标制的国家有：以色列、捷克共和国、波兰、巴西、智利、哥伦比亚、南非、泰国、韩国、墨西哥、匈牙利、秘鲁、菲律宾、斯洛伐克、印度尼西亚、罗马尼亚、新西兰、加拿大、英国、瑞典、澳大利亚、冰岛和挪威。美国从未充分采纳通货膨胀目标制——正如我们所说的，美联储的使命要求它关注失业水平和经济增长。但是从长期来看，美联储的政策与上述那些国家的政策几乎没有什么不同。

45. 这份关于假设的名单并非详尽无遗。另一种假设是战胜通货膨胀（不管它从哪里来）的最好办法是提高利率。还有其他宏观政策工具（财政政策），并且在货币政策之内也有其他工具（如通过提高准备金数量来限制信贷可用性）。因此，应对通货膨胀的最好办法取决于问题的根源——什么造成了通货膨胀。

46. 对于中央银行只应该关注通货膨胀的观点还有另一个理由。并非主张通货膨胀目标制的人没有意识到其他问题的重要性，而是他们觉得对于不同的目标应该有不同的机构和政策工具。比如财政当局也许要关注失业甚至分配。认为可以将工具和目标进行简单匹配的理念是与诺贝尔经济学奖获得者丁伯根有关的。该理念在简单线性模型中是有效的。然而，现在大家都知道该理念一般来说是不正确的，尤其是在不确定的环境中。

47. 参见世界银行的网站，"Inflation, consumer prices（annual %）"，http://data.worldbank.org/indicator/fp.cpi.totl.zg（2012年3月5日）。

48. 实际上，鉴于美国的经济规模，可以预见，它的一次经济放缓对于全球价格的影响要比任何发展中国家的一次经济放缓大得多。那就意味着从全球视角看，美国的利率本应该提高，而不是和发展中国家的利率一致。

49. 对许多发展中国家而言，高油价和食品价格代表了三重威胁：进口国要花更多的钱买谷物；要花更多的钱把谷物运到本国；还要花更多的钱把谷物送到住得远的消费者那里。

50. 在实践中，通货膨胀目标制的实施经常不那么教条式。因为央行行长必须得说他们致力于战胜通货膨胀，所以他们有必要宣称参与通货膨胀目标制。但是更称职的央行行长知道，当通货膨胀是"进口型的"并且经济没有过热时，提高利率不会怎么抑制通货膨胀。他们也知道必须还要顾及其他事情，如汇率和金融稳定。有些央行行长不能总是认识到这些细微差别：他们一看到出现通货膨胀就立即提高利率，即便经济正在放缓并且较高利率的充分效应要在6~18个月后才能感觉到，而经济放缓已经出现了。举个例子，欧洲央行在2011年4月针对上涨的石油价格所带来的通货膨胀威胁提高了利率，尽管当时的失业率仍然接近10%并有可能持续下去。经济后来放缓了，通货膨胀没有增加，于是该政策不得不被撤销。

51. 关于这些问题的详尽讨论，参见 Stiglitz, *Freefall*；*Economic Report of the President*, 1997；J. E. Stiglitz, "Reflections on the Natural Rate Hypothesis", *Journal of Economic Perspectives* 11, no. 1（1997年冬）: 3–10。

52. 实际上，根据某些计算，社会保障被过度指数化了，也就是说，当通货膨胀增加时，个体实际上生活得更好了，或者至少那是过去在较长时间内出现的情况，参见 Boskin report, "Toward a More Accurate Measure of the Cost of Living", 1996 年 12 月 4 日，http://www.ssa.gov/history/reports/boskinrpt.html。

53. 一直存在高失业和可变失业的国家通常在条款中规定了根据生活成本变动对薪酬进行自动调整（称为 COLA, cost of living adjustment）。

54. 参见 Robert J. Shiller, *Irrational Exuberance*, 2nd ed.（Princeton：Princeton University Press, 2005）。S&P/Case-Shiller 家庭价格指数参见 http://www.standardandpoors.com/indices/sp-case-shiller-home-price-indices/en/us/?indexId=spusa-cashpidff--p-us---（2012 年 3 月 5 日）。

55. 那就要求通过增加失业来降低通货膨胀的效果弱于通过降低失业来提高通货膨胀的。参见 Stiglitz, "Reflections on the Natural Rate Hypothesis"。关于这个假设有大量文献表明，从长期来看，通货膨胀的加速与失业之间的关系是垂直的（垂直的菲利普斯曲线）。参见 Edmund S. Phelps, "Phillips Curves, Expectations of Inflation and Optimal Employment over Time", *Economica*, n.s., 34, no. 3（1967 年）：254–81; Milton Friedman, "The Role of Monetary Policy", *American Economic Review* 58, no. 1（1968 年）：1–17。

56. 参见 Arjun Jayadev 和 Mike Konczal, "The Stagnating Labor Market", Roosevelt Institute, 2010 年 9 月 19 日。如果劳动力市场唯一的问题是匹配不当，那么人们就应该看到许多劳动力短缺的部门出现薪酬上升的情况，并且由于薪酬刚性，平均薪酬应该增加。有时会被提及的一个证据就是相对于失业人数，空缺工作岗位的增加。但这种现象也许更多的是因为经济中那些发展好并不断扩张的部门中工作岗位构成的变化。参见 Peter A, Diamond's Lecture for the Sveriges Riksbank Prize in Economic Sciences in Memory of Alfred Nobel, "Unemployment, Vacancies, Wages", *American Economic Review* 101, no. 4（2011 年 6 月）：1045–72。

57. 参见 Catherine Rampell, "Where the Jobs Are, the Training May Not

Be",《纽约时报》,2012年3月1日,http://www.nytimes.com/2012/03/02/business/dealbook/state-cutbacks-curb-training-in-jobs-critical-to-economy.html（2012年3月5日）。

58. 参见Ben S. Bernanke的演讲 "Implications of the Financial Crisis for Economics", Conference Co-sponsored by the Center for Economic Policy Studies and the Bendheim Center for Finance, Princeton University, 2010年9月24日。

第10章 前方的路：另一种世界是可能的

1. 见第1章对于这种趋势的详细讨论。

2. 这是获得诺贝尔奖的经济学家Franco Modigliani和Merton Miller的主要见解之一。关于银行业的应用，参见Joseph E. Stiglitz, "On the Need for Increased Capital Requirements for Banks and Further Actions to Improve the Safety and Soundness of America's Banking System: Testimony before the Senate Banking Committee", 2011年8月3日；A. R. Admati, P. M. DeMarzo, M. F. Hellwig和P. Pfleiderer, "Fallacies, Irrelevant Facts, and Myths in the Discussion of Capital Regulation: Why Bank Equity Is Not Expensive", Stanford University Working Paper no. 86, 2010年。

3. 银行说，在交易所交易衍生品可能会使金融体系遭受更大的系统风险，因为投入资金不足的风险将爆发出来。对此有一个简单答案：要求交易所资本充足，由那些在交易所交易的人的连带责任做后盾。没有理由让其他人承担这些交易爆炸性产品的人的风险。

4. 新西兰和北欧国家是找到这类替代办法并取得一定成功的国家，参见Marie Bismark和Ron Paterson, "No-Fault Compensation in New Zealand: Harmonizing Injury Compensation, Provider Accountability, and Patient Safety", *Health Affairs* 25, no. 1（2006年）：278–83；Alan M. Scarrow, "Tort Reform: Alternative Models", *Clinical Neurosurgery* 55, 2008：121–25。

5. 另一种最低税（确保富人对其收入支付某种最低的税率）不是个坏主意；但是它的构成有问题，因为它增加了复杂性并且最终影响的不仅是非常有钱的人，许多普通美国人也受到了影响。

6. 更充分的讨论，见第 2 章和第 3 章，并参见 Thomas Piketty，Emmanuel Saez 和 Stefanie Stantcheva，"Optimal Taxation of Top Labor Incomes: A Tale of Three Elasticities"，NBER Working Paper 17616，http://www.nber.org/papers/w17616; Peter Diamond 和 Emmanuel Saez，"The Case for a Progressive Tax: From Basic Research to Policy Recommendations"，*Journal of Economic Perspectives* 25，no. 4（2011 年）：165–90。正如我们前面提到过的，奥巴马总统已经通过了"巴菲特规则"，即税制起码应该是累进的，上层群体起码要承担与其他美国人一样高的税率。

7. 由于对租金征税不具有扭曲性，因此对于（至少在一定程度上）来自租金的收入应该征收高一些的税。参见 Partha Dasgupta 和 J. E. Stiglitz，"Differential Taxation, Public Goods, and Economic Efficiency"，*Review of Economic Studies* 38，no. 2（1971 年 4 月）：151–74。我们可以对较高收入的个体进行租金征税，实际上这没有什么逆向影响：唯一的区别就是对于这些垄断者施加给公众的成本，公众会被补偿得稍微多一些。

8. 在第 6 章中我们注意到了我们税制的一个奇怪特点：在资产被传给继承人时，资本收益（大部分）逃避了纳税。该事实扭曲了行为，去除这一规定会创造出一个更公平和更有效的税制。保守派人士总是提及那些会对小企业和小农场造成的不利影响。正如我们在第 6 章中提到的，绝大多数的小企业都远远低于当前所讨论的征收遗产税的门槛（对于单独个体来说是 500 万美元，对于已婚夫妇来说是 1000 万美元）。此外，还有规定允许遗产税的支付分摊到许多年，因此对于商业的运行就没有什么或者极少的干扰。另外，统计数据显示，10% 上层群体占了遗产税全部申报的几乎 98%，仅 1% 上层群体就占了 35%。参见 Leonard E. Burman，Katherine Lim 和 Jeffrey Rohaly，"Back from the Grave: Revenue and Distributional Effects of Reforming the Federal Estate Tax"，Urban Brookings Tax Policy Center，2008 年 10 月 20 日，http://www.taxpolicycenter.org/UploadedPDF/411777_back_grave.pdf（2012

年2月28日)。另参见 Ron Durst, "Federal Tax Policies and Farm Households", *USDA Economic Information Bulletin*, no. 54(2009年5月): http://www.ers.usda.gov/Publications/EIB54/EIB54.pdf(2012年2月28日)。据估计,应纳税的房产中只有1.3%属于小企业或小农场。参见"The Estate Tax: Myths and Realities", Center on Budget and Policy Priorities, 2009年2月23日, http://www.cbpp.org/files/estatetaxmyths.pdf(2012年2月28日)。

9. 对此有一个有趣的讨论,参见 Steven Brill, *Class Warfare: Inside the Fight to Fix America's Schools*(New York: Simon and Schuster, 2011)。

10. 这些措施的一个独特方面是它们提高了房主拥有的股权,而不是像现行税收方案那样鼓励人们负债。

11. 它的确建立了一种过程,从长远来看可能会形成一种更有效率的医疗体系。尽管它没有直接处理以下谈到的两个主要的无效率根源,或者至少没有像本应该做到的那么有效。

12. 参见 J. E. Stiglitz, *Making Globalization Work*(New York: Norton, 2006)。

13. 正如在所有税收和监管政策的领域,公司的"规避"是一个大问题。政府的一个重要挑战就是战胜大公司的这些企图。

14. 参见 U.S. Census Bureau 的网站, "U.S. International Trade in Goods and Services Highlights", 2012年2月10日, http://www.census.gov/indicator/www/ustrade.html(2012年3月6日)。

15. 20世纪90年代,我们维持了贸易赤字和充分就业,甚至还有政府盈余。但当时的情况很不寻常,由股市泡沫(技术泡沫)撑起的投资风潮是不可持续的。在第8章我们解释了,在有限的预算赤字限度内,我们如何才能刺激经济。

16. 这种贸易失衡的部分原因是美国作为一种储备货币国的地位。其他人都想持有美元来支持它们的国家和货币,结果我们出口了美国的短期债券而不是汽车。出口债券不创造就业。尽管全世界都认识到了这种落伍的体制（在21世纪这个多极世界里，美国在全球货币体系中扮演这样一种不相称的角色是说不过去的），但奥巴马政府一直抵制变革，也许是担心一旦美国不再是储备货币国，那它就难以这么廉价地借到钱了。但是美国为了这种特权也付出了高昂代价，参见 United Nations, "Report of the Commission of Experts of the President of the United Nations General Assembly on Reforms of the International Monetary and Financial System"（又称 Stiglitz Commission），New York：United Nations, 2009年9月，出版时名为 *The Stiglitz Report*（New York：New Press, 2010）；Stiglitz, *Making Globalization Work*，第9章。

17. 巴菲特提了一条建议：对于每出口的1美元，政府可以签发一种进口"便条"。进口商只有得到合适数量的便条才可以进口商品。如果进口商想进口的数量多于出口商所能成功出口的数量，那么这种便条的价格就会提高，直到需求等于供给。这是一种恢复贸易平衡的市场机制，并且有助于美国经济恢复到充分就业。国际贸易规则非常复杂，以至于经常难以确定什么是允许的、什么是不允许的。因此，对于巴菲特的这一提议是否符合WTO规则或者在什么情况下符合，尚存一些争议。参见 Buffett, "America's Growing Trade Deficit Is Selling the Nation Out from Under Us. Here's a Way to Fix the Problem—And We Need to Do It Now", *Fortune*, 2003年10月26日, http://www.berkshirehathaway.com/letters/growing.pdf（2012年3月6日）。

18. 见第8章及所引用的参考文献。

19. 参见 Ann Harrison（UC Berkeley and NBER）和 Jason Scorse（Monterey Institute of International Studies）的报告。与之相类似，反对血汗工厂活动与最低工资两者导致外国工厂非熟练工人的实际薪酬增加了超过50%。有趣的是，尽管反对血汗工厂活动对薪酬有影响，但对就业却没有什么不利影响。参见"Multinationals and Anti-Sweatshop Activism", http://www.econ.ucdavis.edu/seminars/papers/146/1461.pdf。

20. 参见 Alexander J. Field, *A Great Leap Forward: 1930s Depression and U.S. Economic Growth*（New Haven：Yale University Press, 2011）。

21. 房地美和房利美被称为"政府资助的企业"，因为它们最初是由政府建立的，然后很早就被转手给了私营部门（房利美是在1968年），但政府在这次金融危机中又收回了这两家企业。

22. 或者说它们通过持有证券而控制了相当大的一部分抵押贷款。

23. 第4章以经济学家使用的术语界定了"公共产品"的概念（某种人人都受益的东西）。正因为人人都受益（无论他是否为这商品支付了代价），所以人人都想让其他人支付，这被称为"搭便车"。这就是为什么这类商品要想被充足供应的话，就必须得由政府提供。

24. 仍然存在一些限制，比如对于 Super-Political Action Committees（Super-Pacs）的捐助就不能直接与候选人委员会协调。

25. 参见 Walter Dean Burnham, "Democracy in Peril: The American Turnout Problem and the Path to Plutocracy", Roosevelt Institute Working Paper no. 5, 2010年12月1日。关于澳大利亚的数据，指的是1975~1996年的民意调查；关于美国的，时间长一些，1974~2008年。

26. 比如国会（议会）中的代表人数与一个州收集的全部投票成比例的制度。有些国家实行地区代表和比例代表制相混合的制度。

27. 亚当·斯密非常清楚这一点，参见他的著作 The Theory of Moral Sentiments（1759），Prometheus Books，2000年，Amherst, NY。另参见 Emma Rothschild 和 Amartya Sen, "Adam Smith's Economics", The Cambridge Companion to Adam Smith（Cambridge：Campbridge University Press，2006）：319–65。

马特·里德利系列丛书

创新的起源：一部科学技术进步史
ISBN：978-7-111-68436-7

揭开科技创新的重重面纱，开拓自主创新时代的科技史读本

基因组：生命之书 23 章
ISBN：978-7-111-67420-7

基因组解锁生命科学的全新世界，一篇关于人类与生命的故事，华大 CEO 尹烨翻译，钟南山院士等 8 名院士推荐

先天后天：基因、经验及什么使我们成为人（珍藏版）
ISBN：978-7-111-68370-9

人类天赋因何而生，后天教育能改变人生与人性，解读基因、环境与人类行为的故事

美德的起源：人类本能与协作的进化（珍藏版）
ISBN：978-7-111-67996-0

自私的基因如何演化出利他的社会性，一部从动物性到社会性的复杂演化史，道金斯认可的《自私的基因》续作

理性乐观派：一部人类经济进步史（典藏版）
ISBN：978-7-111--69446-5

全球思想家正在阅读，为什么一切都会变好？

自下而上（珍藏版）
ISBN：978-7-111-69595-0

自然界没有顶层设计，一切源于野蛮生长，道德、政府、科技、经济也在遵循同样的演讲逻辑

推荐阅读

诺贝尔经济学奖得主斯蒂格利茨作品

书号	书名	定价
978-7-111-65689-0	美国真相：民众、政府和市场势力的失衡与再平衡	69.00
978-7-111-65788-0	不平等的代价（珍藏版）	79.00
978-7-111-62473-8	全球化逆潮	99.00
978-7-111-66604-2	重塑欧洲经济	89.00
978-7-111-57923-6	欧元危机：共同货币阴影下的欧洲	59.00
978-7-111-53917-9	自由市场的坠落（珍藏版）	69.00